地理科学特色专业系列教材

地理科学专业实验教程

刘春红　魏兴萍　编著

科学出版社

北京

内 容 简 介

本书内容涉及地理科学专业实验教学体系设计和各课程实验教学，全书共十一章。主要包括地理科学专业实验教学体系及教学内容概要，以及地球概论、地质学基础、气象学与气候学、水文学、土壤地理学、植物地理学、地图学、地理信息系统概论、遥感原理与软件应用、地理计量分析等10门课程的实验教学目的要求与基本方法。

本书具有完整性、系统性和可操作性，可满足各类高等院校地理科学、自然地理与资源环境、地理信息科学等地理科学类专业和城乡规划及土地资源管理等专业本科生的实验教学需要，也可作为相关学科科研人员的参考书。

图书在版编目（CIP）数据

地理科学专业实验教程/刘春红，魏兴萍编著. —北京：科学出版社，2019.9

地理科学特色专业系列教材

ISBN 978-7-03-062227-3

Ⅰ. ①地… Ⅱ. ①刘… ②魏 Ⅲ. ①地理科学–实验–高等学校–教学参考资料 Ⅳ. ①K90

中国版本图书馆CIP数据核字（2019）第195660号

责任编辑：文 杨 郑欣虹/责任校对：樊雅琼

责任印制：赵 博/封面设计：迷底书装

科学出版社 出版

北京东黄城根北街16号

邮政编码：100717

http://www.sciencep.com

固安县铭成印刷有限公司印刷

科学出版社发行 各地新华书店经销

*

2019年9月第 一 版 开本：787×1092 1/16

2024年12月第五次印刷 印张：20 1/4 插页：3

字数：517 000

定价：78.00元

（如有印装质量问题，我社负责调换）

丛书序

本科教育是现代大学教育的主体组成部分和学科发展的重要支撑，也是当今高等教育和社会关注的热点。本科教育质量保障和提升也就成为新时期中国大学发展的生命线。本科教育质量取决于多种因素和条件，本科专业建设是其保障基础，而本科专业建设又是一个复杂艰巨的系统工程，它涉及从教育理念、教育目标、培养模式、质量保障的形成与改革，到师资队伍、课程体系与教材、教学条件、实习实践场所的建设，其中，适应性好的高质量特色教材是专业建设、学科建设的基础工程。

高等师范院校地理科学专业是以培养基础地理教师为基本目标的本科专业，本专业以地理学、教育学为主干学科，培养具备坚实的地理科学基本理论、系统知识，以及自主获取地理知识的能力，既掌握地理科学基本思维方法和基本实践技能，又懂得现代教育基本理论与技巧，具有创新精神和实践能力的地理与资源环境学科的优秀师资。按照现代教育理念，地理学科教师的职业关键能力有四个方面：①地理学科知识及应用能力，包括理论联系实际、野外工作和综合分析能力；②自主学习和终生学习能力，包括良好的自学习惯及能力、交流表达与信息技术应用能力；③职业胜任能力，即具有较强的基础地理教育教学及教研能力；④较强的创新能力，包括创造性思维、开展科学实验与研究的能力。基于现代地理科学专业人才培养的双能力（学科和职业）导向的需要，并在重庆市“三特行动计划”特色专业建设项目支持下，组织一批长期承担本科地理科学专业课程教学任务的中青年骨干教师，编写了这套地理科学特色专业系列教材。

地理学作为一个经典的学科专业，在我国大学教育中已有百年历史，教材建设的基础较好，出现了大批经典的本科优秀教材。但受传统地理学学科体系的影响，推出的教材大多按学科框架组织内容结构，如自然地理、人文地理、区域地理、地理信息系统或地理学技术方法等方面的教材。从人才培养能力导向视角出发的地理科学专业实践教学系列教材相对比较薄弱。鉴于此，笔者立足于地理科学专业人才培养的需要，竭力秉承凸显地理专业特色、地理学科特色，增强教材适切性，弥补大学本科地理教材编写的缺陷，编著了《地理科学专业导论》《地理科学专业实验教程》《地理科学专业野外实习教程》《四川盆地及其邻区地理学野外综合实习指导教程》《地理科学专业教育实习指导新编》五部教材。本套教材涉及地理科学专业的专业基础课程、专业核心课程和独立实践教学环节，其中，《地理科学专业导论》是为了使地理科学专业新生全面了解本专业、顺利融入专业学习、培养专业学习兴趣、熟悉本专业的学习方法、形成系统的专业认知而编写的；其他四部教材是为了加强地理科学专业学生的专业知识应用能力、实验动手能力、野外工作能力、实践创新能力及职业胜任能力的培养与提升而编写的。

编写地理科学特色专业系列教材是一种新的尝试，笔者参考了国内外已有的相关教材和地理学科发展的新成果，在内容、结构与编写体例上也有新的探索与创新。尽管对教材的编写怀抱敬畏之心，坚持一丝不苟的专业态度，但囿于自己的水平和能力，难免有这样那样的样的不足和缺陷，希望得到学界同仁和读者批评指正。

郭　跃　李孝坤

2017 年春于重庆师范大学汇贤楼

前　言

地理科学是一门实践性很强的学科，而实验教学是大学实践教学体系中最重要的组成部分，是进行综合素质教育、创新教育、培养高科技人才的重要课堂，是学生理论结合实际、巩固和延伸课堂知识的重要环境，是促进教学质量提高的重要保证。随着地理学科教育的发展，高等师范院校地理科学专业在高校趋向于学术性、应用性和技术性三类人才培养格局，人才培养方向越来越倾向于应用型和复合型人才的培养。而应用型和复合型人才的培养需要加强实验（实践）教学，提高学生的综合素质与实践创新能力。

地理实验教学作为高校地理科学专业教学中的一个重要组成部分，在地理科学专业人才培养上起着十分重要的作用，但其教学现状却不容乐观，存在着诸多问题。较为突出的问题如：多数高校在地理实验课程设计上，存在课程课时少、课程内容选择受限等现象；只注重理论知识的传授，而轻视对学生动手能力的培养；在高校教学过程中，地理实验教学被边缘化等。高校地理实验教学不能满足学生对专业知识的学习，学生的实验操作能力得不到锻炼，实践创新等综合能力得不到提高。在此背景下，本书依托地理科学多学科交叉的课程设置特色和实验教学体系，突出基本技能训练和操作的指导，充实实验教学内容，以达到培养学生创新精神和实践能力的基本要求，为高校地理科学专业实验教学提供参考，也希望引起相关高校师生及社会等对地理实验教学的重视。

本书从地理学科专业人才培养的视角出发，以教育部地理科学类专业教学指导委员会“地理科学专业规范”和地理科学专业培养方案为纲，梳理了地理科学专业课程所涉及的实验项目，并结合专业课程开设情况，有针对性、循序渐进地开展不同类型的实验项目，具有较强的实践性、可操作性、创新性和应用性，为学生毕业论文撰写及以后的工作打下良好的基础。自重庆师范大学地理科学专业开办以来，地理科学专业课程实验项目就陆续开展和进行，各门课程对实验教学内容有较好的传承，经过50余年的积淀，积累了丰富的教学经验和教学资料，并且随着时代的发展，逐步开展了一些与现代科学技术紧密相连的专业实验课程，丰富和完善了实验教学体系，编写了相关课程的实验教学大纲、指导书等，得到了较好的教学效果，深受学生欢迎。编者期望通过正式出版相关实验教程加强专业课实验教学建设，进一步提实验教学质量，扩大社会影响。

本书内容主要包括地球概论、地质学基础、气象学与气候学、水文学、土壤地理学、植物地理学、地图学、地理信息系统、遥感原理与软件应用、地理计量分析等10门专业课程的实验教学内容。

本书各章编写人员如下：第一章由郭跃、刘春红、魏兴萍、韦杰执笔；第二章由汪言在、魏兴萍、王小丽执笔；第三章、第五章由刘永林执笔；第四章由雷建华执笔；第六章、第七章由刘春红执笔；第八章由魏兴萍执笔；第九章由闵婕执笔；第十章由戴技才执笔；第十一章由韦杰、徐文秀执笔；全书最后由刘春红、魏兴萍修改定稿，郭跃、李孝坤组织协调工作。重庆师范大学地理与旅游学院硕士研究生白雪飘、雷艳、陈英等同学整理了部分文字资料；全书图件的清绘工作由刘颖莅、李沙沙等同学协助完成。

本书是重庆师范大学地理与旅游学院地理学科几代教师与学生教学、实践的结晶。对于前辈们的贡献，编者心存感恩之情。郭跃教授、李孝坤教授、何太蓉教授、张有明老师对全书的结构与书稿的编撰给予了热忱的关心与指导，编者在此表示衷心的感谢！此外，书稿中的相关图件多来自参考文献，还有部分转引自网络，在此对这些图片的原作者表示诚挚的谢意！

本书作为本科教育实验教材，编者力求使之具备完整性、系统性和切实可行的操作性，以满足各类高等院校开设相关实验教学的需要。限于编者的个人水平，不当之处在所难免，恳请读者批评指正。

编　者

2018年8月

目　录

第一章 地理科学专业实验教学体系

第一节 地理科学专业实验教学体系的构建

一、地理科学专业实验教学的重要性

1. 地理科学学科发展的需要

地理学在古希腊、古罗马时代开始萌芽，至今已有 2000 多年的发展历史。地理学的发展可划分为三个基本阶段：以记载地理知识为主体的古代地理学阶段；对各种地理现象进行条理化归纳，并对它们之间的关系进行解释性描述的近代地理学阶段；采用定性与定量相结合的方法，规范研究与实证研究并举，解释各种地理现象的内在机制并预测其未来演变的现代地理学阶段。

在地理学发展过程中，地理学研究方法也在不断完善和改进。地理学传统研究方法大多采用实地现场勘察及利用地图与资料分析两大类。长期以来，许多地理学的研究只注重把解释性的描述和地理数据表达为报告、地图，而不重视科学技术的全面发展。在近现代地理学发展历程中，不少地理学家意识到地理学传统研究模式的缺陷。

实验是现代科学发展的重要特征与标志。自 20 世纪 50～60 年代开始，我国地理学的前辈已经认识到实验对于地理科学理论与方法发展的重要性。中国现代地理学的奠基人、时任中国科学院副院长的竺可桢先生就深刻体会到科学实验的方法对推进地理学的科学化的极端重要性，多次强调在地理学研究中要“加强定性和定量相结合的分析”；曾任中国科学院地理研究所所长的黄秉维先生也认为，地理学经验性、描述性的研究老路是走不通的，指出地理学的前瞻性发展方向——实验地理学，强调要以物理学、化学和生物学已经证明的规律来观察和研究地理学的对象及这些对象的发生、发展和地域分异，要吸收数学、物理学、化学的知识来监视观测、分析、实验的技术，要运用航空照片判读和航空观测的方法来加速考察工作的进度和精确程度，黄秉维先生积极引入新思想、新技术和新方法，开拓了实验地理学研究的新方向，希望把地理学变成一门实验科学。我国地理科学信息和遥感科学的奠基人陈述彭先生提倡采用系统论、信息论、控制论等现代科学方法和现代科技手段（包括地学工程）研究地理系统，并从地球系统科学的高度推动地球信息科学等地理学研究方法的发展。20 世纪 80 年代以来，卫星应用、地理信息系统（GIS）、科学计算及通信网络的迅速发展，逐渐改变了传统地理学那种满足于静态而脱离地理过程研究的方式，更紧密地与空间分析和过程研究结合起来。

传统实验地理学采用野外实地实验与室内物理模型实验的研究方法，在解决复杂地学研究过程中所具有的多维、多尺度、模糊性与不确定性问题时还存在不足。而目前的数学地理建模、遥感信息模型及计算机的计算与模拟实验方法则纷繁复杂，需要从实验地理学的统一视角来实现有机的集成。

今天的地理学与传统地理学相比较，其研究内容、研究方法均已发生了深刻的变化。地理科学以解决资源、环境、发展面临的复杂问题为使命，不仅在于解释过去，更重要的在于服务现在、预测未来，用一种综合的多维视角来研究地球表层人与环境相互作用的机理，以空间统计、对地观测、3S 技术、室内外模拟、建模、决策系统等现代科学方法引领地理学的发展（图 1.1）。

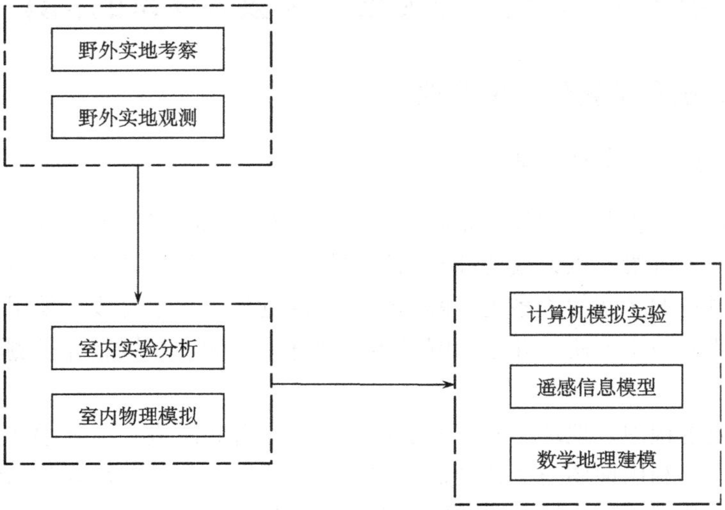

图 1.1　地理学实验方法

2. 实验是学习地理学的重要方法

地理学是一门研究地球表层自然要素与人文要素相互作用与关系及其时空规律的科学。它具有跨越自然科学与社会科学的性质，在科学体系中占有重要地位。由于地理教学涉及的知识面非常广泛，许多知识需要学生通过实验和实践过程才能准确掌握，因此，地理实验教学在地理教学中占据重要的地位。地理实验教学既是地理知识教学的基础，又是地理课堂教学中实施素质教育的一种主要渠道和有效手段。加大实验教学力度，加强对学生观察能力、动手能力和参与能力的培养，是全面提高学生的素质必不可少的一个方面。实践证明：只有通过训练有素的实验教学，才能使学生在获取地理知识的同时，潜移默化地形成良好的科学素养。

地理科学是一门具有综合性、实践性、探索性、启发性和地域性的课程，是拥有较强的理论基础和较广的应用空间的学科，是研究各种地理现状，即自然地理现象与人文地理现象的特征、成因、分布规律及其相互作用和人地关系的学科。地理实验是学生理论联系实际，延伸和巩固课堂知识的重要环节，能够培养和提高大学生的解决问题、动手操作和科学创新的能力，是培养综合素养全面协调发展的地理科学人才的重要保证。

3. 地理实验教学对地理科学专业人才培养有重要作用

科学研究、实践能力的训练和培养是地理科学创新型人才的基本要求，其中实验教学是最重要的教学环节之一。地理实验教学在地理科学专业人才培养上起着十分重要的作用，地理科学理论的发展建立在实验研究、实际调查的第一手材料的基础上，从这个意义上讲，地理实验是建设地理科学大厦的基石。

1）理论知识的学习

地理学是一门研究地球表层自然要素、人文要素及其相互作用关系的综合性科学，这涉及地貌、水文、土壤、生物、气候、人文、经济等多种因素及它们与地表过程的相互作用机制。面对越来越复杂的研究对象及其综合演变过程，现代地理学的研究正逐步从要素和过程分离向多要素、多过程耦合与综合研究的方向发展，从宏观向宏观与微观结合的方向发展；需要以综合的观点和学科交叉的方式研究不同尺度的区域及其要素群，借助相互作用的模型开展定量模拟与预测。在这种大趋势下，寻求合理、科学的手段与方法以支撑复杂地学过程的综合分析，成为地理学研究迫切需要解决的问题。

地理学科的知识及体系本身是人类实践的结果，实验教学是现代教育的重要方面，通过实验高效率、高质量地掌握地理科学理论体系的基础知识和基本技能，与现代教育追求的在教育教学中调动学生的多种感官、高效率地完成教学任务是一致的。

实验和地理课程是相互依存的关系，实验是科学研究的基础，科研反哺实验教学。在国外的很多高等院校，教授经常使用充足的实验经费聘请学生进行科研工作，学生也在实验和科研的结合下，真正地感受实验的作用和魅力，提高实验和科研水平，体会实验的重要性。

实验是产生和验证科学知识的最重要的手段之一。面对高度的复杂性及综合性需求，地理学应该不只是概念的描述和哲学的理念思维，而确实成为综合研究地表众多过程的一门实验性学科。开展地理学实验的目的是试图将自然和社会环境集成到一个综合性的实验框架下进行研究。这为综合性地学研究提供了重要的手段，有利于推动地理学的发展，使之真正成为一门综合性实验科学。在竺可桢、黄秉维、钱学森等老一辈科学家的积极倡议下，我国的地理实验工作得以较早开展，在技术探索、台站建设、人员培养方面都取得了一定的成果，并在农业、水文、生态环境等方面得到了应用与检验。

地理实验课程主要培养学生实际动手进行观测、分析、统计、考察和判别的能力；使学生在掌握基本技能的同时不仅知其然而且知其所以然；此外，通过实验课补充和巩固课堂讲授的内容，做到两者相辅相成。

2）实践技能培养

地理科学作为一门认知性和实践性强的学科，明显依赖于野外考察、探测和室内观测、实验所获得的基础科学数据、资料及相关信息，所以实验教学是本专业教育不可或缺的重要环节。

地理实验教学是提高学生能力的重要途径。学习地理科学必须要有一定的实验能力，从实验设计、实验操作、实验观察记录、整理记录材料、分析研究、得出结论等过程中培养能力。在实验时，需要精细敏锐的感知和观察力去发现一些重要现象，从而培养了观察能力；通过设计实验、分析结果等，能锻炼和培养想象能力和分析能力；在研究原因、结果、形成概念的过程中，通过分析、比较、判断、推理等，能培养逻辑思维能力和归纳、分析能力；通过想象、假设，能锻炼和发展想象力、创造能力；在实际操作中还能培养组织能力、实际操作能力、解决问题能力等，实验能更好地培养和发展学生将来适应社会所必需的诸多能力。这些能力的培养与实施“研究性学习”的目标是完全一致的。

地理实验教学是实施素质教育的重要手段和着力点之一。学生的素质主要由三个方面的因素构成：知识因素、智力因素、非智力因素。通过地理实验可培养观察能力、思维能力、实际操作能力，以及浓厚的科学兴趣、实事求是的科学态度、严谨细致的工作作风、坚韧不拔的意志等，这些无疑是素质教育的要意之一。

3）师范生教学技能培养

作为地理实验教学的引导者和促进者，要培养学生的地理科学素养，地理教师不仅要提升自身的地理科学素养，还要提高地理实验教学的相关技能。

新课程改革背景下，地理实验的开展是改变这种教学方式的一个有效途径。地理实验教学在国外早已纳入基础教育课程改革之中，并对实验教学有明确具体的要求和表述。在我国，新课程改革对地理实验教学从课程理念到课程目标也已经有了明确的要求。因此，作为高师院校应转变人才培养方式，除了不断加强对师范生创新性理念的培养外，更要注重师范生实践知识的学习和训练，对培养高质量的一线地理教师具有重要意义。

一些学者基于中学地理课程教学的实际调查探究了中学课堂实施地理实验的情况，多数研究均表明地理实验在中学地理课堂中开展具有一定的局限性，归纳其原因主要是许多一线地理教师对实验教学没有系统的学习和认识，缺乏理论基础和实验操作技能。因此，要转变中学地理课堂这一现状，除了加强对一线地理教师的地理实验教学技能的培训外，高等师范院校也要转变对地理师范生的培养方式，加强对师范生在本科学习阶段地理实验教学技能的培养，从而为师范生未来从事一线地理教学工作奠定了一个良好的基础。

总之，地理科学是一门自然科学、社会科学和技术科学交叉融合的学科，其研究范围十分广泛，组成要素复杂多样，空间和时间跨度大，地域差异明显，与人类社会经济活动联系紧密，因此，具有很强的综合性、应用性和实践性。要培养理论和实践有机结合、掌握现代地理信息技术、有较强的地理应用创新能力的复合型人才的关键在于实验教学，实验教学作为培养高素质创新人才的重要环节，在高等教育中正扮演着重要的角色。同时，“应用型、复合型高级人才”是地方普通高校地理科学专业人才培养的目标定位，实验教学对该目标的实现具有不可替代的支撑作用。

二、地理科学专业实验教学课程体系

高等教育的任务是培养具有创新精神和实践能力的高级专业人才，实验教学又是创新型人才培养的最重要教学环节之一。基于地理科学专业人才培养的整体教学体系，同时遵循应用型本科专业理论与实践并重的原则，兼顾共性和个性培养，建立了层次分明、模块多样、衔接合理的实验教学体系。

按照实验内容的基础性、综合性、研究性层次来安排实验训练计划，并在不同层次分别设置多种类型的实验内容，以供不同的教学对象选用。在地理学一级学科的框架下，设置了自然地理学实验、地图学与地理信息技术实验、地理计量分析实验三大模块（图 1.2）。自然地理学实验包括：地球概论实验、地质学基础实验、气象学与气候学实验、水文学实验、土壤地理学实验、植物地理学实验；地图学与地理信息技术实验包括：地图学实验、地理信息系统概论实验和遥感原理与软件应用实验等；地理计量分析实验包括地理计量分析实验和 SPSS 实验。主要依托地理科学实验示范中心内相关实验室，通过课程实验培养学生的基本实验技能。

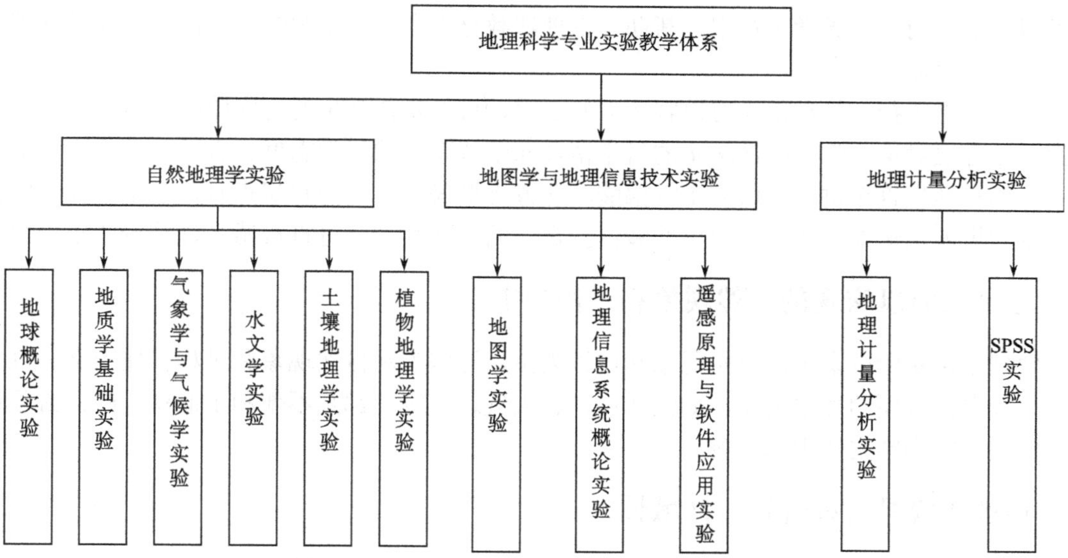

图 1.2　地理科学专业实验教学课程体系

第二节　地理科学专业实验特征

今天的地理学已经是以实验为主要手段，机理探讨为主要目的，数学模型表达为主要特色的现代科学。就地理学的整体发展而言，已经从经验科学走向实验科学，从对宏观格局的研究走向微观过程和机理与宏观格局相结合的研究，从要素和过程的分离研究走向综合集成研究。当代地理学研究方法已经从勘察、观测、记录、制图等传统的研究方法向空间统计、对地观测、GIS、室内外模拟、建模、决策系统等现代科学方法转变，逐渐走向综合性、定量化。

一、地理科学专业特点要求实验涉及门类多，知识面广

地理科学具有课程内容多，知识范围广的教学特点，与其他学科相比，更需要强调其科学实验的环节。高校地理课程的实验教学中，有关气候、水文、土壤、生物、地质等多方面的内容，实验涉及面广。所以，地理实验教学有助于拓宽学生的知识面，提高学生的动手能力，培养其分析实际问题并解决问题的能力和意识，在培养学生的创新精神和综合素质方面，具有举足轻重的作用。

地理学是一门传统的、实践性很强的综合性学科，是研究各种地理现象的特征、成因、分布规律及相互作用与人地关系的学科，既具有综合性，又具有地域性；既具有较强的理论基础，又具有较广的应用空间。所以，地理实验不同于一般的物理、化学实验，能以点带面，要特别注意与时空尺度的联系。地理实验最理想的应当是大面积同时定点综合实验，其根本目的是揭示自然地理过程的规律。

二、演示、验证性实验占比较大

演示实验是实验教师在教学过程中为学生创设问题情景，启发学生的想象力，亲自进行

的模拟演示，用以引导学生观察，帮助学生理解教材内容。学生观察实验演示，有条件则动手操作实验仪器。

验证性实验指安排在某学习内容之后的实验，目的是使学生通过实验验证所学原理的正确性。该方法对培养学生严谨求实的科学精神和坚持真理的科学态度具有一定的教育价值和意义。如对学生直接讲授“南方土壤偏酸，北方土壤偏碱”这一知识点时，学生往往停留在对结论的机械记忆上，通过“土壤酸碱性测定”的验证性实验可直接感受该结论的正确性。

三、地理实验以宏观的自然现象和过程为主

地理基础实验以宏观的自然现象和过程为主，这些宏观自然现象和过程多属天文、气象和地质等自然方面的抽象内容，如天体运动、大气运动等，都是不便和不能观察的，必须通过实验，才能为学生认识和理解。

四、地理实验具有综合性、区域性

地理实验区别于其他科学实验之处也在于它的综合性、区域性。它的目的在于揭示各种地理要素的相互关系和整体特征。地理实验不仅是一个点上的实验而是大面积、区域性的观察和分析。开展地理学实验的目的是试图将自然和社会环境集成到一个综合性的实验框架下进行研究。这为综合性地学研究提供了重要手段，有利于推动地理学的发展，使之真正成为一门综合性实验科学。

五、地理实验具有实践性

地理课外实验即组织学生实地考察、参观，能够增强学生对地理要素的感性认识，促进学生地理学习的实践活动能力。

地质：参观地质陈列馆；气象气候：气温、降水及风速的观察、记录，天气变化过程、气候现象的观察等；植物植被：观察不同类型植物的形态特征；河流水系：观察河流的流量、水位、流速、水系流域状况等基本特征。

信息技术和地理实验技术犹如地理科学的两只手，缺一不可。失去前者，就如同坐井观天，对复杂的地理环境理不出头绪来，会陷入低效率的事倍功半的状态；失去后者，信息技术也就成了无本之木、无源之水。离开基础理论的进步，离开第一手调查研究、第一手的观察实验，就没有地理学的进步。

总之，地理学实验从监测、分析、模拟三个方面，加强了数据的科学性和可验证性。利用化学分析技术，加强物质迁移转化过程和机理的研究；应用物理实验，了解地表物质的物理结构及物质运动的动力学特征；利用遥感对地观测系统和典型地理单元长期定位、半定位观测网络，加强典型地区地理要素、地理格局和过程的变化研究；利用室内外模拟实验，简化地理环境的复杂性，加强不同要素作用方式和过程的识别研究。

第三节　地理科学专业实验的主要内容框架

在地理科学专业的框架下，实验教学体系包括自然地理学实验、地图学与地理信息技术实验、地理计量分析实验三大模块，下面按照三大模块，分别介绍各自的实验课程特点和主

要内容。

一、自然地理学实验

1. 实验课程特点

自然地理学实验主要包括部分自然地理学课程的观测实验、分析（测试）实验和综合实验三大类，如“实验基本技能”“定性和鉴别”“采样和制备”“测定、分析、综合”等不同功能的实验教学环节。实验教学主要是根据理论课的教学内容设置实验课程，其优点是实验与理论教学紧密结合，使学生能够较好地理解理论教学的内容。按课程内容设置实验课有其合理性，因为不同课程研究对象有差异，所以需要不同的实验技能和仪器设备。

2. 实验课程主要内容

实验课程内容包括：地球概论实验、地质学基础实验、气象学与气候学实验、水文学实验、土壤地理学实验、植物地理学实验等六大课程实验。其中，地球概论实验包括天球仪演示实验（天球仪的结构与使用校正、天球仪演示太阳升落）、地球运动演示实验（地球的运动、天文四季演示、测定子午线和太阳高度、月面观测、测定地理纬度、日食和月食的观测、测定地方时等）。地质学基础实验包括地球的物质组成实验（矿物形态和物理性质的认识，造岩矿物、岩浆岩、沉积岩、变质岩及三大类岩石的综合鉴定）、地质构造实验、阅读地质图及基础地质室内综合实践等；气象与气候学实验包括气象学实验（气象观测场的建立、空气温度湿度的观测、地温的观测、云的观测、气压的观测、风的观测、降水和天气现象的观测）、天气学实验（天气图的认读）和气候学实验（温度与降水资料的整理和分析）；水文学实验包括河流水情要素实验（水位水深测量、流速和含沙量测量、水位流量关系实验、河道水位流量数据管理）、地下水水文学实验和水质测定基础实验（水中酸度碱度测定）。土壤地理学实验包括土壤物理性质测定与分析（土样制备、土壤吸湿水含量测定、土壤机械组成测定、土壤容重、比重及孔隙度测定、土壤水稳性大团聚体的测定）、土壤化学性质测定及分析（土壤pH的测定，土壤氮素、磷素、钾素及有机质的含量分析测定）。植物地理学实验包括植物形态观察实验[植物营养器官观察、观察低等植物（藻类、真菌）、高等植物（苔藓植物、蕨类植物）营养器官和繁殖器官的形态特征、裸子植物叶片、配子体的解剖及观察方法]、植物分类基础实验（植物标本采集与制作，植物检索编制与使用，校园观察孢子植物、裸子植物和被子植物的代表种）和植物与环境关系实验（植物组织细胞渗透势的测定、植物形态结构与环境的关系）等实验。

二、地图学与地理信息技术实验

1. 实验课程特点

地理信息系统实验课程具有显著的特征：一是它不同于其他单纯的验证性实验；二是每个实验项目虽然相互独立，但又紧密联系。地理信息系统实验课程的开设往往采取分散进行的形式，将实验项目穿插在理论课之中，有许多内容仍属于理论课内容的延伸。地理信息技术实验的数据转换、数据加工、数据编辑和数据存储到数据分析体现了地理学科空间性强、区域和综合性结合的特点。

2. 实验课程主要内容

实验课程内容包括：地图学、地理信息系统和遥感三门课程实验。其中，地图学实验包括地图基础理论实验（用几何投影法绘制正轴方位投影、墨卡托投影图上等角航线与大圆航线的绘制）、地图分析与应用（地形图量测、量算，地形图阅读，地形图的分幅和编号）、地图制图（手绘中国人口密度图、世界时区图，电子绘制中国人口密度图）等实验。地理信息系统实验包括数据输入与处理（创建地理数据库、几何配准、认识坐标系统和投影、栅格数据矢量化和矢量数据初级编辑）、矢量数据的空间分析（缓冲叠加分析案例、基于空间关系的查询、缓冲叠加统计等综合分析）、栅格数据的空间分析（都市区建设用地适应性建设）和综合应用（基于 Model Builder 的度假山庄选址）等实验。遥感软件应用实验包括图像裁剪；图像分类（监督分类、非监督分类、决策树分类、面向对象分类）等实验。

三、地理计量分析实验

1. 实验课程特点

计量地理实验是与理论课同步进行的课程实验，是非独立开设的实验课。

2. 实验课程主要内容

实验课程主要内容包括：地理要素计量实验、地理过程计量实验、地理现象计量实验、地理预测计量实验、地理决策计量实验五大课程实验。其中，地理要素计量实验包括数据预处理实验（数据排序、变量计算、数据选取、分类汇总、数据分组、其他功能等）、参数检验实验（单样本 t 检验、两独立样本 t 检验、两配对样本 t 检验）、相关分析实验（相关分析、偏相关分析），地理过程计量实验包括时间序列分析实验、M-K 检验实验、马尔可夫预测实验、方差分析实验（单因素方差分析、多因素方差分析），地理现象计量实验包括分形理论实验、小波理论实验、聚类分析实验（层次聚类分析、*K*-Means 聚类），地理预测实验包括人工神经网络实验、回归分析实验（线性回归分析、非线性回归分析）、因子分析实验，地理决策实验包括线性规划实验和层次分析（analytic hierarchy process，AHP）实验。

第四节 地理科学专业实验教学的总体要求

地理科学专业的实验教学是教学工作的重要组成部分。为组织好实验教学，规范实验教学过程，提高实验教学质量，应对实验课程有基本的要求，同时学生也应遵守实验室的制度和行为规范。

好的实验习惯对学生今后的学习成长非常重要，是减少伤害事故、确保学生实验安全的重要保障。在教学过程中，培养学生实验器材整齐有序、实验操作严谨规范、穿戴整齐、不乱扔废弃物、正确对待实验数据等习惯，对于营造安全的实验环境起着非常重要的作用。同时可促进教学的发展，好的行为规范对于造就和培养人才有不可估量的作用，不仅体现在将来的研究生学习生活中，还体现在毕业后走向社会的生活和工作态度上，所以实验室学生行为规范也有一定的实践意义。由于地理科学实验体系的三大模块代表着三种不同类型的实验，都有其不同的目的和要求，故此，仍按这三个模块，分别介绍实验目的与要求，以及学生行为规范和基本要求。

一、自然地理学实验教学要求

1. 自然地理学实验课程设置

自然地理学实验课程设置应包括基础操作性实验、综合设计性实验与研究创新性实验三个层次。基础操作性实验旨在培养学生科学的地理实验规范与基本实验技能，体验地理实验的基本过程，该层次的实验应以验证性实验为主，通过相对简单的地理实验来使学生学习基本实验操作、熟悉实验仪器、掌握实验方法、体验实验过程，为综合设计性实验和研究创新性实验打好基础。基础教育地理课程改革不仅在教材中丰富了地理实验内容，也要求地理教师具备相应的地理实验操作与设计技能，要求教师能够开发地理实验课程资源，做研究型教师，这自然迫使高等师范院校地理科学专业实验课程改革。因此，地理科学专业应改变过去单一的验证性地理实验，增加综合性与研究创新性地理实验，通过地理实验，不仅要培养学生的实验操作与实验设计的技能，也要提高学生发现问题、分析问题、解决问题的能力。

2. 自然地理学实验课程目的与要求

主要培养学生观测、分析、统计、考察、判别能力和综合分析自然地理要素相互作用的能力，使学生在掌握基本技能的同时，不但知其然而且知其所以然；此外通过实验课补充和巩固课堂讲授的内容，做到两者相辅相成。完成实验报告是本课程的基本训练，一个实验成功与否，只有通过报告形式才能体现。所以完成实验报告能培养学生正确、有效的表达能力，它将使学生在对数据的处理、作图、问题归纳总结等方面得到训练和提高，学生实验报告的质量在很大程度上反映了学生的实际操作能力。

实验教学的基本要求：准确理解该学科有关的基础理论知识；了解和掌握自然地理学的基本实验方法和操作技能；掌握有关仪器和工具的使用原理和方法；获得对资源环境实验分析的基本技能，以巩固课堂教学效果，为将来独立从事相关专业技术工作和科学研究打好基础。

3. 自然地理学实验行为规范

1）着装

实验课的着装应区别于普通上课的着装，不应以端庄、得体等作为衡量着装是否规范的标准，而应着眼于是否更有效地达到安全防护效果。进入实验室不能穿短装，主要是避免试剂溅落时灼伤皮肤。取用腐蚀性试剂戴橡胶手套，是避免灼伤皮肤；而养护普通仪器或组装实验装置时戴棉线手套，是防止造成机械损伤。在做危险性实验时，要穿戴好相应的防护服等，做好自我防护；不要穿戴污染的防护服、防护手套到办公室等公共场所，以免二次污染。

2）清洁卫生

实验课学生讲究卫生应着眼于人身安全和仪器的保护。

食物、饮料不能带进实验室，即不在实验室内吃东西，以防误食、误饮有毒物品；禁止品尝试验台上不明来源的物品；要增强自我防护意识，不直接闻或用手接触试剂。

在使用试剂和实验结束后，立即用肥皂水洗手，防止将手上沾染的毒剂、细菌带到其他场所，造成二次污染甚至引起误饮误食。洗手用冷水、肥皂水，避免因热水使皮肤毛孔扩张，加快有毒物质的吸收；而肥皂水能有效去除污物并杀菌。

每节实验课结束后及时组织、整理回收仪器，打扫卫生，避免久置后附着在仪器上的污物难以清除或滴落的试剂腐蚀台面，养成良好的实验习惯。每门实验课结束后应再次全面检查、整理实验场所，将尚未回收的仪器经养护后复归原位存放，清理尚不干净的区域，处理废弃物。

火柴梗、纸屑等废弃物要放入废物缸内，不能乱扔乱放；严禁将废液倒入下水道，要根据不同性质倒入不同的回收桶，进行统一处理；倒入时要小心谨慎，确保废液不和桶内已有的液体发生反应。

3）保持实验秩序

进入实验室后，按老师指定的位置坐好，要自觉维护实验室的科学气氛，要保持实验室安静整洁，不准喧哗打闹、玩手机和吸烟；小组讨论时要不影响他人；离开座位取用公用试剂或材料时，要轻拿轻放，按序取用，取完迅速归位；公共试剂瓶盖勿张冠李戴；不动与本实验无关的仪器设备及其他物品，不进入与本实验无关的场所，不准私自将公物拿出实验室，保持实验室良好的实验秩序。

4）安全操作

实验操作必须仔细；必须了解实验器材的操作方法及注意事项，严格按规程操作；仪器设备发生不正常现象时，应及时报告指导教师，不可自行拆卸，如果发现仪器设备损坏，应及时报告，查明原因。

在使用可燃性气体时，应防止气体溢出，保持室内通风良好，非实验时严禁明火；涉及挥发性有毒有害物质或毒性不明化学物质的实验操作时，必须在通风柜中进行；在实验时，操作者不得随意离开；已开启瓶盖的易燃易爆液体不用时要及时盖好，以防止液体挥发而发生火灾或爆炸；盛有强酸瓶子的内盖要用镊子拔出，不能用手抠；在清洁、维修仪器时，必须切断电源。

5）节约使用

爱护实验室的一切设施并节约水、电、药品和实验材料，没有用完的实验材料，要放到指定的地方存放，未经允许不得动用无关的设施及实验器材。

6）保证实验数据真实性

数据记录要求是实验中的原始数据，从仪器表中读取数据时，要根据仪器表的最小刻度单位或准确度决定实验数据的有效数字位数。

不要随意修改实验数据，更不能抄袭他人的数据；要尊重实验结果，坚持实事求是，不弄虚作假。实验数据要经指导教师审阅、签字。

7）安全

学生实验过程中，应注意安全，严防事故发生；若发生意外，应及时向指导教师报告，并采取正确有效措施排除和制止，减少事故造成的损失。

未经教师许可，不得私自挪用公用实验器材；不能擅自移动消防、安全设备；不得私自将试剂、材料带出室外和流入社会。离开时，要检查水、电、气及窗户，并锁好门。

4. 自然地理学实验的课堂要求

实验前必须做好预习，明确实验的教学目的和要求、内容和步骤，了解实验所用仪器、设备的性能、使用方法及注意事项。认真阅读教材和有关资料。拟定实验计划，按教师要求做好课前各项准备。

上实验课时，不得迟到、早退或无故旷课。因故不能按时上实验课的学生，必须补做，否则该次实验成绩以零分计。

实验 3～5 人为 1 组，在规定的时间内，由学生独立完成，出现问题时，要在老师的引导下独立分析、解决，不得包办代替。

进行实验时，应认真操作、细致观察，注意理论联系实际，用已学的知识判断、理解、分析和解决实验中所观察到的现象和所遇到的问题，注意提高分析问题和解决问题的实际能力。各项实验操作要认真遵守操作规程，养成良好的实验室工作习惯。

依据实验要求，如实而有条理地记录实验现象和所得数据，不许抄书或凑数。

遵守实验室各项规章制度，实验课不得迟到或未经允许而早退。

实验完毕，须经指导教师检查后，恢复至实验前状态方可离开实验室。

实验课后，要认真按要求写出实验报告、分析实验结果，处理实验数据，不得更改原始数据。

5. 自然地理学课后实验报告要求

自然地理学实验报告的主要内容应包括如下几个方面。

实验目的：明确实验目的，以保证达到课程所指定的基本要求。在写实验报告时，要进一步确认是否达到了预期的目的。

实验内容：指本次实验中实际完成的内容。在每一个实验项目中，一般都有一些具体要求。

实验仪器、材料：应列出每项实验所需的仪器设备、原材料，仪器设备应标明规格型号，原材料应标明化学成分。

实验步骤：为得到想要的实验结果而进行的实验过程设计及实验操作步骤，操作过程的说明要简单、明了、清晰。

实验结果与分析：是整个实验的核心和成果，一般应将数据整理好，并列出表格，并做必要的说明。以最直观最有效的形式展示实验结果，并且与恰当的分析表述结合起来。只有结果而无分析或只有分析而无结果展示都是不合格的实验报告。

二、地图学与地理信息技术实验教学要求

1. 地图学与地理信息技术实验课程设置

地图学与地理信息技术实验包含了地图学、地理信息系统和遥感三门课程，其中地理信息系统和遥感是新兴的地球空间信息技术，是地理学、计算机科学、信息科学等多学科互相结合的现代高新技术，是“数字地球”的关键技术，它们的引入使得传统的地图学发生了很大的变化。三门实验课程同样包含了基础操作性实验、综合设计性实验与研究创新性实验三

个层次。基础操作性实验旨在培养学生理解基本概念、基本原理和基本方法，为综合设计性实验和研究创新性实验打好基础。在充分理解地图学和地理信息技术实验的基本概念、原理和方法之后，三门课程分别开展了综合设计性实验与研究创新性实验，这样不仅提高了学生分析问题和解决问题的能力，也培养了学生独立思考、创新思维、自主活动、合作交流的能力。

2. 地图学与地理信息技术实验课程目的与要求

通过一系列实验操作，帮助学生理解地图投影原理；掌握正确使用、阅读、量算地形图等基本技能；掌握在 GIS 软件环境下编制专题地图的方法和步骤；能够在 GIS 软件平台上进行矢量和栅格数据的空间分析；掌握遥感影像数据的各种处理技术及其技巧，了解并掌握监督分类和非监督分类过程与方法，掌握图像分类后处理的过程、方法及分类结果的分析，设计相应方案进行遥感图像的综合处理，遥感影像地图的制作。根据实验要求，学生最后可能提交纸质作业，或者提交一幅电子地图，作为考核学生掌握知识的依据。

3. 地图学与地理信息技术实验行为规范

地图与地理信息技术上机实验是课程教学的重要环节，既能培养学生的上机操作能力，又让学生了解地图、地理信息系统、遥感的基本知识、原理、应用和发展，并通过实验课巩固和拓展课堂讲授的内容。主要用的软件：ArcGIS、ERDAS、ENVI。

实验主要是在机房内进行，达到让学生熟练操作软件，运用软件进行简单的分析、设计的目的。为保障学生的上课质量和机房设备的正常运行，要求学生必须做到以下几条：

1）保持安静

进入机房要保持安静，机房内不得大声喧哗和打闹，不要随意走动，以免影响他人上机。

2）保持实验秩序

凡进入机房的人员除须遵守校规校纪外，还必须遵守机房的各项管理规定。爱护机房内的设备，不得私自拆卸、搬移设备，更不得将机房物品带出。

严禁任何人利用计算机网络观看、传播、拷贝、制作低级、淫秽、反动、迷信等不健康内容。不得在计算机上玩游戏。对违反规定者，机房管理人员有权予以制止。

3）整洁卫生

注意机房卫生，机房内严禁吸烟、随地吐痰，不得将水、饮料、食品、雨具等带入计算机房，严禁在机房饮水、吃零食和乱丢杂物，严禁乱写乱画。下机时将自己的物品带走，将机位收拾干净。

4）安全操作

必须按操作规程使用机器设备，爱护设备。不准私自动用机房的其他设备，如：电源、空调、打印机等。不准打开机箱、拔插计算机部件。未经许可不准随意改动计算机操作系统设置，不得删除计算机内容文件。

未经允许，不准私自携带光盘、U 盘、移动硬盘等外接存储设备进入机房，严防计算机病毒。不得在计算机上做任何与学习和工作无关的活动，严禁对计算机软、硬件及网络进行破坏性操作。

严禁私接电源、拉线路，严禁乱动电闸和消防器材，严禁使用明火。下课后要关闭主机。

4. 地图学与地理信息技术实验的课堂要求

每次实验前：教师需要向学生讲清实验目的和基本要求，讲清实验对应的理论内容；学生应当先弄清相关的理论知识，再预习实验内容、方法和步骤，避免出现盲目上机的行为。

实验1人1组，在规定的时间内，由学生独立完成，出现问题时，要在老师的引导下独立分析、解决，不得包办代替。

课程实验是连续的整体，需要有延续性。机房应有安全措施，避免前面的实验数据、程序被清除、改动，影响后面的实验操作。

任课教师要认真上好每一堂课，实验课不得迟到或未经允许而早退。实验中按要求做好学生实验情况及结果记录，实验后认真填写实验记录。

课下要多做操作练习，以便能够熟悉和精通实验方法。如果能结合实际课题进行训练，会达到更好的效果。

5. 地图学与地理信息技术课后实验报告要求

实验课后，要认真填写实验报告并完成课后作业。实验报告包含实验目的、实验内容、实验仪器与软件、实验步骤和实验结果，以及结果分析等。

实验中所用数据环境和实验结果需要保存在作业盘上，并用电子文档制作实验报告，一并提交。以备任课教师对每个学生的上机实验结果和报告批改。

三、地理计量分析实验教学要求

1. 地理计量分析实验课程设置

地理计量分析实验是与理论课同步进行的课程实验，是非独立开设的实验课，涉及计量地理学、统计学原理等课程的基础理论，其中计量地理学是一门方法论学科，它主要运用数学方法和计算机应用技术，通过建立地理模型，定量地分析地理要素之间的相互关系，模拟地理系统的时空演化过程，从而为人地关系的优化调控提供科学依据。在本课程实验中，部分内容则属于理论课内容的延伸。开展地理计量分析实验，使学生熟悉和掌握地理计量分析方法的基本原理和具体步骤，充分运用Excel、SPSS等计量分析软件，掌握其最基本的功能和操作，结合理论知识和实际问题，并提出问题解决方法，得到所需结果。通过开展课程实验，学生能够掌握地理学的基本建模和定量分析的方法，并培养学生运用计量地理学方法分析和解决实际问题的能力。

2. 地理计量分析实验课程目的与要求

通过上机操作，帮助学生加深对计量地理实践知识的理解。要求学生在理解相关的统计学原理，Excel、SPSS 软件原理的基础上，掌握其操作方法并进行统计分析，能够根据软件运行结果进行解释，验证假设等。实验过程中，需弄清相关理论知识，在预习实验内容、方法和步骤的基础上进行操作，避免出现盲目上机行为，且实验应具有延续性，在实验操作过程中应及时保存，避免前面的实验数据、程序被清除、改动而影响后面的实验操作。根据实验要求，学生最后可能要提交实验报告，实验中所用数据环境和实验结果需体现在实验报告中，并以此作为考核学生掌握知识和技能的依据。

3. 地理计量分析实验行为规范

通过地理计量实验，学生能够对理论知识有更深的理解，并能应用到实际工作中。本课程的实验也是上机实验，实验所用软件为 SPSS、Excel，在机房内完成。所以为达到让学生熟练操作软件，运用软件进行简单的分析、设计的目的，为保障学生的上课质量和机房设备的正常运行，要求学生必须做到以下几条（内容与地图学与地理信息分析实验要求一致）。

4. 地理计量分析实验的课堂要求

第一次实验前，任课教师向学生讲清实验的整体要求及实验的目标任务；平时考核内容、期末考试办法、实验守则及实验室安全制度；讲清上机操作的基本方法。同地图学与地理信息技术实验的课堂要求。

5. 地理计量分析实验的课后实验报告要求

同地图学与地理信息技术课后实验报告要求。

四、地理实验课程的考核

根据实验报告和实验表现进行考核，成绩按比例（20%～40%）记入课程期末考试。各门实验课的实验单独按五分级记录考试成绩，评定各级成绩时，可参考以下标准：

1. 优秀（很好）

能正确理解实验的目的要求，能独立、顺利而正确地完成各项实验操作，会分析和处理实验中遇到的问题，能掌握所学的各项实验技能，能较好地完成实验报告及其他各项实验作业，有一定的创造精神和能力。有良好的实验室工作作风和习惯。

2. 良好（较好）

能理解实验的目的和要求，能认真而正确地完成各项实验操作，能分析和处理实验中遇到的一些问题。能掌握所学实验技能的绝大部分，难度较大的操作完成有困难。能完成实验报告和其他实验作业。有较好的实验习惯和工作作风。

3. 中等（一般）

能粗浅理解实验目的要求，能认真努力进行各项实验操作，但技巧较差。能分析和处理实验中一些较容易的问题，掌握所学实验技能的大部分。有 30%掌握不好，能完成各项实验作业和报告。处理问题缺乏条理。工作作风较好，能认真遵守各项规章制度，学习努力。

4. 及格（较差）

能机械地了解实验内容，能“按图接线、按方抓药”完成实验操作，能掌握 60%所学的各科实验技能，有些虽能做但不准确。遇到问题常常缺乏解决的办法，在别人的启发下能做些简单处理，但效果不理想。能完成实验报告，能认真遵守实验室各项规章制度，工作中有小的习惯性毛病（如工作无计划、处理问题缺乏条理）。

5. 不及格（很差）

盲目地“照方抓药”，只掌握50%的所学实验技能。有些实验虽能做，但一般效果不好，操作不正确。工作忙乱无条理，一般能遵守实验室规章制度，但常有小的错误。实验报告较多的时候有错误，遇到问题时不明原因，在教师指导下也较难完成各项实验作业。或有小聪明但不努力，不求上进。

第二章　地球概论实验

第一节　概　　述

一、课程简述

“地球概论”是地理科学（师范类）专业的一门基础课程，也是地理学其他课程学习的重要预修课程，课程主要对行星地球的基础知识展开学习。

本课程的主要内容分为两大部分，即地球的天文学基础知识和地球的物理学基础知识。地球的天文学基础知识部分主要讲解地球的宇宙环境（包括地理坐标与天球坐标的使用、恒星与星系、太阳与太阳系、地球与地月系等基础知识）、地球的运动（包括地球的自转和公转的基本认知）及其地理意义（包括四季五带、历法制定和时间），以及地球和月球的关系（包括日月食与天文潮汐），地球的天文学基础知识是本课程的重点学习部分。地球的物理学基础知识部分简要讲述地球形状、大小、内外结构及其他物理性质。

二、课程实验的重要性

课程实验在地球概论课程教学中占有重要位置。由于在课程教学及学习过程中，需要用到球面坐标的基本知识，特别是地理坐标与天球坐标的基本概念、使用方法等内容。鉴于本课程部分章节的课程内容相对抽象，为了学生更好地掌握基础知识，同时培养学生的空间认知感，有必要以课程实验内容辅助课堂教学。

三、主要实验构成

本课程的实验主要包括两个部分，一是天球仪演示实验部分，主要包括天球仪的构造和天球仪的使用；二是地球运动演示实验，主要使用简易器材演示地球自转和地球公转，以及月相变化和潮汐周期等实验内容。

第二节　天球仪演示实验

实验一　天球仪的结构与使用校正

一、实验目的与要求

了解天球仪结构，能够正确掌握天球仪的使用校正。

二、实验内容

1. 天球仪的结构认知

天球仪（图 2.1）是用来表述各种天体坐标和演示天体视运动的天球模型，可以帮助学生认识星空，直观感受天体视运动的变化规律。天球仪用途广泛，是开展地球概论课程教学的重要科教仪器。天球仪主要由天球、子午圈、地平圈和支架四部分组成。

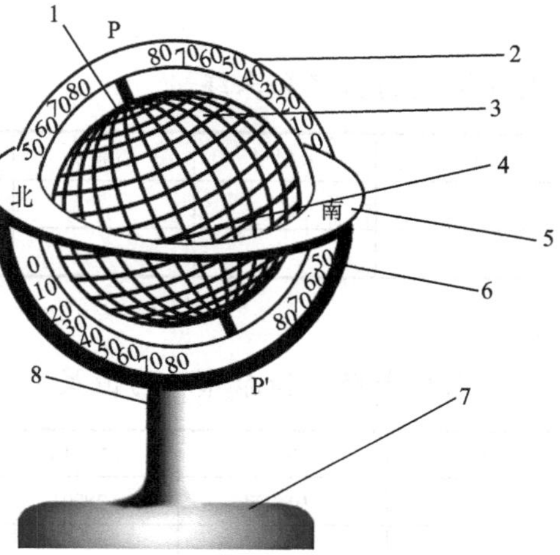

图 2.1 天球仪的结构

1. 天球；2. 子午圈；3. 天赤道；4. 黄道；5. 地平圈；6. 竖环；7. 底座；8. 支架

天球是天球仪的主体部分，通常为透明球体，其球体直径根据教学需要而定。天球球面上标有亮星的位置、星名、国际通用的星座；此外，天球球面上还标有天赤道、赤经圈、赤纬圈和黄道圈等基圈和辅圈。天赤道是赤纬圈中的唯一大圆，在其周长上通常每隔 15°标注有一条赤经圈。天赤道和黄道圈的夹角约为 23°26′，两圈的交点为春分点和秋分点。黄道上标有黄经和日期，用以表示一年中太阳在黄道上的视位置。因此在天球仪上可以读取天体的赤道坐标和黄道坐标。

天球仪的中间轴代表天轴，其与球面的交点为南天极和北天极。天轴两端有轴承，装在天球仪的竖直圆环（竖环）上，竖环代表子午圈，实验时可以根据观测点的地理纬度调节天极的高度。子午圈的最高点是天顶，与之对应的最低点是天底，子午圈上可以读取天体中天时的地平高度。

天球仪上与子午圈垂直的水平圆环代表地平圈，地平之上即为天穹。子午圈与地平圈的两交点为南点与北点，天赤道与地平圈的两交点为东点和西点，合称为四方点，代表地平的四个方位。地平圈上自南点，由东向西标有 0°～360°的刻度，表示地平经度（方位）。

通常来说，一个装置正确的天球仪必须满足以下条件：天赤道与地平圈相交的两点分别通过正东、正西两点；东西两点与子午圈南点均相距 90°。

2. 天球仪使用校正

天球仪使用校正包括纬度校正、方位校正和时间校正。校正步骤如下：

（1）纬度校正，转动子午圈上的天极，使仰极高度等于当地地理纬度，通过纬度校正，天球仪正确显示当地纬度观测者所见星区。

（2）方位校正，对天球仪进行纬度校正后，使天球仪上的地平方位与当地地平实际方位相重合。

（3）时间校正，首先在黄道上找到当日视太阳位置，将视太阳置于午圈下；然后按照正午前一个小时向东转15°，正午后一个小时向西转15°转动天球仪，调整观测时刻。

三、实验结果与分析

1. 在天球仪上读出下表各恒星的赤经和赤纬

恒星名	北落师门	五车二	天狼星	心宿二	织女一	轩辕十四
赤经 α						
赤纬 δ						

2. 在天球仪上找出下表中已知赤经度和赤纬度的恒星名称

赤经 α	04h35m	05h14m	07h38m	07h44m	19h50m	20h41m
赤纬 δ	+16°26′	–08°13′	+05°17′	+28°01′	+08°49′	+45°12′
恒星名						

3. 填写太阳在下列日期的赤经和赤纬

日期	3月21日	6月22日	9月23日	12月22日
赤经 α				
赤纬 δ				

实验二　天球仪演示太阳升落

一、实验目的与要求

使用天球仪演示太阳升落地平过程。

二、实验内容

1. 实验仪器

天球仪。

2. 实验步骤

（1）按照观测者所在地理纬度调整天极高度；

（2）在黄道上确定某日太阳所在位置；

（3）将该日太阳置于午圈之下，在午圈上读出太阳的正午太阳高度。

（4）转动天球仪，使太阳位于地平圈上，此时太阳位置为日出点或日落点，这两点的方位角即为日出或日落的方位角。

（5）将该日太阳置于子圈之下，在子圈上读出太阳的子夜太阳高度。

第三节　地球运动演示实验

实验三　地球运动演示

一、实验目的与要求

认识地球的自转与公转。

二、实验内容

1. 实验仪器

三球仪、进动仪。

2. 实验步骤（地月系绕太阳运动演示）

（1）安装好三球仪。

（2）推动三球仪上的地球，让其逆时针绕太阳转动，此时，月球逆时针绕地球转动的同时，又随着地球围绕太阳公转。

（3）站在地球角度观察月球在不同位置时的月相及其变化。

（4）站在地球角度分析地球-月球-太阳不同位置关系对引潮力的影响，分析潮汐的周期性。

（5）按照表 2.1 记录地月系绕太阳运动情况。

表 2.1　地月系绕太阳运动演示记录表

时间	月相	与太阳角距	同太阳出没比较	夜晚见月情况	潮汐类型
初一					
初七、初八					
十五					
二十二、二十三					

3. 实验步骤（地轴进动演示）

（1）调整好仪器。

（2）静观地轴进动仪的黄道、天赤道、黄赤夹角、黄纬 66°34'圈、地轴、天轴、天北极、春分点、夏至点、秋分点、冬至点的位置。

（3）将地轴下端放入黄轴椎孔里，让轴逆时针转动起来后靠到黄纬圈上，观察春分点西移，北极星的变迁方向，赤经、黄经、赤纬度量起点的变化。

（4）将地轴顺时针转动后靠在黄纬圈上，观察春分点移动方向。

（5）明确地轴进动原因。

（6）分析地球自转方向与地轴进动方向的关系。

（7）按照表 2.2 记录地轴进动情况。

表 2.2　地轴进动演示记录表

名称	移动方向	名称	移动方向
北极星		秋分点	
春分点		冬至点	
夏至点		天赤道面	

实验四　天文四季演示

一、实验目的与要求

演示天文四季的形成及变化。

二、实验内容

1. 实验仪器与材料

地球仪、蜡烛、木片。

2. 实验步骤

（1）点燃蜡烛作为太阳，垫高木片，让火心与地球仪球心一样高。

（2）让地轴保持平行地围绕火心转，观察“直射点”的移动。

（3）当烛心与地心连线交于赤道时，太阳直射赤道。太阳赤纬 δ 等于零，全球昼夜相等；正午太阳高度 H=90°－φ，北半球春季，南半球秋季。

（4）当烛心与地心连线交于北回归线时，太阳直射北回归线，δ=23°26′，北半球昼最长，夜最短，正午太阳高度 H>90°－φ 达到最大，得到的热量最多，北半球是夏季，南半球是冬季。

（5）当烛心再次与地心连线交于赤道时，太阳直射赤道。δ=0°，全球昼夜等长，正午太阳高度 H=90°－φ，北半球是秋季，南半球是春季。

（6）当烛心与地心连线交于南回归线时，太阳直射南回归线，δ=－23°26′，北半球昼最短，夜最长，正午太阳高度 H<90°－φ 达到最小，得到热量最少，北半球是冬季，南半球是夏季。

三、实验结果与分析

黄赤夹角与地轴方向对形成天文四季的作用。

实验五 测定子午线和太阳高度

一、实验目的与要求

通过实际观测，正确掌握子午线和太阳高度的概念，了解测定子午线的方法，学会用简单仪器测定天体高度的方法，理解太阳高度的季节变化。

二、实验内容

1. 实验仪器与材料

测杆、测绳、量角器、简易高度计。

2. 实验步骤

1）测定子午线

测定子午线可以采用日影杆方法。如图 2.2 所示，先在地面竖起一垂直测杆，以杆基为圆心，以适当长为半径，在杆的北面画出一个半圆。注意观察杆影的变化，记下杆影顶端与半圆的两个交点，这两个点与杆基构成一个等腰三角形，作等腰三角形的角平分线，便是正南正北方向，即当地子午线。子午线也可以通过地方时的计算得到，即当地的地方时为 12 时时，地面上垂直测杆的杆影就是当地的子午线。也可以通过观测北极星大致测定子午线。

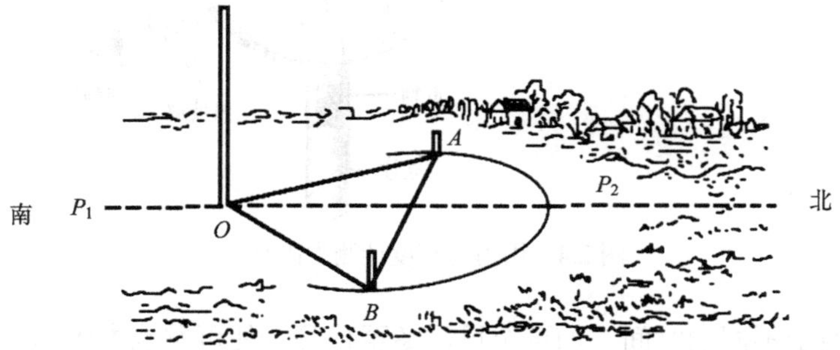

图 2.2 用日影杆测定子午线

2）测定太阳高度

测定太阳高度同样可以采用日影杆法。如图 2.3 所示，直立于地面的测杆，其影长在一天里是变化的，只有到了当地正午 12 时的时候，影长最短。记录下影长最短时刻的长度 a，就可利用三角关系求得 h。$\tan h=b/a$。

也可以采用简易高度计测太阳高度（图 2.4），但是必须计算出当地的正午 12 时的北京时间，在该瞬时间测定太阳中心的仰角。

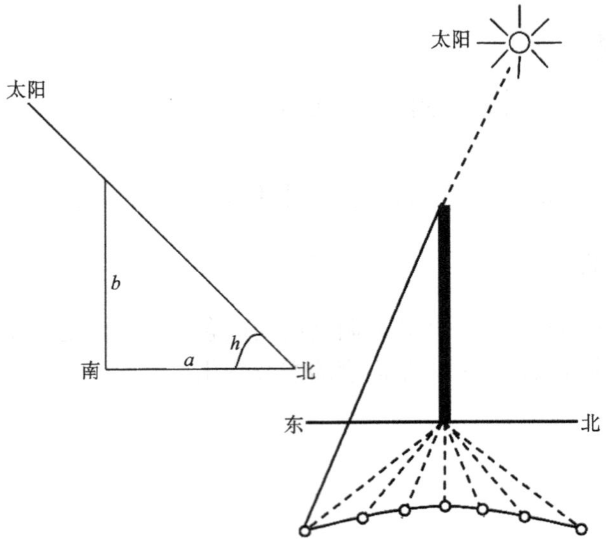

图 2.3　用日影杆测太阳高度

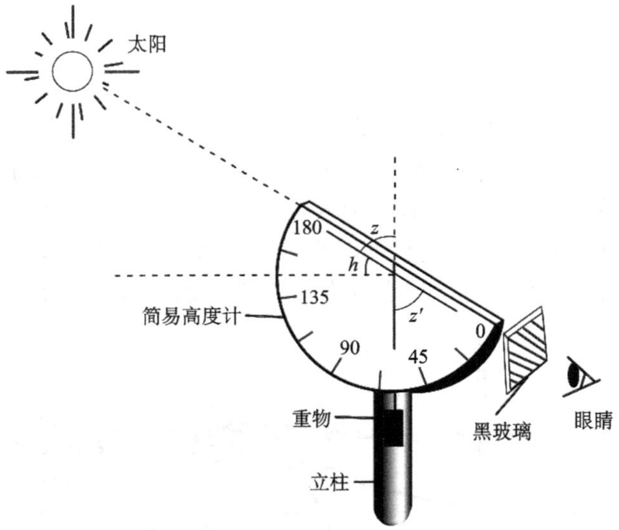

图 2.4　用简易高度计测太阳高度

这些方法应用于不同的时间，如夏至日、冬至日等，便可发现太阳高度的季节变化。

三、实验结果与分析

（1）整理每次的观测结果，确定当地的子午线。

（2）说明太阳高度的观测方法，分析当地太阳高度的变化特点。

实验六　月 面 观 测

一、实验目的与要求

了解月面各种形态及其结构；记住几个较大的月面典型构造特征。

二、实验内容

用望远镜观察月面结构，主要有月海、山脉、环形山和辐射纹等。

1. 实验仪器与材料

自由者FD80A2、米德无限INFINITY系列102AZ、GS1815-45X60型天文望远镜、月面图、笔记本、手电筒、铅笔等。

2. 实验原理

1）月面基本构造

月球表面高低起伏，从地球上可以清楚地看到月面上一些地区比较明亮，而另一些地区比较黑暗。各种结构的特征及其在月面的部位，参看教材相关内容。

（1）月海。是月面上的暗区，它是广阔的平原。迄今已知的月海有 22 个，大部分分布在月球正面。月海的反照率低，因此显得暗。最大的月海是风暴洋。

（2）月陆。月面上高出月海的地区均称为“月陆”或“高地”。月陆一般高出月海2～3km，并且比月海的反照率高，因此月陆洁白明亮。

（3）山脉。月球上的山脉常以地球山脉名称来命名，如高加索山脉，亚平宁山脉等。月球山脉的特点是：向海的一面陡急，呈明显的断崖状，而向月陆的一侧坡度极缓。

（4）月坑及环形山。月球表面，特别是月陆地区，布满了大大小小的圆形凹坑构造，称为“月坑”。许多月坑的边缘隆起，很像火山口，以前常称作“环形山”。环形山是月亮表面最显著的特征之一。月面上月坑总数在30000以上。有趣的是，统计表明单位平方千米月球表面积上环形构造的数量与其直径大小成反比。在大的环形山底部中央常常有尖锥状或瘤状的小山，称为“中央丘”。

（5）月面辐射纹。在望月前后可以观察到从一些大月坑呈放射状向外延伸的亮带。有些亮带可以长达数千公里。这些辐射纹并非月面上隆起或凹陷的地方，而可能是由月坑中抛出的物质堆积而成的辐射状薄层。第谷环形山和哥白尼环形山发出的辐射纹最为美丽。

（6）月谷和月溪。月面上较宽的峡谷称为“月谷”，细长的小月谷称为“月溪”。

2）月面观测基本方法与内容

观察月面的最好时机，是在上、下弦前后。因为此时对于月面中部，太阳光是斜射的，月面上的山地都有明显的阴影，能看到月面上更细的形态结构。若观察月球的全貌，则在满月时进行。观察月面一般用较低的倍率放大镜（通常使用两倍分辨放大率的目镜）。如果倍率过高，光线就较暗，月面形态就可能不清楚。

观测月面局部具体构造有两种方法。一种是全面巡视，从农历的月初开始，逐晚顺序观测月面晨昏圈附近昼半球一侧的目标。另一种是重点观测，只选择若干个环形山、山脉作为目标，最好也是选择该目标物出现在晨昏圈附近时观测。重点要观测的内容建议如下。

（1）了解“海洋”的相对位置。从月面西部开始依次向东：危海（605km）①、丰富海（909km）、神酒海（333km）、静海（873km）、澄海（740km）、冷海（596km）、雨海（1123km）、

① 括号内的数据为直径。

湿海（389km）、风暴洋（2500km）。

（2）了解雨海周围的山脉。雨海周围被几条山脉包围着，东边是前驱山脉，东北是朱拉山，西北是阿尔卑斯山，西边是高加索山，西南是亚平宁山，南边是喀尔巴阡山。其中亚平宁山脉最长，达 1000km，高出月面 3～4km。月球上山脉两边很不对称，向“海”的一边坡度很陡，有时甚至是断崖状，而另一端相当平缓。

（3）几个环形山。①克拉维环形山，在南极附近，直径约 240km，是很古老的环形山，现今环臂崩解，已失去原来面目。②第谷、哥白尼、开普勒三个环形山，都有辐射纹，是较年轻的环形山。其中第谷环形山在南极附近，直径 82km，周围高约 4000km，有辐射纹 12 条，最长的达 1800km，十分美丽壮观。在农历初十即可看到，满月时更好看。第谷环形山的中央还有小山峰，高约 1600m。哥白尼环形山在雨海和风暴洋之间，喀尔巴阡山的南边，直径约 93km，高约 4000m。在其东边不远处是开普勒环形山，直径 35km。③阿基米德、奥多里克、阿里斯基尔三个环形山，排成一个三角形，位于雨海的西部，其中阿基米德环形山直径约 80km，环壁层峦叠嶂，最高达 2500m。

3. 实验步骤

（1）正确安装天文望远镜，选择合适的望远镜放大倍率（建议 40～200 倍）。

（2）记录观察日期、时间、地点、天气状况和所用仪器，并注明月相的农历日期。

（3）画一直径为 10cm 的圆表示月面。在圆上画出它的明暗线，并标出月面的方位。

（4）用小倍率目镜观察月面的形态特征（月海、环形山、辐射纹等），将所看到的月面形态结构记录在圆内，并分析月面的形态特征。

（5）换用大倍率目镜，观测并描绘月面的某一局部。当目镜倍率增大时，影像可能变暗、模糊，因此倍率选择应以影像清晰为度。

三、实验结果与分析

观察月面（图 2.5），将观察结果填在直径为 10cm 的圆内，并详细记录观察日期、时间、地点、使用仪器、放大倍率、月相农历日期和分析月面的形态特征。

图 2.5　月面示意图

实验七　辨认北极星，用简易方法测定地理纬度

一、实验目的与要求

掌握辨认北极星和用北极星确定方向的方法；掌握简易测定地理纬度的方法；巩固有关地理坐标和天球坐标方面的知识。

二、实验内容

1. 实验仪器与材料

天球仪、多媒体课件、星图、测角仪器等。

2. 实验步骤

1）辨认北极星，并用其确定方向

在晴朗的夜晚，选择不受或少受地面灯光干扰的较高地方为观测场地，分组观测。

在北方天空找出北斗七星。这七颗亮星在天球上组成一个巨大的勺形。以勺头两颗星（天璇、天枢）之连线为长度单位，并以此长度单位向勺口所指方向度量，大约五个长度单位处那颗亮星，即为北极星（图 2.6）。

在北斗七星位于北方天空低处的情况下，也可通过仙后座辨认北极星。仙后座的五颗主要亮星在天球上组成的图形，很像英文字母 W 的形状。从仙后座 α 星（王良四）向它前面的一颗不太亮的 κ 星（位于 W 开口处）连线，并以这一连线为长度单位，沿其延长线向 W 开口方向度量，在大约五个长度单位处那颗亮星即为北极星（图 2.7）。

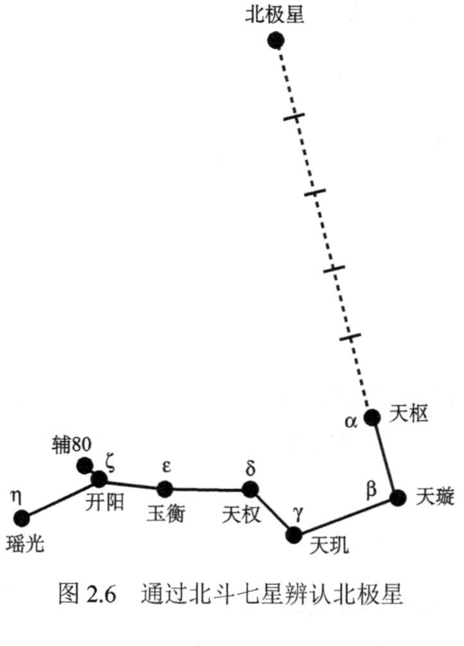

图 2.6　通过北斗七星辨认北极星

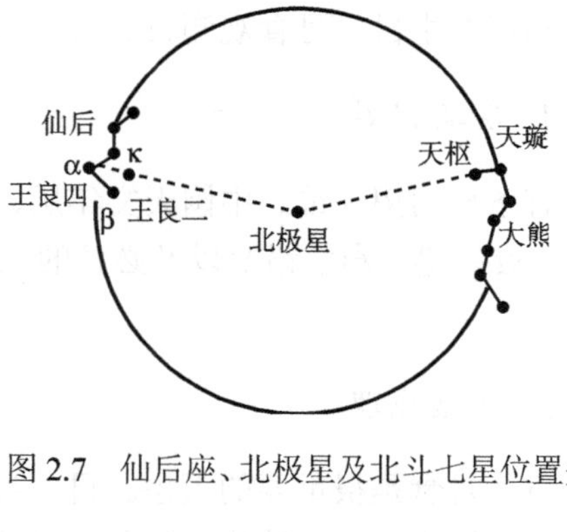

图 2.7　仙后座、北极星及北斗七星位置关系

北极星（小熊星座α星）并不真正在天北极的位置，其赤纬是 89°01′44″，离天北极很近。而且，在天北极处没有亮星作标志，因此，人们常常以北极星来代表天北极。

在夜间，可用北极星确定方向。正望北极星，前面是北，后面是南，左边是西，右边是东。据此，确定周围地物与观测点之间的方位关系。

2）用简易方法测定当地地理纬度

在地平坐标系中，天北极的高度等于当地地理纬度。用简易测角仪器测得北极星的仰角，即为其高度。由于北极星与天北极仅 58′16″之差，故可粗略地以北极星高度代表天北极高度。因此，测得了北极星的仰角，也就粗略地测得了当地的地理纬度，其误差不超过 1°。

如果要较准确地测定当地纬度，则需于北极星在上中天或下中天位置时，测得其仰角。北极星上中天时的仰角减 58′16″（或北极星下中天时的仰角加 58′16″）即为天北极之仰角。经过这样修正的北极星高度，就是当地的地理纬度。

3）观测北斗七星等亮星相对于北极星和观测地点的运动情况

选择近观测点地物（如电杆、树木、建筑物等）作参照，观测记录北斗七星等和北极星与参照点之间的相对位置关系。过 1～2h，再于原位置进行同样的观测记录。这样的观测要连续进行 3～4 次。

三、实验结果与分析

（1）画图说明北斗七星在天球上相对于北极星的周日运动情况，说明其原因。

（2）对照大比例尺地图，佐证所测当地地理纬度。说明通过观测北极星测纬度的原理。

（3）根据观测记录，分析观测过程中北极星和北斗七星相对于观测点有无位移？为什么可以用北极星确定方向？

实验八　日食和月食观测

一、实验目的与要求

掌握日食、月食过程的观测方法，认识太阳大气层。

二、实验内容

利用发生日、月食观测日、月食过程并作记录。

1. 实验仪器

有条件用望远镜、中国天文年历、钟、秒表、白色观测纸、记录本、黑色眼镜、废照相底片、硬铅笔、彩色铅笔以及必备的气象仪器、手电筒等。无条件利用天球仪、多媒体课件，图片等。

2. 实验原理

日、月食是很重要的天象。日、月食的发生是日和月同时位于黄白交点或交点附近，使日、月、地产生相互遮掩的现象。虽然每年发生日食的次数比月食多，但由于日食带非常狭窄，看到日食的机会反比看到月食少，看到日全食和日环食的机会就更少。通过对日、月食的观测，可以获得许多有关太阳外部结构、太阳活动和日地关系等的宝贵材料。

3. 实验步骤

（1）日食来临前，准备好日食观测纸，启动转仪钟。观测者注意力集中，分工合作，完成各自的观测工作。

（2）在初亏发生之前，在钟指某整分 00 秒时，计时者开启秒表；观测者戴好黑色眼镜（避免观测纸反射阳光的刺激）密切注意初亏的大致方位。当初亏到来时，观测者呼“到”，并在太阳像上标记出初亏的方位；计时者闻声关闭秒表，并记录时间（平时钟该整分时刻+秒表走时+钟差）。

（3）观测贝利珠现象来决定食既（日全食开始）和生光（日全食结束）的瞬间。在食既和生光到来的瞬间，太阳光线通过月球边缘的山谷射来，形成许多特别明亮的光线和光点，好像在太阳周围镶嵌着一串珍珠似的，这就是贝利珠现象。食既瞬间，贝利珠一般出现在太阳的东边缘，生光瞬间，它一般出现在太阳的西边缘。在食既和生光到来之前的整时整分 00 秒，计时者开启秒表；观测者密切注意，当贝利珠现象出现时呼“到”并记下它的方位和珠数；计时者闻声关闭秒表，并记录时间。

（4）观测复圆时的方位和时刻，方法同（2）。

（5）从初亏开始每隔 10～15min 描绘一食相图（食甚时食相图必须包括在内）。所有食相图都应记录对应的时刻。

（6）在描绘日全食食相的同时，要记录气温、气压、温度、风力和风向、云状和云量等气象要素，并观察生物的异常反应。

（7）观测色球层和日饵。日全食时可以看到在暗黑月轮周围有一圈窄窄的亮环，为色球层。在其上还可出现从太阳边缘喷发出的火红气流，为日珥。日珥的形状千变万化，要尽快数一下有几个日珥，并把它们的位置、形状、大小和颜色一一记录下来。

（8）观测日冕，日冕是太阳大气的最外层，日全食是观测的好时机，日冕半径可达几个太阳半径，观测前，在白纸上画一个半径 2～3cm 的圆代表日面，半径为 2 倍、3 倍、4 倍的同心圆，并以圆心为原点做直角坐标轴，把同心圆分为 4 个象限供作图用，日冕的形状与太阳活动有关，在太阳活动极大年份近与圆形，在太阳活动极小年份呈扁圆形，但在一次全食过程中，日冕形状基本保持不变，因此可以仔细观察，按不同颜色认真作图。

在日全食的食既到生光的过程中，不见日光，天空黑暗，须用手电筒（镜头蒙上红布），照明记录画图。

（9）观测完毕后，认真整理记录，进行分析，绘出一套日食过程食相图，并根据自绘的食甚时的食相图，求出食分的数值。

4. 注意事项

日食发生过程，不要直接用肉眼去看太阳，更不允许直接通过望远镜去看太阳，很可能把眼睛灼伤致盲！可将几张废照相底片重叠在一起，隔着底片看太阳（根据太阳光的强弱增减底片的张数），或观察加点墨汁的水盆中的太阳反射像。还可用硬纸板做个眼镜架上底片，或戴上深黑色眼镜，这样看起来方便，也便于画食相图。如果使用望远镜，要像观测太阳黑子那样，在目镜或物镜上加上滤光片才能观测。

三、实验结果与分析

和日食的观测、记录方法类似。校正钟表，备好观测纸，每隔 10～20min 绘一次食相图，记下对应的时刻，得出一套月食全过程的食相图，并求出食分值。月食时月面仍可看到，但明暗和颜色都有变化，也应翔实记录，这与研究太阳活动和地球大气状况有关，是有价值的资料。月食时可以使用望远镜观测，方法与观测月面一样，同样做好观测记录，并附素描图（图 2.8）。

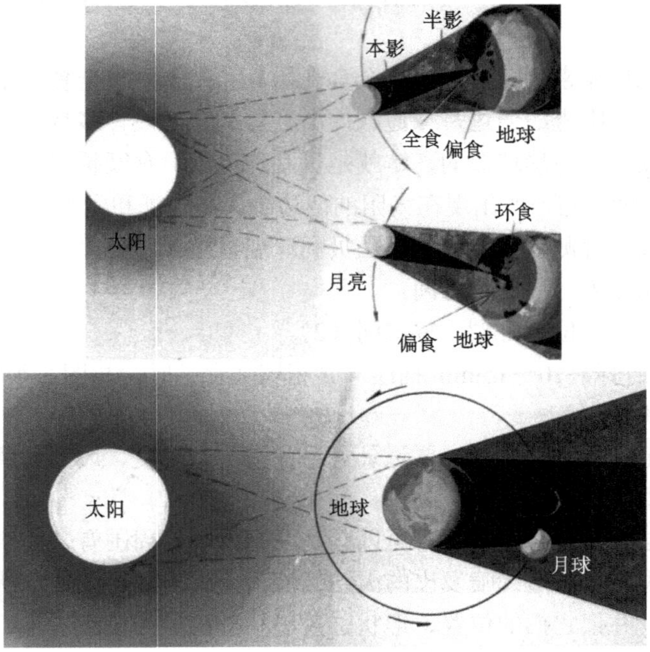

图 2.8　日食、月食图

实验九　测定地方时，计算地理经度（选做）

一、实验目的与要求

了解日晷的构造和观测使用方法，掌握测地方时、计算地理经度的基本技能，加深对有关时间及时间和地理经度之间关系等基础知识的理解。

二、实验内容

1. 实验原理与方法

了解日晷的使用方法，熟悉有关地方时、时差、区时及时间与地理经度的换算关系等基础知识。如果当地没有已建成的日晷，可以自己动手在校内建造一座。

2. 实验步骤

1）关于地方时的测定

地方时可用日晷测定。日晷又称为日规，它是根据一天之内日影方向变化来测定时刻的仪器。日晷由晷针、标有方向线和时刻注记的圆盘（或其他形状的平盘）组成。晷针通过圆盘中心，并与圆盘平面垂直（图 2.9）。常见的日晷都是赤道式的，其晷针平行于地轴，圆盘面平行于赤道平面。

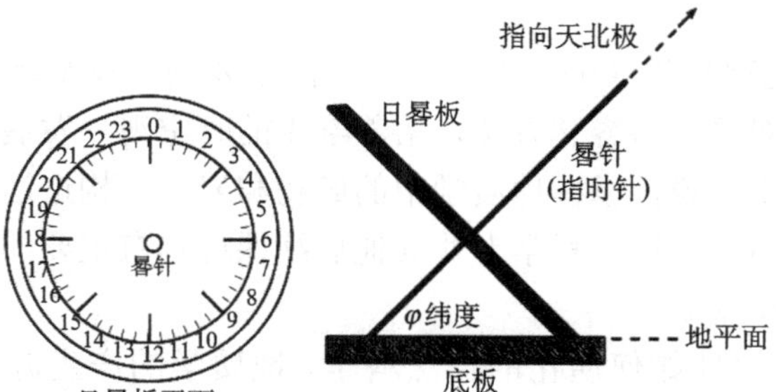

图 2.9　日晷

日晷上所表示的是真太阳时，从日晷上观测到某地某时刻的真太阳时，然后再从时差订正表中查得当日的时差订正值（每天时差的准确值可以从天文年历中查得。一般日晷也都配有时差订正表），就可以把所测到的真太阳时，换算为平太阳时。即

$$T_{\text{地方平时}}=T_{\text{日晷}}-\text{时差}$$

2）关于地理经度（λ）的计算

时间与经度之间存在一定换算关系，通过时间计算，可以求得各地的地理经度。某地的地理经度与当地的地方时和世界时之间，存在着下列关系

$$\lambda=T_{\text{地方}}-T_{\text{世界}}$$

由于 $T_{\text{北京时间}}=T_{\text{世界}}+8$ 小时；$T_{\text{地方}}=T_{\text{日晷}}-$时差；所以 $\lambda=T_{\text{地方}}-$（$T_{\text{北京时间}}-8$ 小时）；或 $\lambda=$（$T_{\text{日晷}}-$时差）–（$T_{\text{北京时间}}-8$ 小时）。

根据已知的北京时间（手表所指示的时间）、日晷所指示的地方真太阳时和时差订正表所提供的时差等数值，运用上面的关系式进行计算，即可求得所在地的 λ 值。再根据时间和经度的数值换算关系，将 λ 的时、分、秒单位，换算为度、分、秒，即为当地的地理经度。

一年内有四天（4 月 15 日、6 月 12 日、9 月 2 日、12 月 5 日）的时差等于零，如果是在这几天测算地理经度，就会更加简便。

三、实验结果与分析

对照有关资料，验证观测、计算得到的地方时、地理经度精度。

第三章　地质学基础实验

第一节　概　　述

一、课程简述

“地质学基础”是地理科学（师范类）专业一门重要的专业基础课。该课程的任务是使学生了解地质学的研究对象、内容和方法，培养学生的时空观、发展观及其地质思维能力。对于地理科学专业的学生来说，掌握地质学中的矿物和岩石、构造运动及地壳演化史的基本概念和基本理论，对以后学习地理科学专业其他后续课程具有重要的作用，也为今后的继续深造打下了坚实的地质学基础。

地质学是一门探讨地球如何演化的自然科学，地质学的产生源于人类社会对石油、煤炭、金属、非金属等矿产资源的需求，由地质学所指导的地质矿产资源勘探是人类社会生存与发展的根本源泉。地质学的研究对象为地球的固体硬壳——地壳或岩石圈，主要研究地球的物质组成、构造运动、发展历史和演化规律，并为人类的生存与发展提供必要的地质依据。

二、课程实验的重要性

地质学研究具有一个独特的特点，即地质学来源于实践又服务于实践。因此，地质学必须首先以地球为大课堂，以大自然为实验室，进行野外调查研究，掌握大量实际资料，进行分析对比归纳，得出初步结论，然后再用以指导实践，并不断修正补充自己的理论。这个特点决定了地质学研究方法主要是在实践基础上，进行推理归纳。地质学实践研究方法包括了野外调查和室内实验，而野外调查所采集的各种矿物和岩石样本，都要带回室内实验进行分析。因此，地质学室内实验在整个地质学研究方法中占据的地位十分重要。为了使学生能感性地认识地球，必须进行野外调查，收集标本和地质测量，才能深入地分析和加深理解一些地质现象。例如，矿物和岩石的鉴定，必须经过一定的实践才能掌握，若只进行理论学习，将会使学生摸不着头脑，慢慢就会失去学习地质学的兴趣。

三、主要实验构成

结合地质学研究内容、研究特点及研究方法，并结合地理科学专业教学大纲，地质学基础实验由四大部分组成，第一部分为地球的物质组成，包括矿物、岩浆岩、沉积岩和变质岩；第二部分为地质构造认识，包括地层的接触关系、褶皱和断层的结构；第三部分为地质图的判读，包括阅读和编制不同地质构造的平面图和剖面图；第四部分为基础地质室内综合实践馆。实验中介绍了各种矿物、岩石的肉眼鉴定和描述，以及各种图件和资料的编制、整理、分析和判读方法，可使学生进一步加深对地质学基本概念、图件信息和科学工作的认识，培养其动手能力。

第二节　地球的物质组成实验

实验一　矿物形态和物理性质的认识

一、实验目的与要求

通过观察和认识矿物的形态及物理性质，初步掌握肉眼鉴定矿物的操作方法，为鉴别常见的岩石打下基础。

熟悉摩氏硬度计及矿物的摩氏硬度判别方法，熟记硬度计中的十种矿物及对应的摩氏硬度值。

熟悉矿物物理性质的鉴定方法，熟悉肉眼鉴定矿物的方法。

二、实验内容

1. 实验仪器

1）标本

正长石、斜长石、普通辉石、角闪石、白云母、黑云母、高岭石、石英、方解石、石膏、黄铁矿、赤铁矿、滑石、白云石、橄榄石、蛇纹石。

2）工具

小刀、条痕板（无釉白瓷板）、放大镜、磁铁、稀盐酸等。

2. 实验方法

1）观察矿物的形态

矿物有一定的形态，并有单体形态和集合体形态之分，因此，观察时首先应区分是矿物的单体还是集合体，然后进一步确定属于什么形态。

（1）单体形态。矿物的单体是指矿物的单个晶体，它具有一定的几何外形，由晶棱、面角和晶面所构成。同种矿物往往具有一种或几种固定的几何形态，如立方体、四面体、八面体、菱形十二面体等。

矿物的形态是其内部结晶格架的外在表现。因此，这些固定的几何形态是认识矿物的重要标志之一。

矿物的单体形态有针状、长柱体、板状、片状、正方体、四面体、八面体、菱形十二面体等。

（2）集合体形态。矿物集合体是由许多个结晶矿物单体共同生长在一起的矿物组合，也可以是隐晶质及胶体矿物（或称准矿物）的组合。依据颗粒的大小可分为显晶质集合体和隐晶质及胶态集合体。

常见的显晶集合体形态如下。

柱状集合体：个体均由柱状矿物组成，集合方式不规则，如角闪石。

放射状集合体：个体为针状、长柱状，一端会聚，另一端发散，如红柱石、透闪石等。

纤维状集合体：由极细的针状或纤维状矿物组成，如石棉。

片状集合体：由片状矿物组成，如云母。

板状集合体：由板状矿物组成，如石膏。

粒状集合体：由均匀粒状矿物组成，如石榴子石、橄榄石。

晶簇：具有共同生长基壁的一组单晶集合体，常生长在空隙壁上，如水晶晶簇。

常见的隐晶及胶体矿物集合体如下。

这类矿物没有固定的形态，不能将其分为单体，主要根据矿物集合体的外形分类。

隐晶集合体是放大镜也看不见单体界线的集合体，按其紧密程度可分为致密块状和疏松土状。前者如石髓，后者如高岭土。

常见的非晶质矿物（即胶体矿物）集合体有如下。

鲕状和豆状集合体：由许多鱼子状或豆状的矿物集合而成，如鲕状或豆状赤铁矿。

钟乳状集合体：由同一基底向外逐层立体生长而成的呈圆锥状的矿物集合体，如石灰岩溶洞中的石钟乳和石笋均为钟乳状方解石。

葡萄状或肾状集合体：外形似葡萄状者称葡萄状集合体，如硬锰矿；外形呈较大的半椭球体，则称肾状集合体，如肾状赤铁矿。

结核体：围绕某一核心生长而成的球状、凸透镜状或瘤状的矿物集合体，如钙质结核等。

分泌体：岩石中形状不规则或球形的空洞被胶体等物质逐层由外向内充填而成，常呈同心层构造，大者粒径 $d>1$cm 称晶腺，小者粒径 $d<1$cm 称杏仁体。

（3）晶面花纹。有些矿物的晶面上常有各种纹饰，它对鉴定矿物和分析矿物有一定的意义。在黄铁矿立方体的晶面上有三组互相垂直的晶面条纹，石英柱面上常有横纹，电气石柱面上常有纵纹（图 3.1）。

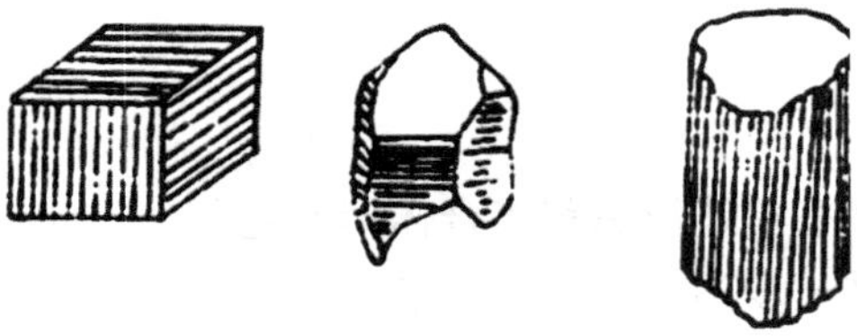

(a) 黄铁矿　(b) 石英　(c) 电气石

图 3.1　矿物晶面上的花纹

2）观察矿物的主要物理性质

a. 矿物的光学性质

矿物对光的吸收、折射、反射所表现出来的物理性质，主要有颜色、条痕、光泽和透明度等。

（1）颜色。矿物本身固有的颜色叫自色，有些矿物只有一种颜色，有的矿物因含杂质或色体、裂纹或被氧化而呈现不同颜色叫他色或假色。

矿物的自色一般较均匀、稳定，它是矿物本身的颜色；他色和假色常在一个矿物中分布不均一，导致矿物表面色彩不同或浓淡不均。

（2）条痕。条痕就是矿物在无釉白瓷板上摩擦留下粉末的颜色。同一种矿物的条痕（痕迹）是比较固定的。条痕可以和矿物的颜色相同，也可以不同。如赤铁矿的颜色可以是褐红色，也可以是铁黑色，但条痕均为樱红色，磁铁矿是铁黑色但条痕是黑色。条痕是鉴定矿物的一个重要标志。

（3）光泽。光泽是指矿物反光的能力，因强弱有别，光泽常与矿物的成分和表面性质有关，习惯上按矿物表面的反光程度分为金属光泽和非金属光泽两大类，介于两者之间的称半金属光泽。金属光泽的矿物如方铅矿、黄铜矿等。非金属光泽的矿物如长石、石英、云母、辉石等。半金属光泽的矿物如赤铁矿、磁铁矿和铬铁矿等。

观察光泽时要注意：①不要与矿物的颜色相混；②转动标本，注意观察反光最强的矿物小平面（晶面或解理面），不要求整个标本同时反光都强。

（4）透明度。透明度是指矿物透光的性能，一般透明和不透明是相对的。常以厚 0.03 mm 薄片为标准，按其透光程度进行肉眼观察，从而将矿物分为透明、半透明和不透明三类。

常见的透明矿物有水晶、方解石、云母、长石、辉石和角闪石；半透明矿物有闪锌矿、辰砂；不透明矿物有磁铁矿、黄铁矿、石墨、方铅矿等。

b. 矿物的力学性质

矿物的力学性质是指在外力作用下所表现的物理性质，包括硬度、解理、断口、弹性、挠性和延展性等。

（1）硬度。矿物的硬度是指其抵抗外来机械力作用（如刻划、压入、研磨等）的能力。一般通过两种矿物相互刻划比较而得出其相对硬度，通常以摩氏硬度计作标准。

摩氏硬度计是以十种矿物的硬度表示十个相对硬度的等级，由软到硬的顺序为：滑石（1度）、石膏（2度）、方解石（3度）、萤石（4度）、磷灰石（5度）、正长石（6度）、石英（7度）、黄玉（8度）、刚玉（9度）、金刚石（10度）。

实验时首先应熟悉摩氏硬度计中的矿物，然后用它们刻划其他未知矿物，以便确定未知矿物的硬度等级。

还可用指甲（硬度为2～2.5）、铜钥匙（硬度约为3）、小钢刀（硬度约为5.5）、玻璃（硬度约为6）等来刻划各种矿物，大致确定其被刻划矿物近似的硬度级别。

（2）解理与断口。矿物受力后沿其晶体内部一定的结晶方向（或结晶格架）裂开或分裂的性质，称解理。它是沿着矿物内部一定方向发生平行分离的特性，其裂开面称解理面。解理面可以平行晶面，也可以与晶面相交。

观察矿物解理时首先应学会判别解理存在与否，其关键是学会识别解理面。在观测矿物碎块时，若发现许多平滑的面，则说明此种矿物具有解理；否则可能是无解理。解理面无论大小，一般都表现出反光性。解理面不一定具有固定的几何形态。寻找解理面时，要对准光线反复转动标本，仔细观察，要注意寻找是否有相同方向且相互平行的许多面存在。特别要注意解理面与晶面的区别。晶面是按一定内部构造生长成的几何多面体的表面，它只位于晶体表面并常具固定的几何形态，同一晶体上相似的晶面大小相近。解理面则可在相同方向上找到一系列的面，它们相互平行但大小不一定等同。另外，有些矿物晶面上具有晶面条纹，可与解理面相区别。

在实验过程中，观察解理组数时，应从不同方向去看标本，如在某一方向上观察到一系列相互平行的解理面，则可定为一组解理；再转动到另一方向又发现另一系列相互平行的解理面，就可定为两组解理；依次类推。确定解理组数后，还应注意不同组解理面间的交角（称解理夹角），因为同种矿物一般具有固定的解理组数和解理夹角。有无解理面、解理组数多少、解理夹角的大小等都是识别矿物的重要标志。

断口是矿物受到敲击后，沿任意方向发生的不规则破裂面。断口对鉴定矿物也具有一定的意义。

（3）弹性与挠性。某些片状或纤维状矿物，在外力作用下发生弯曲，当去掉外力后能恢复原状者具弹性（如云母）；不能恢复原状者具挠性（如蛭石和绿泥石）。

（4）延展性。矿物能被锤击成薄片状或拉成细丝的性质称延展性。自然金、自然银、自然铜等具此性质。

c. 矿物的其他性质

矿物除上述物理性质外，还具有一些其他性质，主要的有比重、磁性、发光性及通过人的触觉、味觉、嗅觉等感官而感觉出矿物的某些性质。

（1）比重：矿物与同体积水（4℃）的重量比值，称比重。

（2）磁性：矿物能被磁铁吸引或本身能吸引铁屑的能力称为磁性。

（3）发光性：矿物在外来能量的激发下发光的性质，如萤石在紫外线照射时均显荧光。

（4）人的感官所能感觉到的某些性质：如滑石和石膏的滑感；食盐的咸味；燃烧硫黄、黄铁矿、雌黄和雄黄的臭味等。

此外，还有如碳酸盐矿物与稀盐酸反应放出 CO_2 气泡；磷酸盐遇硝酸与钼酸铵使白色粉末变成黄色等就是鉴定碳酸盐类和含磷矿物的好办法。

3. 实验步骤

（1）首先观察矿物的形态、颜色、条痕色和光泽，透明度结合矿物的颜色、条痕色和光泽综合判断，具体以标本观察为主。

（2）硬度、解理等除仔细观察外，还应按照指定方法进行实际操作。矿物的硬度主要是借助于小刀和指甲，判断硬度的级别。

硬度>小刀（5～5.5）为高硬度。

指甲（2～2.5）<硬度<小刀（5～5.5）为中硬度。

硬度<指甲（2～2.5）为低硬度。

（3）通过手感来分辨矿物的比重，一般来说感觉沉、压手为重矿物，感觉很轻是轻矿物，但要注意手标本上该矿物的含量，若含量少则是无法分辨的。

（4）鉴定矿物的磁性时，要用小刀刻下粉末（对准要测矿物刻准），再用磁铁吸。若在手标本上含量较多时，可用磁铁直接吸手标本。在肉眼鉴定矿物时，把手标本可以被磁铁吸引的称强磁性；矿物粉末能被磁铁吸引的称为弱磁性。

（5）试剂主要是用来鉴定矿物的化学性质，常用的试剂有：盐酸、40%的氢氧化钾溶液、30%的过氧化氢等。

4. 注意事项

（1）观察矿物的颜色、光泽要在矿物的新鲜面上进行。

（2）对于颗粒细小的矿物，当刻划其硬度或条痕时，要在单矿物颗粒上进行。

（3）在观察贵重矿物标本的形态、光泽、颜色等时严禁敲打、刻划、撕裂。

（4）观察解理、断口时，要在矿物颗粒上观察，要对着光利用反光来观察，见到有解理时还应用小刀撬一下，看是否有解理面出现。对断口的观察应注意区别是单矿物颗粒还是矿物集合体。

（5）鉴定结果应以标本实际观察为准，不能查书照抄。在以后的实验中也要注意这个问题。

（6）标本和标本盒应同时取走，不能将标本盒和标本分离，以防标本混乱。以后的实验也要注意这个问题。

三、实验结果与分析

至少描述十种矿物并将其矿物形态及物理性质等特征填入报告。

实验二　造岩矿物鉴定

一、实验目的与要求

通过实验进一步熟练掌握矿物的物理性质与肉眼鉴定方法。对常见矿物能依据矿物的形态、物理性质和化学性质，借助于小刀、指甲、磁铁等工具和简单的试剂，通过查书进行矿物定名。

熟悉矿物物理性质的鉴定方法，熟悉肉眼鉴定矿物的方法。

二、实验内容

1. 实验仪器

1）标本

正长石、斜长石、辉石、角闪石、白云母、黑云母、高岭石、石英、方解石、石膏、黄铁矿、赤铁矿、滑石、白云石、橄榄石、蛇纹石、萤石、磷灰石、绿泥石、红柱石。

2）工具

小刀、条痕板（无釉白瓷板）、放大镜、磁铁、稀盐酸等。

2. 实验方法

（1）凭肉眼和一些简单的工具（小刀、磁铁、条痕板、放大镜等）、简易化学试剂来分辨矿物，对矿物进行鉴定，并对所鉴定矿物进行归类。

（2）对照教材中“常见矿物肉眼鉴定特征表”对矿物进行仔细的观察，找出各矿物的主要鉴定特征，特别要注意外观相似矿物之间的差别，从而达到鉴定矿物的目的。

3. 实验步骤

（1）参照实验一的方法，观察矿物的形态、颜色、条痕色、光泽、透明度、解理、断口、硬度、相对密度。矿物的硬度主要是借助于小刀和指甲，判断硬度的级别（高、中、低）。矿物相对密度只要求写出密度的级别（重、中、轻）。

（2）观察矿物是否具有磁性。在肉眼鉴定矿物时，我们把矿物粉末可以被磁铁吸引的手标本称强磁性，矿物粉未能被磁铁吸引的为弱磁性。

（3）观察试剂反应。主要是用来鉴定矿物的化学性质，常用的试剂有盐酸，40%的氢氧化钾溶液，30%的过氧化氢等。

4. 主要造岩矿物的特征

主要造岩矿物的特征如表 3.1 所示。

表 3.1　主要造岩矿物的特征

编号	矿物名称	形状	颜色	光泽	硬度	解理	其他特征
1	正长石	柱状、板状	肉红色、土红色	玻璃	6	二组、完全、正交	风化成高岭土
2	斜长石	柱状、茫板状	白色、灰色	玻璃	6	二组、完全、斜交	晶面上可见平行的细条纹
3	辉石	短柱状、板状	绿黑色、棕色	玻璃	6	二组、中等、交角 87°或 93°	横断面形状为八边形
4	角闪石	长柱状、纤维状	绿黑色、棕色	玻璃	6	二组、中等、交角 56°或 124°	横断面形状为八边形
5	黑云母	片状	青黑色	玻璃、珍珠	2.5～3	一组、极完全	具弹性
6	白云母	片状	无色	玻璃、珍珠	2.5～3	一组、极完全	具弹性
7	高岭石	块状、疏松粉状	白色、灰黄色、浅红色	土状	1～3	无解理，平坦状断口	有滑感、黏舌
8	石英	六方锥状、柱状、块状	无色、杂色	玻璃、油脂	7	无解理、具贝壳状断口	晶面上有平行横条纹
9	方解石	菱形六面体	无色、乳白色	玻璃、珍珠	3	三组、完全	遇冷稀盐酸时起泡
10	石膏	块状、板状、纤维状	无色、白色	玻璃、丝绢	2	一组	
11	黄铁矿	立体状	浅黄铜色	金属	6～6.5	无解理，参差状断口	晶面上有条纹
12	滑石	片状、板状	白色、浅黄色	玻璃	1	一组	有滑感
13	赤铁矿	肾状、块状状	赤红色、暗红色	金属	6	无解理	集合体状
14	橄榄石	粒状	黄绿色	玻璃	6.5～7	无、贝壳状断口	
15	白云石	块状	白色	玻璃	3.5～4	三组解理 参差状断口	
16	萤石	立方晶体	无色透明至黄、绿、蓝、紫等色	玻璃	4	四向完全	在紫外光线的照射下能发出紫色荧光
17	磷灰石	六方柱体，集合体为粒状、土状、结核状	灰白、黄、黄绿、绿、黄褐等色	玻璃、光泽	5	一组、不完全	
18	绿泥石	片状或板状晶体，集合体呈鳞片状或土状	绿色	玻璃	2～2.5	一组	薄片具挠性
19	红柱石	长柱状	浅玫瑰色或灰色、褐色、灰白色	玻璃	7～7.5	二组 贝壳状断口	常呈放射状或柱状集合体
20	蛇纹石	鳞片状或块状，纤维状集合体	黄绿色、暗绿色或褐黑色	油脂	2.5～3	一组、完全	有滑感

5. 注意事项

有些鉴定特征，如颜色等，用眼睛不容易分得太细，只能先分到大类为止。例如，浅黄、黄、深黄只能作为黄色大类来分，因在用肉眼鉴定时，在没有比较的情况下一般无法直接将颜色看得很细致。

三、实验结果与分析

至少描述十种矿物并将其矿物形态及物理性质等特征填入报告中。

实验三　岩　浆　岩

一、实验目的与要求

通过观察和认识岩浆岩的结构、构造、组分及一般物理性质，初步掌握肉眼鉴定岩浆岩的操作顺序和方法，并掌握岩浆岩的分类。

本次实验要求学会用肉眼观察和借助一些简单的设备鉴定岩浆岩，并正确而迅速地鉴定一些常见的主要岩浆岩，认识常见的岩浆岩，学会描述岩浆岩的方法。

二、实验内容

1. 岩浆岩肉眼鉴定和描述内容及注意事项

岩石鉴定与矿物鉴定有很大差别，应根据反映岩石特征的相关性质，如颜色、结构、构造及矿物组成对岩浆岩进行鉴定，同时应注意岩浆岩产出状态对岩石鉴定的影响。用手标本鉴定岩浆岩时，首先从岩石的颜色、矿物成分、结构、构造着手，估计矿物成分的百分含量，并查看鉴定表，确定它属于哪一大类，再确定岩石名称。其具体内容和注意事项如下。

1）颜色

岩石的颜色是指组成岩石的矿物颜色的总和，而非某一种或几种矿物的颜色。如岩石呈现灰白色，可能是由长石、石英和少量暗色矿物（黑云母、角闪石等）等形成的总体色调。因此，观察颜色时，宜先远观其总体色调，然后用适当颜色形容。岩浆岩的颜色也可根据暗色矿物的百分含量，即“色率”来描述。按色率可将岩浆岩划分为以下三类。

暗（深）色岩，色率为 60～100，相当于黑色、灰黑色、绿色等；中色岩，色率为 30～60，相当于褐灰色、红褐色、灰色等；浅色岩，色率为 0～30，相当于白色、灰白色、肉红色等。

反过来，也可根据色率大致推断暗色矿物的含量，从而推知岩浆岩所属的大类（酸、中、基性）。这种方法对结晶质，尤其是隐晶质的岩石特别有用。

2）结构和构造

岩浆岩按结晶程度分为结晶质结构和非晶质（玻璃质）结构。按颗粒绝对大小又可分为粗（>5mm）、中（5～1mm）、细（1～0.1mm）粒结构，以及微晶、隐晶等结构。其中应特别注意微晶、隐晶和玻璃质结构的区别。微晶结构用肉眼（包括放大镜）可看出矿物的颗粒，而隐晶质和玻璃质结构，用肉眼（包括放大镜）看不出任何颗粒来，但两者可用断口的特点相区别。隐晶质的断口粗糙，呈瓷状断口；玻璃质的断口平整，常具贝壳状断口。按岩石组成矿物颗粒的相对大小又可分为等粒、不等粒、斑状和似斑状等结构。因此，观察和描述结构时，应注意矿物的结晶程度、颗粒的绝对大小和相对大小等特点。

岩浆岩常见的构造为块状构造，其次为气孔、杏仁和流纹状构造等。

3）矿物成分

对于显晶质结构的岩石，应注意观察描述各种矿物，特别是主要矿物的颜色、晶形、解理、光泽、断口等特征，并目估其含量（注意每种矿物应选择其最特征的性质进行描述）。尤其注意以下几方面：

（1）观察有无长石，若有则应鉴定长石的种类，并分别目估其含量。

（2）观察有无石英、橄榄石。若有石英，则为酸性岩；若有橄榄石，则为超基性和基性岩。

（3）鉴定暗色矿物的成分，并目估其含量。特别注意辉石和角闪石，以及它们和黑云母的区别。

（4）对具斑状结构或似斑状结构的岩石则应分别描述斑晶和基质的成分、特点和含量。基质若为隐晶质则可用色率和斑晶推断其成分；若为玻璃质则只能用斑晶来推其成分。

4）岩浆岩的命名

岩浆岩的命名一般为颜色＋结构＋（构造）＋基本名称，如肉红色粗粒花岗岩。喷出岩有时仅用（颜色）＋构造＋基本名称命名，如气孔状玄武岩。

2. 常见岩浆岩的一般特征

常见岩浆岩分类如表 3.2 所示。

表 3.2 岩浆岩分类表

岩类 / 岩石名称 / 产状	超基性岩	基性岩	中性岩	酸性岩	说明
喷出岩	苦橄榄岩	玄武岩	安山岩	流纹岩	从上至下结晶程度渐好，晶粒增大
浅成岩	苦橄玢岩	辉绿岩	闪长玢岩	花岗斑岩	
深成岩	橄榄岩、辉岩	辉长岩	闪长岩	花岗岩	
说明	从左至右浅色长英质矿物增加，颜色渐浅				

流纹岩 基质为隐晶质，通常有石英、钾长石斑晶散布其间（钾长石常呈轮廓矩形，无色透明；解理面明显并呈现珍珠光泽的结晶颗粒）；颜色各不相同，多浅黄色、肉红色、浅棕色、灰白色、粉红色，常具流纹构造或拉长的气孔状构造。为酸性喷出岩，矿物成分与花岗岩相似。

安山岩 通常是具斑状结构的隐晶质岩石，不含石英。最常见的斑晶是斜长石，但也有黑云母、角闪石或辉石出现。安山岩多呈熔岩状产出。为中性喷出岩，红褐色、浅褐色或灰绿色，块状或气孔状、杏仁状构造。

玄武岩 黑色至深灰色隐晶质岩石。为基性喷出岩。黑色、灰黑色，变化后呈暗红色、暗绿色。斑状结构或隐晶质结构，常具气孔状构造或气孔被其他矿物充填形成杏仁状构造。主要矿物为斜长石、辉石、橄榄石。

花岗岩 粒状结构，长石和石英为主要组成成分，因此一般是浅色的；花岗岩中含有的铁镁矿物是黑云母和角闪石。

闪长岩 全晶质等粒结构的深成侵入岩；其主要矿物成分为斜长石，少量的铁镁矿物主要是角闪石、黑云母和一些辉石。

辉长岩 全晶质粒状结构的岩石，主要矿物成分为斜长石和辉石，还可有橄榄石等其他深色矿物。肉眼观察时，深色矿物含量超过斜长石的，即可确定为辉长岩。为基性深成侵入岩，黑色、灰色或深灰色，粒状结构，块状构造。

橄榄岩 为超基性深成侵入岩；多呈绿色、暗绿色、黑色等，粒状结构，块状构造；主要由橄榄石、辉石组成。新鲜者少见，大多发生次生蚀变。

伟晶岩 浅色。石英，长石。伟晶结构，块状构造。伟晶岩是指与一定的岩浆侵入体在成因上有密切联系、在矿物成分上相同或相似、由特别粗大的晶体所组成并常具有一定内部构造特征的规则或不规则的脉状体。由巨粒矿物组成的淡色结晶岩。具有巨粒或粗粒结构的酸性至碱性脉岩。常呈脉状，并成群产出。矿物晶体很粗大，数厘米至数米。有时具带状构造。是富含挥发分的硅酸盐残浆，侵入到火成岩或围岩裂隙中缓慢结晶而成的，按矿物的组合可以分为：花岗伟晶岩、霞石正长伟晶岩和辉长伟晶岩。

三、实验结果与分析

至少描述十种岩浆岩，且每一类岩浆岩必须描述两个。

实验四 沉 积 岩

一、实验目的与要求

通过观察和认识沉积岩的结构、构造、组分及一般物理性质，初步掌握肉眼鉴定沉积岩的操作顺序和方法，并掌握沉积岩的分类。

本次实验要求学会用肉眼观察和借助一些简单的设备鉴定沉积岩，并正确而迅速地鉴定一些常见的主要沉积岩。认识常见的沉积岩。学会描述沉积岩的方法。

二、实验内容

1. 沉积岩肉眼鉴定和描述内容及注意事项

1）颜色

在一定程度上反映了岩石的组分和形成环境。如石英砂岩由于成分单一，颜色多为浅色；岩屑砂岩则因成分复杂，颜色多为灰绿、灰黑色等。另外，对次生（风化）色有时也需描述。

2）结构

若为砾状结构的岩石，可用尺子直接测量颗粒的大小、圆度、球度，目估各种粒径砾石的含量，以确定其分选性。对具砂状结构的岩石应尽量目估其颗粒大小，同时估计各粒级的百分含量以确定其分选性。在目估粒度时，可用已知粒级的砂粒管进行对比。用肉眼（包括放大镜）观察并确定碎屑的磨圆程度。对磨圆度的观察描述，一般对中砂和大于中砂粒级的岩石才具有意义。

分选性：肉眼描述时，目估同一粒级颗粒的含量，＞75％为分选好；50%～75%为分选中等；＜50％为分选差。

磨圆度：肉眼或用放大镜观察颗粒的磨圆程度。

颗粒直径：
- ＞2mm 砾状结构
- 0.05～2mm 砂状结构
  - 0.5～2mm 粗砂结构
  - 0.25～0.5mm 中砂结构
  - 0.05～0.25mm 砂结构
- 0.005～0.05mm 粉砂状结构
- ＜0.005mm 泥质结构

3）构造

若手标本上能见到层面和层理构造则应尽量描述。若手标本上见不到特殊的构造，则表明该岩石的岩层厚度较大，一般将其称为块状构造即可。

4）成分

碎屑岩的成分主要描述碎屑颗粒和胶结物两部分的物质成分。①碎屑成分：碎屑岩中的碎屑物质包括矿屑和岩屑两类。常见的矿屑有石英、长石和白云母。岩屑多出现在较粗的碎屑岩中，常见的岩屑为石英、砂岩、粉砂岩、燧石和中酸性岩浆岩等。在观察鉴定岩石时，要求鉴定出主要矿物和岩屑名称。②胶结物成分：常见的胶结物成分有钙质、硅质、铁质、泥质四种。主要区别如表 3.3 所示。

表 3.3 不同成分胶结物的区别

胶结物成分	颜色	岩石固结程度	胶结物硬度	加稀盐酸
钙质	灰白色	中等	＜小刀	剧烈起泡
硅质	灰白色	致密坚硬	＞小刀	无反应
铁质	褐红色、褐色	致密坚硬	≈小刀	无反应
泥质	灰白色	松软	＜小刀	无反应

5）碎屑岩命名

碎屑岩主要是根据碎屑粒级确定岩石的基本名称（砾岩、砂岩、粉砂岩等），再根据岩石的颜色和成分（碎屑成分和胶结物成分）予以定名。即颜色+（胶结物成分）+（次要碎屑成分）+主要碎屑成分+基本名称，如黄褐色钙质石英粗砂岩、灰色长石石英细砂岩等。

2. 碳酸盐岩的鉴定

1）颜色

碳酸盐类岩石一般为浅色，且以灰色、灰白色为主，但因混入物成分和含量不同，可呈现不同的颜色。如混入有机质者为深灰色或黑色；混入氢氧化铁者为紫色、褐红色等；含铁白云石者呈米黄色或褐色。据此，可大致推测其混入物的成分。描述颜色要以其总体色调为准。

2）成分

碳酸盐类岩石的主要矿物成分是方解石和白云石。由此而将其划分为石灰岩（方解石＞50%）和白云岩（白云石＞50%）两大类，有时因含有较多的黏土矿物，可形成与泥质岩过渡的泥灰岩。因此，确定碳酸盐岩的矿物成分，对岩石的定名是很重要的。碳酸盐类岩石的矿物成分一般主要是根据其与稀盐酸（5%）反应判断。①加稀盐酸剧烈起泡并嘶嘶作响者，主要成分为方解石，应为石灰岩；②加稀盐酸微弱起泡或不起泡者，主要为白云石组成，应为白云岩；③加稀盐酸剧烈起泡后，留下泥质物质者，说明其主要成分除方解石外，还含有大量泥质（黏土矿物）成分，应为泥灰岩。

3）结构和构造

碳酸盐岩中石灰岩类结构类型较复杂，可分为碎屑结构、生物碎屑结构和晶粒结构等三类。白云岩一般为晶粒结构。碎屑结构：可见到明显的碎屑颗粒，如竹叶状内碎屑、鲕粒、核形石、生物碎片等。生物结构：可见到大量生物骨架。晶粒结构：方解石晶粒＞1 mm 为粗晶，0.25～1mm 为中晶，0.05～0.25mm 为细晶，＜0.05mm 为泥晶。

碳酸盐岩的构造与沉积环境和成岩改造作用有关。若手标本上能见到层面和层理构造则应尽量描述。碳酸盐岩常见构造有层理构造、层面构造、变形构造等。

4）碳酸盐岩定名

碳酸盐岩的基本名称以矿物成分确定，然后加上颜色、结构则为岩石的全称，即颜色+结构+基本名称，如灰色鲕状灰岩、浅灰色细晶灰岩、深灰色细晶白云岩等。

3. 黏土岩的鉴定

1）颜色

黏土岩颜色较复杂，单一成分的高岭石黏土、水云母黏土等常呈白色、浅灰色、浅黄色等。某些黏土岩中含细分散的铁氧化物和氢氧化物（赤铁矿、褐铁矿等），则呈红色、紫色、棕色、黄色等。黏土岩中含锰的氧化物时则呈褐色或黑色。富含有机质和硫化铁时呈灰色或黑色。

2）结构

因黏土矿物颗粒十分细小，只能在显微镜下观察。在显微镜下可观察的结构有：

（1）泥质结构：90%以上由 0.005mm 以下的黏土质点组成。

（2）粉砂泥质结构：岩石中含有 25%～50%的粉砂质点。其余主要为黏土质点。

（3）砂泥质结构：除黏土质点外，还含有 25%～50%的砂粒。

（4）鲕状及豆状结构：鲕粒直径<2mm，豆粒直径>2mm。

3）构造

黏土岩常见构造有层理、层面（干裂、雨痕、虫迹等）、斑点构造、带状构造、瘤状构造等。

4）主要矿物成分

（1）黏土矿物是黏土岩的主要矿物组分。主要的黏土矿物有高岭石、水云母、蒙脱石。

（2）碎屑矿物包含石英、长石、云母、绿泥石及少量岩屑。

（3）自生的非黏土矿物包含赤铁矿、褐铁矿、水铝石、方解石、石膏、硬石膏、重晶石、黄铁矿、磷灰石等。

5）黏土岩命名

按黏土岩分类表进行分类。定名要综合命名，按固结程度和页理发育程度定名为基本名称，其他成分按少前多后的原则补充命名。名称包括：岩石颜色+粒度结构+混入矿物成分+黏土成分+固结程度名称。不一定各方面均具备，如紫红色砂质泥岩。黏土岩分类如表 3.4 所示。

表 3.4　黏土岩分类表

按固结程度和页理发育程度	按黏土矿物成分	按混入矿物成分	按砂和粉砂含量	
			10%～25%	25%～50%
黏土（未固结或弱固结）	高岭石黏土、胶岭石黏土、水云母黏土、复成分黏土		含粉砂黏土、含砂黏土	粉砂质黏土、砂质黏土
泥岩（固结，具块状构造）	复成分泥岩	碳质泥岩、硅质泥岩、钙质泥岩、铁质泥岩	含粉砂泥岩、含砂泥岩	粉砂质泥岩、砂质泥岩
页岩（固结，具页理结构）	复成分页岩	碳质页岩、硅质页岩、铁质页岩、钙质页岩、油页岩	含粉砂页岩、含砂页岩	粉砂质页岩、砂质页岩

4. 常见沉积岩的一般特征

砾岩　碎屑中直径＞2mm 的砾石含量在 30%以上的岩石砾石，成分有的单一有的复杂。

砂岩　碎屑中直径 2～0.05mm 的砂粒含量在 50%以上的岩石，矿物成分以石英、长石、岩屑为主。

页岩　具页状层理的水云母黏土岩，其他混入物较多，如硅质、铁质等常称为硅质页岩、铁质页岩。

石灰岩　由微晶、亮晶、泥晶方解石组成。常呈灰白色、灰黑色。遇稀盐酸强烈起泡。

白云岩　由白云石组成。灰白色、灰色。遇稀盐酸不起泡或微起泡。

三、实验结果与分析

描述十种沉积岩，且每一类沉积岩必须描述两个。

实验五　变　质　岩

一、实验目的与要求

通过观察和认识变质岩的结构、构造、组分及一般物理性质，初步掌握肉眼鉴定变质岩的操作顺序和方法。

本次实验要求学会用肉眼观察和借助一些简单的设备鉴定变质岩，并正确而迅速地鉴定一些常见的主要变质岩。认识常见的变质岩。学会描述变质岩的方法。

二、实验内容

1. 实验用品

1）标本

片岩、千枚岩、板岩、片麻岩、石英岩、大理岩、蛇纹岩、夕卡岩、角岩、混合岩

2）工具

放大镜、小刀、稀盐酸

2. 实验原理与方法

1）变质岩的基本特征

（1）变质岩的矿物。变质岩既然是由岩浆岩或沉积岩等岩石变化而来的，那么其矿物成分一方面保留原岩成分，另一方面也出现了一些新的矿物。如岩浆岩中的石英、钾长石、斜长石、白云母、黑云母、角闪石及辉石等，由于本身是在高温、高压条件下形成的，所以在变质作用下依然保存。在常温常压下形成于沉积岩中的特有矿物，特别是岩盐类矿物，除碳酸盐矿物（方解石、白云石）外，一般很难保存在变质岩中。

变质岩除了保存着上述岩浆岩和沉积岩中的共有继承矿物外，还有它特有的矿物，如石榴子石、红柱石、蓝晶石、夕线石、硅灰石、石墨、金云母、透闪石、阳起石、透辉石、蛇纹石、绿泥石、绿帘石、滑石等。

（2）变质岩的常见结构。变质岩的结构是指组成矿物的粒度、形态和它们之间的关系，常见类型如下。

变余结构指变质岩中保留了原岩结构的一种结构，如变余砾状结构、变余砂状结构、变余斑状结构等。常见于变质较浅的岩石中，可借此了解原岩性质。

变晶结构是指在变质作用过程中由重结晶作用所形成的结构。是变质岩中最重要的一种结构类型。按矿物颗粒大小可划分为：粗粒变晶结构粒径>3mm；中粒变晶结构粒径 1～3mm；细粒变晶结构粒径<1mm。

如果按矿物的形态和颗粒的相对大小可分为以下几种。

粒状变晶结构是岩石主要由粒状矿物（如石英、方解石等）组成，无明显的定向排列的构造，如大理岩、石英岩等。

纤状变晶结构是岩石主要由针状、柱状矿物组成，有些呈放射状、束状，常具定向排列的构造，如角闪片岩、阳起石片岩。

鳞片变晶结构是岩石主要由片状矿物（云母、绿泥石）组成，而且呈平行排列的构造，如云母片岩。

斑状变晶结构是岩石中主要由于矿物结晶能力的差异和颗粒大小的不同而形成的结构，其中结晶能力强的矿物形成了较大的变斑晶，如蓝晶石片岩或石榴子石片岩中的蓝晶石、石榴子石。

裂结构（或称压碎结构）是指岩石中的矿物在定向压力下发生破碎、裂开或移动等所形成的一种结构，为动力变质岩的典型特征。

交代结构是指新生的矿物交代原有岩石中的矿物而形成的一种结构。常见的有交代假象结构（如黑云母被绿泥石交代，绿泥石里具有黑云母的外形），交代残留结构和交代环状结构等。这些微观结构，一般要在显微镜下才能看得清楚。

（3）变质岩中的常见构造。变质岩的构造指各种矿物的空间分布和排列特点。按其成因可分为变成构造、变余构造、混合岩构造三类。

变成构造主要是指变质作用过程中已形成的构造。这类构造是变质岩中最重要的。常见的变成构造如下。

板状构造是由页岩或泥岩（黏土岩）低级区域变质作用所形成的一种构造。原岩组分基本上没有重结晶，岩石中表现的一组平整的破裂面，破裂面光滑而具微弱的丝绢光泽。

千枚状构造是矿物初步具有定向排列，但重结晶不强烈，矿物颗粒肉眼不能分辨，仅在片理面上见有强烈的丝绢光泽，裂开面不平整而且有小褶皱的构造。

片状构造主要由片状、柱状矿物（云母、绿泥石、角闪石等）平行排列连续形成面理，其粒度比千枚岩的矿物较粗，肉眼可分辨。为各种片岩特有的构造。

片麻状构造是由变质形成的粒状矿物（长石、石英）和定向排列的片状、柱状矿物（云母、角闪石等）断续相间排列而成。往往形成片麻理，如片麻岩就具有此构造。上述几种构造主要是在定向压力作用下形成的。

块状构造是岩石中的矿物成分和结构都很均匀，无定向排列的构造。如石英岩、大理岩等就具有这种构造。

变余构造是指变质岩中仍存在原来岩石的构造特征。如变余层理构造、变余气孔构造和变余流纹构造等。

混合岩构造是在变质过程中，由于外来物质的加入，或原来岩石局部重熔形成的脉体与原来岩石变成的基体混合而形成的构造，如眼球状构造，脉体呈眼球形、条带状构造，脉体与原有岩体相间成条带、肠状构造，脉体被揉皱成肠状。

（4）变质岩的分类。变质岩是由原有的某种岩石（沉积岩、岩浆岩或变质岩）经过变质作用而成，由于原岩引起变质作用原因和变质作用的类型不同，故产生的变质岩也不同。因此，变质作用的类型是变质岩划分大类的依据。现将其分类列于表 3.5。

表 3.5　变质岩分类简表

岩类	动力变质岩类	接触变质岩类	区域变质岩类	混合岩类	气成水热（交代）变质岩类
岩石名称	碎裂岩、糜棱岩	石英岩、角岩、大理岩	板岩、千枚岩、片岩、片麻岩、大理岩、石英岩	条带状混合岩、肠状混合岩、眼球状混合岩	蛇纹岩、云英岩、夕卡岩

2）观察变质岩的方法

在野外鉴定变质岩时，首先要注意产状的观察，例如，石英岩和大理岩在接触变质或区域变质作用中均可形成，片岩和片麻岩为区域变质的产物，从岩性上无法区别某些变质岩的成因类型。又如，有些石英岩与变质石英砂岩，结晶灰岩与大理岩等在室内也难以区别，但我们只要结合野外产状、分布及共生的岩石类型就能较好地解决。

在室内肉眼鉴定变质岩的具体步骤如下。

区别常见的几种变质岩构造。如板状、千枚状、片状及片麻状等，在辨别时首先观察矿物的结晶颗粒大小。肉眼无法分辨的则可能属板状或千枚状构造类；反之属于片状或片麻状构造类。然后观察破裂面的特点，破裂面光滑整齐，易裂成均匀的薄板者为板状构造；片状面上有强烈的丝绢光泽和小褶皱者为千枚状构造。对于片状与片麻状构造的区别，主要是看矿物的形态特征和定向排列的连续性，若主要由片状或柱状矿物组成且又连续分布，则为片状构造，若是以粒状矿物为主，片、柱状矿物虽定向排列但不连续成层则为片麻状构造。若岩石中全部由粒状矿物组成，无定向性，则为块状构造。

观察岩石的结构。在观察结构时要注意的是岩石中既有粒状、又有片状、柱状矿物时，对结构的描述必须是综合的，如片麻岩主要由长石、石英的粒状矿物组成，并含少量片状矿物黑云母或柱状矿物角闪石，片、柱状矿物又呈定向而不连续排列，这样就描述为鳞片粒状变晶结构。

对岩石的矿物成分尽量做出准确的鉴定，并估计各种矿物的百分含量，特别是变质矿物的特征（形态和物理性质）。

最后观察岩石的总体颜色，注意以新鲜面为准。

3）描述举例

绢云母石英片岩呈灰白色，具有片理构造，粒状鳞片变晶结构。主要矿物成分为白云母、绢云母，含量达50%以上。次要矿物成分有石英、长石，其中石英含量高于长石。这些矿物的赋存状态如下。白云母、绢云母：呈薄片状，平行排列。石英：粒状、灰白色、断口油脂光泽，硬度＞小刀，无解理，含量在40%左右，微具定向排列。长石：粒状、白色、玻璃光泽，有解理，硬度＞小刀，含量在10%左右，风化后多呈小白点。

3. 常见变质岩的特征

（1）大理岩是碳酸盐类岩石（石灰岩和白云岩）在热变质或区域变质后，因受热重结晶形成的变质岩，一般呈白色，块状构造，粒状变晶结构。当碳酸钙处在压力下受热时，二氧化碳被保留，矿物仅仅再结晶为粒状变晶的集合体。此时，岩石虽有重结晶而无明显褪色现象的称结晶灰岩；有明显褪色者称大理岩。大理岩可以是主要由方解石组成的方解石大理岩，也可以是由白云石组成的白云石大理岩。由于碳酸盐岩石中常有许多不同的混入物，如石灰岩中二氧化硅的存在可促使形成硅灰石，白云岩中二氧化硅的存在可促使形成透闪石或蛇纹石；因此就成为硅灰石大理岩、透闪石大理岩、蛇纹石大理岩等。

（2）石英岩是石英砂岩等硅质岩石在充分热力影响下重结晶而成的块状岩石，主要是区域变质，部分是由热变质作用而形成的。岩石具粒状变晶结构，还因重结晶而失去原有的碎屑结构，其颗粒大小取决于原来岩石的粒度及重结晶程度。石英岩主要由石英组成，并有云母、绿泥石等矿物混入，其重要变种是含铁石英岩。含铁石英岩除有石英岩外还发育有薄片状赤铁矿及粒状磁铁矿、当铁质矿物占主要地位时，岩石就转变为矿石。

（3）角岩（角页岩）是一种常见的泥质岩石的热变质产物，常产于侵入体周围。岩石呈深色，细粒，致密块状，坚硬，断口光滑、平整或呈贝壳状，颜色取决于母岩成分。高铝的黏土岩变质而形成的角岩常有红柱石斑晶；当岩石中镁铁质高时形成堇青石；此时分别称为红柱石角岩和堇青石角岩。斑状变晶结构及变余泥质结构。

（4）夕卡岩主要是由含钙的石榴子石和辉石及其他一些铁镁硅酸盐矿物所组成的岩石。岩石常产于中酸性侵入体和碳酸盐岩石接触带附近，由粗粒到细粒、块状构造，其组成成分及颜色则因地而异，根据组成夕卡岩的主要矿物成分又分为石榴子石夕卡岩、辉石夕卡岩等。为变晶结构，常见为花岗变晶结构，有时有斑状变晶结构。

（5）云英岩常呈浅色，鳞片及花岗变晶结构，块状构造，主要矿物为石英、白云母，常产于花岗岩顶部。主要是由高温气体及热液交代作用产生的。故有交代结构。

（6）板岩由泥质的沉积岩变质而成。岩石由细小的云母、绿泥石、石英等组成，隐晶质，有大量的泥质残余，并具板状劈理，片理面平整。变余泥质结构，板状构造。

（7）千枚岩由板岩进一步变质而成，成分与板岩相同，但结晶程度较好，在稍有弯曲的片理面上常可见云母小片，呈丝绢光泽，有时可见红柱石、石榴子石斑晶。变余及变晶结构，千枚状构造。

（8）片岩可以由各种岩石在高温高压下变质而成，也可以是千枚岩进一步变质，矿物重结晶而形成。矿物成分不定，但经常有多量片状矿物（云母、绿泥石、滑石等）或柱状矿物（角闪石）等，它们呈定向排列故具明显的片状构造。岩石可按其主要成分分为石英片岩、云母片岩、绿泥石片岩等。片岩中一般不含或很少含长石。

（9）片麻岩也是一种变质较深的岩石，可由各种岩石变质而成。由石英、长石及某些暗色矿物所组成，岩石中片状或条状矿物较少，矿物常呈断续条带状定向排列，形成典型的片麻构造。片麻岩可按长石种类分为钾长石片麻岩和斜长石片麻岩。然后再按所含其他矿物进一步详细定名，如黑云母钾长石片麻岩等。

（10）混合岩类是具有混合岩构造的变质岩，均为变晶结构。例如：眼球状混合岩脉体呈眼球状，具眼球状构造。眼球通常是长石，直径几毫米到几厘米，大致平行片理排列；基体多为片理发育的岩石。条带状混合岩条带状构造，脉体以粉红色或灰白色的花岗岩（为长石、石英组成的物质）为主，平行片理分布，基体大于 50%，为片理发育的各种片岩（如云母片岩）或暗色片麻岩类。

（11）碎裂岩是由动力变质作用形成的。其主要特点是随着动力强度的不同而产生不同程度的碎裂结构。压碎不太强，压碎残余较多的岩石称碎裂岩，如果岩石中的矿物大部分压得很碎，并有条带构造产生，称糜棱岩。

（12）变粒岩主要矿物为长石、石英，有少量的暗色变质矿物如石榴子石、夕线石等。粒状矿物含量在 50%～85%，因而具有明显的粒状或不明显的片麻构造。细～中粒变晶结构。多为凝灰岩、粉砂岩和含较多黏土矿物成分的砂岩经区域变质而成。

三、实验结果与分析

描述十种变质岩。

实验六　三大类岩石的综合鉴定

一、实验目的与要求

（1）复习矿物、三大类岩石的鉴定方法。

（2）对三大类岩石的基本分类特点进行综合比较和总结。

（3）在区别三大类岩石的矿物组成、结构、构造特点的基础上肉眼鉴定。

二、实验内容

1. 全面复习“矿物及岩石”部分内容

2. 岩石的综合肉眼鉴定提示

1）三大类岩石间的转化关系

不同类型的岩石在自然界并非孤立存在的，而是在一定条件下相互依存，并不断地进行转化。这种由原岩转变成新岩的过程，不是，也不可能是简单的重复，新生成的岩石不仅在成分上，而且在结构、构造上与原岩均有极大的差异。

2）各类常见岩石的主要特征

常见三大类岩石以其固有的特点相互区别，如表 3.6 所示。

表 3.6　岩浆岩、沉积岩、变质岩的矿物成分、结构、构造、产状、分布间的区别

区别的方面	岩浆岩	沉积岩	变质岩
矿物成分	均为原生矿物，成分复杂，常见的有石英、长石、角闪石、辉石、橄榄石、黑云母等矿物成分	除石英、长石、白云母等原生矿物外，次生矿物占相当数量，如方解石、白云石、高岭石、海绿石等	除具有原岩的矿物成分外尚有典型的变质矿物，如绢云母、石榴子石等
结构	以粒状结晶、斑状结构为其特征	以碎屑、泥质及生物碎屑、化学结构为其特征	以变晶、变余、压碎结构为其特征
构造	具流纹、气孔、杏仁、块状构造	多具层理构造，有些含生物化石	具片理、片麻理、块状等构造
产状	多以侵入体出现，少数为喷发岩，呈不规则状	有规律的层状	随原岩产状而定
分布	花岗岩、玄武岩分布最广	黏土岩分布最广，其次是砂岩、石灰岩	区域变质岩分布最广，次为接触变质岩和动力变质岩

3）岩石综合肉眼鉴定步骤提示

肉眼对岩石进行分类和鉴定，除了在野外要充分考虑其产状特征外，在室内对手标本的观察上，最关键的是要抓住它的结构、构造、矿物组成等特征。具体步骤如下。

观察岩石的构造，因为构造从岩石的外表上就可反映它的成因类型：如具气孔、杏仁、流纹构造形态的一般属于岩浆岩中的喷出岩类；具层理构造及层面构造的是沉积岩类；具板状、千枚状、片状或片麻状构造的则属于变质岩类。应当指出，岩浆岩和变质岩构造中，都有“块状构造”。如岩浆岩中的石英斑岩标本，变质岩中的石英岩标本，表面上很难区分，这时，应结合对岩石的结构特征和矿物成分的观察进行分析：石英斑岩具火成岩的似斑状结构，其斑晶与石基矿物间结晶联结，石英斑岩中的石英斑晶具有一定的结晶外形，呈棱柱状或粒状；经过重结晶变质作用形成的石英岩，则往往呈致密状，肉眼分辨不出石英颗粒，且石质坚硬、性脆。

对岩石结构的深入观察，可对岩石进行进一步的分类。如火成岩中深成侵入岩类多呈全晶质、显晶质等粒结构；而浅成侵入岩类则常呈斑状结晶结构。沉积岩中根据组成物质颗粒的大小、成分、联结方式可区分出碎屑岩、黏土岩、生物化学岩类（如砾岩、砂岩、页岩、石灰岩等）。

岩石的矿物组成和化学成分分析，对岩石的分类和定名也是不可缺少的，特别是与岩浆岩的定名关系尤为密切，如斑岩和玢岩，同属岩浆岩的浅成岩类，其主要区别在于矿物成分。斑岩中的斑晶矿物主要是正长石和石英，玢岩中的斑晶矿物主要是斜长石和暗色矿物（如角闪石、辉石等）。沉积岩中的次生矿物如方解石、白云石、高岭石石膏、褐铁矿等不可能存在于新鲜的火成岩中。而绢云母、绿泥石、滑石、石棉、石榴子石等则为变质岩所特有。因此，根据某些变质矿物成分的分析，就可初步判定岩石的类别。

在岩石的定名方面，如果由多种矿物组分组成，则以含量最多的矿物与岩石的基本名称紧密相连，其他较次要的矿物，则按含量增加的顺序（少前多后）排列，如“角闪斜长片麻岩”，说明其矿物成分是以斜长石为主，并有相当数量的角闪石，其他岩浆岩、沉积岩的多元定名含义也是如此。

最后应注意的是在肉眼鉴定岩石标本时，常有许多矿物成分难以辨认，如具隐晶质结构或玻璃质结构的岩浆岩，泥质或化学结构的沉积岩，以及部分变质岩，由结晶细微或非结晶的物质成分组成，一般只能根据颜色的深浅、坚硬性、密度的大小和“盐酸反应”进行初步判断。岩浆岩中深色成分为主的，常为基性岩类；浅色成分为主的，常为酸性岩类。沉积岩中较为坚硬的多为硅质胶结或硅质成分的岩石，密度大的多为含铁、锰的质量大的岩石，有“盐酸反应”的一定是碳酸盐类岩石等。

3. 注意事项

（1）鉴定结果应以标本实际观察为准，不能查书照抄。在以后的实验中也要注意这个问题。

（2）标本和标本盒应同时取走，不能将标本盒和标本分离，以防标本混乱。以后的实验也要注意这个问题。

三、实验结果与分析

对比描述十种岩浆岩、沉积岩和变质岩。每一种岩石至少三个。

第三节　地质构造认识

实验七　地质构造实验

一、实验目的与要求

（1）初步学会利用地质罗盘仪测量方向、坡度及岩层产状；并掌握其记录方法。

（2）通过观察不同产状的岩层、褶皱、断层、地层接触关系等模型及在平面、纵剖面、横剖面上的特征，建立地质构造的时空概念。

二、实验内容

1. 实验仪器

地质罗盘仪及下列各种地质构造模型、标本：①岩层产状要素及三种基本岩层产状的模型；②褶皱要素及各类褶皱模型；③断层要素及各类断层模型；④几种地层接触关系模型。

2. 实验内容与方法

1）测量岩层产状要素

a. 测量的工具：地质罗盘仪

一般的地质测量，如测量目的物的方位、岩层空间位置、山的坡度等，均用地质罗盘仪。这是地质工作者必须掌握的工具。地质罗盘仪式样较多，但其原理和构造大体相同。

（1）地质罗盘仪的基本构造。地质罗盘仪一般由磁针、磁针制动器、刻度盘、测斜器、水准器和瞄准器等几部分组成，并安装在一非磁性物质的底盘上（图 3.2）。

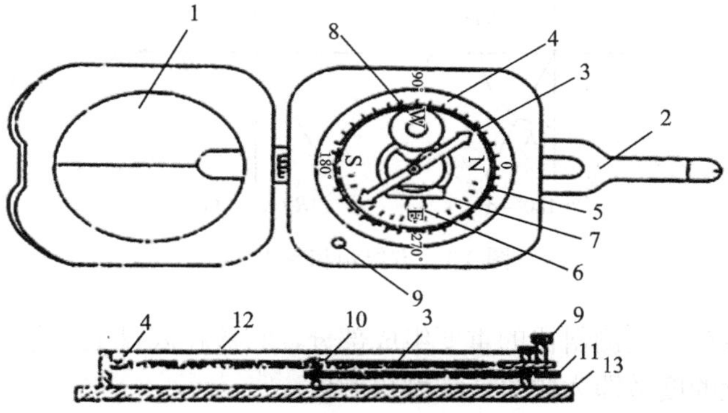

图 3.2　地质罗盘仪结构

1.反光镜；2.瞄准觇板；3.磁针；4.水平刻度盘；5.垂直刻度盘；6.垂直刻度指示器；7.垂直水准器；8.底盘水准器；9.磁针固定螺旋；10.顶针；11.杠杆；12.玻璃盖；13.罗盘仪圆盆

磁针为一根两端尖的磁性钢针，其中心放置在底盘中央轴的顶针上，以便灵活地摆动。由于我国位于北半球，磁针两端所受地磁场吸引力不等，产生磁倾角。为使磁针处于平衡状态，在磁针的南端绕上若干圈铜丝，用来调节磁针的重心位置，也可以此来区分指南针和指北针。

磁针制动器是在支撑磁针的轴下端套着的一个自由环，此环与制动小螺纽以杠杆相连，可使磁针离开转轴顶针并固结起来，以便保护顶针和旋转轴不受磨损，保持仪器的灵敏性，延长罗盘的使用寿命。

刻度盘分内（下）和外（上）两圈，内圈为垂直刻度盘，专作测量倾角和坡度角之用，以中心位置为 0°，分别向两侧每隔 10°一记，直至 90°。外圈为水平刻度盘，其刻度方式有两种，即方位角和象限角，随不同罗盘而异，方位角刻度盘是从 0°开始，逆时针方向每隔 10°一记，直至 360°。在 0°和 180°处分别标注 N 和 S（表示北和南）；90°和 270°处分别标注 E 和 W（表示东和西）如图 3.2 所示。象限角刻度盘与它不同之处是 S、N 两端均记作 0°，E 和 W 处均记作 90°，即刻度盘上分成 0°～90°的四个象限。

必须注意，方位角刻度盘为逆时针方向标注。两种刻度盘所标注的东、西方向与实地相反，其目的是测量时能直接读出磁方位角和磁象限角，因测量时磁针相对不动，移动的却是罗盘底盘。当底盘向东移，相当于磁针向西偏，故刻度盘逆时针方向标记（东西方向与实地相反）所测得读数即所求。在具体工作中，为区别所读数值是方位角或象限角（图 3.3），可按下述方法区分：如在方位角刻度盘上读作 285°，记作 NW285°或记作 285°；而在象限角刻度盘上读作北偏西 75°，记作 N75°W。如果两者均在第 I 象限内，例如 50°，象限角可记作 N50°E 以示区别。

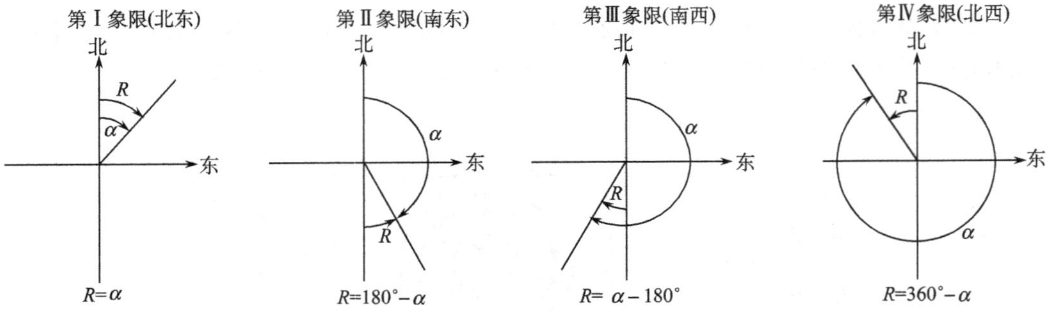

图 3.3　方位角和象限角

测斜指针（或悬锤）是测斜器的重要组成部分，它放在底盘上，测量时指针（或悬锤尖端）所指垂直刻度盘的度数即为倾角或坡度角的值。

水准器。罗盘上通常有圆形和管形两个水准器，圆形者固定在底盘上，管状者固定在测斜器上，当气泡居中时，分别表示罗盘底盘和罗盘含长边的面处于水平状态。但如果测斜器是摆动式的悬锥，则没有管状水准器。

瞄准器：包括接目和接物觇板、反光镜中的细丝及其下方的透明小孔，是用来瞄准测量目的物（地形和地物）的。

（2）地质罗盘仪的使用方法。在使用前须进行磁偏角的校正，因为地磁的南、北两极与地理的南、北两极位置不完全相符，即磁子午线与地理子午线不重合，两者间夹角称磁偏角。地球上各点的磁偏角均定期计算，并公布以备查用。当地球上某点磁北方向偏于正北方向的东边时，称东偏（记为+）；偏于西边时，称西偏（记为–）。如果某点磁偏角（δ）为已知，则一测线的磁方位角（$A_{磁}$）和正北方位角（A）的关系为$A=A_{磁}\pm\delta$。若东偏 30°，且测线所测的角也为 NE30°，则 A=30°+30°=60°；若西偏 20°，测线所测角为 SE110°，则 A=110°–20°=90°。为工作上方便，可以根据上述原理进行磁偏角校正，磁偏角偏东时，转动罗盘外壁的刻度螺丝，使水平刻度盘顺时针方向转动一磁偏角值则可（当西偏时则逆时针方向转动）。经校正后的罗盘，所测读数即为正确的方位。

方位角是指从子午线顺时针方向至测线的夹角。首先放松磁针制动小螺纽，打开对物觇板并指向所测目标，即用罗盘的北（N）端对着目的物，南（S）端靠近自己进行瞄准。使目的物、对物觇板小孔、盖玻璃上的细丝三者连成一直线，同时使圆形水准器的气泡居中，待磁针静止时，指北针所指的度数即为所测目标的方位角。

b. 岩层产状要素的测定

岩层的空间位置受其产状要素决定，岩层产状要素包括岩层的走向、倾向和倾角（图 3.4）。

岩层走向的测量。岩层走向是岩层层面与水平面相交线的方位，测量时将罗盘长边的底棱紧靠岩层层面，当圆形水准器气泡居中时指北针或指南针所指度数即所求（因走向线是一直线，其方向可两边延伸，故读指南针、指北针均可）。

岩层倾向的测量。岩层倾向是指岩层向下最大倾斜方向线（真倾向线）在水平面上投影的方位。测量时将罗盘北端指向岩层向下倾斜的方向，以南端短棱靠着岩层层面，当圆形水准器气泡居中时，指北针所指度数即所求。

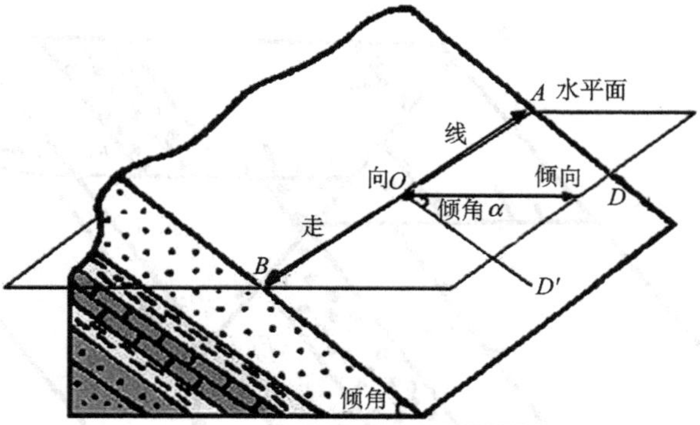

图 3.4　岩层产状要素

岩层倾角的测量。岩层倾角是指层面与假想水平面间的最大夹角，称真倾角。真倾角可沿层面真倾斜线测量求得，若沿其他倾斜线测得的倾角均较真倾角小，称为视倾角。测量时将罗盘侧立，使罗盘长边紧靠层面，并用右手中指拨动底盘外的活动扳手，同时沿层面移动罗盘，当管状水准器气泡居中时，测斜指针所指最大度数即岩层的真倾角。若测斜器是悬锤式的罗盘，方法与上述基本相同，不同之处是右手中指按着底盘外的按钮，悬锤则自由摆动，当达最大值时松开中指，悬锤固定所指的读数即岩层的真倾角。

岩层产状的记录方法如用方位角罗盘测量，测得某地层走向是 330°、倾向为 240°、倾角为 50°，记作 330°/SW∠50°，或记作 240°∠50°（即只记倾向与倾角即可）。如果用方位角罗盘测量但要用象限角记录，则须把方位角换算成象限角，再作记录。如上述地层产状，其走向应为 γ=360°–330°=30°，倾向 β=240°–180°=60°，其产状记作 N30°W/SW∠50°，或直接记作 S60°W∠50°。在地质图或平面图上标注产状要素时，须用符号和倾角表示。首先找出实测点在图上的位置，在该点按所测岩层走向的方位画一小段直线（4mm）表示走向，再按岩层倾向方位，在该线段中点作短垂线（2mm）表示倾向，然后，将倾角数值标注在该符号的右下方。

2）观察地质构造模型

在模型中决定断层是否存在，主要取决于平面和剖面上地层的分布状况。如果地层出现非对称式重复或缺失，地层沿走向中断（即与不同时代地层接触），则可确定断层的存在和位置。

a. 确定断层的性质与类型

确定断层存在后，需通过以下几方面的观察进一步确定其性质与类型：观察断层走向与地层走向间的关系，判别属走向断层、倾向断层或斜向断层[图 3.5（a）]。观察断层两盘的运动方向，判别正断层、逆断层或平移断层[图 3.5（b）]。当为逆断层时还应从断层面倾角大小，判别冲断层、逆掩断层或推覆构造。据断层线与褶皱轴线方向的关系判别纵断层、横断层或斜断层。据断层组合关系判别地垒、地堑、阶梯状断层、叠瓦状断层、放射状断层或环状断层等。

b. 断层的命名与形成时代

（1）断层的命名。按上述观察与综合分析后应给予正确命名，若断层具有两种性质，则用复合命名法。如图 3.5（a）中 F_1 断层的方向与地层走向相同，属走向断层；从横剖面可定出上、下盘；再从地层错动的位置可知上盘向上运动，属逆断层。因而该断层名为走向逆断层。

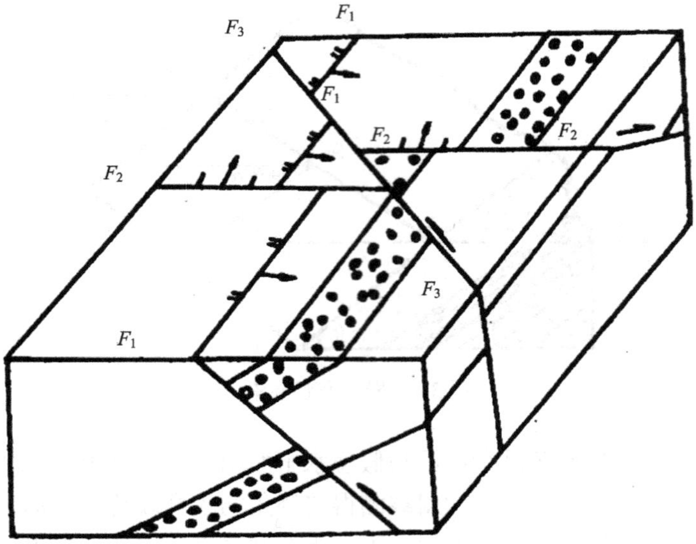

(a)

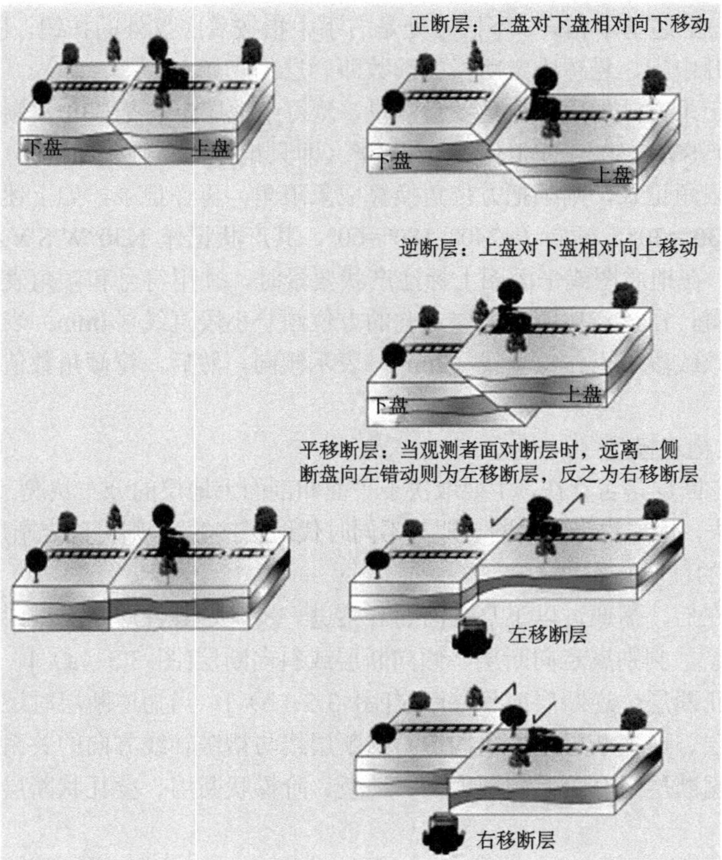

(b)

图 3.5　断层分类

F_1 走向断层；F_2 倾向断层；F_3 斜向断层

（2）断层性质的确定。①走向断层：若断层倾向与岩层倾向相反或断层倾向与岩层倾向相同且断层倾角大于岩层倾角，则地层相对较老的一边为上盘；若断层倾向与岩层倾向相同且断层倾角小于等于岩层倾角，则地层相对较新的一边为上盘。②横向断层：当横向断层切过褶皱时，背斜核部变宽或向斜核部变窄的一边为上盘，如为平推断层则核部既不变宽也不变窄。③倾斜岩层或斜歪褶皱被横断层切割时，若地质图上地层界线或褶皱轴线发生错动，这时应参考其他特征确定相对位移方向。若是正（逆）断层造成地质界线错移，则岩层界线向该岩层倾向方向移动的一盘为上盘，若是褶皱，则向轴面倾斜方向移动的一盘为上盘。

（3）断层形成的时代：断层的形成总是晚于被断层切割的最新地层年代，而早于不整合地覆于断层之上未被断开的最老地层年代。断层时代判定方法：断层切割地层——切割律，断层形成在地层之后；断层与不整合的关系——与不整合同期；断层与岩浆岩体的关系——切割律，晚期的切割的早期的；断层带物质测年——断层年龄的定量方法；两盘地层厚度——生长断层(又称沉积断层或同生断层)，厚度不一致的地层时代为生长断层的形成时代。

断层形成时代的判别：断层发生的年代晚于被断层切割的最新地层年代，早于覆盖在断层之上未受其切割的最老地层年代（图 3.6），断层形成于 P 之后，J 之前。

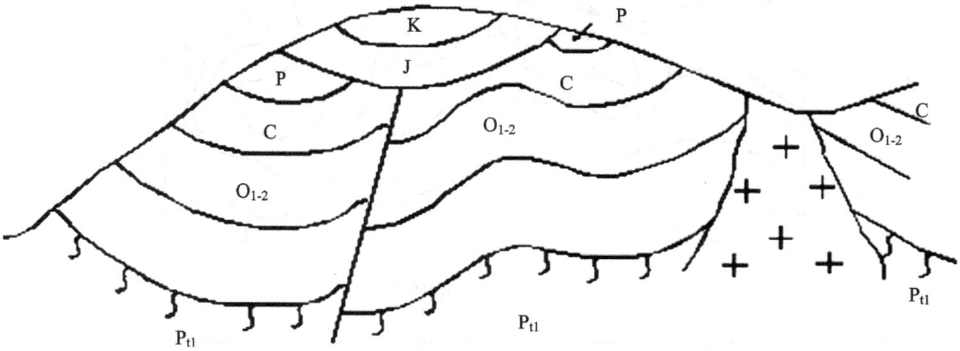

图 3.6　断层形成时代

c. 地层接触关系

地层接触关系包括地层间的整合、假整合（平行不整合）和不整合；与侵入体的接触关系有侵入接触和沉积接触。此外还有断层接触等（图 3.7）。现将判别和区分的要点简述如下：

（1）整合、假整合和不整合接触关系的观察：首先应注意地层时代是否连续，有无地层缺失和沉积间断；其次是详细观察接触带的特征。看其上覆和下伏地层的产状是否一致，上覆地层底部有无来源于下伏地层的碎屑物组成的底砾岩，上覆地层底界面有无盖于不同时代或同一时代不同层位的地层上，上、下地层间有无冲刷面，上、下地层间有无岩浆侵入或区域变质程度的差异等。

（2）侵入接触和沉积接触关系的观察：首先应注意岩体与围岩产状的关系是平行还是穿插。其次是观察接触带两侧的特征。例如，岩体内有无捕虏体，岩体边缘围岩有无烘烤边，有无接触变质，上覆岩层底部有无下伏岩体成分的砾石，以及岩体顶部有无古风化壳等。

（3）断层接触的观察：应注意观察地层是否呈不对称式重复出现或缺失，岩体或地层沿走向延伸是否连续或被错断等。

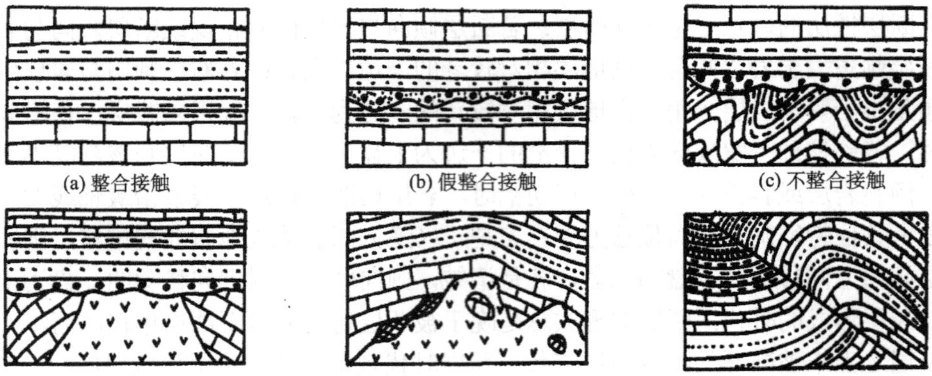

(a) 整合接触　(b) 假整合接触　(c) 不整合接触

(d) 沉积接触　(e) 侵入接触　(f) 断层接触

图 3.7　地层的接触关系

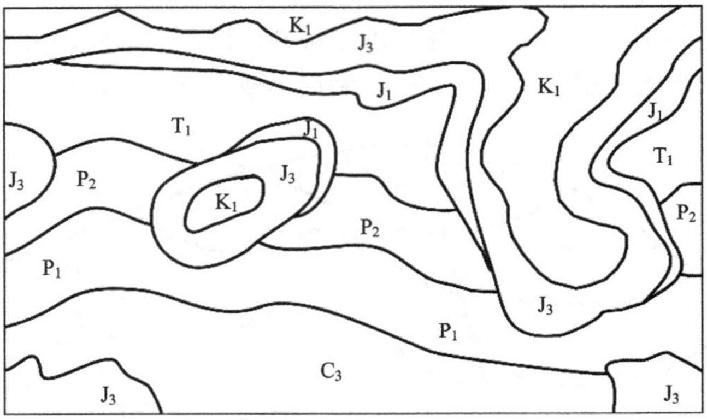

图 3.8　某地区地质图一

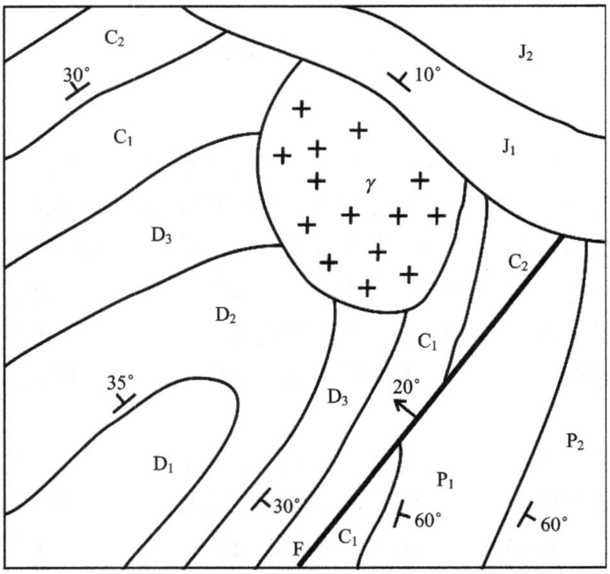

图 3.9　某地区地质图二

三、实验结果与分析

（1）　在实测岩层产状时，将测量结果填于实验报告纸内。

（2）作业：①读图 3.8，判断各地层之间的接触关系。②读图 3.9，判断 F 断层性质及形成时间并解释原因；判断各地层之间的接触关系。

第四节　阅读地质图

实验八　地质图的判读

一、实验目的与要求

（1）明确地质图的概念，了解地质图的图式规格。

（2）掌握阅读地质图的一般步骤和方法。

（3）认识岩性及地质构造在地质图上的表现。

（4）能综合判读地质图。

二、实验内容

1. 实验仪器

一份地质图、铅笔、三角尺、量角器、坐标纸等。

2. 实验内容或原理

阅读地质图，读懂岩性及地质构造在地质图上的表现。

1）地质图的概念

用规定的符号、色谱和花纹将某一地区的各种地质体和地质现象（如各种岩层、岩体、地质构造、矿床等的时代、产状、分布和相互关系），按一定比例缩小并概括地投影到平面图上，这个图件就是地质图。地质图按比例尺大小可分为：小比例尺地质图（比例尺＜1∶50万），中比例尺地质图（比例尺 1∶20 万～1∶10 万）和大比例尺地质图（比例尺＞1∶5 万）。

2）阅读地质图的步骤和方法

（1）看图名和方位。从图名、图幅代号和经纬度可了解该图幅的地理位置和图的类型，如湖北省地质图、湖北省第四纪地质和工程地质图等。图名列于图幅上方图框外正中部位，经纬度标于图框边缘。一般地质图图幅是上北下南，左西右东，特殊情况下也可以用箭头指示方位。一幅地质图一般是以图面所包含地区中最大居民点或主要河流、主要山岭等命名的。

（2）看比例尺。比例尺一般注在图框外上方图名之下或下方正中位置。比例尺有两种表示方法：一种是数字比例尺，它是表示地面实际距离被缩小的倍数，如 1∶50000，即图上 1cm 相当于地上 50000cm（即 500m 或 0.5km）；直线比例尺是把图上一定距离相当于实际的距离用直线表示出来。比例尺反映了图幅内实际地质情况的详细程度，比例尺越大，制图精度越高，反映地质情况也越详尽。

此外，图框的右下方注明编图单位或人员、编图日期及资料来源，以了解资料的新旧和质量。

（3）读图例。地质图上各种地层、岩层的性质和时代及构造等都有统一规定的颜色和符号。

一幅地质图上，有其所表示的地质内容和图例。图例通常放在图框外的右边，也可放在图框内的空白处。图例包括地层图例和构造图例两方面。

地层图例是把该图幅出露的地层由新到老，从上到下顺序排列，用标有各种地层的相应符号和颜色的长方形格子表示，长方形格子的左边注明地层时代系统，右边注明主要岩性；岩浆岩体的图例按酸性到基性的顺序排列在地层图例之下。

构造图例就是用不同线条、符号所表达的地质构造的内容和意思，如岩层的产状要素，断层的种类等，构造图例常放在地层图例之后。地形图例一般不标在地质图上。

（4）读地层柱状图。地层柱状图也叫综合地层柱状图，置于图框外的左侧，它是按工作区所出露的地层新老叠置关系综合出来的、具代表性的柱状剖面图。柱状图中地层自上而下，由新到老顺序排列，各地层的岩性用规定的花纹表示，另栏注明各地层单位的厚度和相邻地层的接触关系；喷出岩或侵入岩按其时代与围岩接触关系绘在柱状图里。

柱状图的左栏是界、系、统、介或群、组、段、带等地层单位，并注有相应的地层代号。

柱状图的右栏是简要的岩性描述，有关化石、地貌、水文和矿产等，可各设专栏，也可一并放在岩性描述栏中。

（5）读地质断面图。地质断面图也叫地质剖面图，就是在地质图上选一条尽可能穿越不同地形、地层和构造状况的有代表性的直线，把该线段上的地形、岩层和构造等用二维的垂直断面图的形式表示。

地质断面图置于图框外的下方，一幅地质图可设一个或若干个地质断面图，断面图的图名以断面线上主要地名写在断面图的上方正中位置，或以断面线代号表示，断面线代号就是用细线条画出在地质图上的线段两端的代号，如 A—B 等，它表明地质断面图在地质图的位置。

地质断面图的比例尺有水平比例尺和垂直比例尺两种，水平比例尺一般与地质图的比例尺一致，垂直比例尺通常大于水平比例尺，后者标在断面图左右两侧的边框上。

各地层的代号标注在剖面线出露的相应地层的上面或下面，地层的符号（花纹）和色谱应与地质图一致，其图例放在地质剖面图框的下方正中。

断面图的两端上方要注明断面线方向，用方位角表示。断面线所经过的主要山岭、河流、村镇等地名应注在断面地形上相应的位置。

（6）地质图的综合分析。在熟悉了上述各种图例的基础上，即可转向图面观察，一幅地质图所反映的地质内容是相当丰富的。从观察内容上，先从地形入手，然后再观察地层、岩性、构造、地貌等；从观察方法上，采用一般—局部—整体的分析步骤，首先了解图幅内一般概况，然后分析局部地段的地质特征，逐渐向外扩展，最后建立图幅内宏观地质规律性的整体概念。

分析图内的地形特征如果是大比例尺地质图，往往带有等高线，可以据此分析山脉的一般走向、分水岭所在、最高点、最低点、相对高差等。如果是不带等高线的小比例尺地质图，一般只能根据水系的分布来分析地形的特点，如巨大河流的主流总是流经地势较低的地方，支流则分布在地势较高的地方；顺流而下地势越来越低，逆流而上越来越高；位于两条河流中间的分水岭地区总是比河谷地区要高；等等。了解地形特征，可以帮助了解地层分布规律、地貌发育与地质构造的关系等。

分析地质内容应当按照从整体到局部再到整体的方法，首先了解图内一般地质情况，例如：①地层分布情况，老地层分布在哪些部位，新地层分布在哪些部位，地层之间有无不整合现象等；②地质构造总的特点是什么，如褶皱是连续的还是孤立的，断层的规模大小，它发育在什么地方，断层与褶皱的关系怎样，是与褶皱方向平行还是垂直或斜交等；③岩浆岩分布情况，岩浆岩与褶皱、断层的关系怎样。

褶皱构造的表现：地层对称分布，中间地层较新为向斜；地层对称分布，中间地层较老为背斜。如地层依次出露顺序为 C—D—S—D—C，中间地层较老，为背斜构造。断层在地质图上用红线表示，红色虚线表示推测断层。在地质图上，地层错开是断层的重要标志。

把各个局部联系起来，进一步了解整个构造的内部联系及其发展规律，主要包括：①根据地层和构造分析，恢复全区的地质发展历史；②地质构造与矿产分布的关系；③地质构造与地貌发育的关系；等等。

3. 实验步骤和方法

先由教师讲解褶皱、断层等在地质图上的特征，然后由学生自己读图。一般步骤如下：①看图名、图幅代号、比例尺等。②看图例以了解制图地区出露哪些地层及其新老顺序等。③剖面图判读地层层序、划分、空间组合关系及层厚，以及各种地质体之间的相互空间关系等。④分析图内的地形特征以了解地层分布规律、地貌发育与地质构造的关系等。⑤分析地质内容，按照从整体到局部再到整体的方法，判读地层分布情况、地质构造总的特点、火成岩分布情况；再对每一个局部构造进行分析，从图中老岩层着手，逐步向外扩展；对每一种构造形态，包括褶皱、断层、不整合、火成岩体等逐一分析。最后把各个局部联系起来，以进一步了解整个构造的内部联系及其发展规律，主要包括：根据地层和构造分析、恢复全区的地质发展历史、地质构造与矿产分布的关系、地质构造与地貌发育的关系等。

4. 考核要求

观察学生的操作能力，根据课堂表现及实验报告考核。

三、实验结果与分析

（1）要求正确写出观察的实验内容。

（2）作业：熟悉地质图的一般格式内容，阅读太阳山地区地质图。①分析图中的地貌特征；②举例说明地质构造对地形的影响；③举例说明岩性对地貌的影响。

第五节　基础地质室内综合实践

实验九　参观地质陈列馆

一、实验目的与要求

（1）实践与理论结合，接触实物对可使学生们对普通地质学中所涉及的相关概念有真实的认识与了解。

（2）了解地质陈列馆布置方式及所展示的内容。

二、实验内容

1. 地质陈列馆内容

（1）地球概况区：地球在宇宙中的位置、地球的转动、地球的表面、地球的外部圈层、地球的内部圈层、地球的磁场、地热、中国地势与地形。

（2）地壳运动区：岩浆活动、地震活动、构造运动、断裂、褶皱、造陆运动、造山运动、板块构造与板块运动、水对陆地的作用、泥石流、岩崩、滑坡。

（3）矿物区：矿物的概念与分类，自然元素大类，氧化物和氢氧化物大类，硫化物及类似化合物大类，卤化物大类，硫酸盐类、碳酸盐类、其他含氧盐类，硅酸盐大类，硅酸盐矿物晶体结构模型。

（4）岩石区：岩石的概念与分类，岩浆岩、沉积岩、变质岩。

（5）史前生物区：地质年代表、生物分界图、最早期的生命、生命大爆发、海洋无脊椎动物时代、脊椎动物出现、脊椎动物的分类、生物登陆、恐龙和鸟类、生物大绝灭、地史时期生物集群绝灭事件、哺乳动物和人类化石简介。

2. 注意事项

（1）不要随地吐痰，乱扔垃圾。

（2）不得随便打开陈列柜。

（3）不得随便敲打地质标本等。

第四章　气象学与气候学实验

第一节　概　　述

一、课程简述

“气象学与气候学”是地理科学（师范类）专业的一门重要的专业基础课程，也是一门基本技术的训练课程。该课程的研究对象是地球大气，它是人类地理环境的重要组成部分，也是自然地理的一个重要组成部分。课程由气象学、天气学和气候学三部分组成，各部分也配备了相应实验。气候学部分是本门课程的重点，气象学部分是气候学的物理基础，天气学部分是气候学的天气基础。

通过该门课程的学习，学生可掌握气象学与气候学的基础知识、基本原理和基本方法；有助于培养学生对大气科学问题的理解和科学思维能力，培养学生的实践能力、综合分析能力和创新能力，为学生将来从事地理教育、地理科学研究及学习后继课程奠定基础。

二、课程实验的重要性

“气象学与气候学”课程具有实践性很强的特点，为加强理论联系实际及与中学基础教育相衔接，本课程还配备了相关的室内和室外实验内容，以提高学生的实践能力。

通过一系列实验训练，可以培养学生综合运用所掌握的理论知识和技能，分析和解决实际问题的能力；培养学生创造性思考、开展科学研究的能力；培养学生将来指导中学生的相关课外活动的能力。

三、主要实验构成

根据高等师范院校地理科学（师范类）专业培养方案的要求，结合“气象学与气候学”课程的教学，气象学与气候学实验主要由气象学实验、天气学实验和气候学实验三部分组成。第一部分气象学实验，包括气象观测场的建立、空气温度和湿度的观测、地温的观测、云的观测、气压的观测、风的观测、降水和天气现象的观测等内容；第二部分天气学实验，包括天气图的认读等内容；第三部分气候学实验，包括温度与降水资料的整理和分析等内容。

通过气象学与气候学实验，学生可以全面系统地掌握气象学与气候学的基本理论知识和技能，可提高学生分析并解决气象气候方面实际问题的能力。

第二节　气象学实验

实验一　气象观测场的建立

气象观测是气象工作的基础，它对一定范围内的气象状况及其变化进行系统的、连续的观察和测定，为天气预报、气象情报、气候分析和科学研究提供重要依据。

根据观测项目的不同，气象观测分为地面气象观测、高空探测和专业气象观测三类。地面气象观测使用气象仪器测定近地面层（主要是离地 1.5m 范围内）的气象要素值，以及对大气中一些现象，如云、光、电进行观察。高空探测是用气球、雷达、火箭、卫星等，对自由大气及高层大气的气象情况进行测定。专业气象观测是指为了某些专业部门的需要而进行的观测，如农业气象观测、海洋水文气象观测等。

气象观测场的建立除了规划气象站网的布局外，还包括观测场的选址、仪器布置、规定观测时间和观测次数、记录等。

一、实验目的与要求

了解观测场的建立，包括观测场的选址要求、观测场的仪器安置原则、观测时间的规定等；掌握观测场的布局设计方法。

二、实验内容

1. 观测场的选址

1）环境要求

观测场地应代表本地区较大范围气象要素特点和天气、气候特征，避免局部地形的影响。一般要求场地平坦空旷，四周没有高大建筑物、树林和大水池。观测场地的边缘与四周孤立障碍物的距离，至少是该障碍物高度的三倍以上；成排的障碍物，至少是该障碍物高度的十倍以上，四周不应种高秆作物，以保证气流的通畅。

2）场地大小的要求

观测场地大小应为 25m×25m；如果条件限制，可为 16m（东西向）×20m（南北向）。中学气象园的大小可根据学校场地的条件而定，尽可能符合国家气象局的规定，可采用 16m×20 m 的面积，但不要小于 5m×4m，否则仪器相距太近，相互遮挡，影响观测质量，而且影响观测活动的进行。

3）观测场内的要求

观测场地要求平整，不应有洞穴、坑洼、突起的地方，否则仪器安置不易达到水平的要求。由于一般地区下垫面绿色植物分布的面积最广，所以观测场内应种植浅草，土壤应保持当地的结构特征，同时在场内要铺设 0.3～0.5m 宽的小路（不能用沥青铺面），保持场内整洁，方便行走，以免踏平草层。为了保护场内仪器设备，观测场四周应设高度为 1.2m 的稀疏围栏（铁丝网、铁栏杆、竹围栏等），保持气流通畅。围栏的北面正中开一个小门，方便出入。

要保持场内整洁，当草高超过 20cm 时，要剪短，将草及时运出场地。在冬季降雪时，除小路和百叶箱顶壁的积雪可以清除外，场内积雪应保持原状，使其自然融化。

2. 观测场内的仪器的安置

观测场内仪器的安置应当保持一定距离，互不影响，具体要求如下：仪器高的安排在北面，低的安在南面，东西成行，南北布设成列，靠近小路，便于工作。东西间隔不小于 4m，南北间隔不小于 3m，仪器距观测场边缘护栏不小于 3m 。

1）百叶箱内的温度表安置

百叶箱内的温度表的安置高度规定为 1.5m。因为 1.5m 是贴地层小气候与一般气候分界的高度。在此高度上测得的温度和湿度接近大气的真实温度和湿度。

2）测量降雨量的雨量器安置

测量降雨量的雨量器的安置高度规定为 70cm。因为安置太低，会使雨滴容易溅入器内，在冬季有积雪时，风也容易从地面把雪吹入雨量器中，使记录不准；如果过高，不仅观测不便，而且由于较大的湍流混合，形成涡旋，会影响雨雪降落，甚至可能将雪片吹走，使得记录失真。

3）测风的仪器安置

测风的仪器安置在距地面 10m 以上。因为贴近地面层的风，由于受地面、地面障碍物及因障碍引起的湍流混合作用的影响，对自由大气来说，几乎没有代表性。

4）观测场内的日射、日照仪器安置

观测场内的日射、日照仪器应安置在开阔的地方，特别是东西两侧无高大障碍物，使这些仪器终年在日出到日落之间能受到太阳照射。

如果满足不了这个条件，日照计可以安在平台上。日射仪器事先需要测定反射率。

3. 观测时间

1）定时观测

（1）定时观测时间。每日在北京时间 02 时、08 时、14 时、20 时进行四次气候观测，部分观测站、哨仅进行 08 时、14 时、20 时三次气候观测。

（2）定时观测项目。定时观测项目见表 4.1。

表 4.1　定时观测时间和项目

时间	02 时	08 时	14 时	20 时	日落后
观测项目	云、能见度、天气现象、空气的温度、湿度、风、气压、0～40cm 地温	降水、冻土、雪深、雪压、地面最低温度	80～320cm 地温，换温度、气压、湿度自记纸	降水，蒸发，最高、最低气温和地面最高、最低气温，并调整观测表放回原位	日照计换纸

2）不定时观测

有些台站根据上级指示和服务单位的需要，进行一些定时或不定时观测。如航空天气观测、危险天气观测和预约天气观测等。这些观测的次数、项目和时间视需要单位的具体要求而定。

3）观测记录要求

为了使观测记录有比较性，观测程序要尽可能统一。温度、湿度、气压等要素尽可能接近正点观测，而目测项目如云、能见度等可在正点观测前进行观测。

气象要素均以北京时间 20 时为日界（即从昨天 20 时至今天 20 时为一天），自记记录以 24 时为日界，日照计以日落为界。

中学气象园观测项目，每天观测三次，在不影响教学工作的前提下，可以提前一小时，在 07 时、13 时、19 时观测。

4. 设计一个中学气象观测场的平面布局图

设计要求如下：

（1）场地大小不限，不大于 25m×25m，但不小于 5m×4m。必须符合气象观测场建立的基本原则。

（2）要求画出安置测风仪器、百叶箱、雨量计、雨量器、地面温度表、自动气象站等仪器。仪器的安置必须按照标准的要求（门、围栏、方位、距离等）来安置。

（3）图上必须标注方位、具体数据及说明。

三、实验结果与分析

（1）画出一张自己设计的气象观测场的平面布局图（图 4.1）。

（2）分析在设计气象观测场时应注意的问题。

（3）在气象观测场的建立时，如何选址、布局和仪器安置？

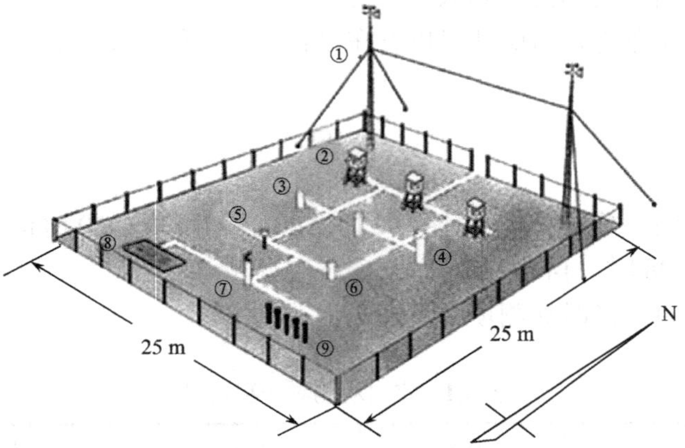

图 4.1　观测场仪器布局参考图

①测风仪器；②百叶箱；③雨量器；④虹吸式雨量计；⑤蒸发仪器；⑥蒸发专用雨量器；⑦日照仪器；⑧测地面温度及浅层地温场地；⑨测深层地温仪器和冻土器

实验二　空气温度和湿度的观测

气象观测中，需要测定空气温度和空气湿度，空气温度也称为气温。为了能定量表示温度，必须选定一个衡量温度的标准尺度，简称温标。我国气象工作中采用的是摄氏（℃）温标，它将标准大气压力下的纯水的冰点定为 0℃，沸点定为 100℃，以冰点和沸点作为两个基点，其间划分成 100 等分。每等分称为 1℃，并精确到 0.1℃。空气湿度是重要的观测项目之一，在地面气象观测中主要以水汽压、相对湿度，露点温度等物理量来表示空气湿度。

一、实验目的与要求

了解温度、湿度观测仪器的构造原理；掌握温度、湿度的观测方法。

二、实验内容

1. 测温仪器的构造原理

1）玻璃液体温度表

a. 测温原理

任何物质温度的变化都会引起它本身的物理特征与几何形状的改变。利用物质这一特性，确定它与温度间的数量关系，就可以作为测温仪器的感应部分，制成各种各样的温度表。常用的温度表有以水银或酒精为感应液的玻璃液体温度表。

水银和酒精都具有比较明显的热胀冷缩的特性。水银与酒精相比较，水银具有导热快，比热容小，易提纯，沸点高（356.9℃），蒸气压小，不与玻璃发生浸润作用等优点，所以用水银作为感应液的温度表灵敏度和精确度都较高。但是由于水银冰点（−38.9℃）比酒精高，测定低温不适宜，而酒精冰点低（−117.3℃），用来测定低温比较好。但酒精本身具有膨胀系数不够稳定，纯度较差，容易蒸发，以及与玻璃起浸润作用等缺点，所以一般情况下，不使用酒精温度表，只有在气温低于−36℃时，才按照《地面气象观测规范》规定使用酒精温度表。因此，除了最低温度表用酒精作为感应液外，一般温度表多用水银。

当温度表与空气接触时，球部与空气间便发生热量交换。如果空气温度升高，温度表球部便吸收空气中的热量，球部的玻璃和水银（酒精）都受热而膨胀，然而水银（酒精）膨胀量远比玻璃大，所以一部分水银（酒精）被迫进入毛细管中，于是毛细管内水银柱（酒精柱）便随之升高，直到热量交换平衡时为止。反之，气温降低时，温度表球部便放出一部分热量，放热同时，球部水银（酒精）因冷却而收缩，毛细管内的水银柱（酒精柱）随之下降，直到热量交换平衡为止。因此，温度表水银柱（酒精柱）的示度就能表示气温的高低。

b. 几种液体温度表

（1）普通温度表（干湿球温度表）。普通温度表是由球部、套管、白磁刻板及顶部所组成的水银温度表。如图 4.2 所示。它的特点是：毛细管内水银柱的示度，随着被测物的温度变化而变化。因而可以测出任意时刻被测物的温度。气象站、哨用一对规格相同的普通温度表测定空气的温度和湿度，因此又称为干湿球温度表。

（2）最高温度表。最高温度表也是一种水银温度表。如图 4.3 所示。用以测定一定时间间隔内的最高温度。它与普通温度表不同的地方在于球部。最高温度表的球部有一玻璃针伸入毛细管，使球部与毛细管之间形成一窄道。温度升高时，球部水银体积膨胀，压力增大，迫使水银挤过狭管上升，但当温度下降时，因无足够压力使水银挤过狭管回至球部，因而水银柱就在狭管处断裂，于是狭管以上这段水银柱的顶端，就保持在过去一段时间内温度表所感受到的最高温度示度上。

最高温度表为了防止重力作用，应水平安放，为了防止水银柱滑向头部，也可将头部稍放高一点。

观测最高温度后，应按规定进行调整。其方法是：用右手紧握表中上部，球部向下，把手伸出和身体约成 30°，在水平面 45°范围内剧烈甩动几次，待其示度与干球温度相差不到 0.2℃时停止，最后，将调整好的最高温度表放回原来位置上，注意手不能触及球部，先放球部，后放表身。

最高温度表的水银柱是只上升不下降的，如果发现最高温度表水银柱已经下降，则此表已失去了最高温度表的性能，不能继续使用，应予以撤换。

（3）最低温度表。测定一定时间间隔内的最低温度，用最低温度表。它的构造特点是：毛细管较粗，内贮透明的酒精，在毛细管内酒精中有一个蓝色哑铃形的玻璃指标。如图 4.4 所示。

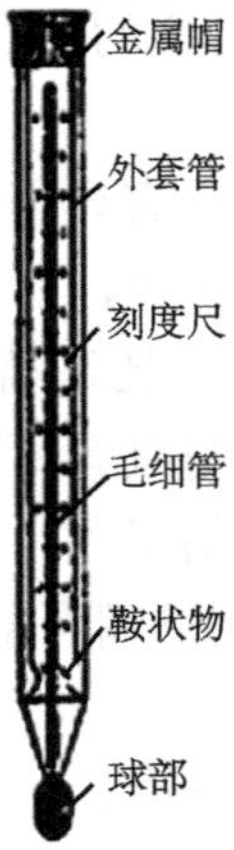

图 4.2　普通温度表

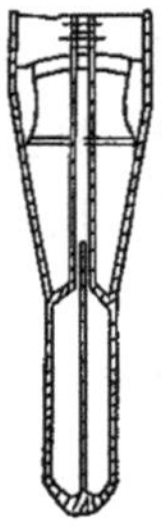

图 4.3　最高温度表球部

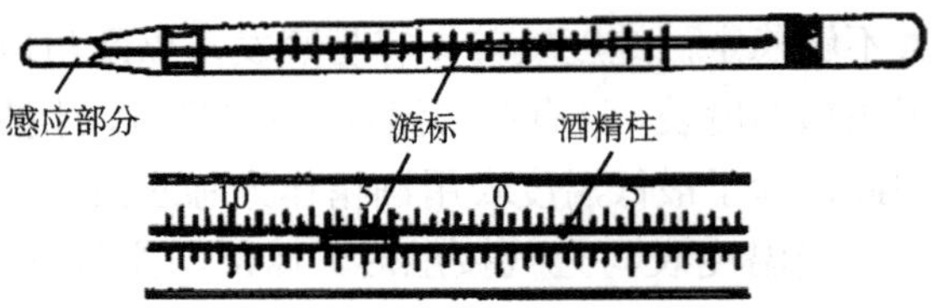

图 4.4　最低温度表

当温度下降时，酒精柱收缩，由于酒精柱顶端与指标接触时，酒精的表面张力作用，会带动指标下降；当温度上升时，酒精膨胀，酒精柱可以经过指标周围慢慢向前流动，而指标因顶端对管壁的摩擦力及本身的重力作用，仍停留在原位不动。最低温度表中，酒精柱随温度变化而上升下降，而指标不上升，只下降。指标离球部较远一端的示度，就指示出一定时间间隔内曾经出现过的最低温度。

观测最低温度表之后，要进行调整，先将球部向上抬起，使指标到达酒精柱的顶端，与酒精面相接触，然后将最低温度表水平安装好，注意应先放表身，后放感应球部。

2）自记温度计

自记温度计是气象上常用的几种自记仪器中的一种。自记仪器是自动记录气象要素在一天或一周内连续变化情况的一种仪器。从仪器上还能知道气象要素在某段时间内的极值及其出现时间。温度计由感应部分、传递放大部分、自记部分组成。如图 4.5 所示。

感应部分是双金属片，由黄铜和因钢两片金属片铆接或焊接在一起组成，如图 4.6 所示。传递放大部分是采用杠杆放大装置。自记部分是将传递放大的结果自动记录下来的部分，包括自记钟、自记纸和自记笔等，一般自记钟分日转和周转两类。

自记钟上放有记录纸，其纸上与纵轴垂直的水平线表示温度，通常每格为 1℃。竖的弧线为时间线。自记笔尖内装有特制的墨水，由于自记钟时刻在运转，温度不断在变化，这样笔尖在自记纸上就连续画出温度随时间变化的曲线。

温度计观测值精确到 0.1℃，其观测次数和温度表一样。

自记温度计要注意维护，经常保持清洁，对感应部分不应用手及其他物体碰撞。当感应部分有灰尘时可用细毛笔及时除掉。经常注意自记记录是否清晰，有无中断现象，笔尖墨水是否足够，自记钟是否停摆等。

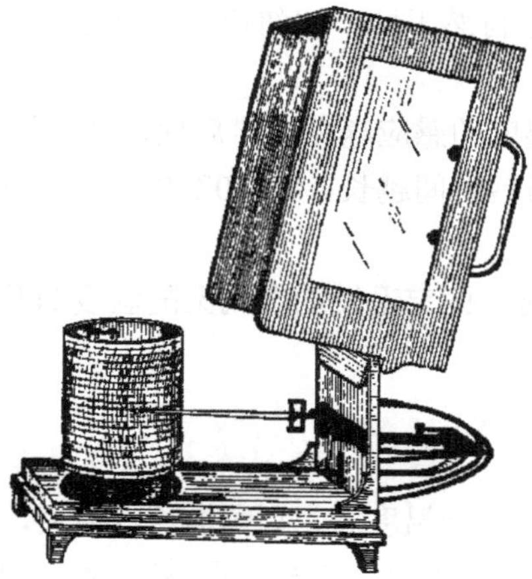

图 4.5　自记温度计

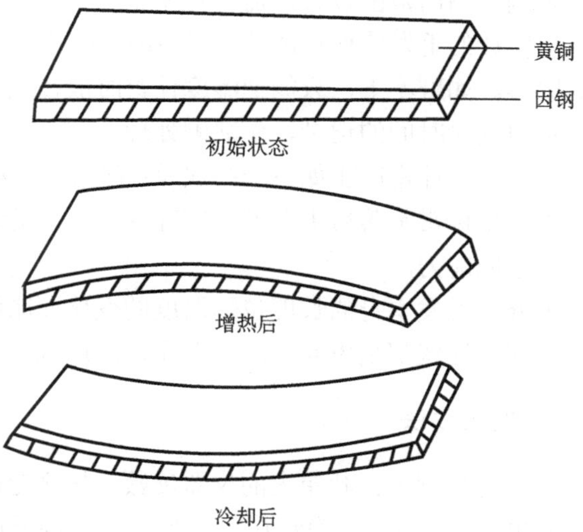

图 4.6　温度变化时双金属片的弯曲

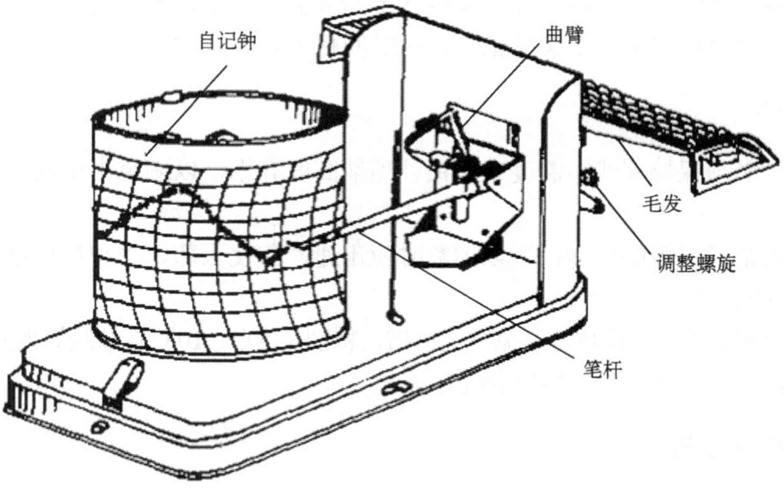

图 4.7　毛发湿度计

3）毛发湿度计

空气湿度通常用水气压、饱和差、露点温度表示。湿度观测方法，在实验时通常采用毛发湿度计测湿法。

人的头发经过脱脂后会随着空气相对湿度变化而有改变长度的特性。实验表明，当相对湿度由 0 增加到 100%时，毛发伸长量为原来长度的 2.5%，但在不同湿度上其伸长量是不均等的。利用这一特性可以制成毛发湿度计。

毛发湿度计是自动记录相对湿度连续变化的仪器（图 4.7）。它的构造分三部分：感应部分、传递放大部分、自记部分。感应部分是一束毛发，传递放大部分比较特殊，是采用两次放大的杠杆装置，自记部分（自记钟、纸、笔），与自记温度计相同。

湿度计安放在大百叶箱温度计的后方。湿度计的读数方法与温度计相同，但只取整数，不记小数，当湿度计笔尖超过 100%时，估计读数，若笔尖超出钟筒，则在记录栏内记“—”表示缺测。超出范围较大，需进行调整。

湿度计的毛发应保持清洁，切勿用手触摸。毛发上如有雾凇、冰、雪等，就轻敲金属架，使其脱落。如敲不下，只能把湿度计暂时放在室内，使它自然干燥。切勿使仪器接近火炉。放回室内这段时间的记录，作缺测处理。

毛发测湿计常产生如下一些误差：首先毛发对相对湿度的感应存在着滞后性，试验表明，毛发表的指标常常落后于湿度的实际变化。气温越低，滞后时间越长。到−40℃以下，毛发几乎失去感应能力。

另外，毛发本身的长度也随温度的变化而胀缩，同时，固定毛发的金属架随温度的升降也有胀缩，这些都是引起毛发测湿误差的原因。

2. 观测方法

（1）先观测小百叶箱内的仪器读数。按规定时间先读干球温度表，后读湿球温度表，记录之后再复读一次，精确到 0.1℃。然后读最高温度表，最低温度表，复读记录，精确到 0.1℃。调整最高、最低温度表后，要水平安放回原位。进行器差订正。

（2）后观测大百叶箱内的温度计、湿度计上的读数。温度计上的温度读数精确到 0.1℃。湿度计的湿度读数保持整数。复读并记录，做时间标记。

3. 注意事项

（1）读数时必须保持视线与温度表水银柱顶端高度齐平，以避免由于视差而使读数偏高或偏低。

（2）温度表是很灵敏的仪器，所以读数时应迅速，勿使头部、手和灯接近表的球部，不要对着温度表呼吸。

（3）观测后应复读一次读数，避免发生读错，特别是 5℃、10℃看颠倒等大差错。

（4）温度计、湿度计要注意时间标记。

三、实验结果与分析

（1）以小组为单位，连续观测，将观测和查算结果填入表 4.2 中，并整理数据资料。

表 4.2　气温与湿度观测记录　　　　年　月　日

时间	02 时			08 时			14 时			20 时			合计	平均
分项	读数	器差	订正后	读数	器差	订正后	读数	器差	订正后	读数	器差	订正后		
干球温度														
湿球温度													—	—
最高温度													日最高	
最低温度													日最低	

续表

<table>
<tr><td>时间</td><td colspan="3">02 时</td><td colspan="3">08 时</td><td colspan="3">14 时</td><td colspan="3">20 时</td><td rowspan="2">合计</td><td colspan="3" rowspan="2">平均</td></tr>
<tr><td>分项</td><td>读数</td><td>器差</td><td>订正后</td><td>读数</td><td>器差</td><td>订正后</td><td>读数</td><td>器差</td><td>订正后</td><td>读数</td><td>器差</td><td>订正后</td></tr>
<tr><td>水汽压</td><td colspan="3"></td><td colspan="3"></td><td colspan="3"></td><td colspan="3"></td><td></td><td colspan="3"></td></tr>
<tr><td>相对湿度</td><td colspan="3"></td><td colspan="3"></td><td colspan="3"></td><td colspan="3"></td><td></td><td colspan="3"></td></tr>
<tr><td>露点温度</td><td colspan="3"></td><td colspan="3"></td><td colspan="3"></td><td colspan="3"></td><td rowspan="3">最低温度表酒精柱</td><td rowspan="2">读数</td><td rowspan="2">器差</td><td rowspan="2">订正后</td></tr>
<tr><td>温度计</td><td colspan="3"></td><td colspan="3"></td><td colspan="3"></td><td colspan="3"></td></tr>
<tr><td>湿度计</td><td colspan="3"></td><td colspan="3"></td><td colspan="3"></td><td colspan="3"></td><td></td><td></td><td></td></tr>
</table>

（2）分析气温和湿度的日变化规律，两者之间有何联系？

（3）分析观测数据产生误差的原因。

实验三　地温的观测

一、实验目的与要求

了解地温观测仪器的原理；掌握地温的观测方法。

二、实验内容

地温包括地面土壤温度（地面温度）和地下土壤温度（地下温度）。可根据需要观测地温（包括 0cm、最高、最低）、浅层（地中 5cm、10cm、15cm、20cm）和较深层（地中 40cm、80cm、160cm、320cm）三个层次的地温。

1. 测定地温用的仪器

测定地表温度的仪器有地面温度表、地面最低温度表、地面最高温度表。这三支温度表与测定的干球、最高和最低温度表相同，只是由于地面温度变化范围较宽，他们的测量范围也较大。

用来测浅层地温的是深度为 5cm、10cm、15cm、20cm 的是曲管地温表，用来测深层地温的是深度为 40cm、80cm、160cm、320cm 的是直管地温表。

5cm、10cm、15cm、20cm 的曲管地温表由球部、毛细管、刻度磁板、外套四部分组成，表身下部长度不一，并且从感应部分上端望去，与表身成 135°夹角。

2. 观测地段与仪器安置

观测地表温度和浅层地温（地面和曲管地温表）的观测地段，应选在观测场南边平整出的裸地上，地段面积 2m×4m，地表无草、平整、松软，并与观测场地面相平。

地面温度表、地面最低温度表、地面最高温度表应水平安放地段中央偏东的地面上，由北至南为地面温度表、地面最低温度表、地面最高温度表，平行排列，感应部分向东，并使其位于南北向的一条直线上，表间距离 5cm；感应部分及表身、球部一半埋于土中，一半露

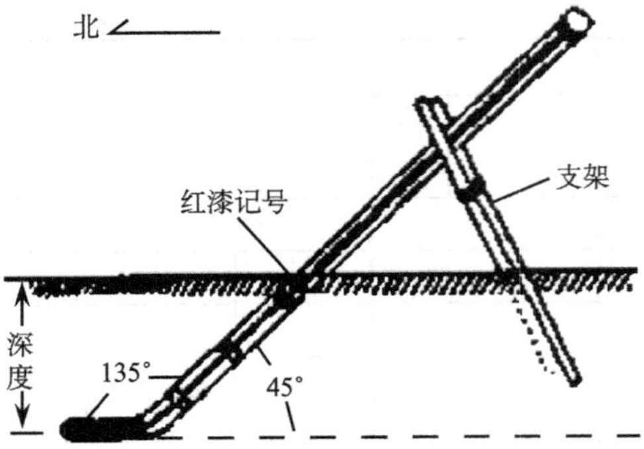

图 4.8 曲管地温表安装示意图

于外面。

5cm、10cm、15cm、20cm 的曲管地温表，应安放在地面最低温度表的西边 20cm 处，按 5cm、10cm、15cm、20cm 深度顺序由东向西排列，感应部分向北，表间相隔 10cm，表身与地面成 45°夹角。各表表身沿东西向排齐，露出地面的表身应用叉形木（竹）架支住。如图 4.8 所示。

安装时，先挖一段长度约 40cm 的沟，沟的北壁（A′O）垂直向下，它自东向西北方向伸展，与东西向的南壁（AO）呈 30°的夹角，南壁（AO）随深度挖成与北壁（A′O）呈 45°交角的斜坡面，如图 4.9 所示。再用卷尺沿沟的南壁量出各地温表的水平位置，在北壁量取所需深度，并在该深度处挖一水平小洞，然后分别把地温表放入沟内，使球部嵌入北壁小洞，并检查深度是否准确，最后小心地用土将沟填平。

为了保护地温场地不被践踏，在温度表的北部安装两块木质踏板。

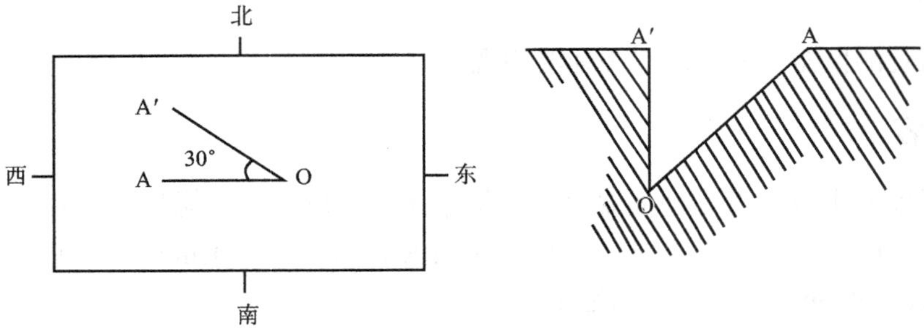

图 4.9 安装曲管地温表的小沟示意图

直管地温表安置在观测场南边有自然覆盖的 3m×4m 地段上，与地面最低温度表和曲管温度表成一直线，从东向西，由浅入深，彼此间隔 50cm。外管露出地面部分须用牵绳固定。在地面温度表的北侧设置观测用的踏凳。

3. 观测和记录

地温表的观测顺序是：地面普通温度表，地面最低温度表，地面最高温度表，5cm、10cm、15cm、20cm 曲管地温表，调整地面最高温度表和最低温度表。

地面温度表、曲管地温表和深度为 40cm 的直管地温表于 02 时、08 时、14 时、20 时观测，深度为 80cm、160cm、320cm 的直管地温表仅在 14 时观测一次，地面最高温度表仅在 20 时观测一次，观测后调整。地面最低温度表每天 08 时和 20 时观测两次，20 时观测后进行调整，读数和订正方法基本与空气温度表相同。各温度表精确到 0.1℃。

4. 注意事项

（1）在观测地面温度表时，不得将表取离地面（被水淹时除外），在观测直管地温表时，应动作迅速，注意安全。

（2）地面温度表被雪覆盖，巡视时应将其放置在雪面上，读数时若球部被雪覆盖仍照常读数。

（3）冬季地面温度低于－36℃时，地面温度表和地面最高温度表停止观测，只读取地面最低温度温度表的读数，并将订正后的读数作为地面温度读数。

（4）高温季节，08 时观测后应将地面最低温度表收回，放在荫蔽处，20 时观测前将其放回原处（遇雷雨天气应及时将表放回原处）。冰雹季节，冰雹时应为地面温度表和曲管地温表加盖网罩，以免仪器损坏，冰雹停后立即拿掉。

三、实验结果与分析

（1）以小组为单位，连续观测，将观测结果填入表 4.3 中，并整理数据资料。

表 4.3　地温观测记录　　　　年　月　日

<table>
<tr><td colspan="3">时间</td><td colspan="3">02 时</td><td colspan="3">08 时</td><td colspan="3">14 时</td><td colspan="3">20 时</td><td rowspan="2">合计</td><td rowspan="2">平均</td></tr>
<tr><td colspan="3">地温</td><td>读数</td><td>器差</td><td>订正后</td><td>读数</td><td>器差</td><td>订正后</td><td>读数</td><td>器差</td><td>订正后</td><td>读数</td><td>器差</td><td>订正后</td></tr>
<tr><td colspan="3">0 cm</td><td></td><td></td><td></td><td></td><td></td><td></td><td></td><td></td><td></td><td></td><td></td><td></td><td></td><td></td></tr>
<tr><td colspan="3">地面最高</td><td></td><td></td><td></td><td></td><td></td><td></td><td></td><td></td><td></td><td></td><td></td><td></td><td>日最高</td><td></td></tr>
<tr><td colspan="3">地面最低</td><td></td><td></td><td></td><td></td><td></td><td></td><td></td><td></td><td></td><td></td><td></td><td></td><td>日最低</td><td></td></tr>
<tr><td colspan="3">5 cm</td><td></td><td></td><td></td><td></td><td></td><td></td><td></td><td></td><td></td><td></td><td></td><td></td><td></td><td></td></tr>
<tr><td colspan="3">10 cm</td><td></td><td></td><td></td><td></td><td></td><td></td><td></td><td></td><td></td><td></td><td></td><td></td><td></td><td></td></tr>
<tr><td colspan="3">15 cm</td><td></td><td></td><td></td><td></td><td></td><td></td><td></td><td></td><td></td><td></td><td></td><td></td><td></td><td></td></tr>
<tr><td colspan="3">20 cm</td><td></td><td></td><td></td><td></td><td></td><td></td><td></td><td></td><td></td><td></td><td></td><td></td><td></td><td></td></tr>
<tr><td colspan="3">40 cm</td><td></td><td></td><td></td><td></td><td></td><td></td><td></td><td></td><td></td><td></td><td></td><td></td><td></td><td></td></tr>
<tr><td colspan="6">冻土深度</td><td colspan="3">80 cm</td><td></td><td></td><td></td><td colspan="3" rowspan="3">—</td><td rowspan="3">—</td><td rowspan="3">—</td></tr>
<tr><td>上限</td><td colspan="2"></td><td colspan="2"></td><td></td><td colspan="3">160 cm</td><td></td><td></td><td></td></tr>
<tr><td>下限</td><td colspan="2"></td><td colspan="2"></td><td></td><td colspan="3">320 cm</td><td></td><td></td><td></td></tr>
</table>

（2）分析地面温度日变化特点和规律。

（3）地面温度与空气温度之间有何联系？

（4）地温观测数据出现误差有哪些原因？

实验四　云 的 观 测

云是悬浮在大气中的小水滴或冰晶微粒，或二者混合的可见聚合体，底部不接触地面，并有一定厚度。云的外形、数量、分布、移动和变化，标志着当时大气中的各种物理状况。通过对云的观测，可以了解大气的运动状况和气象要素的变化，对制作短期天气预报、人工影响云雨、航空等都有很重要的作用。云的观测主要是观测云状、云量等。

一、实验目的与要求

熟悉云状判别方法；掌握云量、云状观测记录方法。

二、实验内容

1. 云的分类和各类云的特征

根据云的外形特征、结构特点和云底高度，将云分为三族，十属，二十九类（表 4.4）。

表 4.4　云的分类

云族	云属		云类	
	中文名	简写	中文名	简写
低云	积云	Cu	淡积云	Cu hum
			碎积云	Fc
			浓积云	Cu cong
	积雨云	Cb	秃积雨云	Cb calv
			鬃积雨云	Cb cap
	层积云	Sc	透光层积云	Sc tra
			蔽光层积云	Sc op
			积云性层积云	Sc cug
			堡状层积云	Sc cast
			荚状层积云	Sc lent
	层云	St	层云	St
			碎层云	Fs
	雨层云	Ns	雨层云	Ns
			碎雨云	Fn
中云	高层云	As	透光高层云	As tra
			蔽光高层云	As op
	高积云	Ac	透光高积云	Ac tra
			蔽光高积云	Ac op
			荚状高积云	Ac lent
			积云性高积云	Ac cug
			絮状高积云	Ac flo
			堡状高积云	Ac cast
高云	卷云	Ci	毛卷云	Ci fil
			密卷云	Ci dens
			伪卷云	Ci not
			钩卷云	Ci unc
	卷层云	Cs	薄幕卷层云	Cs nebu
			毛卷层云	Cs fil
	卷积云	Cc	卷积云	Cc

1）高云族

高云族包括卷云、卷层云和卷积云。它们是冰晶构成的，云体呈白色，有蚕丝般的光泽，薄而透明。阳光透过高云时，地面物体的影子清楚可见，云底高度一般在5000m以上。

a. 卷云（Ci）

（1）卷云的形态。卷云具有丝缕状结构、柔丝般光泽，分离散乱。卷云由很小的冰晶组成，云体通常白色无暗影，呈丝条状、羽毛状、马尾状、钩状、团簇状、片状、砧状等。

卷云出现晕的机会比较少，即使出现，晕也不完整。在我国北方和西部高原地区，冬季卷云有时会下微量零星的雪。卷云可从卷层云演变而来，有的是积雨云顶部残留下来的。

卷云的云高较高，因此它在早晨最先被阳光照射，而傍晚最迟变暗。在日出以前和日落以后，卷云常呈鲜明的黄色或红色。地平线的卷云总有些发黄。

由于高空风的影响，卷云的形状相当复杂，经常排列成带横过天空，辐合在地平线某一点，或相对两点（辐辏状），卷云也常和地平线斜交。

（2）卷云的类别。

毛卷云（Ci fil）：毛卷云为薄而分散的卷云，形如纤细羽毛。这种云不成片，云丝的两端不带钩。

钩卷云（Ci unc）：云丝的前端或向上一端呈钩状或小团簇，往往平行而系统地排列。

钩卷云常产生在中、高纬度地区低压槽或低气压前部，每有系统云随之侵入天空，常预示有天气系统影响本地，所以谚语说“天上钩钩云，地上雨淋淋”。

密卷云（Ci dens）：密卷云是成片而边缘丝缕结构明显的卷云。云块中部较厚，有时有暗影，高度较低。

伪卷云（Ci not）：由积雨云云顶残余脱离主体后而成。云块大而厚，常成砧状（像倒立的扫帚）。

b. 卷层云（Cs）

（1）卷层云的形态：卷层云是由冰晶构成的很薄的层状云，为透明而带白色的云幕，日、月轮廓分明，经常有晕的现象出现。卷层云一般不降水，但冬季在我国西北、东北、内蒙古地区有时能降雪。

卷层云通常为大范围气层缓慢上升到高空形成，有时还可由高层云变薄或大范围积雨云发展而成。

（2）卷层云的类别。

薄幕卷层云（Cs nebu）：云体极薄而又均匀，毛丝状纤维结构不明显，易误认为无云，一般都有晕的现象。薄幕卷层云又称为匀卷层云。

毛卷层云（Cs fil）：为丝缕分明的白色云幕，不均匀，好像大片密卷云融合成层一样。

c. 卷积云（Cc）

（1）卷积云的形态：卷积云为白而薄的细鳞片或小薄球组成的云层或散片，常排列成行或成群。小云块的宽度多数小于1°（相当于手臂伸直时小指的视宽度）。

卷积云几乎全由冰晶组成。一般由卷云、卷层云蜕化而成。通常出现在天气系统的前缘，常是天气将转阴雨的征兆。因此有“鱼鳞天，不雨也风颠”的谚语。

（2）卷积云的类别：卷积云可由卷云、卷层云蜕变而成。有时，高积云也可演变为卷积云。

2）中云族

中云族的云底高度一般在 2500～5000m，夏季在我国南方，其云底高度有时亦可达 8000m。由过冷却的微小水滴或水滴与冰晶（或雪花）混合构成。颜色呈白色或灰白色，没有光泽，云底较高，且云体稠密。

中云族包括高层云和高积云。

a. 高层云（As）

（1）高层云的形态：高层云多半由雪花和过冷却水滴组成，它是带有条纹或丝缕结构的云幕，颜色灰白或淡蓝。透过云层较薄的部分，可以看到昏暗不清的日月轮廓，好像隔了一层毛玻璃。厚的高层云可将日月完全遮住。高层云可降连续或间歇性雨雪。高层云常由卷层云变厚或雨层云变薄而成。有时也可由蔽光高积云演变而成。在我国南方有时积雨云上部或中部延展，也能形成高层云，不过持续时间不长。

（2）高层云的类别。

透光高层云（As tra）：类似厚的卷层云，云底较均匀，能看到日月，但轮廓模糊。在高纬地区可出现降雪。

蔽光高层云（As op）：为不透光的高层云，厚度变化大，厚的部分不见日月位置，薄的部分比较明亮。降水机会较多，或有雨雪幡（云体降水不着地的一种现象）自云底下垂。

b. 高积云（Ac）

（1）高积云的形态：高积云由团块、云片或云条组成。常呈行状或呈波状排列，颜色为白色或灰白色。在天顶或天顶附近的云块，其视宽度在 1°～5°（相当于一臂距离处，中间三指的宽度）。高积云经日月之下常有华的现象，或云块边缘焕发虹彩。

（2）高积云的类别。

透光高积云（Ac tra）：透光高积云为薄的高积云（云块中部与边缘明暗差异显著），云块排列较整齐，云缝中可见青天，即使无云缝，云块边缘也较薄而明亮。它的颜色一般为白色或深灰色。高积云主要由水滴组成，日月透过高积云常有华环或彩虹。

蔽光高积云（Ac op）：蔽光高积云为云块密接无缝隙，厚而暗黑的高积云，大部分不透光，排列不规则，云底起伏明显，个体依然可辨。

荚状高积云（Ac lent）：荚状高积云为分散的椭圆形、豆荚形云片或小块云组成的散片，常呈中间厚、边缘薄、轮廓分明的形态。

积云性高积云（Ac cug）：由对流受阻或衰退的积云、积雨云扩展而成。初生阶段类似蔽光高积云，以后云块逐渐变薄成为散离的云块。

絮状高积云（Ac flo）：絮状高积云云体破碎散乱，没有底边，像破棉絮一样，云块看起来较厚，有时还有幡。

堡状高积云（Ac cast）：积云形状的小团块并列在一线上，有同一水平底边，顶部凸出像城堡。从侧面（远处）看，堡状特征更为明显。出现堡状高积云或絮状高积云时常是雷雨将临的征兆。

3）低云族

低云族包括积云、积雨云、层积云、层云和雨层云。由于形成的天气条件不同，低云的外形特征有很大差异。积云、积雨云产生于不稳定的气层中，常称为对流云。其基本特征是生成时云体垂直向上发展，常为分散孤立的大云块，消散时向水平扩展，云底通常在 2500m

以下，由微小水滴组成，对流发展旺盛时，上部有冰晶结构。层积云、层云、雨层云则产生于稳定的气层中，主要由水滴组成，如果云底较厚，其上部可能有冰晶（雪花）。云层低而黑，结构稀松。

a. 积云（Cu）

（1）积云的形态：积云是孤立垂直向上发展的云块，顶部呈圆弧形或呈重叠圆拱凸起，底部几乎是水平的，云体边界分明。当积云移至天顶时常是暗黑一大块，看不见圆弧形的顶与水平底。

（2）积云的类别。

淡积云（Cu hum）：呈扁平状，形似馒头，垂直发展不盛，晴天常见，云的垂直厚度通常小于云体水平宽度。在大陆上积云通常在夏季早晨生成，傍晚消失。云底高度与凝结高度有关。

碎积云（Fc）：积云的初生阶段、积云被风吹碎或积云消失过程出现的破碎不定型的散片，称为碎积云。

浓积云（Cu cong）：是浓厚的积云，垂直发展很盛。云的厚度常常大于宽度。由于云内湍流很强，云顶起伏显著。呈花菜形状。有时高空风较强，云体被风吹成倾斜状态。浓积云有时可降阵雨。当浓积云发展到中云高度，有时云顶盖有一片像薄纱巾似的白色云幕，称为幞状云。

b. 积雨云（Cb）

（1）积雨云的形态：积雨云又称雷雨云，云体浓厚庞大，垂直发展极盛。云顶由冰晶组成，常有丝缕结构，并扩展成砧状。

积雨云布满全天时，云底很像雨层云，也可能有雨雪幡下垂和碎雨云出现。但积雨云的云底较为混乱（有时有乳房状或龙卷），颜色阴暗。伴随着积雨云经常出现雷电和阵性降水、冰雹等现象。

（2）积雨云的类别。

秃积雨云（Cb calv）：浓积云进一步发展时，云顶圆拱形开始模糊（云体凸出部分开始冻结），丝缕结构不太明显的，称为秃积雨云。它是积云向积雨云发展的过渡阶段。

鬃积雨云（Cb cap）：积雨云的成熟阶段，云顶丝缕结构明显，上部可扩展至对流层顶。往往受高空气流的影响，向某一方向延伸成砧状，伴有雷雨、冰雹出现。

c. 层积云（Sc）

（1）层积云的形态：结构稀松的大云块、大云条（滚轴状）组成的云层或散片。颜色灰白或灰色。云块的视宽度通常大于5°，常成行或波状排列。

层积云一般由水滴构成，北方或西部高原地区严寒季节可由水滴、冰晶、雪花构成。层积云可降小雨（雪）。我国南方层积云有时也可产生较大降水。

（2）层积云的类别。

透光层积云（Sc tra）：云层厚度变化大，云块之间可见青天或薄缝，有时也可见华的现象。

蔽光层积云（Sc op）：阴暗滚轴状的大云块或团块组成的连续云层。大部分蔽光，无云隙或薄缝，云底个体起伏明显。

透光层积云、蔽光层积云合称普通层积云。这种云可由高积云降低、云块增大而成，或由雨层云降水停止后分裂开来，以及因湍流加强、层云抬升等原因形成。

积云性层积云（Sc cug）：积云性层积云是由于对流受到稳定气层的限制，积云顶部扩展而成的层积云，一天任何时间都可出现，生成初期很像蔽光层积云。

堡状层积云（Sc cast）：垂直发展的积云性的云块，形状特征是常并列在一条线上，有一个共同的底边，顶部凸起明显，远处看去好像城堡。

荚状层积云（Sc lent）：中间厚、边缘薄。形似豆荚、梭子状的云条。个体分明，分离散处。

d. 层云（St）

层云是灰白色、较均匀的云层，很低（几十至几百米），且厚度不大，像雾但不着地，常能将小山或建筑物的顶部掩没。当云厚时，日月光不能透过，当云很薄时，隔云看日月，轮廓清晰可辨，像白色玉盘。层云可降毛毛雨或米雪，但无雨雪幡下垂。层云如果分裂或被风吹碎成不规则的散片，称为碎层云（Fs）。

e. 雨层云（Ns）

雨层云为低厚均匀的降水云层，呈暗灰色。由于云层很厚，所以看不见日月轮廓，雨层云通常降连续性雨或雪，即使不降水，也常有雨雪幡下垂，使得云底混乱，看不出明显的边界。

雨层云下常有一种破碎的低云，它是由于降水时雨滴蒸发、云下湿度增大，经扰动凝结成的碎云。初生时少而孤立，常不断滋生，很快并合成层。这种云边缘散乱破碎，低而移动快，称为碎雨云（Fn）。碎雨云全部或大部分掩盖天空时，千万勿将它误认为雨层云。

在高层云、积雨云的云底也常出现碎雨云。雨层云通常为高层云变厚或蔽光层积云由于降水使得云底模糊不清，融合而成。

云的外形、种类较复杂，根据它的外形特征可分层状云、波状云和积状云三类。

层状云包括卷云、卷层云、高层云、雨层云。波状云包括卷积云、层积云、高积云、层云。积状云包括淡积云、浓积云和积雨云。

2. 云状、云量的观测和记录

云量、云状的观测，应固定在一个能看到全部天空及地平线的开阔地方进行。观测时如有强烈的阳光，需戴黑色眼镜。

1）判定云状的基本方法

首先，对全天所有的云进行分析，确定其层次（高、中、低），云状间的互相联系，及其在天空分布等情况。要看全局，不要脱离全局孤立地判定某一种云状。要以天顶周围的云状为主，然后从云的形状、结构、透光情况进行全面的、系统的、仔细的分析判别。此外，还必须根据伴随云出现的各种天气现象等加以综合判断。只有全面、系统分析云的情况，才能正确地判断云状。

其次，云是不断变化的，通常这种变化与天气系统有着密切的联系，并有一定规律。因此，必须连续观测，不仅在固定时间观测，还要在固定时间之间经常注意云的生成、发展和演变。根据云状及观测时所处的天气系统部位，分析云是什么天气系统影响下形成的，以及未来可能演变的趋势等。

由于我国地区广阔、地势复杂，云的变化很大，同一种云状在不同地区会有很大的差别。如浓积云在华北地区就很少降水，而有些地区的浓积云则可能降较强的阵雨。所以在判断云状时，不能机械搬用标准云图和定义，应该考虑不同地理环境（纬度、海拔高度、水陆分布等）、不同季节的特殊性，结合云状特征，具体进行分析判断。

2）云量判定方法

云量是指云遮蔽天空的成数。将天空分为十份，这十份中被云所掩盖的成数称为云量。如云占天空的1/10，云量记1，占2/10，云量记2，其余类推。当云布满全天时，云量记10。如天空被云所遮，但在云层中还有少量空隙（空隙总量不到天空的1/20），则云量记[10]；当天空无云，或云量不到1/20时，云量记0。

（1）总云量：指所有云遮蔽天空的成数，不论云的层次和高度。

（2）低云量：低云（Sc、 St、 Ns、 Cu、 Cb）掩盖天空的成数。

云量的多少，并不能表示云体实际面积的大小，因为云体实际面积和云高也有联系。例如，同是云量8的云，如果是云高为500m的低云，则云层实际面积不到20km^2，若是云高为8000m的高云，云层实际面积就大到5000km^2。由于云高不同，二者实际面积相差250倍。这一点在实际工作中是应该注意的。大范围的云很可能与系统天气有联系。相反，很多低云，实际云层的面积并不太大，往往是地方性的局部现象，不一定与天气系统有联系。

另外，对于孤立分散的云（如 Cu），云量还常包括云的厚度在内（图 4.10）。夏季估计Cu云量，看到天空附近的空隙比天边大，就是这个原因。所以，通常测得的云量实际为遮蔽天空的视云量。

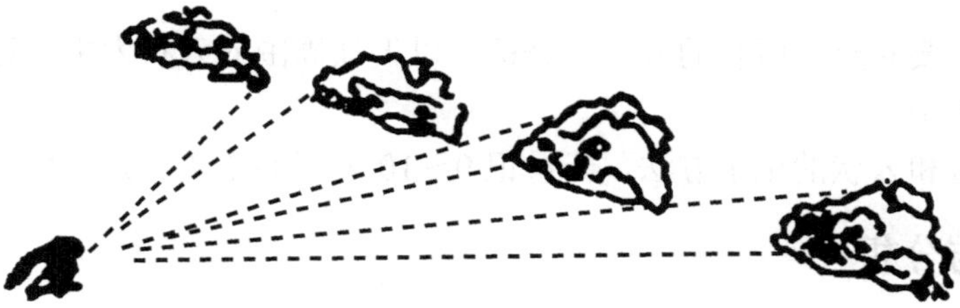

图4.10　孤立云块的视云量

3）云量和云状的记录

a. 云量的记录

总云量和低云量以分数的形式记入观测记录簿，总云量作分子，低云量作分母，任何情况下，低云量不得大于总云量。

其云块间的空隙如为Cc、Ac、Sc等云块组成所固有的，通常内部空隙量极小，不必估计这些空隙；但如这种云布满全天，就必须将空隙表示出来。Ac tra布满全天（有空隙），云量记[10]。这也说明符号□仅在云量10时应用。云量 0～9时，不加符号□。

b. 云状记录

云状按缩写符号记入观测记录簿。如Ci dens、Ac lent、Sc tra等。云状类别不能判辨时，仅记云的基本符号，如Cu、Sc等。

当天空出现很多云状时，按下列原则顺序记入观测记录簿。

（1）当量不同时，按量的多少（指实际看到的云量，为下层云所遮的部分不算）依次记入，量多的记在上面。例如，同时观测到量3的Cb cap、量2的Ci dens、量1的Ac cug，则记为

6 / 3
Cb cap
Ci dens
Ac cug

（2）量相同时，则按云底高度，依次记入，云底高的记在上面，云底低的记在下面。例如，观测到 Ci fil、Ac tra、Cu hum 云量都是 3，则记为

9/3
Ci fil
Ac tra
Cu hum

（3）若云量和云底高度都相同时，按云类记录。

（4）特殊情况下云的记录。当出现雾等水汽凝结现象掩盖天空，使云不能辨别时，把雾量作为云量记录，总云量、低云量也记 10，云状栏记“≡”的符号，如从雾中观测到天顶有云并能判定云状时，总云量、低云量都记 10，云状栏记“≡”和云状，如≡Ac；因浮尘（s）、沙（尘）暴、浓霾（∞）等遮蔽天空而不能判断云状、云量时，云量按不明处理，总云量、低云量记“—／—”，云状栏记天气现象符号。

3. 注意事项

（1）观测时，要对全天所有的云进行分析，以天顶周围的云状为主，进行全面的、系统的、仔细的分析判别。

（2）注意云量和云状的记录方法。云量记 0～10 之间的整数，云状用字母缩写记录。

三、实验结果与分析

（1）观测云量、云状，将观测结果填入表 4.5 中。注意云状用国际标准缩写符号填写。

表 4.5　云量、云状观测记录　　年　月　日

时间	02 时	08 时	14 时	20 时	合计	平均
总/低云量	/	/	/	/	/	/
云状					—	—

（2）分析一下观测到的云，能够带来什么样的天气？

（3）如何正确判断云量、云状？高云族、中云族、低云族各有何特征？

实验五　气压的观测

气压观测是气象观测的基本项目之一。在天气分析和预报、军事和航空部门等都会用到气压资料。气压观测是测定作用在单位面积上的大气压力，以百帕（hPa）为单位。气象台站用水银气压表测定本站气压，并用气压计连续记录本站气压的变化。

一、实验目的与要求

了解气压观测仪器的构造原理；掌握气压观测方法和读数记录方法。

二、实验内容

1. 水银气压表的原理

常用的水银气压表有动槽式和定槽式两种，它们是根据水银柱的重量和大气压力相平衡的原理来测定气压的。在实验时，一般采用动槽式水银气压表进行观测。

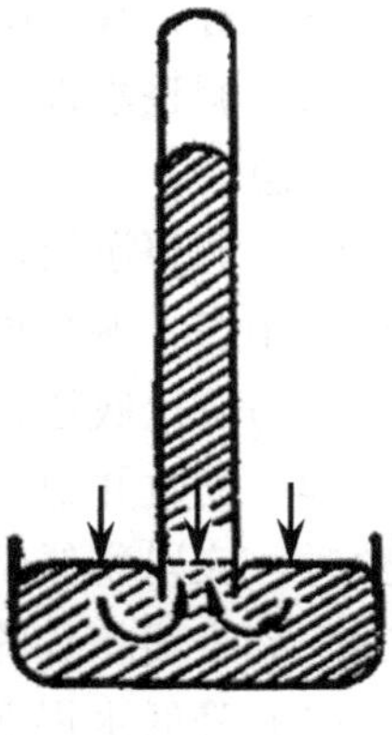

图 4.11　水银气压表原理

用长约 1m 的一根玻璃管，内装经蒸馏过的纯水银倒插在水银槽内，这时管内的水银柱就开始下降，当下降到一定高度后（通常水银柱顶离槽中水银面为 760mmHg 左右）就不再下降了。这是因为水银槽面上的大气压力，支持住了管内水银柱的重量。随着大气压力增大或减小，水银柱也随之升高或降低。所以根据水银柱高低就可以测出大气压力的大小。设玻璃横截面积为 S，水银柱高度为 h，水银密度为 ρ，重量为 W，重力加速度为 g。则压力 $P=\dfrac{W}{S}=\dfrac{mg}{S}$，其中 $m=\rho\times v$，$v=S\times h$。所以，$P=\dfrac{mg}{S}=\dfrac{\rho gSh}{S}=\rho gh$。

公式中水银密度 ρ 和重力 g 固定时，则 P 与 h 成正比，故气压 P 可用水银柱高度 h 来表示，如图 4.11 所示。

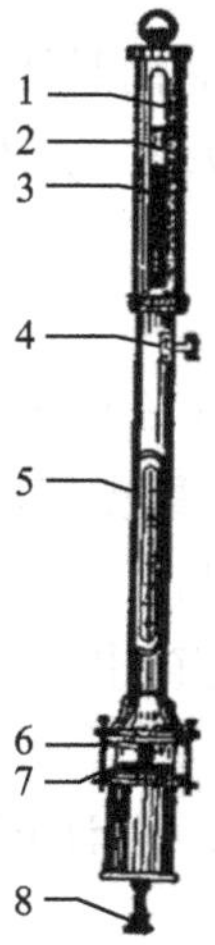

图 4.12　动槽式水银气压表

1.气压刻度标尺；2.游尺；3.水银柱；4.游尺调整螺旋；5.附属温度表；6.象牙针；7.水银面；8.水银面调整螺旋

2. 动槽式水银气压表的构造

动槽式水银气压表可分为内管、套管和水银槽三部分，如图 4.12 所示。

内管是一根直径为 8mm，长约 900mm 的玻璃管。玻璃管洗净并抽真空后，用纯净和干燥的水银灌满，就成为水银气压表的内管。内管装在气压表的套管中，用数个软木圈支柱，开口的一端插在盛满水银的槽里。

套管是用黄铜制成，管的上半部前后都开有长方形窗孔，用来观测内管中水银柱的高低。窗孔边上有气压刻度标尺和游尺，是用来测定气压整数和小数的。套管下部装有一支附属温度表，其球部在内管与套管之间，用来测定水银及铜管的温度。套管的下端与水银槽连接。

水银槽分为上下两部分，中间有一玻璃圈可以看见槽内水银面。槽的上部为一由很软的羊皮制成的皮囊，其特性是能通空气而不漏水银。皮囊的一头牢固紧扎在玻璃内管上，木杯中央凸出成圆筒形，内管通过此木杯而伸入槽内。用来指示刻度零点的象牙针固定在木杯的平面上，尖端向下。槽的下部有一皮囊，呈圆袋状，袋口扎在一个硬木制的木杯下部，此木杯分成上下两截，以螺旋紧连着，上下木杯的外面有一用以调节水银面的调整螺旋，螺旋的顶部有一小木托顶住皮囊以免皮囊磨损。

3. 动槽式水银气压表的观测方法

（1）首先观测附属温度表，读数精确到小数点后一位。

（2）调整水银槽内的水银面，使之与象牙针尖恰好相接。调整时，动作要轻且慢，不可旋转过急。

（3）调整游尺，使其稍高于水银柱顶。然后再慢慢降下，直到游尺环的下缘与水银柱凸面顶点相切。调整过程中视线和游尺的底边必须始终保持在同一平面上，从上往下调，在水银柱顶与游尺底边相切，同时两旁露出三角形空隙时为止。

（4）读数并记录。先在标尺上读整数，从游尺上读取小数，精确到0.1mmHg（hPa）。读整数时，应以稍低于游尺零线或以与游尺零线相齐的标尺刻度为准；读小数时，应以与标尺上某一刻度线相齐的游尺刻度为准。进行复读并记录读数。

（5）降低水银面。读数后旋底部螺旋使水银面离开象牙针尖约 2～3mm，目的是使象牙针尖不致被水银磨秃。

（6）进行数据订正。

4. 水银气压表读数订正

水银气压表读数只是表示测得的水银柱高度。由于各气压表精确度不同，所测出的数值往往是不同的，即使用同一支气压表进行测量，由于温度不同、地理位置不同，测量的数值也会各有差异。这说明水银气压表的示度，不仅随气压的变化而改变，而且还随仪器的改变，随温度、重力的改变而变化。因此，直接从水银气压表测得的气压数值，并不能代表真正的本站气压值。

1）器差订正

每支水银气压表都有一定误差。这种仪器自身的误差叫仪器差（简称器差）。器差主要是由于内管真空不良，水银不纯，刻度不均等原因所造成的。因此，每支气压表必须和标准气压表比较，得出误差值，编成检定证。器差可从检定证上直接查取。

订正方法：①根据测得气压读数，从检定证相应的气压值范围内查出订正值。②把气压读数与订正值相加，取代数和，即为经器差订正后的气压值。

例如，气压读数为 761.0mmHg，检订证上查得订正值为–0.2，则订正后的气压值为761.0＋（–0.2）＝760.8mmHg

2）温度差订正

水银气压表在制作过程中，以附温 0℃时的水银柱长度和黄铜标尺的长度作为标准长度。当附温不等于 0℃时，由于水银和黄铜刻度标尺膨胀系数不同（水银膨胀系数 α＝0.0001818，

黄铜膨胀系数 $\beta=0.000184$）也就引起了两者相对位置发生改变。这种由于温度影响而引起的气压示度的改变值，称为水银气压表的温度差。

当附温在 0℃以上时，由于水银的膨胀比黄铜大得多，如果这时依照水银柱高度读数就会偏高，因此应减去一段由于水银柱与黄铜膨胀不同造成的气压差，即温度差应为负值。当附温在 0℃以下时，水银收缩比黄铜多，水银柱示度偏低，因此就加上一段水银柱高度，即温度差为正值。

温度差订正值可从“气象常用表”（以下简称常用表）第二号第一表中直接查取。

订正方法：①用经过器差订正的气压值和附温，查取温度差订正值。横行上查取气压值，纵行上找出附温值的整数，纵横行相交查出的值即温度差订正值。若附温有小数，则可从表的下部查出相应的订正值，将温度小数的订正值与温度整数的订正值相加，即得温度订正值。然后确定正负值，当附温在 0℃以上时，订正值为负值；在 0℃以下时，则为正值。②将经器差订后的气压值和温度差订正值相加，其代数和为经过温度差订正后的气压值。

例：经器差订正后的气压值为 742.29 mmHg，附温为–4.4℃，查第二号第一表，气压取 742 一行，温度取–4℃一行，相交得 0.48，再查小数 0.4℃得 0.05，综合得订正值为 0.53，因为附温为负值，订正值为正，于是订正后的气压值为 742.29＋0.53＝742.82 mmHg

3）重力差订正

水银气压表是以纬度 45°的海平面上的重力为标准的，凡是纬度不在 45°、海拔不在海平面的气压表，由于重力的改变，水银气压表的水银柱高度也要改变。这种因重力不同而造成水银柱示度的误差，称为重力差。

订正方法：查常用表第三号第二表，利用经过温度订正后的气压值及海拔高度查取，表上气压每隔 2mm 一行，海拔高度每隔 50m 一行，因订正值变化很小，全部采用靠近法。当高于海平面时，应减去订正值；低于海平面时，应加上订正值。

5. 海平面气压的计算

海平面气压是指海平面高度上的压力。由于各台站的海拔高度不同，所承受的空气柱的长度不同，所以本站气压值不能直接比较各地的气压的大小，为了比较各地同一高度上气压的高低，需要将各台站的气压值统一订正到海平面高度上，这种把本站气压订正到海平面高度上的气压值，称为高度差订正，也称海平面气压订正。应注意不要将高度差订正与高度重力差订正混淆。

求海平面气压的基本方法是查表计算。用已求得的本站气压（P_h）加上一段由本站气压到海平面上的空气柱重量，这段距海平面的空气柱重量称为高度气压差（C），简称高度差。若气压表水银面海拔高度高于海平面，则差为正值，低于海平面则为负值。

设海平面气压为 P_0，气压高度差为 C，则

$$P_0 = P_h + C\,,\quad C = P_0 - P_h$$

只要求出高度订正值（C），海平面气压就可以算出来，而 C 值可用等温大气压高公式计算。大气压高公式为

$$h = 18400(1 + at_m)\lg\frac{P_0}{P_h}$$

设 $m=\dfrac{h}{18400(1+at_m)}$，则 $\lg\dfrac{P_0}{P_h}=m$ 或 $\dfrac{P_0}{P_h}=10^m$，$P_0=P_h\cdot 10^m$，$C=P_0-P_h=P_h\cdot 10^m-P_h=P_h(10^m-1)$。

令 $M=(10^m-1)\times 1000=\left[10^{\frac{h}{18400(1+at_m)}}-1\right]\times 1000$，气压订正值为 $C=\dfrac{P_h\cdot M}{1000}$。

上述为气压高度差计算公式。式中 P_h 为本站气压是已知的；M 值取决于海拔 h 与气柱平均温度 t_m；t_m 为本站海拔高度到海拔平面之间空气柱的平均温度；$a=\dfrac{1}{273}$，为常数。

求取海平面订正值的步骤如下。

（1）求取 t_m，用当地当时观测温度（t_0）、12 小时前的温度（t_{12}）与海拔高度 h，带入公式 $t_m=\dfrac{t_0+t_{12}}{2}+\dfrac{h}{400}$，求得 t_m。

（2）用 t_m 与 h 查常用表三号第四表，用内插法求 M 值。

（3）根据 $C=\dfrac{P_h\cdot M}{1000}$ 算出气压高度差。

（4）海平面气压值：$P_0=P_h+C$。

6. 注意事项

（1）气压室光线要充足，尽量避免阳光直射。室内应保持空气流通，但应避免直接通风，门窗要经常关闭，避免产生空气扰动，影响气压读数。

（2）读数时，动作要轻缓，视线平视刻度。

（3）要进行复读。

三、实验结果与分析

（1）观测气压，将观测结果填入表 4.6 中。

（2）求算本站气压和海平面气压，填入表 4.6 中。

（3）分析气压出现误差的原因。

（4）气压变化受哪些因素的影响？

表 4.6　气压观测记录　　年　月　日

时间	02 时			08 时			14 时			20 时			合计	平均
	读数	器差	订正后	读数	器差	订正后	读数	器差	订正后	读数	器差	订正后	—	—
附属温度													—	—
气压读数													—	—
本站气压														
海平面气压														

实验六 风的观测

空气的水平运动称为风。风是一个向量，风的观测包括风向和风速两项。

空气的水平运动使各地空气的水分、热量进行交换，在天气预报中有重要作用。风的观测，在工农业生产、城市建设等方面具有重要意义。

一、实验目的与要求

了解测风仪器的原理；掌握风向、风速的观测方法。

二、实验内容

风的观测包括风向和风速的观测。风向是指风吹来的方向，通常用符号记录，例如北（N）、东（E）、南（S）、西（W）四个方位，也可用角度表示，北、东、南、西，分别用 360°（0°）、90°、180°、270°表示。风速是指单位时间内空气移动的水平距离，以 m/s 为单位，有时也用 km/h 表示。

目前气象台站用来测定风的仪器有 EL 型电接风向风速计、轻便测风器等。在没有仪器或仪器失灵的情况下可根据某些物体被风吹动的情况用目力来判定。

风速和风力的对应关系，如表 4.7 所示。

表 4.7 风力等级表

风级和符号	名称	风速/（m/s）	陆地物象	海面波浪	浪高/m
0	无风	0.0～0.2	烟直上	平静	0.0
1	软风	0.3～1.5	烟示风向	微波峰、无飞沫	0.1
2	轻风	1.6～3.3	感觉有风	小波峰、未破碎	0.2
3	微风	3.4～5.4	旌旗展开	小波峰、顶破裂	0.6
4	和风	5.5～7.9	吹起尘土	小浪、白沫波峰	1.0
5	劲风	8.0～10.7	小树摇摆	中浪、折沫峰群	2.0
6	强风	10.8～13.8	电线有声	大浪到飞沫	3.0
7	疾风	13.9～17.1	步行困难	破峰、白沫成条	4.0
8	大风	17.2～20.7	折毁树枝	浪长高、有浪花	5.5
9	烈风	20.8～24.4	小损房屋	浪峰倒卷	7.0
10	狂风	24.5～28.4	拔起树木	海浪翻滚咆哮	9.0
11	暴风	28.5～32.6	损毁普遍	波峰全呈飞沫	11.5

1. EL 型电接风向风速计原理

EL 型电接风向风速计由感应器、指示器和记录器三部分组成。

感应器：感应器安装在室外 10～12m 高的杆子上。感应器的上部为风速部分，由风杯、风速表等组成；感应器的下部为风向部分，是由风标、风向方位块、导电环、接触簧片等组成（图 4.13）。

指示器：指示器放在室内桌上用来观测瞬时风向和瞬时风速。它由电源、瞬时风向指标盘、瞬时风速指示盘等组成。风速刻度有两排，一排是 0～20m/s，另一排是 0～40m/s，用于观测不同大小的风速。风向上的八个方位通过电缆与指示器内的八个小灯泡连接。根据风向标所处的方位，经过感应器的方位块连接，在指示器上可读出风向（图 4.14）。

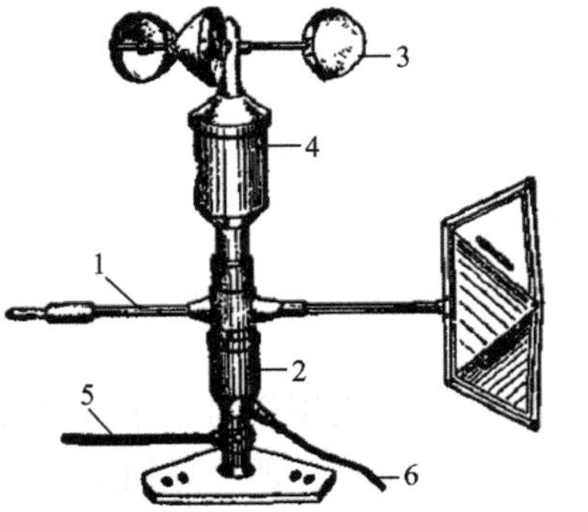

图 4.13　EL 型风向风速计感应部分

1.风标；2.风向方位块、导电环、接触簧片；3.风杯；4.风速表；5.指南针；6.电缆

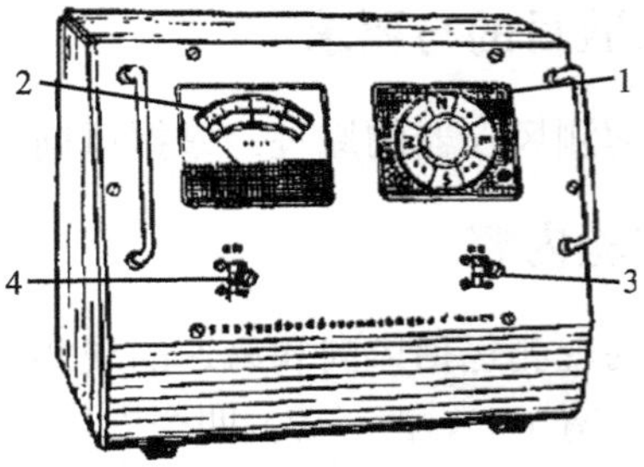

图 4.14　EL 型风向风速计指示器

1.风向指示器；2.风速指示器；3.风向开关；4.风速开关

记录器：记录器也置于室内，用来记录风向风速连续变化。它由八个风向电磁铁、一个风速电磁铁、自记钟、自记笔、笔档、电路接线板等部分组成。记录器可以记录任意 10min 的平均风速及相应的风向，同时每隔 2.5min 记录一次瞬时风向。

感应器用一长电线和指示器相连，指示器与记录器之间用短电缆线相接。

2. 观测方法

（1）打开指示器的风向、风速开关，读取 2min 的最多风向，用十六方位的缩写记录瞬时风向。立即关闭开关。观测 2min 风速指针的平均位置，读取整数，并记录在观测簿相应栏中。当风速小的时候，把风速开关拨到“20”挡，读 0～20m/s 标尺刻度；风速大时，应把风速开关拨到“40”挡，读 0～40m/s 标尺刻度。风向、风速观测完毕，立即关闭开关。

（2）静风时，风速记 0，风向记 C。

（3）更换自记纸与温度计、湿度计相同。

（4）读取记录纸上的风向和风速。读取整点前 10min 内的平均风向和平均风速。风向以十六方位记录，风速精确到小数点后一位。

3. 注意事项

风向指示灯每次使用 2min，观测后应立即关闭，以免烧坏隔离半导体和方位块。

三、实验结果与分析

（1）将观测的风向风速计入表 4.8 中。

表 4.8　风向风速记录　　年　月　日

时间	02 时		08 时		14 时		20 时		合计	平均
风向风速										
10min 平均风向风速									—	—

（2）从记录器的自记纸中整理出 10min 的平均风向和风速，填入表 4.8 中。
（3）分析风速产生误差的原因。
（4）如何目测风力和风向？

实验七　降水和天气现象的观测

一、实验目的与要求

了解降水观测仪器的构造原理；熟悉降水和天气现象的观测记录方法。

二、实验内容

1. 降水的观测

降水量是指从天空降落到地面上的液体（或融化后的固体降水）未经蒸发、渗透、流失而在水平面上积聚的水层深度，以 mm 为单位，精确到 0.1mm。降水强度是指单位时间内的降水量，常以毫米每小时（mm/h）和毫米每 10 分钟（mm/10min）表示。降水量通常用雨量器和虹吸式雨量计进行测量。

1）雨量器

雨量器由接水器、漏斗、储水瓶、外套筒组成，并配有与其口径成比例的专用雨量杯，如图 4.15 和图 4.16 所示。雨量器的筒口直径通常为 20cm，筒口有一呈内直外斜的刀刃形的铜圈，筒内安装一漏斗，漏斗口为正圆形，雨水经漏斗流入储水瓶中，用雨量杯量取，雨量杯的刻度单位为 mm。雨量杯量程一般为 10mm，每一小格代表 0.1mm，每一大格代表 1mm（图 4.16）。

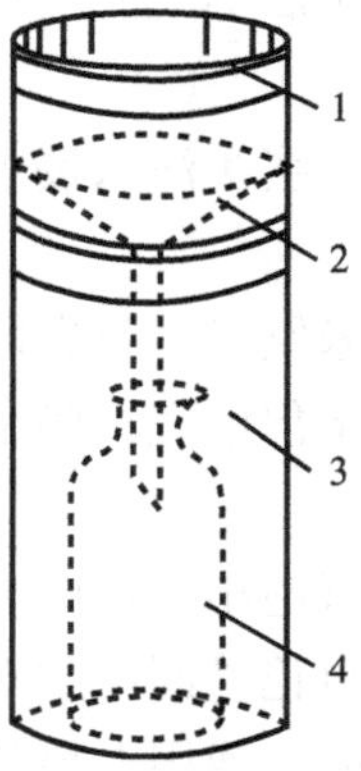

图 4.15　雨量筒
1.接水器；2.漏斗；3.外套筒；4.储水瓶

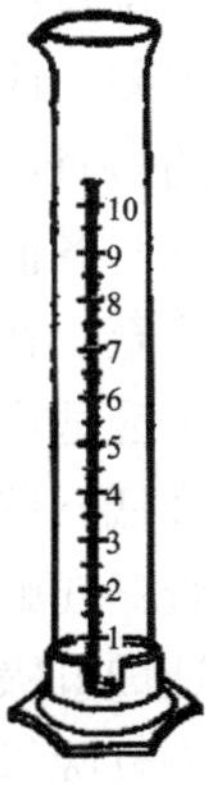

图 4.16　雨量杯

雨量器安置在不受四周仪器设备及障碍物影响的地方，器口离地面高70cm，要求水平，器口保持正圆形。

降水量在每天08时和20时观测。观测时，用空的储水瓶将积有降水的储水瓶换下，然后把储水瓶中的水慢慢地倒入雨量杯内。读数时，视线要与水面平齐，以水凹面最低处为准，读得的刻度数即为降水量。降水量大时，可分数次量取，求其总和。没有降水时，降水量记录栏空白不填，有降水但降水量不足0.05mm时，记0.0。

出现固态降水（雪、雹）时，需用量杯取适量温水加入雨量器，使固态降水融化后量取，量取的结果减去加入温水的量，即得固体降水量。

2）虹吸式雨量计

（1）虹吸式雨量计的构造。虹吸式雨量计是台站常用的降水自记仪器，它能连续记录液体降水量和降水时数，从降水记录上还可了解降水强度。台站所用的雨量计通常筒口直径为20cm。另外，还有筒口面积为$200cm^2$与$500cm^2$两种。

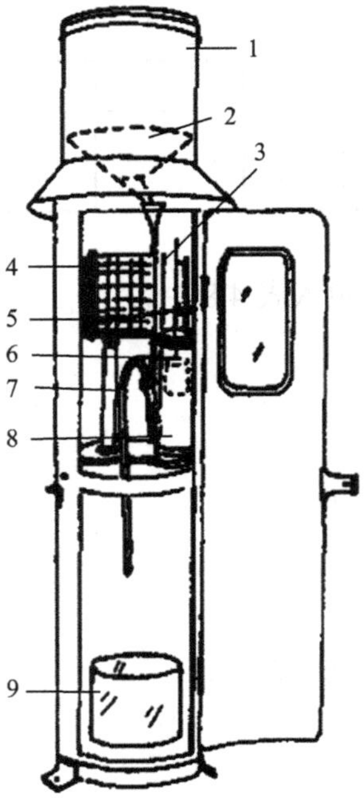

图4.17　虹吸式雨量计的构造

1.接水器；2.浮子室；3.自记钟；4.虹吸管；5.自记笔；6.浮子；7.漏斗；8.笔档；9.盛水器

虹吸式雨量计最上部是接水器，雨量计内部构造如图4.17所示。虹吸式雨量计是记录液态降水量和降水时数的自记仪器，从记录上还可了解降水强度。它由接水器、浮子室、自记钟、虹吸管等组成。降雨时，雨水从接水器流入浮子室之后，浮子室中的水就逐渐升高，浮子跟着上升，与浮子相连的笔杆也随着上升，笔尖在自记纸上连续记下降水量变化的曲线。浮子室中的水到达一定高度以后，水就从虹吸管自动排出来，然后浮子下降，笔尖也随之下降。若仍有降水，笔尖又重新开始随之上升，而自记曲线的坡度就表示了降水强度的大小。

（2）虹吸式雨量计的使用。虹吸式雨量计应安置在观测场内雨量器的附近。接水器口离地面高度以仪器本身高度为准，器口应水平。安置好以后应顺序进行下列检查校正。

校正笔尖的零线位置：往接水器里倒水，检查虹吸作用终止后笔尖的位置是否恰在自记纸的零线上，如有误差，应松开直杆上的螺丝加以调整。

仪器作用情况的检查；用量杯取10mm（或20mm）清水，缓缓注入接水器，如笔尖活动不灵，即浮筒直杆与各洞孔间的摩擦太大，应设法消除。

虹吸管位置的检查：在进行上一检查的同时，如果发现水未倒光，笔尖位置低于10mm时就已开始虹吸，则应适当将虹吸管位置升高一些。如果水已全部倒完，尚未开始虹吸，则应将虹吸管的位置降低一些。

虹吸作用的检查：在虹吸时，管内不应出现气泡，如果有气泡出现，则说明虹吸管中有空气进入，这时会造成虹吸水柱中断。水未排完，虹吸停止，自记笔回不到0点，一般发生这种情况，都是因为虹吸管与容器接头处有空隙，应更换橡皮圈，或用白蜡和凡士林的混合油填塞，以严密空隙。

校正钟筒是否垂直：当虹吸时，如果笔尖下降所划的线与自记纸上的时间线不吻合，那就说明钟轴不垂直，遇此情况，应用金属片垫在钟轴下，使钟轴完全垂直。

雨量计经检查校正以后即可进行使用。每日 08 时进行观测，在降水仪器上读数，精确到小数点后一位。

每日 08 时更换自记纸，换纸方法与其他自记仪器一样，但因钟筒不易取下，可直接在上面换纸。换纸时如果由于有降水量，笔尖不在零线上，这时要用人工虹吸的方法，使容器内的水排出。若 24 小时内全部无降水，自记纸上只有一条平线。可向仪器中注入 0.5～1.0mm 的水，使笔尖位置升高，并使笔尖对准时间，重复使用。

2. 天气现象的观测

天气现象是指大气中所产生的各种物理现象，包括降水、雾、风沙、烟尘、雷电、风暴、吹雪、光和地面凝结现象等。

1）各种天气现象

（1）降水现象：天空降水现象有以下几种。

雨•：为滴状的液体降水，雨滴大小不等，但即使是最小的雨滴也有足够的重量，所以下降时清楚可见，落在水面上可以激起圆形的波纹和水花，落在干地上则留下湿斑。雨通常降自雨层云或高层云，下降的雨通常是连续的或间歇的，下降时间较长，降雨强度没有急剧变化。

阵雨 ▽̇：降水的开始与终止都很突然。强度变化大，天气忽暗忽明。阵雨是由降雨的性质而不是雨量来决定的，其下降的雨量有时可能很少。阵雨主要降自积雨云或浓积云，有时伴有雷暴、冰雹，或气象要素有显著变化。

毛毛雨 ❜：极小的滴状液体降水，常降自层云或浓雾中，下降时雨滴细密飘浮，好像是在空中随空气一起做微弱的运动。落在水面上没有波纹，落在干地上没有湿斑。

雨、阵雨、毛毛雨都是液体降水。形态很相似，有时容易混淆，注意它们的区别。

雪 ✱：水汽在低温时，凝华而成的六角形星状、片状或柱状结晶的固体降水。在不太冷的天气里，雪呈棉絮状下降。雪通常降自雨层云、高层云或卷层云，其下降时间也比较长。

阵雪 ▽：雪呈阵性下降，其性质与阵雨相同。

雨夹雪✱；半融化的雪或雪和雨同时下降的现象，下降时近地面层温度在 0℃上。

霰 ⩙：霰为白色或乳白色不透明的球形或圆锥形颗粒，直径 2～5mm，松脆而易碎，着硬地反跳。

霰通常在气温近 0℃时降落，常见于降雪前或与雪同时下降。春天和秋天，在常伴随冷气团出现的积雨云中，会下降一阵短促的霰。它也能降自浓积云、层积云或雨层云。

米雪 △：为乳白色不透明的比较长或比较扁的小颗粒，直径常小于 1mm，着硬地不反跳，像霰但比霰小得多。下降量不大，多降自层云或雾中。

冰粒△：是细小坚硬完全透明的小冰粒，直径小于 5mm，着硬地反跳，冰粒为雨滴下降，经过低层冷空气（0℃以下）冻结而成。有时冰粒的硬冰壳内还有未冻结的水，这种冰粒如落在硬地上打破，就只剩下冰壳。

冰雹 △：降自积雨云的冰球或冰块，有时是几个冰球的融合体，雹核心不透明，外有透明的冰层，有时为许多透明层与不透明层相间组成。最常见的冰雹如豆粒大小，但也有鸽子蛋甚至鸡蛋那么大的，常造成灾害。下雹前气温都很高，常在晚春或炎热夏季的午后，伴随着阵雨、雷暴出现。

（2）地面或近地物体上的凝结现象。

露：水汽凝结在地面及近地物体表面上的水珠（霜融化成的水珠，不算露）。

霜：近地空气中水汽直接凝华在温度低于 0℃的地面或近地物体上的白色松脆冰晶。有时先有露，后因温度下降而冻结成冰珠，叫冰露，也是霜的一种。

霜通常出现在夜里，有时也可以在傍晚甚至白天出现，寒冷晴朗微风的夜晚最有利于霜的形成。草上、树叶上、房顶上及露天木板上是凝霜最多的地方。

雨凇：寒冷时，过冷却的雨滴或毛毛雨滴下降到地面物体上，冻结而凝集的毛玻璃状或透明的冰层。当雨凇密度小时，为混浊而无光泽的冰层，密度大时为透明的冰层。冰层通常坚硬，不易碎裂。

雨凇通常在不太寒冷时出现（−3～0℃），它在垂直面与水平面上均能形成，但主要是在近地物体的迎风面。有时厚达几厘米，能将树枝和电线压断。

雾凇：有风的雾天里，产生在物体（电线、树枝等）迎风面的乳白色无定形的冰层，雾凇很松脆，常呈毛茸茸的针状或表面上起伏不平的粒状。

在风速较大，浓雾加上微寒的情况下（气温一般在−7～−2℃）有利于粒状雾凇的形成。粒状雾凇可增长至很大，对树木和电线都有很大的破坏力。

霜、粒状雾凇与雨凇，都是产生在地面或近地物体上的固体冰晶层（或冰层），形态很相似，注意它们的区别。

（3）雾的现象。

雾是悬浮于近地面空气中的大量水滴或冰晶，使水平能见度小于 1km 的物理现象。出现时，空气湿度较大，水平能见度较差。

雾：是浮游在空气里目力不能分辨的许多细小水滴，它所含的水量不易量度，只能感到一些潮湿，但能使能见度减低至 1km 以下。雾出现时相对湿度通常为 100%或接近 100%。雾的颜色多为乳白色，但城市工矿区的雾，也可能带土黄色或灰色。高纬度地方出现冰晶雾也记为雾。

轻雾：很细微的水滴或吸湿性质点所构成的灰白色稀薄雾幕。出现时没有雾那么潮湿。水平能见度在 1km 以上，10km 以下。

（4）电的现象。

雷暴：为积雨云云中、云间或云地之间所产生的放电现象，其表现为闪电兼有雷声。闪电与雷声的间隔不超过 10s，即它与气象台站的距离不超过 3km。如确认雷声在头顶，因其他原因而不见闪电者也算作雷暴。如闪电与随后的雷声的时间间隔在 10s 以上（即雷暴距离本站在 3km 以上），只闻雷声而不见闪电时，也算作雷暴。

闪电：远处闪电而听不到雷声的现象。

（5）光的现象。

虹霓：在太阳相对的方向，当有雨幕时，常可见一段以反日点为中心的彩色光弧（有时也有白虹，但多见于月光下），半径通常为 42°左右。色带排列外红内紫叫作虹。在虹的外面，有时还可看到另一同心光弧，色带排列与虹相反，外紫内红，光彩也较暗淡，叫作霓。

日晕与月晕：出现在卷层云上，环绕日、月之外的光环或光弧（俗称风圈），常见的光环半径有 22°的和 46°的两种。色带排列内红外紫，月晕则多白色。

冷天早晨或傍晚，有时可以看见一条白光柱直贯太阳，称为日柱。此外还有地平圈、珥、假日、反日、日角等也都是晕的一种。各种晕常同时构成美丽的奇观，记录时都用日晕与月晕符号。

日华和月华：为围绕在日、月外的美丽光环。常见于透光高积云上，低的卷积云和高的透光层积云，以及薄而透光的低云经过日月之下也可以出现。华的半径通常不超过几度到十几度，光环内淡蓝，外边常为褐红色，与晕的色带排列相反，有时可以出现好几重。

（6）其他现象。

大风：瞬时风速达到或超过 17.0m/s，或目测风力达到或超过 8 级的风。

飑：为突然发生的强风。出现时，风向突然转变，风速突增，至少由 8m/s 以下突然增大到 11m/s 或以上，同时气温剧降，气压骤升，常伴有雷暴、阵性降水、冰雹等现象。通常出现在积雨云到来之前或冷锋之前，出现的时间短促，很快趋于消失。出现时的风速大小并无规定，但当风速达到大风标准时，还应加记大风符号。

尘卷风：地面强烈增热的情况下，由于强烈对流作用在地面上激起的向上扩展的小范围的旋风。尘卷风出现时，常把地面沙土和细小的物体卷上空中，像一个急转的漏斗，它出现在干旱地区的春夏季的午后，在我国西北地区较常见。

龙卷风：出现在积雨云下部小范围的猛烈旋风。出现时，从远处看去，好像积雨云底部伸出一个“象鼻”。有时悬在空中，有时垂到地面（水面），强盛时会把树木、石块、海水吸卷到空中。龙卷风持续时间很短。通常只有几分钟。漏斗云体直径通常为 100～300m，大者可达 1km 以上。

沙（尘）暴：为严重的风沙现象，是大量尘、沙、干土粒被强风吹到空中，使空气很混浊的现象，水平能见度小于 1km。

风沙常笼罩全天，或至少使天空的一部分昏黄，并无旋转现象。这是风沙与尘卷风的主要不同之处。

扬沙：是较轻的风沙现象。风大把地面的尘沙等吹起，使空气相当混浊，水平能见度在 1km 以上，10km 以下。

浮尘：是大量的尘土细粒浮游于空中，使水平能见度小于 10km 的现象。浮尘出现时，远处景物呈褐黄色，太阳呈苍白或淡黄色。

浮尘常出现在风沙之后，有时当地无风沙，但是由于空中的气流将远处的尘土带来，可能出现浮尘。

烟幕：大量的细小烟粒浮游在近地面空气中，使能见度小于 10km 的现象。出现烟幕时天空呈灰白或黑色，太阳呈红或淡红色，浓的烟幕还可闻到烟味。烟幕多出现在早晨和傍晚低层大气比较稳定的时候。工矿区、城市附近常见。

霾：为一种大气普遍混浊的现象。这是由于空中存在着大量极细微肉眼不能见的干性物质颗粒（尘埃、烟粒、盐粒等）。水平能见度在 10km 以下。有霾时，暗色的远物略带蓝色。太阳接近地平线时，看去稍带些土黄或橘黄色。

沙尘暴、扬沙、浮尘、烟幕、霾都是大量尘粒，致使水平能见度在 10km 以下的视程障碍现象。它们之间，以及霾与轻雾间都容易混淆，注意区别。

积雪：雪掩盖地面达到周围能见面积一半以上的状态。

结冰 ⊔：指露天水面有结冰现象。如果附近少水，可用小型蒸发器内的水是否结冰作为观测标准。

冰针 ⟷：指飘浮在空中的很微小的片状或针状的冰晶，常透明，在阳光下闪烁发光。

吹雪 ✝：指天空没有降雪，强风把雪从地面卷起，使视程降低的现象，水平能见度小于10km。

雪暴 ✝：大量的雪片被风卷起，随风运行，使能见度小于10km。且观测者不能判定当时天空是否下雪的一种现象。

极光 ♉：高纬度地区（中纬度地区也可偶见）晴夜见到的一种天空辉煌闪烁的彩色光弧或光幕。

2）天气现象的观测和记录

（1）天气现象的观测。天气现象的观测和定时的气象要素观测有所不同。天气现象观测必须对任何时间内出现的现象进行观测和记录，即非定时观测。观测天气现象时还应注意和其他气象要素变化结合起来分析，才能正确地确定某一现象。记录天气现象，通常用符号表示（表4.9）。

（2）天气现象记录。天气现象的记录是按天气现象出现时间的先后次序，以符号记入观测簿中的天气现象栏内。根据观测目的与现象的重要程度，对天气现象记录作如下几点规定。

以下几种天气现象出现时，仅记符号，不记时间：冰针、轻雾、露、霜、积雪、结冰、扬沙、浮尘、烟幕、霾、尘卷风、闪电、虹霓、日晕、月晕、日华、月华。

以下几种天气现象出现时，除记符号外，还应加记起止时间（时、分，“分”为“时”的上角标）：雨、阵雨、毛毛雨、雪、阵雪、雨夹雪、阵性雨夹雪、霰、米雪、冰粒、冰雹、雾、雨凇、雾凇、吹雪、雪暴、龙卷风、沙尘暴、雷暴、极光、大风。例如：▽̇ $8—9^{10}$ • 16^{20}—20；又如：• 11^{30}—✱̇15^{05}—✱ 18^{20}—✱̇19^{30}—20。

凡规定记起止时间的现象，若出现时间不足一分钟即停止，则只记开始时间，不记终止时间。例如：⚑ 14^{20}。

表4.9　天气现象符号表

名称	露	霜	结冰	烟幕	霾	浮尘	扬尘	尘卷风	轻雾
现象符号	⌓	⊔	⊔	╒	∞	S	$	ɘ	=
名称	闪电	极光	大风	积雪	雷暴	飑	龙卷风	沙尘暴	吹雪
现象符号	↙	♉	⚑	⊠	ᴿ	∀	)(	$	✝
名称	雪暴	雾	雾凇	毛毛雨	雨凇	雨	雨夹雪	雪	冰针
现象符号	✝	≡	V	,	∾	•	✱̇	✱	⟷
名称	米雪	冰粒	阵雨	阵性雨夹雪	阵雪	霰	冰雹	日晕	月晕
现象符号	▲	⚠	▽̇	▽	▽	✕	△	⊕	⌓

飑只记录何时开始。例如： 15^{13}。

一天中同一现象断续出现，只记一个符号，并将各段出现时间依次记在符号后面。例如：某日 3^{15}—5^{12} 下雪，6^{24}—8^{12} 又下雪，10^{21}—12^{04} 下雨，16^{07}—18^{21} 又下雪。则天气现象记为：✱3^{15}—5^{12}，6^{24}—8^{12}，16^{07}—18^{21}，•10^{21}—12^{04}。

同类性质的现象，如天空降水类、雾类、雷暴类或雾凇类。如果相继出现连续演变，可以连续记载。

大风等现象是间断出现的，如相隔时间不超过 15 分钟，应作为一次记载；若间歇时间超过 15 分钟，则另记起止时间。

例如： 13^{02}—13^{25}，13^{41}—13^{45}。

雷暴现象记录：雷暴、远雷暴除记录起止时间外，还要观测和记录最初和最后听到雷声的方向。如两次闻雷时间不超过 15 分钟则仍作为连续的记载，记录时一律用横线连接。如两次闻雷间隔 15 分钟以上，则须另记起止时间。如只闻一声雷，则只记开始时间。如雷暴经过天顶，记符号“Z”。

天气现象与一般气象要素同样以 20 时为日界，即从昨天 20 时后观测到的天气现象应记入今日纪要栏内，今日 20 时以后的现象记入次日栏内。

特殊纪要栏记录下列现象，并尽可能附上照片、图画。

具有很大强度的天气现象，如雷暴、冰雹、阵性降雨、寒潮、大风，或其他具有很大强度的天气现象引起了灾害，也应记明现象本身及引起灾害的后果。天气现象强度虽不大，但若引起了灾害，也应记载。

在降雹时，应记下雹的平均重量与罕见重量，以及因雹所引起的灾害。

在有台风、大风、寒潮、冻结等现象出现时，要记载现象所引起的灾害，如房屋倒塌、农作物损坏等情况。

霜、雪、积雪、雷暴四种现象，需要在特殊纪要栏记下该现象的初终日期。其中霜、雪、积雪三种现象是从去年 7 月 1 日以后的第一次出现作为初日，今年 6 月 30 日前最后一次出现作为终日；而雷暴是以 1 月 1 日之后第一次出现作为初日，12 月 31 日前最后一次出现作为终日。初终雪日应以降水量达到 0.1mm 为标准。

3. 注意事项

用雨量器观测降水读数时，视线要与水面平齐，以水凹面最低处为准。用自记仪器观测降水时，一定要注意降水观测时间，及时换自记纸，并使自记针笔尖在零线上，否则应调整。

记录天气现象时，一定用天气符号记录。规定的某些天气现象需记录起止时间，一定要注意时间的记录方法。

三、实验结果与分析

（1）将观测的降水及天气现象填入表 4.10 中。

表 4.10　降水及天气现象记录　　年　月　日

时间		02 时	08 时	14 时	20 时	合计	平均
降水量	定时	—		—			—
	RR					—	—
天气现象							

（2）降水和天气现象观测有何意义？

（3）如何从虹吸式雨量计自计纸上读出降雨量？并分析误差原因。

第三节　天气学实验

实验八　天气图的认读

天气图是填有各地统一时刻气象观测资料的特种地图，是气象台站进行天气分析和预报的工具。

要了解一个地方的天气现状和与演变规律，并做出预报，不仅要对当地和周围地区天气状况进行周密的观测，还要对大气的状况和运动过程进行连续的、综合的分析。天气图简便、直观，可以用于连续综合分析，仍然是目前气象台站分析和预报天气的重要工具。

一、实验目的与要求

了解简易天气图的种类和填写方法，掌握绘制等值线的原则，能熟练识读和分析简易天气图。

二、实验内容

1. 实验说明

等值线（等压线、等高线，等温线等）是天气图上最基本的线条，是表现天气系统位置、范围、形状、强度、温度特性的主要形式，是认识天气图的必须基础知识，每个学生都应该熟悉和掌握。

本次实验分析两幅天气图上的等值线：一是在地面图上根据各站填写的气压、风向、风速值，分析等压线；二是在 500hPa 等压面图上，根据位势高度、风向、风速、气温资料，分析等高线和等温线。

2. 天气图简介

天气图是目前我国气象台进行天气预报的主要工具，通过分析天气图，确定天气系统，并探讨天气系统的发生和演变规律，从而预报未来的天气。

1）天气图的种类

天气图包括地面天气图、高空天气图。地面天气图是根据地面观测资料绘制的，是天气分析和预报中最基本的天气图。高空天气图就是各等压面图，是根据高空观测资料绘制的。目前在气象台的业务中，经常用的有 850hPa 等压面图，相应的海拔约为 1500m；700hPa 等压面图，相应的海拔约为 3000m；500hPa 等压面图，相应的海拔约为 5500m。

2）天气图的填绘

各地同一时刻观测到的地面和高空资料，通过电报形式传递到各个通信中心，然后再由通讯中心通过有线或无线电通讯向各地气象台转播。气象台收到各地气象报告后，便按一定的格式将电码翻译成一定的符号和数字填写在一张空白地图上，经过天气分析后便成为天气图。

地面填图格式如图 4.18（a）所示。高空天气图的填图格式比较简单，如图 4.18（b）所示。

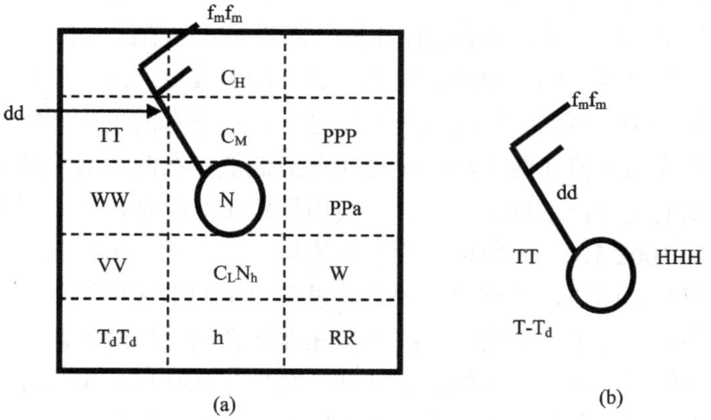

图 4.18　地面图（a）和高空图（b）填图格式

地面天气图填写项目：N—总云量；h—云底低于 2500m 的云底高度；dd—风向；f_mf_m—风速；C_M —中云状；C_H—高云状；C_L—低云族；N_h—云底低于 2500m 的低云或中云的总量；VV—有效能见度；T_dT_d—露点温度；WW—现在天气现象；a—过去 3h 气压倾向；PP—3h 气压变量；W—过去 3h 天气现象； ppp—海平面气压；RR—过去 6h（包括本次观测时）的降水量；TT—气温。

高空天气图填写项目：TT—温度；$T\text{-}T_d$—温度露点差；HHH—位势高度；dd—风向；f_mf_m—风速。

填写天气图的技术规定为：填写各气象要素用符号或数字；N—总云量，填在站圈内；dd—风向，注意风向的方位应根据本站的经纬线而定，风向杆的一端应紧贴站圈；f_mf_m—风速，在北半球风速填在风向杆的远离站点一端的顺时针方向的一侧，风速杆要垂直于风向杆。

风速杆分三种：长划（每一长划代表 4m/s，长度以 0.4cm 为宜），短划（每一短划代表 2m/s，长度以 0.2cm 为宜），三角旗（每个三角旗代表 20m/s，三角旗是高为 0.4cm 的空心等腰三角形）。

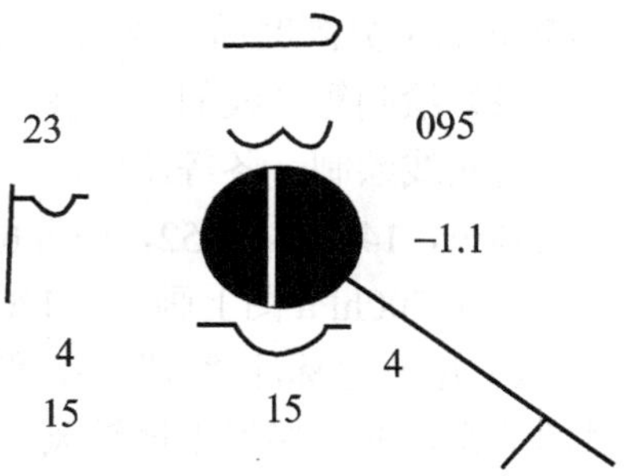

图 4.19　地面天气图填图实例

图 4.19 是一个填好的测站示例。图中所填符号和数字

分别表示：该站总云量为 9～10，高云为毛卷云，中云为透光高积云，低云为层积云，低云量为 4，低云高 1500～2000m，东南风 2m/s，现在天气有烟幕，能见度 4km，气温 23℃，露点 15℃，海平面气压 1009.5hPa，最近 3h 内气压降低，3h 气压变量为–1.1hPa。

3. 简易天气图的气压场分析

1）海平面气压场分析

地面天气的分析，可以了解地面天气系统和天气现象的分布状况，进而判断天气演变趋势。海平面气压场分析，就是在地面图上绘制等压线（即按规定把气压数字相同的各点连成线），从绘制的等压线图上能清楚地看出气压系统在海平面的分布状况。

（1）等压线分析规则。等压线是等值线中的一种，具有各种等值线分析的共同规律，掌握了等值线的分析规则，就可以正确地进行各种气象要素的等值线分析。①同一条等值线上，要素值处处相等；②等值线一侧的数值必须高于另一侧的数值；③等值线不能相交，不能分支，不能在途中中断；④在两高值区或两低值区之间，必须有两条相邻的等值线，其数值相等，并且这两条等值线的数值在两个高值区之间是最低值，在两个低值区之间是最高值。

（2）绘制等压线的主要技术规定。①等压线用黑色实线绘制，一般每隔 2.5hPa 画一线，按…，997.5, 1000.0, 1002.5，…等数值序列绘制等压线。在同一张地面图上，等压线间隔应当一致。②等压线应画到图边，否则应当闭合。没有记录的地区可例外，但应将各条并列的等压线末端排列整齐，终止于一定的经纬线上。在非闭合的等压线的两端应标注等压线的气压值；在闭合的等压线上，应在等压线正北端开一缺口，在缺口的中间标注气压值。③等压线画好后，在低压中心用红色标注“低”或“D”字，在高压中心用蓝色标注“高”或“G”字。在台风中心用红色标注“🌀”或“台”字，并在标注字的下方，标注中心气压数值。

绘制等压线时，尽可能参考风的记录。根据风压定律，等压线应与风平行。但在地面，由于摩擦作用，风向和等压线有交角，这个交角在海洋上一般为 15°，陆地上一般为 30°，等压线应画得平滑些，避免不规则的小弯曲和突然弯曲，两条数值相等的等压线，尽量避免互相平行过长而相距又近。当等压线通过锋线时，应有明显的折角或气旋性曲率的突然增加，而且折角尖端指向高压一侧。

2）高空天气图的分析

分析高空等压面图，可以了解大气压力场、风场、温度场和湿度场的空间分布及其相互联系，有助于认识天气系统的空间结构和发展演变的原因。

（1）高空等压面图的分析项目。高空等压面图的分析项目一般包括 850hPa、700hPa、500hPa 的位势高度场、风场、温度场、切变线等。

（2）绘制等高线的主要技术规定。等高线的分析原则与等压线相似，等高线用黑色铅笔以平滑实线绘制。各等压面图上的等高线均每隔 4 位势什米画一条，并规定：①在 850hPa 图上画…，144, 148, 152，…等位势高度线；在 700hPa 图上画…，296, 300, 304，…等位势高度线；在 500hPa 图上画…，496, 500, 504，…等位势高度线。②各等压面上的高位势区中心（高压）用蓝色标注“G”字，低位势区中心（低压）用红色标注“D”字。③高空等高线与风的关系，非常接近于地转风。因而，等高线基本上和高空风向一致，不能交角过大。等高线的疏密分布和风速大小也要一致。④用棕色铅笔画出当时的槽线和切变线。槽线是低压槽中等高线曲率最大点的连线，而切变线是风场的不连续线。在槽线和切变线两侧，风向都具有明显的气旋性切变，然而在低压槽中的气旋性风场切变分析为槽线，在两高压之间的风场切变分析为切变线。槽线和切变线附近都有气流辐合上升运动，是天气变化剧烈的区域，是分析的重点项目之一。⑤等温线用红色铅笔画实线，每隔 4℃画一条，每条线应为 4 的倍数，并须标注具体数值。规定在等压面图上绘制…，8, 4, 0，– 4，…等值线，暖中心用红色表“N”字，冷中心用蓝色标注“L”字，为了工作的需要，可以把某些等温线画深些。

4. 实验步骤

（1）画出地面天气图上的等压线，分析出锋线，并标注高压、低压中心。

（2）画出 500hPa 高空天气图上的等高线、等温线，画出槽线、切变线，并标注高值区中心和低值区中心。

（3）完成实验分析，写出实验报告。

三、实验思考与分析

（1）地面天气图上有几个高压和低压？高压、低压中心的气压值各是多少？

（2）高空（500hPa）天气图上的高压、低压中心在什么位置（经纬度）？高压、低压中心的位势高度值是多少？

（3）图上等压线、等高线、等温线的排列顺序有什么规律？它反映出什么问题？

第四节　气候学实验

实验九　温度与降水资料的整理和分析

气候数据众多而复杂，气候资料需要进行统计分析、加工整理，才能为生产和研究工作服务。气候资料统计和整理的任务，就是按照气候要素的物理性质与生产、科研的要求，研究出各种能够说明气候特征在不同的地理条件下具有意义的指标；从资料统计分析中归纳出气候变化的规律，并且在掌握气候规律的基础上估计未来的气候状况。气候要素众多，这里着重介绍温度与降水资料的整理和分析。

一、实验目的与要求

了解某地的温度和降水资料的特点；掌握某地温度和降水资料的整理和分析方法。

二、实验内容

1. 温度资料整理内容

1）平均气温和极端气温

（1）计算某地各月平均和年平均温度，填入表 4.11 并画出气温变化曲线图（按 12 个月）。总结其变化规律。

表 4.11　某地各月平均气温

月份	1	2	3	4	5	6	7	8	9	10	11	12	年均气温/℃
平均气温/℃													

（2）找出极端气温，总结其变化规律。

（3）计算各月各旬的平均气温，列表并总结其变化规律。

2）气温变化

计算日较差、年较差，列表并总结日变化、年变化规律。

3）四季的划分

计算各月各候（5 天一候）的平均温度，列表并划分出某地四季的起止日期。

按阳历月份等分的天文四季，比较简便，但对不同地区的物候现象缺乏比较意义。按候温高低划分的气候四季，与实际物候现象基本相符，便于用以安排农业生产。气候四季的划分：从 1 月 1 日开始，每 5 天为 1 候，每月分 6 候（其中第六候日数不等），全年共 72 候。采用候平均气温稳定通过 10℃，在 10～22℃的上升时期为春季，大于 22℃为夏季，10～22℃的下降时期为秋季，小于 10℃为冬季的季节划分原则，列表 4.12。

表 4.12　某地四季初、终日期及持续天数

地名	春季			夏季			秋季			冬季		
	初日	终日	日数	初日	终日	日数	初日	终日	日数	初日	终日	日数

4）积温和生长期

积温（即积累温度）是植物生长发育的必要条件和热力资源的重要指标，与农业生产密切相关。

历年日平均气温稳定≥0℃、5℃、10℃、15℃的初、终期是计算积温的重要依据。

日平均气温稳定通过 0℃的始现日期，标志土壤解冻、春耕开始；日平均气温稳定通过 0℃的终止日期，则大致是土壤开始冻结，田间耕作终止；日平均气温稳定在 0℃以上的持续期，常称为温暖期，其间的积温可以反映当地的总热量条件。

日平均气温稳定通过 5℃的初、终日期，与作物和多数木本植物恢复或停止生长的日期基本相符，其持续期可以作为生长期长短的标志。日平均气温稳定在 10℃以上是喜温作物开始生长和喜冻作物积极生长的时期，其持续时间可作为活跃期长短的标志。

日平均气温稳定高于 15℃是喜温作物积极生长的时期。日平均气温稳定通过 20℃的初、终日期，可作为早稻安全孕穗期的开始和晚稻安全抽穗开花期的结束。

各主要指标温度初、终日期和积温记录如表 4.13 所示。

表 4.13 某地日平均气温稳定通过各级指标温度的初、终日期和持续期间的积温

指标温度/℃	初日/（日/月）	终日/（日/月）	持续天数/（天）	积温/℃
≥5				
≥10				
≥15				
≥20				

2. 降水资料整理内容

1）年总降水量

计算年总降水量以及各月的降水量，填入表 4.14 并做出降水量直方图，总结变化规律。

表 4.14 某地各月降水量 （mm）

月份	1	2	3	4	5	6	7	8	9	10	11	12	年总降水量

2）降水量的变化

计算各月降水量百分率、各季节降水量百分率，列表并总结降水量的月变化、季节变化规律。通常以 3、4、5 三个月为春季，6、7、8 三个月为夏季，9、10、11 三个月为秋季，12、1、2 三个月为冬季，从各月降水百分率中可以计算出某地春、夏、秋、冬各季降水百分率。

3）降水量日数

计算降水量≥0.1mm 的降水日数。计算各月降水日数、各季节降水日数、全年降水日数，列表并总结规律。

4）降水强度

计算小雨、中雨、大雨、暴雨的天数，列表并总结规律。按规定，日降水量在 0.1～9.9mm 为小雨，10.0～24.9mm 为中雨，25.0～49.9mm 为大雨，50.0～99.9mm 为暴雨，100.0～250.0mm 为大暴雨，≥250.0mm 为特大暴雨。

三、实验结果与分析

总结当地气温与降水的基本特征，要求如下。

（1）根据各项内容资料进行整理。计算准确，图表表达正确。

（2）对每一项内容资料进行分析，分析思路明确，条理清晰，得出结论。

（3）写出当地温度和降水资料分析报告。

第五章　水文学实验

第一节　概　　述

一、课程简述

“水文学”是地理科学（师范类）专业的专业基础课，属于部门自然地理学，它与地理系开设的地质学、地貌学、气象气候学、土壤地理学、植物地理学等课程的关系密切。本课程重在阐述水文科学的基础知识和基本理论，使学生掌握地球上水的性质、分布、循环、运动变化规律，以及其与地理环境、人类社会之间的相互关系；以水循环、水量平衡为纲，将地球各圈层中的水体按水循环过程作系统的、有机联系的阐述，使学生掌握各种水体运动、变化和相互转化的基本理论及分析计算方法。

二、课程实验的重要性

水文现象具有必然性和偶然性、随机性和地区性。这也决定了水文学研究方法主要包括成因分析法、数理统计法和地理比拟法，但三种方法的基础都是野外水文数据的观测和获取。以上水文现象规律性和水文学研究方法决定了水文学是一门强调理论联系实际和实践性很强的学科。

三、主要实验构成

水文室内实验教学是教学的一个重要组成部分，是培养学生动手能力、分析能力与创造能力的主要手段，对人才培养具有重要的促进作用，为水文学野外实验观测建立基础。水文学主要讲授水循环基本环节、河流水情及产汇流原理、湖泊和冰川、海洋结构和运动、地下水运动与结构及水资源与人类关系等基本水文原理和概念。据此，本章主要设计了三部分实验：第一部分，河流水情要素室内观测，包括水位水深、流速流量；第二部分，地下水运动，主要为达西定律验证；第三部分，基本水质指标测量，主要为水中酸碱度测量。

第二节　河流水情要素实验

实验一　水位水深测量

一、实验目的与要求

（1）了解水位测针的结构、原理和使用方法。

（2）掌握直接测量法和测针法，对不同流量下的水位或水深进行测量。

二、实验内容

1. 实验仪器

实验装置由实验水槽、水位测针、钢尺等组成。水位测针的构造如图 5.1 所示。

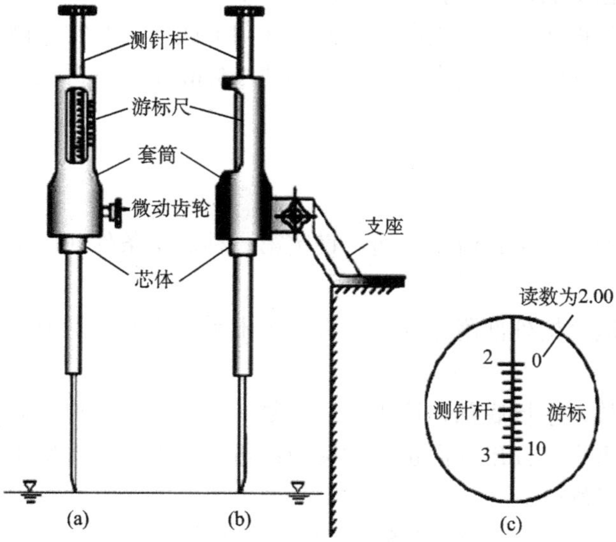

图 5.1　水位测针结构图

2. 实验原理

学会准确地测量水位，是做好水文学实验的重要基本功。因为在进行水文学实验时，一些测量流速、流量的方法都归结于测量水位。

水位是指河流或其他水体的自由水面相对于某一基面的高程。已知河床底部的高程，就可以通过测量水深来计算水位值；或者已知河床断面形态，通过测量水位，可以计算平均水深。在实验室中，可以假定水槽底部高程为 0，测量的水深即为水位。当水面位置恒定，不随时间改变时，通常可以采用以下方法进行水位测量。

1）直接测量法

将有刻度的钢尺放入水中，读出水面位置的读数。或者在玻璃水槽外部附上标尺，直接读出水槽内水面位置的读数。

由于表面张力的作用，水面与标尺接触部位水面局部升高，影响到水面位置读数的准确性。在应用直接测量法测量水位时，要考虑由此产生的读数误差。

2）测针法

在需要测量水位处设置测针架，当测针尖接触水面后，游标上的零刻度对应测针标尺的数值为水位读数。

为提高读数的精度，需了解测针游标的测读方法。测针标尺的单位刻度是 1.0mm，游标的单位刻度是 0.9mm。测针标尺的单位刻度与游标的单位刻度之差为 1.0−0.9=0.1mm。因此，游标刻度与测针标尺刻度重合处的游标读数是精确到 0.01mm 的读数。如图 5.1（c）所示，游标上零刻度正好对应测针读数 2，且两刻度重合，所以水位读数为 2.00cm。再如图 5.1（d）

所示，游标上零刻度对应测针标尺读数在 2.2～2.3cm 之间，找到游标上 6 的刻度与测针标尺上某一刻度重合，可知此时水位读数为 2.26cm。

在上下移动测针杆量测水位时，应首先用一只手扶住芯体，另一只手抓住测针杆将其向上（或向下）移动到所需位置附近，此步骤称为粗调（粗调时芯体不随测针杆移动）。再用微动齿轮仔细调节，使测针尖刚好接触水面，此步骤称为细调。由于微动齿轮调节范围有限，细调范围一般不应大于 0.4cm，以免损坏设备。当向某一方向（向上或向下）实行微调受阻时，应将微动齿轮向相反方向旋动，使测针杆向上（或下）移动 1.5cm 左右，再按先粗调、后细调的步骤将测针调至所需位置。

3. 实验步骤

（1）启动抽水泵，将水抽到水槽中，旋转流量旋钮，设定第一种流量条件（由指导教师操作）。

（2）直接测量法的应用。在玻璃水槽外部附上标尺，直接读出水槽中的水深值。每组 2 位同学分别读数，求平均值。

（3）测针法的应用。先将测针放入水槽底部，读出槽底读数；再将测针尖自下向上逐渐接近水面，直至针尖与其倒影刚巧重合，读出水面位置的读数；再将二者相减得出水槽的水深值。每组 2 位同学分别读数，求平均值。

（4）改变流量给定值，设置第二种、第三种流量条件（由指导教师操作），重复步骤（2）、（3），重复使用直接测量法和测针法量测水深。

4. 注意事项

（1）改变流量时，须待水流稳定后至少 6 分钟，方可开始记录。当水位略有波动时，则应量测最高与最低水位多次，然后取平均值作为平均水位。

（2）应用直接测量法量测水位时，误差可能较大，可多测量几次求平均值。

（3）利用测针法读取槽底读数时，应小心使针尖接近槽底，避免用力过大导致针尖发生弯曲变形，影响读数的准确性；读取水面读数时，应使测针尖自下向上逐渐接近水面，在针尖与其倒影刚好重合时进行测读。

（4）经常检查测针有无松动、针尖有无变形等。

5. 测量与计算

（1）仪器编号

（2）实验数据记录

实验数据记录在表 5.1 和表 5.2 中。

表 5.1　直接测量法测量水位

设定流量 Q/（m^3/s）	1	2	1	2	1	2
水深值 H/m						
水位平均值 h/m						

表 5.2　测针法测量水位

设定流量 Q/（m^3/s）	1	2	1	2	1	2
水面读数 Z_1/m						
槽底读数 Z_2/m						
水深值 H/m						
水位平均值 h/m						

三、实验结果与分析

（1）根据测量数据，分别绘出直接测量法和测针法两种方法下的流量-水位曲线，并分析流量和水位之间的相关关系。

（2）比较与分析直接测量法和测针法对水位测量的精度。

实验二　流 速 测 量

一、实验目的与要求

（1）初步了解旋桨流速仪的构造和测速原理，掌握流速仪测量点流速的方法。

（2）根据垂线平均流速测量的一点法和三点法进行垂线流速测量，计算垂线平均流速。

（3）初步分析垂线流速分布规律。

二、实验内容

1. 实验仪器

实验装置由实验水槽、水位测针、LGY-III型多功能智能流速仪等组成。

LGY-III型多功能智能流速仪配置了 8 键式触摸键盘，8 位 LED 显示，以及新型旋桨传感器，可应用于水工、河工、港工模型试验，以及交通、水利等其他行业的流速、风速和流量的测量。

2. 实验原理

1）LGY-III型多功能智能流速仪测速原理

流速仪由光电式传感器和计数器两部分组成。光电式传感器由旋桨、光源灯珠、聚光球、光导纤维、光敏三极管及多芯电缆组成。

新型旋桨流速仪的测速原理是：将旋桨传感器固定在水流中的施测点上，旋桨正对水流方向。由仪器灯源电压供电的光源灯泡所射出的光线经聚光球聚焦在光导纤维上，光线经光导纤维传至旋桨。旋桨在水流冲击下转动，每只桨叶均受到垂直于旋桨径向的作用力，使桨叶绕轴旋转，叶片上的一个反光片也随之转动。旋桨每转动一圈，反光片反射一次，光敏三极管的电阻也变化一次，产生一个电脉冲信号，经放大整形后输入计数器进行计数。流速越大，旋桨的旋转速度也越快，单位时间内的电脉冲信号也就越多。记下单位时间转数，即可根据下式求出流速值。

$$V = K\frac{N}{T} + C$$

式中，V 为流速（cm/s）；K 为流速系数，旋桨每转动 1/2 周水流质点前进的距离（cm）；C 为旋桨起动流速值（cm/s）；T 为设定的采样时间（s）；N 为单反光面旋桨下采样时间内的传感器旋桨转数；若为双反光面旋桨，N 应除以 2 才为采样时间内的传感器旋桨转数。

LGY-III型多功能智能流速仪的新型旋桨传感器旋桨直径为 15mm，传感器系数 K、C 值已定好，K=2.85，C=1.00，采样时间 T 值可在 1～99 s 任选，测量结果不需手动记录，可通过本机通信接口传输到计算机进行数据处理，也可通过用本机触摸键盘上的“↑”或“↓”键，依次读出来。流速测量设计为三次平均，即自动连续测量三次，并逐次显示、计算和存储各个通道的 V_1、V_2、V_3 和平均流速 V。流速测量范围：1～200cm/s。

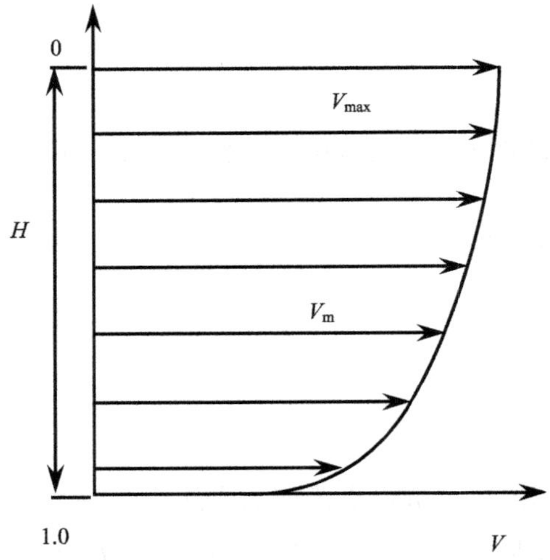

图 5.2　垂线流速分布图

2）垂线平均流速的计算

流速在垂线方向上的变化称为流速的垂向分布。一般从河底向水面流速逐渐增大，但最大值 V_{max} 不在水面，而在水面以下 0.1～0.3 倍水深处，垂向平均流速 V_m 一般相当于 0.6 倍水深处的流速（图 5.2）。V_m 通常可用一点法、二点法、三点法和五点法计算。

一点法：$V_m=V_{0.6H}$

二点法：$V_m=0.5（V_{0.2H}+V_{0.8H}）$

三点法：$V_m=（V_{0.2H}+V_{0.6H}+V_{0.8H}）/3$ 或 $V_m=（V_{0.2H}+2V_{0.6H}+V_{0.8H}）/4$

五点法：$V_m=（V_{0.0H}+3V_{0.2H}+3V_{0.6H}+2V_{0.8H}+V_{1.0H}）/10$

3. 实验步骤

（1）启动抽水泵，将水抽到水槽中，旋转流量旋钮，设定第一种流量条件（由指导教师操作）。

（2）待水流稳定后，利用测针法测量水位。先将测针放入水槽底部，读出槽底读数；再将测针尖自下向上逐渐接近水面，直至针尖与其倒影刚巧重合，读出水面位置的读数；再将二者相减得出水槽的水深值。每组 2 位同学分别读数，求出水位平均值。

（3）打开流速仪电源，将后面板上的“测量/自检开关”拨到“自检”挡，此时流速仪前面板上的信号指示灯闪亮，运行计算机程序，调整传感器系数为，K=2.85，C=1.00，时间 T 一般选择 10s。由界面显示的 K、C 值和测量计算的数据可以看出仪器正常与否。

（4）检查仪器正常后，将后面板的“测量/自检开关”拨到“测量”挡，将流速传感器固定到所要施测的断面中心垂线（即离边壁 40cm 处）。根据垂线平均流速计算的三点法，利用钢尺确定 3 个测点（0.2H、0.6H、0.8H）的具体位置，将流速传感器的旋桨中部的细丝调整到相应的水平位置。

（5）调整好某一测点位置后，开启模型试验浪高测量程序，点击“流速测量—8 线测量一单机测量”，先进行“通讯口设置”，选定后按“确定”（除 2 号机为 COM1，其余 4 台均为 COM2）；再进行“流速仪选择”，选定流速仪的通讯地址（5 台机器均为 1）；选定后点击“读取参数 KCT”，会显示多路传感器的 *K*、*C* 值和采样时间 *T* 值。此时可以修改参数值，修改后点击“设置参数 KCT” 会自动保存。点击“开始测量”，一个测点连续测量三次取平均值作为该测点的流速值。点击“数据存盘”，该组数据会自动以年月日的名称保存到程序下的“Voof Flow”文件夹中（可以另选文件名保存）。

（6）移动流速传感器到另一个测点位置，无须还原系统，直接点击“开始测量”，即可测量该点的流速值，测量完将数据存盘。

（7）改变流量给定值，设置第二种、第三种流量条件（由指导教师操作），重复以上步骤，得到不同流量条件下水槽断面的垂线流速分布。

4. 注意事项

（1）改变流量时，须待水流稳定后至少 6 分钟，方可开始记录。当水位略有波动时，则应量测最高与最低水位多次，然后取平均值作为平均水位。

（2）测速时，要使水位测针离开水槽，避免因测针管对水流的阻力影响流速的测定。注意保持旋桨与水流方向垂直，以减少流速误差。

（3）施测时要经常注意观察旋桨，如发现有杂物缠绕旋桨的转轴，要及时报告教师进行处理，以免影响量测精度。清除杂物时要特别小心，不得用硬件去触碰旋桨。

（4）测完流速进行数据存盘时，每组同学在“Voof Flow”文件夹下再建立自己的文件夹存放数据，避免和其他组使用同一台机器的同学的数据混淆。

（5）实验中流速仪的设定单位为 cm/s。

5. 测量与计算

1）仪器编号

2）实验数据记录

实验数据记录在表 5.3 和表 5.4 中。

表 5.3　不同流量下的水位测量

设定流量 Q/（m^3/s）	1	2	1	2	1	2
水面读数 Z_1/m						
槽底读数 Z_2/m						
水深值 H/m						
水位平均值 h/m						

三、实验结果与分析

（1）根据实测数据，绘制不同流量下的一点法及三点法垂线平均流速分布图，进行比较分析，并总结归纳流量与流速之间的关系。

表 5.4　不同流量下的流速分布测定

设定流量 Q / (m³/s)	测点	测点至水面高度 H /m	测点流速 V / (m/s)	一点法垂线平均流速 V_m / (m/s)	三点法垂线平均流速 V_m / (m/s)
	0.2H				
	0.6H				
	0.8H				
	0.2H				
	0.6H				
	0.8H				
	0.2H				
	0.6H				
	0.8H				

（2）根据实测数据，绘制不同流量下垂线方向上的流速分布图，初步分析垂线流速分布规律。

实验三　水位流量关系研究

一、实验目的与要求

（1）掌握流量测算的流速面积法的基本原理和计算方法。

（2）综合应用水位、流速测量的方法，根据流速面积法，测量、计算断面流量。

（3）初步分析水槽断面的水位-流量、水位-面积、水位-流速之间的相关关系。

二、实验内容

1. 实验仪器

实验装置由实验水槽、水位测针、钢尺、LGY-III型多功能智能流速仪和新型流速旋桨传感器等组成。

2. 实验原理

1）流量测算的流速面积法

流量指单位时间内流经某一过水断面的水量。流速面积法是流量测验方法中最为广泛的一种，其基本原理为：通过横断面上单位面积的流量是该面积和流速的乘积，分别测量各个部分的流速和面积即可求得流量。

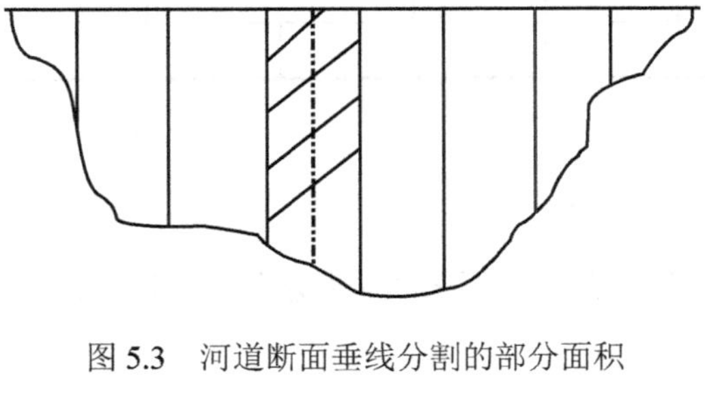

图 5.3　河道断面垂线分割的部分面积

流速测量采用流速仪法。首先需要布设垂直于流向的横断面，进行断面测量。如图 5.3 所示，一般要在断面上布设多条测深垂线，在垂线上测量水深，测定垂线与起点之间的距离，并利用流速仪测定垂线平均流速，用部分平均流速与部分面积之乘积作为部分流量，部分流量的总和即为断面流量。

可见，断面流量的数学表达式为

$$Q=\int_0^F \mathrm{d}Q=\int_0^F v\mathrm{d}F=\sum_{i=1}^{n} v_i \Delta f_i$$

式中，Q 为实验流量（$\mathrm{m^3/s}$）；v 为断面平均流速（m/s）；F 为过水断面面积（$\mathrm{m^2}$）；v_i 为部分面积平均流速（m/s）；f_i 为部分面积（$\mathrm{m^2}$）；n 为划分的部分面积数。

2）水位流量关系曲线

断面上水位的变化，从本质上看是由于流量变化所致，水位变化实为流量变化的外部反映。因此，水位与流量具有密切的关系。

江河、渠道的流量常随时间而变化，通常不直接用实测流量来反映变化过程，而是用实测流量和相应水位资料建立水位流量关系：$Q=f(H)$。通常，这种关系可以用一条曲线来表示，称为水位流量关系曲线（图 5.4）。它在河流水文学上用途很广，主要是用连续观测的水位资料转换成流量资料，并用水位-面积曲线和水位-流速曲线加以校正。

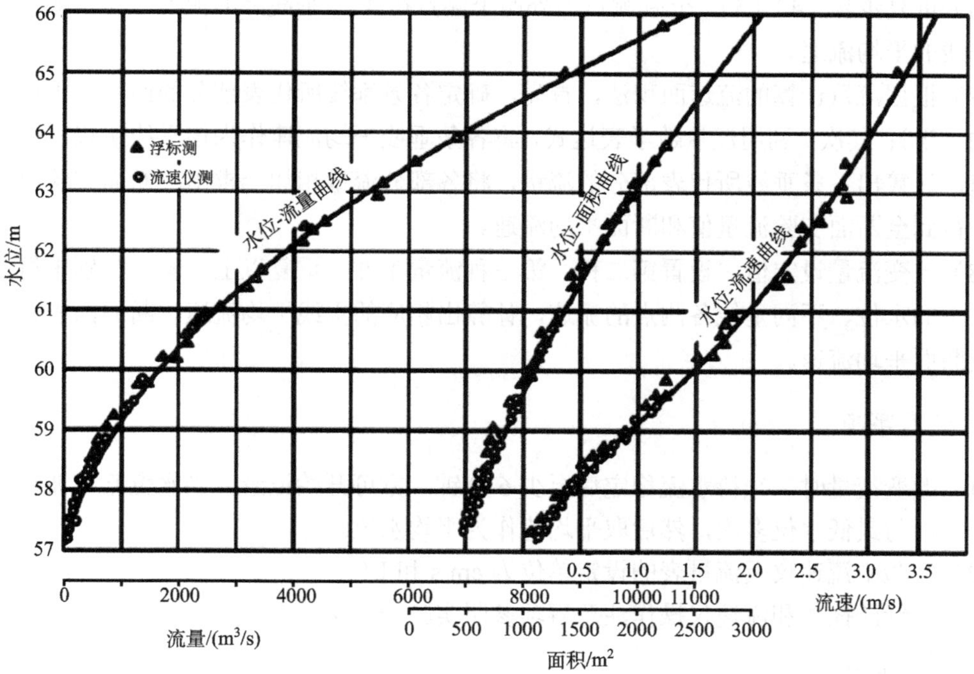

图 5.4　水位流量关系曲线

3. 实验步骤

（1）启动抽水泵，将水抽到水槽中，旋转流量旋钮，设定第一种流量条件。

（2）待水流稳定后，利用测针法测量水位。先将测针放入水槽底部，读出槽底读数；再将测针尖自下向上逐渐接近水面，直至针尖与其倒影刚巧重合，读出水面位置的读数；再将二者相减得出水槽的水深值。每组 2 位同学分别读数，求出水位平均值，再乘以水槽宽度，得到断面面积。

（3）打开流速仪电源，首先进行流速仪自检，调整传感器系数，K=2.85, C=1.00，T=10。检查仪器正常后，将流速传感器固定到所要施测的断面上，准备开始流速测量。由于水槽过水断面流速分布的对称性，本实验在水槽断面的半边布设 4 条垂线（水槽宽 80cm），分别为距离水槽玻璃边壁 5cm、10cm、20cm 和 40cm 的位置。断面另一半的垂线流速分布可视为与之相同。

（4）在某一条垂线方向上，根据垂线平均流速计算的三点法，利用钢尺确定 3 个测点（0.2H、0.6H、0.8H）中某一点的具体位置，将流速传感器的旋桨中部的细丝调整到相应的水平位置。开启模型试验浪高测量程序，进入“流速测量—8 线测量—单机测量”界面，分别进行通讯口设置、流速仪选择、读取参数 K、C、T 等操作。各项参数确定后即可开始测量，对该测点连续测量 3 次取平均值，作为该点的流速值，并进行数据存盘。

（5）保持流速传感器高度不变，移动流速仪到另外 3 条垂线位置，测量该点在不同垂线上的流速值，直接点击“开始测量”即可，将测量结果重新命名进行数据存盘。

（6）重复步骤（4）（5），分别测量另外两个测点在 4 条垂线上的流速分布，即可计算出各条垂线的平均流速。

（7）根据流量计算的流速面积法，首先，确定各条垂线所代表部分的面积（水槽断面总面积的一半）；其次，利用流量数学表达式，将各条垂线平均流速作为该垂线所代表面积的平均流速，计算出各条垂线所代表部分的流量，将各部分流量相加，求出半断面实验流量值；最后，得到全断面实验流量值和断面平均流速。

（8）改变流量设定值，设置第二种、第三种流量条件，重复以上步骤，分别求得不同流量条件下的水位、不同垂线各测点的流速，计算出相应的垂线平均流速、断面面积、实验流量值及断面平均流速。

4. 注意事项

（1）改变流量时，须待水流稳定后至少 6 分钟，方可开始记录。当水位略有波动时，则应量测最高与最低水位多次，然后取平均值作为平均水位。

（2）实验中流速仪及流量表的设定单位为 cm/s 和 L/s。

（3）测针法操作和流速仪操作注意事项参照实验一、实验二。

5. 测量与计算

1）仪器编号

2）实验数据记录

实验数据记录在表 5.5 和表 5.6 中。

表 5.5 不同流量下的水位测量

设定流量 Q/（m³/s）	1	2	1	2	1	2
水面读数 Z_1/m						
槽底读数 Z_2/m						
水深值 H/m						
水位平均值 $\bar{H}$ /m						
断面面积 F/m²						

注：水槽宽 B 为 0.8m

表 5.6 不同流量下的流速分布测定

设定流量 Q /（m³/s）	测点位置		1 号垂线（离边壁 5cm）		2 号垂线（离边壁 10cm）		3 号垂线（离边壁 20cm）		4 号垂线（离边壁 40cm）	
	测点	点至水面高度 H/m	测点流速 V/（m/s）	垂线流速 V_m /（m/s）	测点流速 V/（m/s）	垂线流速 /V_m（m/s）	测点流速 V /（m/s）	垂线流速 V_m /（m/s）	测点流速 V /（m/s）	垂线流速 V_m/（m/s）
	0.2H									
	0.6H									
	0.8H									
	0.2H									
	0.6H									
	0.8H									
	0.2H									
	0.6H									
	0.8H									

三、实验结果与分析

（1）根据上述实测数据，利用流速面积法，对断面面积进行适当划分，对 3 种情况下的断面流量、断面平均流速进行计算，并分析实验流量值与设定流量值之间的误差大小及存在的原因。

（2）根据实测计算所得数据，分别绘制断面平均条件下的水位-流量、水位-面积、水位-流速关系曲线，并分析水位与流量、面积、流速之间的相关关系。

（3）当实际河道河床断面形态不规则时，要利用流速面积法计算断面流量值，应如何合理布设断面垂线的位置和数目？

实验四 河道水位、流量数据处理

一、实验目的与要求

掌握河道月、年平均水位的统计和应用临时曲线法推求指定日期日平均流量的方法。

二、实验内容

1. 实验内容

（1）统计某站 1980 年月、年平均水位。
（2）用临时曲线法推求某站指定日期的日平均流量。

2. 实验材料

（1）某站 1980 年逐日平均水位表（表 5.7）。
（2）某站 1980 年实测流量成果（表 5.8）。
（3）某站 1980 年部分水位摘录表（表 5.9）。

表 5.7　某站 1980 年逐日平均水位表

日	1 月	2 月	3 月	4 月	5 月	6 月	7 月	8 月	9 月	10 月	11 月	12 月
1	1051.18	1050.53	1051.49	1050.33	1050.96	1053.97	1053.97	1054.06	1053.90	1053.92	1052.38	1050.57
2	1051.18	1050.46	1051.40	1050.33	1051.05	1054.04	1053.94	1053.97	1053.91	1054.12	1052.09	1050.60
3	1051.01	1050.46	1051.48	1050.35	1051.08	1054.07	1053.87	1054.12	1053.97	1054.16	1051.99	1050.98
4	1050.90	1050.51	1051.69	1050.34	1050.75	1053.99	1053.84	1054.05	1053.91	1054.15	1051.84	1051.45
5	1050.89	1050.61	1051.85	1050.35	1050.79	1053.99	1053.83	1053.93	1054.02	1052.81	1051.45	1051.94
6	1050.90	1050.72	1051.79	1050.36	1051.12	1054.02	1053.89	1053.65	1053.92	1051.57	1051.35	1052.16
7	1050.94	1050.79	1051.76	1050.27	1051.13	1054.02	1053.93	1053.48	1053.89	1051.55	1050.93	1051.91
8	1051.00	1050.81	1051.76	1050.27	1051.13	1053.98	1053.90	1053.38	1053.96	1051.67	1050.71	1051.92
9	1051.07	1050.82	1051.76	1050.44	1051.07	1054.01	1053.94	1053.37	1053.89	1051.75	1050.68	1052.00
10	1051.13	1050.84	1051.71	1050.57	1053.02	1053.99	1053.98	1053.49	1053.92	1052.20	1050.69	1052.11
11	1051.13	1050.89	1051.60	1050.63	1053.80	1054.02	1053.95	1053.67	1053.94	1052.35	1050.74	1052.32
12	1051.14	1050.94	1051.58	1050.86	1053.96	1054.02	1054.00	1053.72	1053.92	1052.41	1050.72	1052.28
13	1051.15	1051.07	1051.62	1050.60	1054.04	1053.98	1054.01	1053.74	1053.95	1052.55	1050.67	1052.29
14	1051.15	1051.18	1051.71	1050.52	1053.81	1054.05	1053.99	1053.80	1053.98	1052.65	1050.55	1052.30
15	1051.10	1051.26	1051.71	1052.12	1053.78	1054.05	1053.93	1053.79	1053.96	1052.68	1050.52	1052.33
16	1051.10	1051.24	1051.60	1053.48	1053.65	1054.05	1053.93	1053.75	1053.93	1052.56	1050.55	1052.33
17	1051.11	1051.19	1051.58	1053.66	1053.67	1053.97	1053.90	1053.75	1053.93	1052.55	1050.61	1052.24
18	1051.12	1051.22	1051.60	1053.71	1053.97	1053.93	1054.00	1053.82	1053.96	1052.61	1050.64	1052.11
19	1051.07	1051.29	1051.66	1053.72	1054.07	1053.91	1053.96	1053.90	1053.97	1052.68	1050.64	1052.10
20	1051.03	1051.30	1051.64	1053.71	1054.06	1053.91	1053.94	1054.00	1053.91	1052.70	1050.68	1052.11
21	1051.02	1051.28	1051.63	1053.72	1054.08	1053.87	1053.84	1053.93	1053.94	1052.66	1050.83	1051.98
22	1051.01	1051.27	1051.65	1053.70	1054.08	1053.85	1053.65	1053.93	1053.98	1052.65	1050.72	1051.64
23	1051.00	1051.32	1051.59	1053.44	1054.06	1053.87	1053.91	1053.93	1053.90	1052.69	1050.60	1051.39
24	1051.01	1051.39	1051.49	1053.71	1054.10	1053.94	1054.00	1053.91	1053.99	1052.58	1050.62	1051.38
25	1051.01	1051.45	1051.49	1053.69	1054.10	1054.00	1053.91	1053.89	1053.89	1052.44	1050.63	1051.58

续表

日	1月	2月	3月	4月	5月	6月	7月	8月	9月	10月	11月	12月
26	1050.94	1051.51	1050.93	1053.59	1054.07	1054.01	1053.87	1053.90	1053.97	1052.44	1050.68	1051.83
27	1050.88	1051.53	1050.36	1052.46	1054.11	1054.00	1053.97	1053.86	1054.03	1052.48	1050.60	1051.91
28	1050.92	1051.54	1050.35	1050.79	1054.00	1053.96	1053.99	1053.93	1054.09	1052.45	1050.65	1051.79
29	1050.91		1050.34	1050.90	1054.03	1053.95	1053.90	1053.89	1054.04	1052.49	1050.55	1051.70
30	1050.76		1050.30	1050.81	1054.02	1053.94	1053.92	1053.85	1053.97	1052.50	1050.57	1051.83
31	1050.63		1050.29		1054.04		1054.07	1053.89		1052.51		1052.09

注：表内水位（冻结基面以上米数）0.000m＝大连基面以上米数（m）

表 5.8　某站 1980 年实测流量成果

实测编号	实测时间		起止		断面位置	测验方法	基本水尺水位/m	流量/（m³/s）	断面面积/m²	流速/（m/s）		水面宽度/m	水深/m		水面比降/10⁻⁶
	月	日	时分	时分						平均	最大		平均	最大	
112	9	13	8:00	9:00	基	流速仪	498.16	108	123	0.88	1.22	245	0.50	1.70	112
113		15	15:30	16:30	基	流速仪	498.24	130	145	0.90	1.27	255	0.57	1.56	113
114		16	10:30	11:30	基	流速仪	498.49	234	226	1.04	1.38	279	0.81	1.65	114
115		17	9:00	10:00	基	流速仪	498.43	196	213	0.92	1.21	279	0.76	1.60	115
116		18	10:00	12:00	基	流速仪	498.34	162	184	0.88	1.18	268	0.69	1.40	116
117		20	7:00	7:42	基	流速仪	498.58	234	234	1.00	1.16	286	0.88	1.55	117
118			18:42	19:30	基	流速仪	498.67	276	264	1.05	1.39	286	1.08	1.48	118
119		21	8:30	9:30	基	流速仪	498.75	334	305	1.10	1.63	297	1.03	1.60	119
120			22:30	23:30	基	流速仪	498.93	485	387	1.25	1.53	287	1.00	1.67	120
121		22	15:30	16:30	基	流速仪	498.81	385	327	1.18	1.44	292	1.12	1.70	121
122		23	17:30	18:00	基	流速仪	498.72	305	313	0.97	1.38	276	1.13	1.65	122
123		25	9:00	10:00	基	流速仪	498.52	206	208	0.99	1.23	266	0.88	1.50	123
124		27	8:30	9:30	基	流速仪	498.35	133	173	0.77	1.34	270	0.64	1.10	124
125	10	2	17:00	18:00	基	流速仪	498.29	111	133	0.83	1.18	265	0.50	1.40	125
126		5	15:30	17:30	基	流速仪	498.24	93	128	0.73	1.25	270	0.47	1.20	126

表 5.9　某站 1980 年部分水位摘录表

日期			水位/m	日期			水位/m	日期			水位/m
月	日	时分		月	日	时分		月	日	时分	
9	18	0:00	498.37	9	19	20:00	498.34	9	20	15:00	498.56
		8:00	498.34		20	4:00	498.37			17:00	498.60
		10:00	498.34			6:00	498.45			18:00	498.65
		14:00	498.34			6:42	498.55			19:30	498.67
		20:00	498.33			7:00	498.57			22:00	498.72
	19	2:00	498.32			7:42	498.58			23:00	498.74
		8:00	498.32			8:00	498.58			0:00	498.74
		14:00	498.31			14:00	498.56				

3. 实验步骤

统计某站 1980 年月、年平均水位。月、年平均水位为月、年日平均水位总数除以该月、年的日数。

用临时曲线法推求某站指定日期的日平均流量。

1）相对稳定时段定线

相对稳定时段定线在水位、流量面积关系图上，以时序了解测点的分布规律，参照水位过程线，分析确定相对稳定时段的关系点分组，按单一曲线的要求，分别定出各稳定时段的水位流量关系曲线（即临时曲线，见图 5.5）。

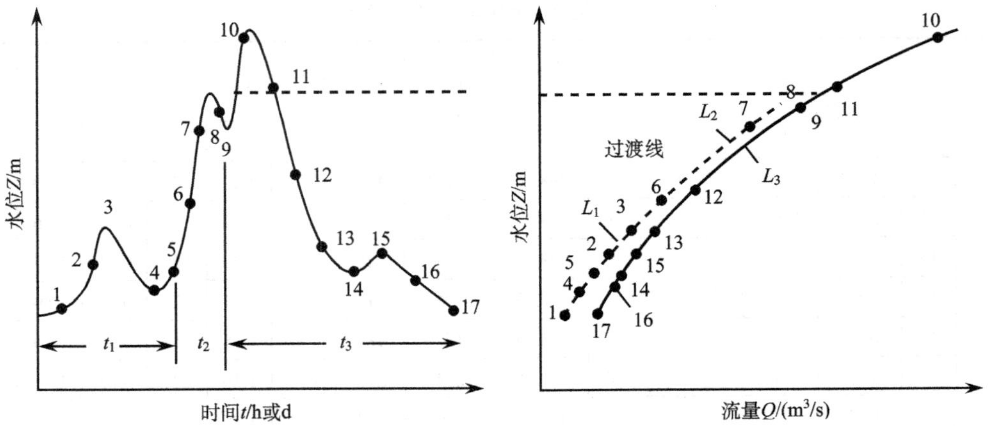

图 5.5　用临时曲线法定线的水位流量过程线

2）过渡时段的处理

两相邻临时曲线间的过渡时段，可绘过渡线连接。根据过渡段的水位变化和关系点的分布情况，可分别采用自然过渡、连时序过渡、内插曲线过渡等方法处理。

（1）自然过渡。常见于冲淤程度不大的测站，两条相邻的临时曲线有一部分重合，而两条临时曲线间的过渡期就在重合部分里。例如，某些站高水时虽有冲淤，但冲淤不大，其对流量的影响有时还不及测验误差大，因此水位流量关系的差异不明显，至低水时，冲淤影响才显现出来，这时两条临时曲线在高水部分重合，如图 5.6 所示，过渡期在高水，无须专门处理。有时，低水控制良好，而高水发生冲淤变化，也会出现低水部分重合、高水部分分开的情况，如图 5.7 所示，此时过渡期在低水，也无须专门处理。

（2）连时序过渡。可参照水位趋势与该时段内的实测点用连时序法连出过渡线，在该过渡线上推求过渡时段流量。过渡曲线不具有稳定曲线的性质，可以反曲。因冲淤是渐变的，过渡曲线应是一条平滑曲线，其开始与终止处都应与临时曲线相切。如果过渡时段跨过峰顶，则应与峰顶水位相切，如图 5.6 所示。

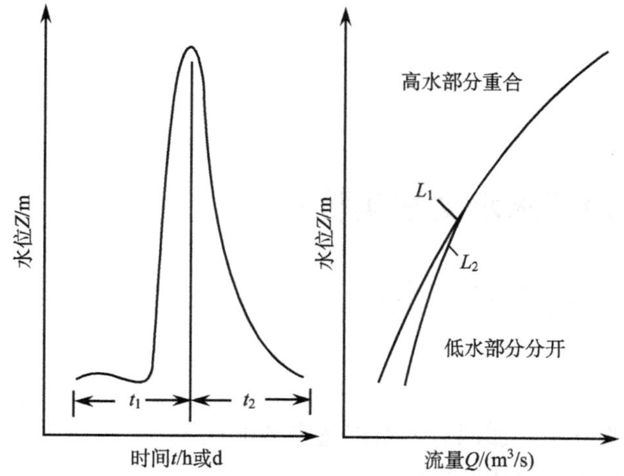

图 5.6 用临时曲线法定线的水位流量过程线

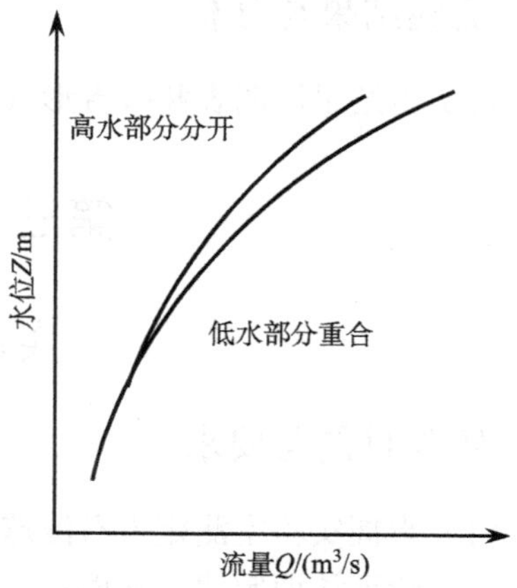

图 5.7 低水自然过渡

（3）内插曲线过渡。在过渡段水位平缓或有小起伏绘过渡线不便时，可均匀内插几条曲线用以推流，如图 5.8 所示。内插曲线应尽量通过相应的实测点，并注明每条内插曲线的使用日期。内插曲线的曲度应参照前后曲线的曲度勾绘，曲线数目多少由测验允许误差控制，并使换线推得的流量避免不连续现象。

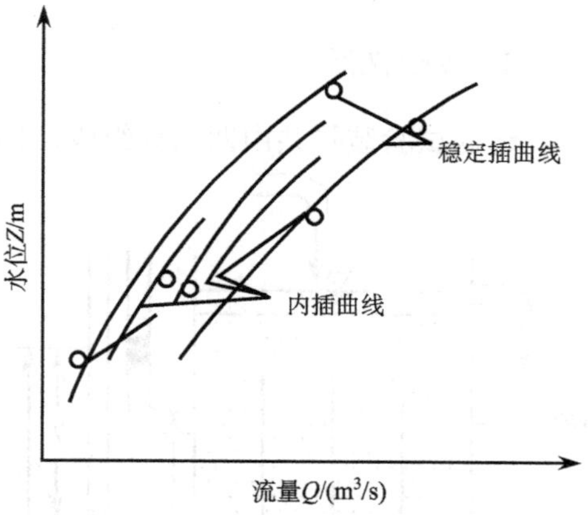

图 5.8 内插曲线过渡

3）曲线编号

定线后，各临时曲线和过渡线应按推流时序分别编号。可按每条曲线所包括的控制测次及施测时间，结合水位过程线，划分每条曲线的使用时间和上下水位界线，填写水位流量关系曲线使用日期表（表 5.10），以便编制水位流量关系表。

表 5.10 水位流量关系曲线使用日期表

曲线编号	水位/m		使用日期		控制测次（112～126 次）	下条曲线编号 L_2	附注
	最高	最低	起（月 日 时分）	止（月 日 时分）			
L_1	498.49	498.16	9.13 8:00	9.18 12:00	112～116		
L_2	498.24	498.93	9.20 7:00	10.5 17:30	117～126		

4）推求流量

各临时曲线使用期较长者，可编制水位流量关系表推流。使用时间很短的临时曲线及过渡线，可直接在曲线上查读流量。

三、实验结果与分析

将实验结果以图表和报告形式提交。

第三节　地下水水文学实验

实验五　达西定律实验

一、实验目的与要求

（1）掌握实验室测定岩石渗透系数的方法，加深对岩石渗透系数的认识。

（2）验证达西定律，从而提高对直线渗透定律的理解。

二、实验内容

1. 实验仪器

达西试验装置共由四部分组成，如图 5.9 所示。

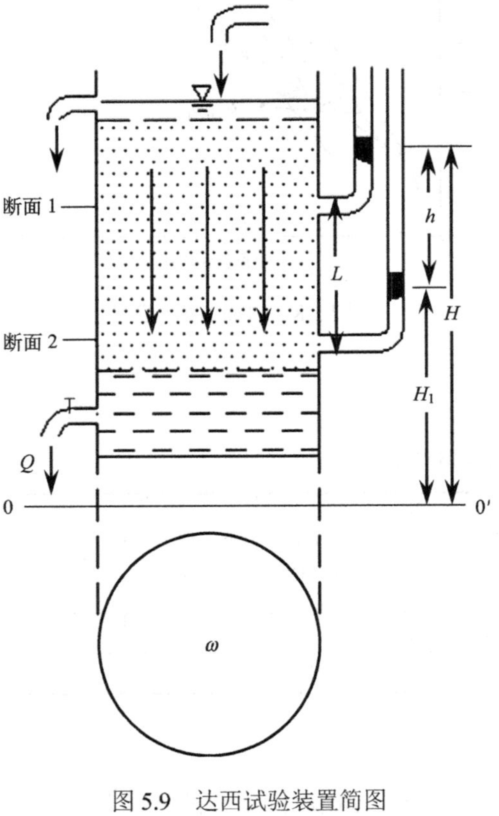

图 5.9　达西试验装置简图

（1）供水器装置（马氏瓶）：以法国物理学家 Mariotte 命名的马利奥特瓶装置，是一种能控制水位又能自动连续补给水的量测装置。

（2）渗透装置（试样筒）：有机玻璃圆筒，上部设有进水孔，底部装有过滤筛板，下端有出水孔，供测量渗流量用。侧面有三个测压孔。

（3）测压装置（测压板和测压管）：在测压板上装有三根 5～8cm 带刻度的玻璃管，分别与试样筒上的三个测压孔连接，用于测定三个断面上的测压水位。三个测压管用胶管分别与试样筒相应的管孔联结。其他设备有 100mL 的量筒、水槽、漏斗、捣棒、装样杯、秒表、温度计、管夹、胶皮管及吸气球等。

（4）排水装置：在测压板上均匀分布着一系列的圆孔，用于调节排水水位。

2. 实验原理

室内渗透系数测定根据达西关于多孔介质中地下水的线性渗透定律而设计。根据达西定律，在常水头下，水流在单位时间内透过岩土孔隙的流量（Q）与岩石的断面面积（F）、水力梯度（I）成正比，$Q = KF\dfrac{\Delta H}{L} = KFI$ 可用来测定不同试样的渗透系数 K。式中，Q 为渗透流量（cm^3/s）；K 为渗透系数（cm/s）；F 为过水断面面积（cm^2）；ΔH为上下过水断面的水头差（cm）；L为渗透路径（cm）；I为水力梯度。

岩石渗透系数是定量描述岩石透水性能的物理指标，岩石空隙越大、连通性越好，则渗透系数越大，单位时间内通过过水断面的水量越多。其物理含义是当水力梯度等于1时，渗透系数就等于渗透速度。渗透系数是进行井孔、矿坑涌水量及水库、渠道渗流量计算时不可缺少的重要水文地质参数。本次实验采用达西试验装置测定岩石的渗透系数。

3. 实验步骤

（1）检查仪器设备是否齐全、完好：胶管与仪器连接处是否漏气、漏水或堵塞。

（2）装样：装样前在过滤筛板上放两层滤纸，然后装样，每装3～5cm厚时，均用捣棒轻击数次，并测定试样的孔隙度或容重，使其结构尽量符合实地的状态。重复上述过程，直至试样超过最上一个测压孔以上5cm为止。

（3）饱和试样：将排水水位调节至高于试样水面，打开供水管夹，待试样表面出现水膜时立即关闭供水夹，观察试样筒及三个侧压管水位是否在同一水平面上（以<1mm为准）；如果没有则说明气泡没有排尽或测压管被堵塞，需将测压板倾斜或用吸气球从低水位管中吸出水为止。

（4）实验测定：打开供水管夹调节排水水位，当测压管水位稳定后（30s内水位变动<1mm），记录各测压水位值（读弯液面下缘高度），同时测定在时间t秒钟内出水管的渗透量及水温。重复测定两次取其平均值。然后再调节二次排水水位（即改变I），如同前述测得二次调节后的各值。调节时应逐级上升或逐级下降，不要跳跃式地上升或下降，以免冲坏试样原有结构。

（5）最后测量试样筒内径D、渗透土柱断面面积F及测压孔间距L_1、L_2，并将三次不同排水水位情况下所测得的数据一一填入记录表5.11。

表5.11　达西定律实验记录表

实验次数	时间 T/s	水量（W）/cm^3	流量 $Q=W/T$ /（cm^3/s）	渗透速度 $V=Q/F$ /（cm/s）	测压管水位/cm			水位差/cm			水力梯度 I	渗透系数 K_t /（cm/s）	水温 t/℃	平均渗透系数 K_{cp} /（cm/s）
					h_1	h_2	h_3	h_1-h_2	h_2-h_3	平均 h				
I														
II														
III														

4. 注意事项

（1）实验过程中要及时排除气泡。

（2）为使渗透流速和水力梯度（V，I）曲线的测定分布均匀，流量（或水头差）的变化控制合适。

5. 测量与计算

1）仪器编号

2）实验数据记录

三、实验结果与分析

（1）为什么要在测压管水位稳定后测定流量？

（2）讨论试样 *V* 和 *I* 曲线是否符合达西定律，为什么？

第四节　水质测定基础实验

实验六　水中酸度和碱度的测定

一、实验目的与要求

（1）了解酸度和碱度的基本概念。

（2）掌握指示剂滴定法测定酸度和总碱度的原理和方法。

二、实验内容

1. 实验仪器

滴定管（酸式、碱式）、锥形瓶。

2. 实验试剂

无二氧化碳水；氢氧化钠标准溶液，*c*（NaOH）＝0.1mol/L；0.5%酚酞指示剂（用于测酸度）；0.05%甲基橙指示剂（用于测酸度）；1%酚酞指示剂（用于测碱度）；0.1%甲基橙指示剂（用于测碱度）；碳酸钠标准溶液，$c\left(\frac{1}{2}Na_2CO_3\right)=0.0250mol/L$；盐酸标准溶液 *c*（HCl）＝0.0250mol/L。

3. 实验原理

酸度是指水样中含有能与强碱发生中和作用的物质的总量，主要表示水样中存在的强酸、弱酸和强酸弱碱盐等物质。酸度有两种表示方法：酚酞酸度（又称总酸度）和甲基橙酸度。

碱度是指水样中含有能与强酸发生中和作用的物质的总量，主要表示水样中存在的碳酸盐、碳酸氢盐及氢氧化物。

碱度可用盐酸标准溶液进行滴定，当滴定至甲基橙指示剂由黄色变为橙红色时，溶液的 pH 为 4.4～4.5，表明水中碳酸氢盐已被中和，此时滴定结果称为“总碱度”。

4. 实验步骤

1）酸度测定

（1） 取适量水样（V_1）置于 250mL 锥形瓶中，用无二氧化碳水稀释至 100mL，加入 2 滴甲基橙指示剂，用氢氧化钠标准溶液滴定至溶液由橙红色变为橙黄色，记下氢氧化钠标准溶液用量（V_1）。

（2） 另取一份水样（V_2） 置于 250mL 锥形瓶中，用无二氧化碳水稀释至 100mL，加入 4 滴酚酞指示剂，用氢氧化钠标准溶液滴定至溶液刚变为浅红色。记下氢氧化钠标准溶液用量（V_2）。

2）碱度测定

（1） 取 100mL 水样于 250mL 锥形瓶中，加入 4 滴酚酞指示剂，摇匀。当溶液呈红色时，用盐酸标准溶液滴定至刚刚褪到无色，记录盐酸标准溶液用量（P）。若加酚酞指示剂溶液无色，则不需用盐酸标准溶液滴定，可接着进行第（2）步操作。

（2）向上述溶液中加入 3 滴甲基橙指示剂，摇匀，继续用盐酸标准溶液滴定至溶液由黄色变为橙红色，记录盐酸标准溶液用量（M）。

5. 计算和记录

1）酸度

$$\text{甲基橙酸度（以 } CaCO_3 \text{ 计，mg/L）} = \frac{cV_1 \times 50.05 \times 1000}{V}$$

$$\text{酚酞酸度（以 } CaCO_3 \text{ 计，mg/L）} = \frac{cV_2 \times 50.05 \times 1000}{V}$$

式中，c 为氢氧化钠标准溶液浓度（mol/L）；V_1 为用甲基橙作指示剂时氢氧化钠标准溶液的耗用量（mL）；V_2 为用酚酞作指示剂时氢氧化钠标准溶液耗用量（mL）；V 为水样体积（mL）；50.05 为碳酸钙（$\frac{1}{2}CaCO_3$）的摩尔质量（g/mol）。

2）总碱度

$$\text{总碱度（以 CaO 计, mg/L）} = \frac{c \times (P + M) \times 28.04 \times 1000}{V}$$

$$\text{总碱度（以 } CaCO_3 \text{ 计, mg/L）} = \frac{c \times (P + M) \times 50.05 \times 1000}{V}$$

式中，c 为盐酸标准溶液浓度（mol/L）；28.04 为氧化钙（$\frac{1}{2}CaO$）的摩尔质量（g/mol）；50.05 为碳酸钙（$\frac{1}{2}CaCO_3$）的摩尔质量（g/mol）。

三、注意事项

水样分析前不应打开瓶塞，不能过滤、稀释和浓缩，应及时分析，否则应在 4℃下保存。水样中如含有游离氯，可在滴定前加入少量 0.1mol/L 硫代硫酸钠溶液去除，以防甲基橙指示剂褪色。

第六章　土壤地理学实验

第一节　概　　述

一、课程简述

“土壤地理学”是地理科学（师范类）专业的一门重要的专业必修课程，是以土壤与地理环境之间的特殊矛盾为对象，研究土壤的发生、发育、分异和分布规律的科学，是自然地理学与土壤学之间的边缘科学。土壤地理学紧扣各类土壤的诊断性状、生成过程及其与地理环境之间的关系，从而阐述土壤在空间分布的状况和基本规律。通过学习土壤地理学，可为调控、改造和利用土壤资源提供科学依据，因而它是一门综合性和生产性很强的科学。

课程由土壤地理学理论和土壤地理学实验两部分组成，通过对土壤组成和性质、土壤发生、土壤分类方法及各类土壤和其分布规律的介绍，学生能够掌握该领域的专业基础知识，包括基本概念、基本原理与理论，为学生学习其他专业课奠定基础。提高学生认识土壤、分析土壤的能力，使学生能够初步利用土壤地理学知识去解决实际生产中的土壤问题。锻炼学生综合分析问题和解决问题的能力，激发学生的创新意识。

二、课程实验的重要性

土壤地理学实验是随“土壤地理学”课程而开设的实验课程，是理论教学的深化和补充，具有较强的实践性，是一门重要的实验技术基础课，可作为地理科学专业学生的必修课。土壤地理学不但有很强的理论性，而且更注重实践与应用，因此既有室内实验，又有室外实验（实习实践）。室内实验，目的在于应用理化测试手段，培养学生的理化分析、结果计算和数据处理技能；室外实验，目的在于培养学生野外土壤地理调查与制图的技能和技巧。

实验部分主要涉及土壤理化分析手段与方法，以及土壤野外调查的基本理论与方法。总的来说，土壤地理学教学、实验是培养学生独立分析问题和解决问题的能力，初步培养学生的科研思维。土壤地理学的实验也为日后学生的研究生学习、工作打下了良好的基础。

三、主要实验构成

根据“土壤地理学”的性质、任务、要求及学习的对象，将土壤地理学实验内容分两个部分。第一部分为土壤物理实验，包括土壤样品的制备、土壤吸湿水的测定、土壤容重、比重及土壤孔隙度的测定、土壤颗粒组成的测定、土壤水稳性团聚体的测定；第二部分为土壤化学实验，包括土壤 pH 的测定、土壤有机质的测定、土壤全氮的测定、土壤碱解氮的测定、土壤速效磷及速效钾的测定等。

第二节　土壤物理性质的测定

实验一　土壤样品的制备

一、实验目的与要求

土壤样品的处理，是土壤分析工作的一个重要环节，直接关系到分析结果的正确性、可靠性。为了解土壤资源的情况，需要对采集的土壤样品进行处理，以便进行各项理化性质的测定。

从野外采集的土壤分析样品，需要经过风干、分选、挑拣、磨细、过筛、装瓶保存六个过程。

其主要目的在于：

（1）样品新鲜是暂时的田间情况，各项参数随着土壤中水分状况的改变而变化，不是一个可靠的常数，风干的主要目的在于使风干土样测出的结果是一个平衡常数，比较稳定和可靠，从而便于不同样品的比较。

（2）除去非土壤部分，也就是剔除土壤以外的新生体（如铁锰结核和石灰结核等）和侵入体（如石头、瓦片及动植物残体等）。

（3）适当磨细，充分混匀，使分析时所称取的少量样品具有较高的代表性，以减少称样误差。

（4）土壤样品全量分析时，不同分析项目要求不同土壤粒级，以使分解样品的反应能够完全和彻底，不同样品之间的可比性更高。

（5）使土样可以长期保存，不致因微生物活动而霉坏。

二、实验内容

1. 实验仪器

标准筛（孔径 1mm、0.5mm、0.15mm）、木槌、擀土棒、研钵、硬塑料垫或硬木板、镊子、广口瓶、标签、铅笔等。

2. 实验步骤

1）样品的风干

取回的样品除了某些项目（如自然含水量、硝态氮、铵态氮、亚铁等）的速测需用新鲜土样测定外，一般项目都用风干样品进行分析。因潮湿的样品易发霉变质，不能长期保存。

样品的风干可挂于通风橱中或是在干净的牛皮纸上摊开，压好标签进行风干。风干时应保持通风良好，无氨气、尘埃、酸蒸气或其他化学气体的污染，应经常翻动样品以加速干燥，并用手捏碎土块土团，使其直径在 1cm 以下，否则干后不易研磨。另外，捏碎土块可及时剔除其中的动植物残体，避免日后碾碎混入土样中，而增加有机质等含量，并注意除去土壤中的铁锰结核、石灰结核或石子等，若石子过多，将其拣出并称重，记下质量。一般 3～5 天即可风干。潮湿季节可适当延长。切忌阳光直接曝晒或烘烤。

测微量元素的样品不能放在报纸上风干；当土壤中的水分与空气中水分达至平衡时，此时的土壤为风干土。

2）分选

若取回的土壤样品太多，需将土壤样品混匀后平铺于塑料薄膜上摊成厚薄一致的正方形，用“四分法”（图 6.1）去掉一部分土壤样品，最后留取 75g 待用（四分法的目的是使少量土样有较高的代表性）。

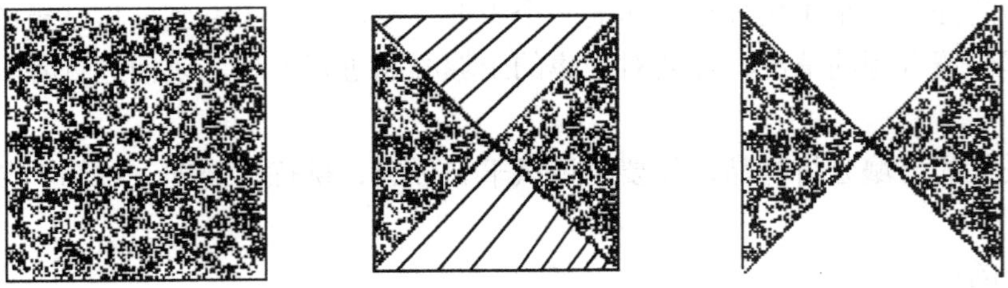

图 6.1　四分法取样步骤图

3）挑拣

样品风干及分选过程中应随时将土壤样品中的侵入体、新生体和动植物残体（根、茎、叶、虫体）挑拣出去。如果挑拣的杂物太多，应将其挑拣于器皿内，分类称其重量，同时称量剩余土壤样品的重量，折算出不同类型杂质的百分比，并做好记录。细小已断的植物根系，可以在土壤样品磨细前利用静电或微风吹的办法清除干净。

4）磨细和过筛

风干后的土壤样品经磨细，使其通过一定的筛孔。不同分析项目要求不同，而且称量样品很少或样品分解较困难，因此，必须经过磨细等处理。①将风干样用擀土棒碾碎，使其全部通过 1mm 筛孔。凡经研磨未通过者，铺开后再次碾压过筛，直至所有土壤样品全部过筛，只剩下石砾为止。凡经研磨后不能通过者，记为石砾并遗弃。必要时要将石砾称重，计算石砾质量分数。②用四分法取样品的一半放在研钵中，使用玻璃棒磨细，使其全部通过 0.15mm 孔筛（使用研钵时不应敲击，以免损坏研体）。此样品可测定土壤代换量、全氮、全磷及碱解氮等项目。

1mm 土样：取风干土样，放在木板或塑料板上，用木槌碾碎，放在有盖、底的孔径为 1mm 的筛中，筛出细土，留在筛上的土块再倒在木板或塑料板上重新碾磨。如此反复多次，直到全部通过为止。不得抛弃或遗漏，但石砾切勿压碎。筛子上的石砾应拣出称重以计算石砾质量分数，在计算项目分析测定结果时将石砾重量计算在总重量中。该土样可用于一般土壤化学分析项目，如速效性养分、pH 等。

0.15mm 土样：测定土壤全磷、全氮、全钾和有机质等含量时，因称样量少或样品分解困难，需制备 0.15mm 土样。具体做法是：将通过 1mm 孔径筛子的细土混匀，铺平，划成许多小方格，用牛角匙多点取出土样约 50g，用玛瑙研钵研细，使之全部通过孔径 0.15mm 的筛子。

5）保存

过筛后的土壤样品经充分混匀，装入具磨口塞的广口瓶或塑料瓶内。样品装入广口瓶后，应贴上标签，并注明其样号、土类名称、采样地点、采样深度、采样日期、筛孔径、采集人等。

一般样品在广口瓶内可保存半年至一年。瓶内的样品应保存在样品架上，尽量避免日光、高温、潮湿或酸碱气体等的影响，否则影响分析结果的准确性。

3. 注意事项

在进行室内土壤理化性质的分析测定之前，必须对野外采集的土壤样品进行制备。土壤样品制备过程中的规范操作是保证分析结果如实反映客观实际的前提条件。因为分析数据能否代表样品总体，关键在于最终所用的少量称样的代表性。如果样品制备不规范，那么任何精密的仪器和成熟的分析技术都将毫无意义。

在某些土壤性状（如土壤 pH、交换性能及速效养分等）测定中，如果土壤样品研磨太细，则容易破坏土壤矿物晶粒，使分析结果偏高。因而在研磨过程中只能用木碾滚压，使得土壤黏土矿物或腐殖质胶结起来的土壤团粒或结粒破碎，而不能用金属锤捶打以致破坏单个的矿物晶粒，暴露出新的表面，增加有效养分的浸出。某些土壤性状（如土壤硅、铁、铝、有机质及全氮等）则不受磨细的影响，而且为了使样品容易分解或熔化，需要将样品磨得更细。

三、实验结果与分析

（1）记录实验结果。

（2）记录实验过程中易出现的问题及注意事项。

实验二　分析天平的使用

一、实验目的与要求

（1）了解分析天平的构造、原理及使用方法。

（2）熟练掌握准确称取物体质量的方法。

（3）牢记分析天平的使用规则及注意事项。

二、实验内容

1. 实验仪器

分析天平、表面皿、称量瓶、纸条、烧杯等。

2. 实验原理与方法

1）实验原理

分析天平是进行精确称量的精密仪器，其构造如图 6.2 所示，必须十分熟悉如何正确使用分析天平。

在定量分析中，分析结果的准确度要求是由分析的具体任务所决定的，而分析天平的称量准确度应与分析结果的准确度要求相适应。

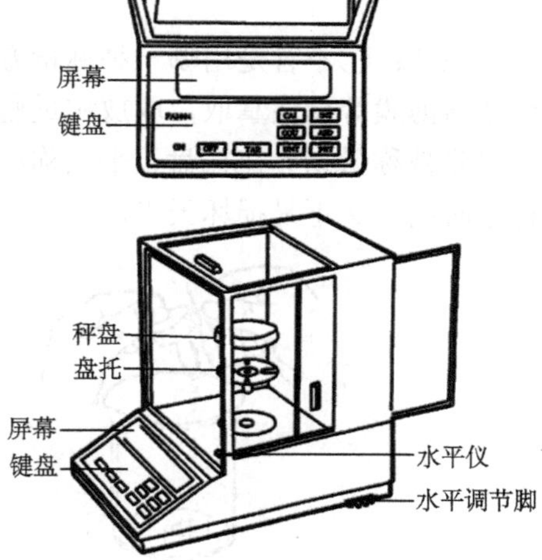

图 6.2　分析天平的构造

2）称量方法

（1）直接称量法（又称直接法）。该法一般用于称量某一不吸水、在空气中性质稳定的固体（如坩埚、金属、矿石等）准确质量。称量时，将被称量物直接放入分析天平中，称出其准确质量。

天平零点调定后，将被称物直接放在秤盘上，所得读数即被称物的质量。

这种称量方法适用于称量洁净干燥的器皿、棒状或块状的金属及其他整块的不易潮解或升华的固体样品。

（2）定质量称量法。该法一般用于称取某一固定质量的试样（一般为液体或固体的极细粉末，且不吸水，在空气中性质稳定）。直接用基准物质配制标准溶液时，有时需要配成一定浓度值的溶液，这就要求所称基准物质的质量必须是一定的。

称量时先在分析天平上称出干净且干燥的器皿（一般为烧杯、坩埚、表面皿等）的准确质量。轻轻振动药匙使试样慢慢撒入器皿中，直至其达应称质量的平衡点为止。

例如，配制 100mL 含钙 1.000mg/mL 的标准溶液，必须准确称取 0.2497g $CaCO_3$ 基准试剂。

这种称量操作的速度很慢，适用于不易吸潮的粉末状或小颗粒（最大颗粒应小于 0.1mg）样品（如重铬酸钾 $K_2Cr_2O_7$ 等）。

（3）递减称量法（又称差减法）。该法多用于称取易吸水、易氧化或易与 CO_2 反应的物质。要求称取物的质量不是一个固定质量，只要符合一定的质量范围即可。

称量时首先在托盘天平上称出称量瓶的质量，再将适量的试样装入称量瓶中在托盘天平上称出其质量，然后放入分析天平中称出其准确质量 m_1。取出称量瓶，移至小烧杯或锥形瓶上方，将称量瓶倾斜，用称量瓶盖轻敲瓶口上部，使试样慢慢落入容器中（图 6.3）。当倾出的试样已接近所需要的质量时，慢慢地将瓶竖起，再用称量瓶盖轻敲瓶口上部，使沾在瓶口的试样落在称量瓶中，然后盖好瓶盖将称量瓶放回秤盘上，称出其质量。如果这时倾出的试样质量不足，则继续按上法倾出，直至合适为止，称得其质量 m_2，如此继续进行，可称取多份试样。两次质量之差即为倾出的试样质量。

$$第一份试样质量=m_1-m_2$$

$$第二份试样质量=m_2-m_3$$

……

注意：①不管是用哪一种称量方法，都不许用手直接拿称量瓶或试样，可用一干净纸条或塑料薄膜等套住拿取，取放称量瓶瓶盖也要用小纸片垫着拿取（图 6.4）。②每次称量时，一般将被称量物先在托盘天平上称出其约略质量再移到分析天平上精确称量。这样既可节省称量时间，又不易损坏天平。

图 6.3　称量瓶中试样转移方法

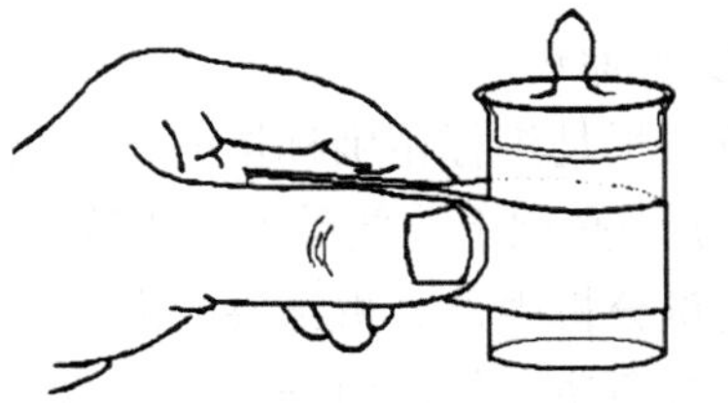

图 6.4　称量瓶的使用方法

称量瓶的使用方法：称量瓶是减量法称量粉末状、颗粒状样品最常用的容器。用前要洗净烘干，用时不可直接用手拿，而应用纸条套住瓶身中部，用手指捏紧纸条进行操作，这样可避免手汗和体温的影响。

3. 分析天平的一般称量步骤

（1）调水平：查看水平仪，如不水平，要通过水平调节脚调至水平。

（2）接通电源，预热 20min 后方可开启显示器使用。

（3）开启显示器，轻按“ON”键，等待出现 0.0000g 称量模式后方可称量。如果显示器出现质量值，则轻按去皮键“TARE”，待出现 0.0000g 后称量。

（4）天平刚装好新启用，或使用较长时间，或移动、环境变化，都需进行校正。校正方法为：轻按“CAL”键，待显示 CAL-100 Ⅲ100 闪烁时，把 100g 标准砝码放上称盘，等待显示 100.00g 后取下砝码，显示出现 0.0000g，由指导教师操作。

（5）将称量物放在秤盘上，待显示数字稳定并出现质量单位 g 后，即可读取、记录称量结果。在用容器称取样品时，应充分利用扣除皮重的功能，扣除容器的皮重以直接读取样品的质量。

（6）取出称量物，关闭显示器。轻按“OFF”键，显示器熄灭，此时天平还接通电源，处于待机状态，再次使用时不需预热。如果天平长时间（一般指五天以上）不用，应关闭电源。

使用完天平后，关好天平，取下称量物和容器。检查天平上下是否清洁，若有脏污，用毛刷清扫干净。罩好防尘布罩，填写天平使用登记簿后方可离开天平室。

4. 注意事项

（1）天平初次连接到交流电源后，或者在断电相当长时间以后，必须使天平预热至少 20 分钟。只有经过充分预热，天平才能达到所需的工作温度。

（2）称量易挥发和具有腐蚀性药品如 NaOH 时，请用烧杯，不要用称量纸和滤纸，以免腐蚀和损坏天平，不得称量热的物体。

（3）不要手压天平秤盘和剧烈振动秤盘，不要超重。

（4）每次称完后，请将天平内外及实验台打扫干净（切勿扫入中央传感器孔），以免影响下一次使用。并且将自己所用的物品及产生的垃圾带走。

（5）被称的物品不要超过天平的上限，称量较重的物品，待读数稳定后，最好不要超过 1 分钟，否则会使传感系统疲劳，影响天平的灵敏度。

（6）放、取被称物等操作，其动作都要轻、缓，切不可用力过猛。

（7）被称的物品尽可能放在秤盘的中央，并要求轻放。

三、称量练习

（1）定质量称量法练习。用此法称出 3 份土样，每份（0.5000±0.0001）g，并记录称量结果。

（2）用差减法称量 Na_2CO_3 基准物。

实验三　土壤水分的测定

一、实验目的与要求

土壤水分是土壤的重要组成部分和肥力因素。不同气候生物条件下，其水分状况、类型与动态都有很大差异。因此，研究土壤水分状况、类型与动态，对摸清土壤的形成、分类、分布、肥力状况及进行田间土壤水分调节等方面，都有十分重要的理论和实践意义。土壤水分的测定，包括土壤最大吸湿水含量、凋萎含水量、毛管持水量和田间持水量等水分常数。目前，我国常用的水分测定方法是烘干法。计量用土壤失水量占烘干土重的百分数表示。为了正确地比较各类土壤或同一土壤在不同时期测定出的某种物质含量，在计算这些物质含量时，不能用风干基计算（风干土中仍含有一些被土壤紧紧吸附不能进入空气中的水分——吸湿水，可在风干环境下去掉），应采用烘干基计算。

测定土壤水分是为了了解土壤水分状况，以作为土壤水分管理的依据，在分析工作中，由于分析结果一般是以烘干土为基础表示的，也需要测定湿土或风干土的水分含量，以便进行分析结果的换算。

通过实验获取土壤吸湿水含量、土壤凋萎含水量、毛管持水量和田间持水量，掌握烘干法测定土壤风干样品、土壤凋萎含水量、毛管持水量和田间持水量的方法，了解土壤水分含量的意义。

二、实验内容

1. 实验仪器

铝盒（或玻璃扁平称量瓶）、分析天平（0.01g）、烘箱、干燥器、铁夹子、磁盘。

2. 实验原理与方法

在土壤的各项理化性质分析中，都是以烘干土作为最后结果的衡量标准。而在实际的实验中，都是以风干土样进行分析的。知道了土壤的吸湿系数，就可由风干土样换算出实验分析土壤的实际烘干土重。

测定土壤含水量的方法有多种，常见的有烘箱法、酒精燃烧法、红外线及中子测定法，本实验采用烘箱法，其误差主要取决于所用天平的精确度。

3. 实验步骤

1）土壤吸湿水含量的测定

（1）将干净的铝盒编号，连盖置于105～110℃烘箱内烘烤0.5h，取出，置于干燥器内冷却（约0.5h）后，连盖在分析天平上准确称重，得 W_1。

（2）称过1mm孔筛样品10g（精确到0.01g），置入已恒重的铝盒中，再精确称重得 W_2。移入加热至105～110℃烘箱内烘烤（约6小时），取出，加盖置于干燥器中，冷却至室温（约0.5小时）立即精确称重得 W_3，再放入烘箱中烘3小时（以求恒重），取出，冷却称重得 W_4，直到恒重（两次重量之差＜3mg）。

2）土壤凋萎含水量的测定

土壤凋萎含水量是指植物开始永久凋萎时土壤的含水量。测定方法有两种：①植物生长实验法，即在一定容器中栽培植物，调控土壤水分，直至植物因缺水而开始永久凋萎，用烘干法测定此时土壤的含水量，即得到凋萎含水量；②经验法，即凋萎含水量（%）=土壤最大吸湿水含量（%）×2。

3）土壤毛管持水量的测定

用环刀按土壤剖面层次取原状土，然后将有孔并附滤纸的环刀底盖盖好，放入盛有薄层水的磁盘中，保持水深 2～3mm。此时水分受毛管力的作用，沿毛管孔隙上升，浸泡 4～12 小时（砂土 4 小时，黏土 8～12 小时），取出环刀，用滤纸擦干环刀外部，放在已知重量的表玻璃上称重，然后再将环刀放回原处吸水至饱和（砂土 2 小时，黏土 4 小时）。如此操作直至恒重为止。将土放入 105℃烘箱中烘干，测定含水量，计算毛管持水量。

4）田间持水量的测定

用 100cm^3 的环刀，取原装土壤加盖带回室内放入盛水磁盘中，浸泡 8～24 小时。水面要低于环刀上口边缘 2～4mm，勿使环刀上口进水。同时，在同一采土点取同一土层土样，风干后通过 18 号（1mm）筛子，装入底部已用单层纱布包扎好的环刀中，装满后轻轻拍实。然后将盛有湿土的环刀底盖打开，把此环刀连同滤纸仪器放在盛风干土的环刀之上。为使两个环刀接触紧密可压上石块。待 8 小时后，取原装湿土 10～20g 放入铝盒立即称重，烘干，称重，反复进行 2～3 次，取平均值，即为田间持水量。

4. 结果计算

计算结果记录在表 6.1 中。

表 6.1　结果记录与计算

编号	土壤名称	称皿重 W_1	称皿加风干土重 W_2	称皿加风干土重 W_3	称皿加风干土重 W_4	含水量/%

土壤吸湿水的计算公式：以烘干土壤为基础的土壤水分（%）$=\dfrac{W_2-W_4}{W_4-W_1}\times 100$

土壤毛管持水量或土壤田间持水量（%）=（湿土重–烘干土重）×100/烘干土重

5. 注意事项

（1）铝盒的盒子和盖子都要写上编号。

（2）铝盒和土壤在烘干时都要保证恒重。

（3）烘箱法测定含水量时，不要用手直接接触称皿。

（4）将铝盒从烘箱转移到干燥器的过程中小心烫伤，小心铝盒翻倒，动作要快。

（5）冷却后应立即称重，且称量时应迅速、准确。烘时应揭开称皿盖，称量时则应盖上称皿盖。

（6）干燥器里的变色颗粒——硅胶（颜色深蓝色），吸水后颜色由深蓝色变为浅红色。

三、实验结果与分析

（1）记录实验结果，得出土壤的自然含水量与吸湿水含量。

（2）分析土壤吸湿水含量的多少受哪些因素影响。

实验四　土壤机械组成的测定（激光粒度仪测定法）

一、实验目的与要求

土壤机械组成是土壤最基本、最重要的性状之一。它决定着土壤的质地粗细，对土壤的水、热、肥、气状况都有深刻的影响。同时，土壤机械组成又是土壤分类的依据。因此，在研究土壤形成、分类、分布及肥力状况时，必须测定土壤的机械组成。土壤机械组成的测定，在野外常用手测法，在室内常用吸管法和比重法。其数据可用来确定土壤质地和土壤的结构性，并且是各种有关土壤模型研究中不可或缺的基础数据。传统的实验方法（吸管法、比重法）步骤烦琐、耗时长，测定精度依赖实验条件与操作熟练水平等。而激光粒度仪测量具有速度快、范围广、自动化程度高、相对误差小、重现率高等特点，得到了快速广泛的发展和应用。要求学生学习激光法测定土壤机械组成的方法，同时练习土壤质地分类方法。

二、实验内容

1. 实验仪器与试剂

1）实验仪器

橡胶手套、纯水、1000mL 烧杯、量筒、玻璃棒、石棉网、恒温加热器、药匙、电子天平、马尔文粒径测量仪（Mastersize 2000 型，如图 6.5 所示）。

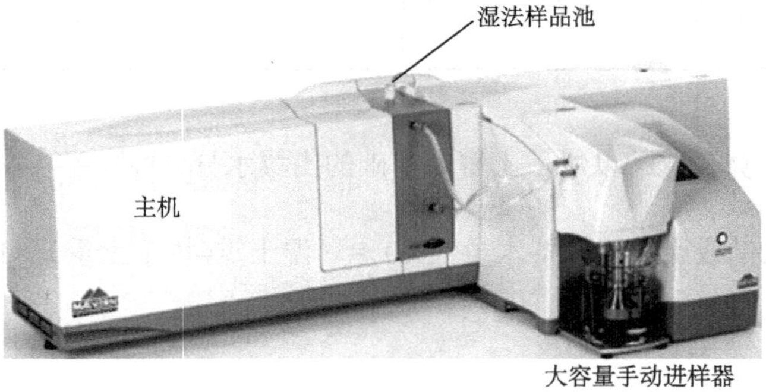

图 6.5　马尔文粒径测量仪（Mastersize 2000 型）

2）试剂配制

配制 400mL 的 10%的盐酸溶液，使用 112mL 盐酸和 288mL 纯水。

（1）戴上橡胶手套，用量筒量取 112mL 的盐酸，然后用玻璃棒引流入烧杯中，在引流过程中由于盐酸具有刺激性，需要打开通风设备。

注意：盐酸是强酸，有刺激性气味，腐蚀性强，一定注意安全，并及时清洗双手。

（2）用烧杯量取 288mL 纯水，倒入装有 112mL 盐酸的烧杯中，在倾倒过程中，需要用玻璃棒不停搅动，至总体积为 400mL。配好后，将 10%盐酸放置一边，待用。

2. 实验原理与方法

激光粒度仪测试法是近年来新兴的一种测量方法，工作原理基于颗粒的光散射理论，主要是假定所测颗粒为球体，应用米氏散射理论，依据散射光的角度与颗粒直径呈反比关系，散射光经傅里叶或反傅里叶透镜后成像在排列有多个检测器的焦平面上，散射光的能量分布与颗粒直径的分布直接相关，从而通过接受和测量散射光的能量分布直接得出颗粒粒度的体积分数（图 6.6）。

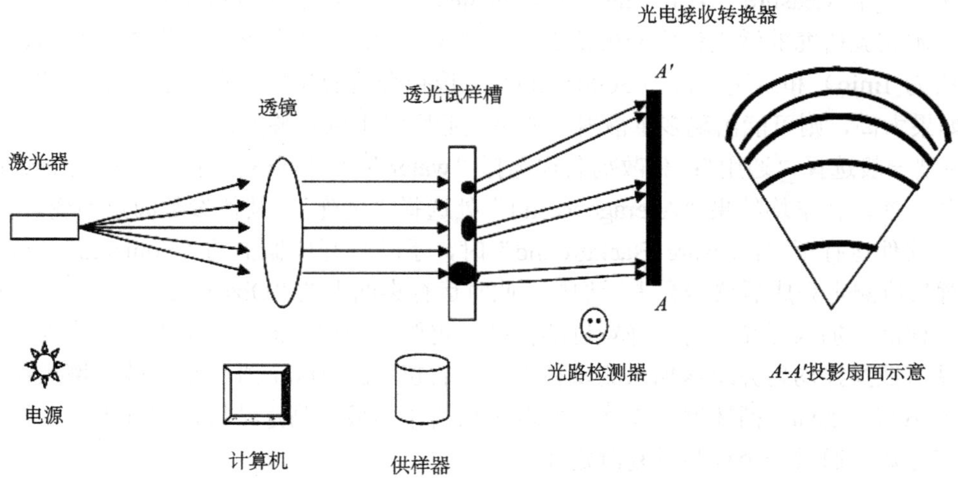

图 6.6 激光粒度仪原理结构示意图

颗粒在激光束的照射下，其散射光的强度与颗粒的直径成反比关系，散射光强度随颗粒粒径的增加呈对数衰减，通过接受和测量散射光的能量分布就可以得出颗粒的粒度分布特征。该型粒度仪的测量范围为0.02～2000μm，在该测量区间共可获得100个粒级的百分含量数据，并给出每一粒级的百分含量，同时可提供粒度分布曲线和累积曲线。与其他粒度分析仪相比，Mastersize 2000 型激光粒度仪测量的范围广、精度高，所需的样品量少，数据的采集速度快，对小颗粒测量精度较高，全样准确率优于1%，从而减少了环境样品的用量，也加快了样品的测量速度，并有灵活多样的附件与配置，可以充分发挥仪器的性能。

3. 实验步骤

1）土样准备

打开电子天平，放上称量纸，用药匙取土，该土必须是已经磨好并通过 2mm 筛的土，然后放入烧杯中。

2）土样消解

（1）打开恒温加热器，将温度调到适当处，以提前预热。

（2）用量筒量取 30mL 的 30%过氧化氢，让其与土充分反应，将其放置在恒温加热器上，加热，烧至浊状变色时，将其取下，放置在旁边的石棉网上。

注意：过氧化氢具有强氧化性，对皮肤有伤害，必须戴手套。

（3）待加热过的土样散去余热，变干时，即可加入 15mL 的 10%盐酸，稍微摇晃两次，再放置在恒温加热器上加热，烧至浊状，再取下放置一旁冷却。

（4）将 400mL 纯水倒入已经冷却的土样烧杯中，然后静置，一般需要静置 24h。

（5）静置后，将上层清液倒掉，留下 100mL 左右的实验样品。

3）土壤样品测定

（1）先打开仪器检查管路连接，清洗仪器，预热 30min，让激光器的能量稳定。打开计算机，运行 Mastersizer 2000 操作软件，点击“OK”，进入可操作界面。

（2）在“文件 file”处点击“打开”，新建一个文件，确保测量记录存放在所需的文件名下。单击“测量 Measure”菜单中的“手动 Manual”按钮，进入测量窗口。

（3）本实验研究的激光粒度分析仪 3 个主要参数为：超声强度（设为 $20W/m^2$）、分散时间（一般为 1min）和泵速（设为 3000r/min）。选择合适的光学参数，遮光度范围在 10%～20%，如果太高，则可能出现多重散射，如果太低则测不到足够的信号。测量快照次数 1000 次/s；模型一般选择“通用”；分散剂名称选择“water”；颗粒形貌选择“不规则 Irregular”；测量次数 3 次，在平均结果“Average Result”处选择“创建”。其他参数固定不变。

（4）软件运行至“Measure Background”时，手动打开仪器上的“Sonicate”（超声波）按钮，背景值测定完成后仪器会提示加样，此时运行桌面上的“Obscuration”（遮光度）为 0，开始加入样品。加入样品之前，静置过的样品一定要充分搅拌混匀，至没有结块为止。用药匙将样品溶液搅拌均匀并迅速加入测试杯中，开启超声波 1min 进一步分散土壤颗粒，使遮光度处于 10%～20%，循环测量 3 次，并取平均值作为最后测定结果，得到土壤颗粒不同粒级的体积分数。通常一个样品重复测定 3 次。

完成一个样品的测量后，必须用纯净水清洗循环系统，清洗不少于 3 次。

4）样品数据分析

（1）数据合理性的检查。当土样测定完成后，应对其测定结果进行合理性检查，主要内容有结果图形、拟合与残差、重现性等。理想的结果图形应该是平滑单峰图形。残差值一般宜小于 2%。

通常一个样品重复测定 3 次，取平均值作为测量结果，如重现性差则剔除不正常的结果或重新取样测量。

（2）结果输出。设置用户粒度分级（粒级划分）：点击“编辑菜单”—“用户粒度分级”—“添加或删除”—“生成粒度分级”—“保存”。

创建平均结果：测量完成后自动创建平均结果。

结果输出：结果数据的合理性检查完成后，可用模板的方式输出测量参数和数据等内容。

4. 注意事项

（1）仪器使用前要充分预热，待系统稳定后再进行测定。

（2）样品分析要彻底，否则测定的黏粒含量偏低。

（3）仪器参数要设置合理，尤其是扫描速度要快，可提高数据的准确性和可重复性。

（4）池体中的液体即将排干时，即可加入纯净水继续循环后排放，直至将进样系统完全清洗干净，中间不可停顿。

三、实验结果与分析

（1）对比激光粒度分析仪法和比重法的优缺点。

（2）激光粒度分析仪进行土壤颗粒组成分析的关键步骤是什么？

四、土壤质地分类与定名

1）卡氏制

根据各级颗粒的含量百分比，划分质地类型。

第一步：根据物理性黏粒含量，划分大的质地类型，标准如表6.2所示。

表6.2　物理性黏粒划分质地类型

物理性黏粒含量百分比/%	0～5	5～10	10～20	20～30	30～45	45～60	60～75	75～85	>85
质地类型	松砂土	紧砂土	砂壤土	轻壤土	中壤土	重壤土	轻黏土	中黏土	重黏土

第二步：按优势粒级细分和定名。粗粉粒为粗粉质，中细粉粒为粉质，砂粒为砂质，黏粒为黏质。具体命名时取第二优势粒级，如表6.3所示。

表6.3　优势粒级细分质地类型

第一优势粒级	第二优势粒级	详细命名
中细粉粒	黏　粒	黏粉质
黏　粒	中细粉粒	粉黏质
砂　粒	中细粉粒	粉砂质
中细粉粒	砂　粒	砂粉质
砂　粒	黏　粒	黏砂质
黏　粒	粗粉粒	粗粉黏质
粗粉粒	黏　粒	黏粗粉质
粗粉粒	砂粒或中细粉粒	粗粉质
砂　粒	粗粉粒	砂　质
中细粉粒	粗粉粒	粉　质

例如：根据测定计算结果，物理性黏粒含量73%，定为轻黏土，而黏粒含量33%，中细粉粒含量40%，粗粉粒含量12%，砂粒含量15%，其详细质地等级为：黏粉质轻黏土。

2）国际制

国际制土壤质地分类标准按表6.4标准划分质地类型，其要点如下：

（1）砂土及壤土类以黏粒含量在15%以下为其主要标准；黏壤土类以黏粒含量在15%～25%为其主要标准；黏土类以黏粒含量在25%以上为其主要标准。

（2）当土壤粉砂粒含量达45%以上时，在各类质地的名称前冠以“粉砂（质）”字样。

（3）当砂粒含量为 55%～85%时，则冠以“砂（质）”字样；85%～90%，称为壤质砂土，90%以上者称砂土。

表 6.4　国际制土壤质地分类标准

质地名称		颗粒组成/%		
		黏粒（<0.002mm）	粉粒（0.002～0.02mm）	砂粒（0.02～2mm）
砂土	砂土及壤质砂土	0～15	0～15	85～100
壤土	砂质壤土	0～15	0～45	55～85
	壤土	0～15	30～45	40～55
	粉砂质壤土	0～15	45～100	0～55
黏壤土	砂质黏壤土	15～25	0～30	55～85
	黏壤土	15～25	20～45	30～55
	粉砂质黏壤土	15～25	45～85	0～40
黏土	砂质黏土	25～45	0～20	55～75
	壤质黏土	25～45	0～45	10～55
	粉砂质黏土	25～45	45～75	0～30
	黏土	45～65	0～35	0～55
	重黏土	65～100	0～35	0～35

实验五　土壤容重、比重的测定和孔隙度的测定

一、实验目的与要求

土壤容重、比重和孔隙度是度量土壤物理特性的指标。由于土壤矿物质和有机质的组成不同，土粒排列松紧不同，团聚体的性质、大小不同，都能引起土壤容重、比重及孔隙度的差异，从而影响土壤水分、空气的运动和存在状态，以至影响土壤中物质和能量的迁移转化。测定土壤容重、比重，不仅可以计算土壤孔隙度，而且可以计算土壤组成、养分、有机质及盐分的实际含量。所以，它能为研究土壤形成、性状及肥力提供必要的依据。

本实验要求掌握土壤容重、比重的测定方法和土壤总孔隙度的计算方法。

二、实验内容

1. 实验仪器

环刀（100cm^3）、比重瓶（50mL）、天平、温度计（±0.1℃）、环刀托、烘箱、电砂浴、干燥器、电炉、烧杯、剖面刀、铝盒、磁盘、滤纸、凡士林。

2. 实验原理与方法

土壤容重用每立方厘米土壤重表示（g/cm^3）。测定土壤容重用一定体积的自然土样，然后称重，按照干土重计算。土壤容重的测定方法有环刀法、蜡封法、水银排出法、填砂法、γ-

射线法等。蜡封法和水银排出法主要测定一些呈不规则形状的黏性土块或坚硬易碎土壤的容重；填砂法复杂又费时，多用于石质土壤；γ-射线法需要特殊仪器和防护设施，不易广泛应用；环刀法操作简便，结果比较准确，能反映田间实际情况，所以采用环刀法测定土壤容重。

土壤比重是指土壤颗粒与同体积水（4℃）重量的比值，由于它是指全部土壤颗粒的平均比重，因此，土壤比重的大小与土壤矿物质组成、土壤有机质含量有很大关系。土壤比重是用比重瓶测定的，即将已知重量的土样，放入有水的比重瓶内，排出空气，定容，求出由土壤代换出水的体积。以烘干土重除以体积，即求得土壤比重。一般土壤的平均比重为2.65。

3. 实验步骤

1）土壤容重的测定

（1）挖土壤剖面，分层削出横向平面。在野外选好剖面点，挖好剖面后，用剖面刀修平，分层确定测土壤容重的层次部位，在取土部位修一横向平面，为环刀取土做好准备工作。

（2）环刀取土。将已称量的环刀带至田间采样，将采样点土面铲平，去掉环刀两端的盖子，将环刀刀口端平稳压入土壤中，不可左右摇动，以保证土壤自然结构不被破坏，直到环刀全部压入土中（图6.7）。用铁铲将环刀从土壤中挖出，并用小刀沿环刀边缘修整削平，切除多余的土壤。环刀取土后，擦净环刀外黏附的土壤。将环刀内的土壤无损移入铝盒中，带回室内称重，测定湿土重，并记录其重量。

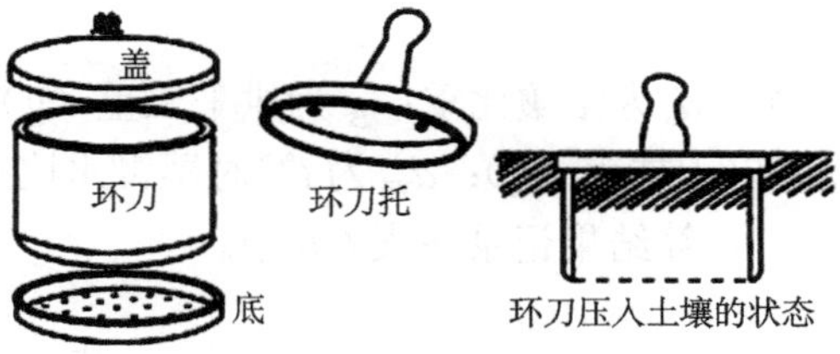

图6.7　环刀构件及使用方法示意图

（3）测土壤含水量。在环刀采样处另取土样，测定土壤含水量或直接用环刀内土样测含水量。

（4）三次重复测定土壤容重，测定出的数值取算术平均值，绝对误差要<0.03g/cm^3。

2）土壤比重的测定

（1）称土。称通过1mm筛孔的风干土样10g，精确到0.001g，同时称取5g左右土样，测定其吸湿水含量。

（2）装入比重瓶，比重瓶容积为50mL。

（3）加蒸馏水。向比重瓶内加蒸馏水，约至比重瓶容积的一半处，慢慢摇动，使土样充分湿润，与水混合均匀。

（4）加热。将比重瓶放在沙浴上加热至沸腾，并保持1h，在沸腾过程中要经常摇动比重瓶，以驱除土壤中的空气，使土样和水分充分混合均匀。

（5）冷却。从电砂浴上取下比重瓶，冷却，再加入预先煮沸的蒸馏水，加至略低于瓶颈为止，静置澄清。

（6）定容。冷却澄清后，在比重瓶内继续加蒸馏水至瓶颈，塞好瓶塞，使多余的水从颈孔溢出，用滤纸擦干水。

（7）称重。要精确到0.001g。同时要用温度计测瓶内水温，应精确到0.1℃。

4. 结果计算

1）土壤容重

$$r_s = \frac{G \times 100}{V \times (100 + W)}$$

式中，r_s为土壤容重；G 为环刀内湿土样重量（g）；V 为环刀容积（cm^3）；W 为土壤含水量（%）。

计算结果记录在表 6.5 中。

表 6.5　结果记录与计算

环刀内湿土样重量 G	环刀容积 V	土壤含水量 W	土壤容重 r_s

2）土壤比重

$$d_s = \frac{g}{g + g_1 - g_2} d_{wt}$$

式中，d_s为土壤比重；g 为烘干土重（g）；g_1为 t℃时比重瓶+水重（g）；g_2为 t℃时比重瓶+水重+土样重（g）；d_{wt}为 t℃时蒸馏水比重。

计算结果记录在表 6.6 中。

表 6.6　结果记录与计算

烘干土重 g	比重瓶+水重 g_1	比重瓶+水重+土样重 g_2	蒸馏水比重 d_{wt}

3）土壤孔隙度

土壤孔隙度指单位容积土体内孔隙所占的百分数。它直接关系到土壤通气和水分状况，是土壤主要物理特性之一。土壤孔隙度是根据测得的土壤比重、容重经过计算求得的。

$$P_t = \left(1 - \frac{r_s}{d_s}\right) \times 100$$

式中，P_t为土壤孔隙度（%）；r_s为土壤容重（g/cm^3）；d_s为土壤比重（g/cm^3）。

如果未测定土壤比重，可采用土壤比重的平均值 2.65 来计算，也可直接用土壤容重（d_s）通过经验公式，计算出土壤的孔隙度（P_t）。经验公式为

$$P_t = 93.947 - 32.995 d_s$$

为方便起见，可按上述方法计算出常见土壤容重范围的土壤总孔隙度查对表（表 6.7）。

查表举例：　d_s=0.87 时 P_t=65.24%；d_s=1.72 时 P_t=37.20%。

表 6.7　土壤总孔隙度查对表

d_s \ P_t \ d_s	0.00	0.01	0.02	0.03	0.04	0.05	0.06	0.07	0.08	0.09
0.7	70.85	70.52	70.19	69.86	69.53	69.20	68.87	68.54	68.21	67.88
0.8	67.55	67.22	66.89	66.56	66.23	65.90	65.57	65.24	64.91	64.58
0.9	64.25	63.92	63.59	63.26	62.93	62.60	62.27	61.94	61.61	61.28
1.0	60.95	60.62	50.29	59.96	59.63	59.30	58.97	58.64	58.31	57.88
1.1	57.65	57.32	56.99	56.66	56.33	56.00	55.67	55.34	55.01	54.68
1.2	54.35	54.02	53.69	53.36	53.03	52.70	52.37	52.04	51.71	51.38
1.3	51.05	50.72	50.39	50.06	47.73	49.40	49.07	48.74	48.41	48.08
1.4	47.75	47.42	47.09	46.76	46.43	46.10	45.77	45.44	45.11	44.79
1.5	44.46	44.43	43.80	43.47	42.14	42.81	42.48	42.12	41.82	41.49
1.6	41.16	40.83	40.50	40.17	39.84	39.51	39.18	38.85	38.52	38.19
1.7	37.86	37.53	37.20	36.87	36.54	36.21	35.88	35.55	35.22	34.89

三、实验结果与分析

（1）为什么不同质地的土壤，其容重和孔隙度不同？

（2）土壤中大小孔隙比例对土壤的水分、空气状况有何影响？

（3）土壤容重、比重与孔隙度对土壤肥力有何影响？

实验六　土壤水稳性大团聚体的测定

一、实验目的与要求

土壤团聚体是指土壤中大小、形状不一，具有不同孔隙度、机械稳定性和水稳定性的结构单位，通常将粒径>0.25mm 的结构单位称为大团聚体。根据其在静水或流水中的崩解情况，分为非水稳性和水稳性两种。测定土壤团聚体的组成，有利于农业上及时采取措施改善土壤结构，为植物生长提供良好的水、肥、气、热环境，促进作物高产。实验目的是掌握使用筛分法测定土壤水稳性大团聚体的含量。

二、实验内容

1. 实验仪器

平口沉降筒（1000mL，带有橡皮塞）、水桶（直径不小于 40cm，高不小于 45cm）

套筛：高 5cm，直径 20cm，孔径分别为 10mm、7mm、5mm、3mm、2mm、1mm、0.5mm、0.25mm，共 8 个，有底和盖，并附有能装 5 个套筛的铁架 1 个。

团聚体分析仪，手摇或电动，含 4 套筛子，每套有 6 个筛子，孔径分别为 5mm、3mm、2mm、1mm、0.5mm、0.25mm，电动团聚体分析仪在水中上下振荡速度为每分钟 30 次。

白铁盒或铝制盒（10cm×10cm×10cm）、电热板。

2. 实验原理与方法

非水稳定性大团聚体组成用干筛法测定，水稳定性大团聚体组成用湿筛法测定。筛分法根据土壤大团聚体在水中的崩解情况识别其水稳定性程度，测定分干筛和湿筛两个程序进行，最后筛分出各级水稳定性大团聚体，分别称其质量，再换算为占土样的质量分数。

湿筛法不适用于一般有机质含量少的、结构性差的土壤，因这些土壤在水中振荡后，除了筛内留下一些已被水冲洗干净的石块、砾石和砂粒外，其他部分几乎全部通过筛孔进入水中。

黏重的土壤风干后会结成紧实的硬块，即使用干筛法将其分成不同直径的粒级，也不能代表它们是非水稳定性大团聚体。

3. 实验步骤

1）采样

通常是采耕层土壤，根据需要也可分层采样。采样时要注意土壤的湿度，最好在土不沾铲，接触不变形时为宜。用白铁盒或铝制盒在田间多点（3～5 点）采集有代表性的原状土样，以保持原来的结构状态。运输时要避免震动和翻倒。运回实验室内，沿土壤的自然结构轻轻地剥开，将原状土剥成直径为 10～12mm 的小土块，同时防止因受外力的作用而变形，并剔去粗根和小石块。将土样摊平，置于透气通风处，让其自然风干。

2）干筛分析

将风干的土样混匀，取其中一部分（一般不小于 1kg，精确至 0.01g）。用孔径分别为 10mm、7mm、5mm、3mm、2mm、1mm、0.5mm、0.25mm 筛子进行筛分（筛子附有底和盖）。筛完后，将各级筛子上的团聚体及粒径<0.25mm 的土粒分别称量（精确至 0.01g），计算干筛的各级团聚体占土样总量的百分含量。然后按其百分含量配成 2 份质量为 50g（精确至 0.01g）的土样，供湿筛分析使用。

3）湿筛分析

在团聚体分析仪上进行湿筛分析，一次可同时分析 4 个土样。先将孔径为 5mm、3mm、2mm、1mm、0.5mm、0.25mm 套筛用铁架夹住放入水桶中，再将称量的土样小心地放入 1000mL 平口沉降筒中，用洗瓶沿筒壁徐徐加水，使土样湿润逐渐达到饱和（目的是驱除团聚体内的闭塞空气），湿润 10 分钟。小心沿沉降筒壁加满水，筒口用橡皮塞塞紧，上、下倒转沉降筒，反复 10 次。然后将沉降筒倒置于水中的团聚体分析仪的套筛上面，迅速在水中将塞子打开，轻轻晃动沉降筒，使之既不接触筛网，又不离开水面。当粒径>0.25mm 的团聚体全部沉到下部的套筛中时，在水中用手堵住筒口，将沉降筒连同筒中的悬浮液一起取出，弃去悬浮液。然后在水中慢慢提起筛子，再下降，升降幅度为 3～4cm（注意上层的筛子不能露出水面），反复 10 次后提出套筛，将筛组拆开。留在筛子上的各级团聚体用细水流通过漏斗分别洗入白铁盒或铝制盒中，待澄清后倒去上面的清液，使各级团聚体自然风干，称量（精确至 0.01g）；或在低温电热板上烘干，再在空气中平衡 2 小时后称量。

4. 结果计算

非水稳定性大团聚体的质量分数按式 6-1 计算，水稳定性大团聚体的质量分数按式 6-2

计算，水稳定性大团聚体的总质量分数按式 6-3 计算

$$w_{Gi}=\frac{m_i}{m}\times 100 \tag{6-1}$$

式中，w_{Gi} 为某级非水稳性大团聚体的质量分数（%）；m_i 为该级非水稳性大团聚体的风干质量（g）；m 为风干土的质量（g）。

$$w_{Gj}=\frac{m_j}{m}\times 100 \tag{6-2}$$

式中，w_{Gj} 为某级水稳性大团聚体的质量分数（%）；m_j 为该级水稳性大团聚体的风干质量（g）；m 为风干土的质量（g）。

$$w_{Gt}=\sum_j w_{Gj} \tag{6-3}$$

式中，w_{Gt} 为水稳性大团聚体的总质量分数（%）；w_{Gj} 为某级水稳性大团聚体的质量分数（%）。

若土壤质地较轻，经干筛和湿筛后，各粒级中有大团聚体，也有石块、砾石和砂粒，应将石块、砾石挑出，砂粒因太小无法挑出。若这一层筛中全部为单个砂粒，这些砂粒也应弃去，但结合在大团聚体中的砂粒与细砾不应挑出，应包括在大团聚体中。计算时，土样的质量应扣除全部被挑出的石块、砾石和砂粒的质量，再换算出各粒级团聚体的质量分数。

5. 允许差

样品进行两份平行测定，取其算术平均值，保留一位小数。两份平行测定结果允许差<3%。

三、实验结果与分析

分析比较各级水稳性团聚体的含量差异。

第三节　土壤化学性质的测定

实验七　土壤 pH 的测定

一、实验目的与要求

pH 的化学定义是溶液中氢离子活度的负对数。土壤 pH 是土壤酸碱度的强度指标，是土壤的基本性质和肥力的重要影响因素之一。它直接影响土壤养分的存在状态、转化和有效性，从而影响植物的生长发育。土壤 pH 易于测定，是常用土壤分类、利用、管理和改良的重要参考。同时在土壤理化分析中，土壤 pH 与很多项目的分析方法和分析结果有密切关系，因而是审查其他项目结果的一个依据。

我国各类土壤 pH 变异范围较大，南方的红、黄壤 pH 在 4.5～6.0；广东、福建、台湾等山地黄壤表层 pH 低达 3.6～3.8；长江中下游低山丘陵和河湖平原的土壤 pH 在 6～7；石灰性土壤 pH 一般在 7.5～8.5；西北干旱地区土壤 pH 在 8～9；北方碱化土壤 pH 在 9 以上。

本实验要求理解土壤 pH 对土壤肥力、土壤形成及土壤属性的重要影响；掌握土壤 pH 的

测定方法。

二、实验内容

1. 实验仪器与试剂

1）实验仪器

天平、50mL 烧杯、25mL 量筒、PHS-3C 微机型 pH 计。

2）试剂配制

（1）1mol/L KCl 溶液。称取 74.6g KCl 溶于 400mL 蒸馏水中，用 10% KOH 或 HCl 溶液调节 pH 至 5.5～6.0，而后稀释至 1L。

（2）标准缓冲溶液。pH4.00 缓冲溶液：称取邻苯二甲酸氢钾（$C_8H_5KO_4$）10.12g，溶解于蒸馏水中定容至 1L。

pH6.86 缓冲溶液：称取在 45℃烘干 2～3 小时的磷酸二氢钾（KH_2PO_4）3.39g 和无水磷酸氢二钠（Na_2HPO_4）3.53g，溶解于蒸馏水中定容至 1L。

pH9.18 缓冲溶液：称 3.80g 硼砂（$Na_2B_4O_7 \cdot 10H_2O$）溶于蒸馏水中，定容至 1L。由于吸收空气中的 CO_2，此缓冲溶液 pH 比较容易变化，应注意保存。

2. 实验原理与方法

土壤 pH 的测定方法包括比色法和电位法。由于科学的发展，可适用于各种情况测定的形式多样的 pH 玻璃电极和相应精密的现代化测量仪器，使电位法具备准确、快速、方便等特点，测量误差约为 0.02 单位，是室内测定的常规方法。比色法有简便、不需要贵重仪器、受测量条件件限制少、便于野外调查使用等优点，但准确度低，测量误差在 0.5 个单位左右。目前也有多种适合于田间或野外工作的微型 pH 计，准确度可达 0.01 个单位。

本实验所用的方法为电位测定法，是根据溶液酸度对指示电极的反应来测定的。其测定原理是将一个指示电极和一个参比电极插入土壤悬液中，构成一个电池反应，再用 pH 计测定两个电极间的电位差。然后根据电位差计算出氢离子浓度或 pH（电位差的大小取决于悬液中氢离子的浓度，氢离子浓度在 pH 计上已用它的负对数值 pH 表示，因此可直接读出 pH）。

3. 实验步骤

称取通过 1mm 筛孔的风干土 10g 两份，各放在 50mL 烧杯中，一份加无 CO_2 蒸馏水，另一份加 1mol/L KCl 溶液 25mL（此时土水比为 1∶2.5），间歇搅拌或摇动 30 分钟，放置 30 分钟后，用 pH 计测定。

（1）已经标定过的仪器即可用来测量被测溶液的 pH，测量时“定位”及“斜率”调节器应保持不变，“温度补偿”旋钮应指示在溶液温度位置。

（2）将清洗过的电极浸入被测溶液，摇动烧杯使溶液均匀，稳定后的仪器读数即为该溶液的 pH。

4. 注意事项

（1）测定土壤悬液 pH 时，须先用已知 pH 的标准缓冲溶液调整酸度计。酸碱度不同的土壤，选用 pH 不同的标准缓冲溶液。酸性土壤用 pH4.00 缓冲溶液进行调整，中性土壤用 pH6.86 缓冲溶液和 pH9.18 缓冲溶液进行调整。

（2）蒸馏水中的 CO_2 会使测得的土壤 pH 偏低，故应尽量除去，以避免其干扰。

（3）水土比例，对于中性和酸性土壤，一般情况是悬液越稀即水土比例越大，pH 越高。大部分土壤从脱黏点到水土比 10∶1 时，pH 增加 0.3～0.7。所以，为了使测定结果能够互相比较，在测定 pH 时，水土比应该固定。国际土壤学会规定水土比为 2.5∶1，在我国的例行分析中以 1∶1、2.5∶1、5∶1 较多。为了使测定的 pH 更接近田间的实际情况，以水土比 1∶1 或 2.5∶1，甚至为水分饱和的土浆较好。

（4）待测土样不宜磨得过细，宜用通过 1mm 筛孔的土样测定。

（5）如果仪器读数不断变化，不能稳定下来，说明复合玻璃电极已坏或老化，须更换新的。

三、实验结果与分析

（1）记录实验结果。

（2）分析比较土壤水浸和盐浸 pH 的区别及原因。

实验八　土壤有机质测定——重铬酸钾容量法

一、实验目的与要求

土壤有机质是土壤中各种营养元素，特别是氮、磷的重要来源，且含有刺激植物生长的胡敏酸类物质等，又是土壤中异养型微生物的必不可少的碳源和能源物质。它具有胶体特性，能吸附较多阳离子，因而使土壤具有保肥力和缓冲性，它还能使土壤疏松和形成团粒结构，从而改善土壤的物理性质。一般来说，土壤有机质含量的多少，是土壤肥力高低的一个重要指标，所以测定有机质含量对于了解土壤肥力状况有着重要的意义。

本实验目的是了解土壤有机质测定对于农业生产的意义；掌握土壤有机质的测定方法。

二、实验内容

1. 实验仪器与材料

1）实验仪器

油浴锅、液体石蜡、硬质试管[（18～25）mm×200mm]、铁丝笼、分析天平、温度计（0～300℃）、酸式滴定管（25.00mL）、洗瓶、三角瓶（250mL）、量筒（100mL）、弯管小漏斗、长条蜡光纸等。

2）试剂配制

0.2mol/L $FeSO_4$ 溶液：准确称取分析纯硫酸亚铁（$FeSO_4 \cdot 7H_2O$）56g，溶解于蒸馏水中，加 6mol/L H_2SO_4 30mL，然后加水稀释至 1L。此溶液的标准浓度可以用 0.0167mol/L 重铬酸钾（$K_2Cr_2O_7$）标准溶液标定。

0.136mol/L $K_2Cr_2O_7$-H_2SO_4 的标准溶液：准确称取分析纯重铬酸钾（$K_2Cr_2O_7$）40g 溶于 500mL 蒸馏水中，冷却后稀释至 1L，然后缓慢加入比重为 1.84 的浓硫酸（H_2SO_4）1L，并不断搅拌，每加入 200mL 时，应放置 10～20 分钟使溶液冷却后，再加入第二份浓硫酸

（H_2SO_4）。加酸完毕，待冷却后存于试剂瓶中备用。

邻菲罗啉指示剂：称取分析纯邻菲罗啉 1.485g 和化学纯硫酸亚铁（$FeSO_4 \cdot 7H_2O$）0.695g，溶于 100mL 蒸馏水中，放在棕色滴瓶中备用（此指示剂以临用时配制为好）。

2. 实验原理与方法

重铬酸钾容量法是在外加热源的条件下，用一定量的标准 $K_2Cr_2O_7$-H_2SO_4 溶液来氧化土壤有机质（碳），剩余的重铬酸钾用标准硫酸亚铁来滴定。由消耗的重铬酸钾量计算有机碳的含量，再间接计算有机质的含量。一般来说，土壤有机质平均含碳量为 58%，要换算成有机质则应乘 100/58=1.724。另外，由于该方法对土壤有机质的氧化约为 90%，故测定结果还应乘以校正系数 100/90=1.1。

氧化和滴定时的化学反应式如下。

$$2K_2Cr_2O_7+8H_2SO_4+3C = 2K_2SO_4+2Cr_2(SO_4)_3+3CO_2\uparrow+8H_2O$$

$$K_2Cr_2O_7+6FeSO_4+7H_2SO_4 = K_2SO_4+Cr_2(SO_4)_3+3Fe_2(SO_4)_3+7H_2O$$

指示剂变色的氧化还原反应：

邻菲罗啉：$[Fe(C_{12}H_8N_2)_8]^{3+} \longrightarrow [Fe(C_{12}H_8N_2)_3]^{2+}$

氧化态（淡蓝色）　　还原态（棕红色）

3. 实验步骤

1）称土

在分析天平上准确称取通过 60 目筛子（＜0.25mm）的土壤样品 0.1～0.5g（精确到 0.0001g）（含有机质＞7%的称 0.1g，4%～7%称 0.2g，2%～4%称 0.3g，＜2%称 0.5g），用长条蜡光纸把称取的样品全部倒入干的硬质试管中（应直接倒入试管底部，避免沾在管壁上）。

2）氧化

用滴定管准确加入 0.136mol/L $K_2Cr_2O_7$-H_2SO_4 标准溶液 10mL（在加入约 3mL 时，轻轻摇动试管，使管内土样分散，勿使土壤沾在试管上部）。将试管插在带网孔的铁丝笼中，在试管口加一小漏斗，以冷凝蒸出的水汽。因有浓硫酸会大量放热，应趁热放入铁丝笼，在油浴锅中消煮。

3）加热

把试管插入铁丝笼中并放入预先加热至 180～190℃的油浴锅中，此时油温下降至 170～180℃，保持此温度。当试管内容物开始沸腾时，计时煮沸 5 分钟（温度和时间对测定结果影响较大，应准确计时）。取出试管，稍冷后擦净管外油液。

4）滴定

冷却后，将试管内容物小心仔细地全部洗入 250mL 的三角瓶中，瓶内总体积不要超过 60～70mL，冷却，加入 2～3 滴邻菲罗啉指示剂，用 0.2mol/L $FeSO_4$ 滴定，溶液颜色由橙黄→草绿→深绿→棕红色，即为终点。记录 $FeSO_4$ 用量。

5）空白实验

在测定有机质的同时应做空白实验（以消除药品不纯等的影响），加石英砂，防止暴沸，其他过程同上。求出滴定 10mL 重铬酸钾-硫酸溶液所需的 $FeSO_4$ 用量。

4. 结果计算

在本反应中，有机质氧化率平均为 90%，所以氧化校正常数为 100/90，即为 1.1。有机质中碳的含量为 58%，故 58g 碳约等于 100g 有机质，1g 碳约等于 1.724g 有机质。由前面的两个反应式可知：1mol 的 $K_2Cr_2O_7$ 可氧化 $\frac{3}{2}$ mol 碳，滴定 1mol $K_2Cr_2O_7$，可消耗 6mol $FeSO_4$，则消耗 1mol $FeSO_4$ 即氧化了 $\frac{3}{2}\times\frac{1}{6}M_C=\frac{1}{4}M_C=3g$。

$$X=\frac{c\cdot(V_0-V)\times3\times1.724\times1.10}{m}$$

式中，X 为土壤有机质的含量（g/kg）；V_0 为空白试验所消耗硫酸亚铁标准溶液体积（mL）；V 为试样测定所消耗硫酸亚铁标准溶液体积（mL）；c 为硫酸亚铁标准溶液的浓度（mol/L）；3 为 1/4mol 碳原子的质量（g）；1.724 为由有机碳换算成有机质的系数；1.10 为氧化校正系数；m 为风干试样的质量（g）。

表 6.8 为我国第二次土壤普查有机质含量分级表，以供参考。

表 6.8　我国第二次土壤普查有机质含量分级

级别	一级	二级	三级	四级	五级	六级
有机质/%	＞40	30～40	20～30	10～20	6～10	＜6

5. 注意事项

（1）此法要求有机质含量在 2%以上的，相对误差不超过 0.05；有机质含量低于 2%的，绝对误差不超过 0.05。因此，必须根据有机质含量多少来决定称样量。例如，有机质含量为大于 50g/kg 的土样称 0.1g，20～40g/kg 的称 0.3g，少于 20g/kg 的可称 0.5g 以上。

（2）消煮时，必须严格控制时间和温度。

（3）最好用液体石蜡或磷酸浴代替植物油，以保证结果准确。磷酸浴须用玻璃容器。

（4）对含有氯化物的样品，可加少量硫酸银除去。对于石灰性土样，须慢慢加入浓硫酸，以防由于碳酸钙的分解而引起剧烈发泡。对水稻土和长期渍水的土壤，必须预先磨细，在通风干燥处摊成薄层，风干 10 天左右。

（5）一般滴定时消耗硫酸亚铁量不小于空白用量的 1/3，否则，氧化不完全，应弃去重做。消煮后溶液以绿色为主，说明重铬酸钾用量不足，应减少样品量重做。

三、实验结果与分析

（1）记录实验数据并计算土壤有机质含量。

（2）为什么要做空白实验?

实验九　土壤全氮测定——凯氏定氮法

一、实验目的与要求

全氮是指土壤中所有化学形态氮的总和，以氮元素占土壤干重的百分比来表示，一般在0.02%～0.3%。全氮量是土壤氮素养分的储备指标（或容量指标），在一定程度上反映土壤氮的供应能力。土壤氮含量的高低，反映了土壤的潜在肥力水平，因此，土壤分析中的全氮分析是重要指标之一。传统的测定土壤样品中全氮含量的方法是经典的凯氏定氮法，该法也是国家标准方法。本实验要求掌握土壤中全氮的测定方法；了解测定土壤全氮的原理。

二、实验内容

1. 实验仪器与材料

1）实验仪器

土壤筛、分析天平（精度为0.0001g和0.001g）、石墨消解炉、凯氏氮蒸馏装置（图6.8）、凯氏消解瓶（50mL或100mL）、酸式滴定管（25mL或50mL，最小刻度≤0.1mL）、锥形瓶（250mL）、小漏斗。

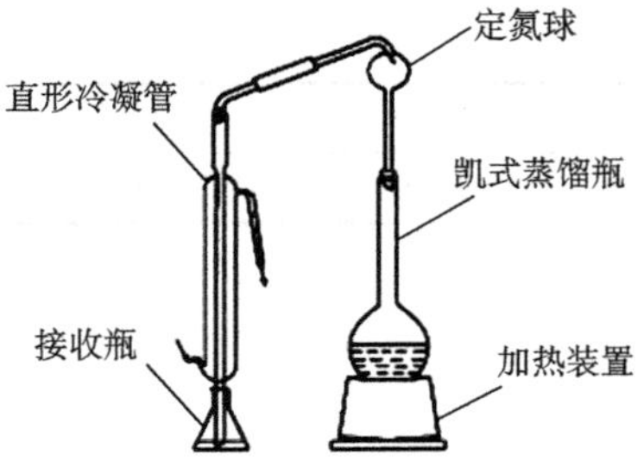

图6.8　凯氏氮蒸馏装置

2）试剂配制

（1）浓 H_2SO_4（分析纯，密度为1.84g/mL）。

（2）10mol/L NaOH溶液：称取400g分析纯NaOH放入硬质烧杯中加水约500mL，搅动，溶解后转入硬质瓶中，加塞，防止吸收空气中的 CO_2。放置几天，待 Na_2CO_3 沉降后，将清液虹吸到盛有约80mL无 CO_2 的水的硬质瓶中，加水稀释至1000mL。瓶口装一碱石棉管，以防吸收空气中的 CO_2。

（3）0.01mol/L HCl标准溶液：先将8.5mL浓HCl加水稀释至1000mL，用硼砂（$Na_2B_4O_7 \cdot 10H_2O$）或160℃烘干的 Na_2CO_3 标定其浓度（约0.1mol/L HCl），然后用水准确稀释10倍后使用。

（4）溴甲酚绿-甲基红混合指示剂：0.5g（或0.099g）溴甲酚绿、0.1g（或0.066g）甲基红置于玛瑙研钵中，加入少量95%乙醇，研磨至指示剂全部溶解后，加95%乙醇至100mL。

（5）2% H_3BO_3 溶液：称取20g H_3BO_3（三级）溶于水，加水稀释至1000mL。在使用前，每1000mL H_3BO_3 溶液中，加入20mL混合指示剂，并用稀碱或稀酸溶液调节至溶液刚变为紫红色（pH约为4.5）。

（6）加速剂 K_2SO_4 或无水 Na_2SO_4（三级）100g、$CuSO_4 \cdot 5H_2O$（三级）10g、硒粉1g置于研钵中研细，充分混合均匀。

2. 实验原理与方法

土壤中的全氮在硫酸铜、硫酸钾作用下，加浓硫酸消煮，使之转变为硫酸铵，用氢氧化钠碱化，加热蒸馏出氨，经硼酸吸收，用标准酸滴定其含量。

凯氏法分为样品的消煮和消煮液中铵态氮的定量两个步骤。

（1）样品的消煮。样品用浓硫酸高温消煮时，各种含氮有机化合物经过复杂的高温分解反应转化为铵态氮（硫酸铵），这个复杂的反应，总称为凯氏反应。上述消煮不包括全部硝态氮，若需包括硝态氮和亚硝态氮的全部测定，应在样品消煮前，先用高锰酸钾将样品中的亚硝态氮氧化为硝态氮，再用还原铁粉使全部硝态氮还原而转化成铵态氮。由于土壤中硝态氮一般情况下含量极少，故可忽略不计。

（2）消煮液中铵的定量。消煮液中的铵态氮可根据要求和实验室条件选用蒸馏法、扩散法或比色法等测定。常用的蒸馏法是将含$(NH_4)_2SO_4$的土壤消煮液碱化，使氨逸出，用硼酸溶液吸收，然后用标准酸溶液滴定硼酸中吸收的氨，计算土样中全氮的含量。硼酸吸收NH_3的量，大致可按每毫升1% H_3BO_3最多能吸收0.46mg氮计算，如1mL 2%的H_3BO_3最多可吸收$1\times2\times0.46\approx1$mg氮（N）。

3. 实验步骤

1）消解

称取风干土样（0.25mm）约0.5000g（含氮约1mg），精确到0.1mg。将土样小心送入干燥的凯氏消解瓶底部，加入少量无离子水（0.5～1mL）。湿润土样后，加入2 g加速剂和5 mL浓H_2SO_4，摇匀，瓶口上盖小漏斗。将凯氏消解瓶倾斜地置于消解炉上，开始用小火加热，待瓶内反应缓和时（需10～15 min），可加强火力，使消煮的土液保持微沸，加热的部位不得超过瓶中的液面，消煮的温度以H_2SO_4蒸气在瓶颈上部1/3处冷凝回流为宜，在消煮过程中应间断地转动凯氏消解瓶，使溅至瓶壁上的有机质能及时分解。待消煮液和土粒全部变为灰白稍带绿色（约需15 min）后，再继续消煮1 h。全部消煮时间需85～90 min。消煮完毕后，取下凯氏消解瓶，冷却，以待蒸馏。

2）蒸馏

按照图6.8连接蒸馏装置，蒸馏前先检查蒸馏装置的气密性，并将管道洗净。把消解液全部转入蒸馏瓶中，并用水洗涤凯氏消解瓶4～5次，总用量不超过80mL，连接到凯氏氮蒸馏装置上。在250mL锥形瓶中加入20mL硼酸溶液和3滴混合指示剂吸收馏出液，导管管尖伸入吸收液液面以下。将蒸馏瓶呈45°斜置，缓缓沿壁加入20mL氢氧化钠溶液，使其在瓶底形成碱液层。迅速连接定氮球和冷凝管，摇动蒸馏瓶使溶液充分混匀，开始蒸馏，待馏出液体积约100mL时，蒸馏完毕，用少量已调节至pH4.5的水洗涤冷凝管的末端。

3）滴定

用盐酸标准溶液滴定蒸馏后的馏出液，溶液颜色由蓝绿色变为红紫色，记录所用盐酸标准溶液体积。

4）空白实验

在消煮土样的同时，做两份空白测定，除不用土样外，其他操作与测定土样相同。与此同时进行空白消煮液的蒸馏和滴定，记录所用盐酸标准溶液体积，以校正试剂等误差。

4. 结果计算

土壤全氮的含量（mg/kg）按如下公式计算：

$$W_N = \frac{(V_1 - V_0) \times c_{HCl} \times 14.0 \times 1000}{m \times w_{dm}}$$

式中，W_N 为土壤中全氮的含量（mg/kg）；V_1 为样品消耗盐酸标准溶液的体积（mL）；V_0 为空白消耗盐酸标准溶液的体积（mL）；c_{HCl} 为酸标准溶液的浓度（mol/L）；14.0 为氮的摩尔质量（g/mol）；w_{dm} 为土壤样品的干物质含量（%）；m 为称取土样的质量（g）。

平行测定结果，用算术平均值表示，结果保留 3 位有效数字。平行测定结果的相差：土壤含氮量大于 0.1%时，不得超过 0.005%；含氮量 0.06%～0.1%时，不得超过 0.004%；含氮量小于 0.06%时，不得超过 0.003%。

5. 注意事项

（1）长江中下游地区土壤全氮的分级指标大致是：

土壤全氮水平	低	中	高
土壤全 N%	＜0.05	0.05～0.1	>0.1

以上指标以供测定结果应用时参考。

（2）硼酸-指示剂的混合溶液放置时间不宜过久，如使用过程中 pH 有变化，须随时用稀酸或稀碱调节之。最好在临用前混合两种溶液并调 pH。

（3）土壤全氮含量在 0.1%以下，应称样 1～1.5g；含氮在 0.1%～0.2%，应称样 1～0.5g；含氮在 0.2%以上，应称样 0.5g 以下。

（4）消煮时，凯氏消解瓶加热的部位不得超过瓶中的液面，以防瓶壁温度过高而使铵盐受热分解，导致氮素损失。

三、实验结果与分析

（1）记录各项实验数据，按照土壤全氮测定公式计算出结果。

（2）分析土壤全氮测定实验过程易受哪些过程影响。

实验十　土壤碱解氮的测定——碱解扩散法

一、实验目的与要求

土壤中碱解氮（有效氮）的含量与植物生长具有密切的关系。因此测定土壤中碱解氮的含量不仅可以反映土壤近期内氮素的供应情况，而且可以作为推荐施肥的科学依据。本实验要求掌握扩散法测定土壤碱解氮的方法。

二、实验内容

1. 实验仪器与材料

1）实验仪器

百分之一天平、微量滴定管（10mL）、恒温培养箱、扩散皿、毛玻璃盖、移液管（10mL、2mL）、玻璃棒、三角瓶（250mL）。

2）试剂配制

（1）1.0mol/L NaOH 溶液：称取化学纯氢氧化钠 40g，用水溶解，冷却后定容至 1L。

（2）溴甲酚绿-甲基红混合指示剂：称取甲基红 0.066g，溴甲酚绿 0.099g，溶解在 100mL 95%乙醇中，用稀氢氧化钠或盐酸调节溶液呈紫红色。此时溶液 pH 应为 4.5。

（3）2%硼酸溶液：称取分析纯硼酸 20g，溶解于 1000mL 蒸馏水中。

（4）0.01mol/L（$1/2H_2SO_4$）标准溶液：量取密度 1.84g/mL 浓硫酸 0.28mL，注入 1000mL 蒸馏水中，用标准硼砂溶液标定。标定方法如下：在分析天平上准确称取硼砂（$Na_2B_4O_7 \cdot 10H_2O$）1.9071g，溶于蒸馏水中，转移至 1000mL 容量瓶中，用水定容，摇匀，即为 0.01mol/L 的标准溶液。吸取该溶液 3 份，各 25.00mL，分别放入 3 个 100～150mL 三角瓶中，以甲基红作指示剂，用上述标准硫酸溶液滴定至由黄色变为红色。设硫酸溶液用量 3 份重复的平均值为 VmL，则 c（$1/2H_2SO_4$）$=0.01\times25/V$。

（5）碱性甘油：在 100mL 甘油中加入固体氢氧化钠 1～2g，隔一定时间后搅动一次，使其达到饱和为止（使甘油变稠 2～3 天后即可使用）。

碱性胶液：称取 40g 阿拉伯胶放入 50mL 水的烧杯中，加热至 70～80 ℃，搅拌促溶，约 1h 后放冷。加入 20mL 甘油和 20mL 饱和碳酸钾水溶液，搅匀，放冷。离心除去泡沫和不溶物，将清液贮于玻璃瓶中备用。

2. 实验原理与方法

碱解扩散法——本方法适用于各类土壤中水解性氮的测定。土壤水解性氮又称碱解氮或土壤有效氮，包括无机态氮（铵态氮、硝态氮）及易水解的有机态氮（氨基酸、酰胺和易水解蛋白质）。碱解氮的含量和有机质含量有关，有机质含量高，熟化程度高，碱解氮含量也高；反之，有机质含量低，熟化程度低，碱解氮的含量也低。碱解氮含量作为植物氮素营养较无机态氮有更好的相关性，所以测定碱解氮比测定铵态氮和硝态氮更能确切地反映出近期土壤的供氮水平。

用碱液处理土壤时，易水解的有机态氮及铵态氮转化为氨，硝态氮则先经硫酸亚铁转化为铵。以硼酸吸收氨，再用标准酸滴定，计算水解性氮含量。

3. 实验步骤

（1）准确称取通过 100 目筛（0.15mm）的风干土壤样品 2.00g，均匀铺在扩散皿外室中，水平地轻轻转动扩散皿，使样品铺平。

（2）在扩散皿（使用前在稀酸中浸泡）的内室中加入 2mL 2%硼酸溶液，并加一滴混合指示剂，然后在扩散皿的外室边缘上涂上碱性甘油，盖上毛玻璃盖并旋转，使之密合。再慢慢转动毛玻璃盖使外室的一边在毛玻璃盖小缺口处露出。

（3）用移液管由小缺口处向外室加入 10mL 1.0mol/L NaOH 溶液，立即盖严。小心地水平转动扩散皿，使溶液与土壤充分混匀，用橡皮筋扎好，放入 40℃恒温培养箱中，恒温 24h 后取出，再以 0.01 mol/L（$1/2H_2SO_4$）标准溶液滴定硼酸溶液中所吸收的氨，溶液颜色由蓝绿色变为微红色为终点。

（4）空白：不加土样，其余同上。

4. 结果计算

$$碱解氮\ (mg/kg) = \frac{c \times (V - V_0) \times 14 \times 1000}{m}$$

式中，c 为 1/2H_2SO_4 标准溶液的浓度（mol/L）；V 为滴定样品时硫酸标准溶液的用量（mL）；V_0 为空白试验时硫酸标准溶液的用量（mL）；14 为氮原子的毫摩尔质量（g/mol）；m 为土样的质量（g）；1000 为换算成每千克样品中氮的克数的系数。

取平行测定结果的算术平均值作为测定结果。

5. 参考指标

土壤水解性氮（mg/kg）	等级
＜25	极低
25～50	低
50～100	中等
100～150	高等

6. 允许差

平行测定结果允许相对误差≤10%。

7. 注意事项

（1）由于碱性胶液的碱性很强，在涂胶液和洗涤扩散皿时，必须特别细心，以防污染内室，造成错误。

（2）滴定时要用小玻璃棒小心搅动吸收液，切不可摇动扩散皿。

（3）在测定过程中，碱的种类和浓度、土液比例、水解的温度和时间等因素对测得值的高低都有一定的影响。为了得到可靠的、能相互比较的结果，必须严格按照所规定的条件进行测定。

（4）盖上毛玻璃盖后，要旋转数次，以便毛玻璃与扩散皿完全黏合，无气泡，防止生成的氨气漏出。

（5）加入碱液的速度要快，以免生成的氨气漏出；碱液加入要稳，以免飞溅到内室再次重做。

（6）特制碱性胶液必须先溶解再混合，否则会结块。

（7）注意扩散皿一定要刷干净，尤其是内室，否则一加硼酸，就会立刻变成蓝色。如变成蓝色，则须重新做。

三、实验结果与分析

（1）记录实验数据，根据土壤碱解氮计算公式计算出结果。

（2）利用测定结果判定土壤碱解氮等级水平。

实验十一　土壤速效磷的测定——碳酸氢钠浸提-钼锑抗比色法

一、实验目的与要求

测定土壤中速效磷的含量，是评价土壤对当季作物供应磷素能力的一种手段，对于施肥有着直接的参考价值。由于提取剂的不同，所得结果也不一致。在中性土壤和石灰性土壤中，一般采用碳酸氢钠或碳酸铵来提取。

掌握土样待测液样品的制备方法和过程，然后对待测液的土壤速效磷状况进行上机检测，取得较为准确的数据，进而了解农田土壤养分的丰缺状态。

二、实验内容

1. 实验原理与方法

中性、石灰性土壤中的速效磷，多以磷酸一钙和磷酸二钙的状态存在，可用0.5mol/L碳酸氢钠提取到溶液中；酸性土壤中的速效磷，多以磷酸铁和磷酸铝的状态存在，0.5mol/L碳酸氢钠能同时提取磷酸铁和磷酸铝表面的磷，故也可用于酸性土壤中速效磷的提取。然后将待测液用钼锑抗混合显色剂在常温下进行还原，使黄色的锑磷钼杂多酸还原成为磷钼蓝，进行比色。

2. 实验仪器与材料

1）实验仪器

分析天平、小漏斗、大漏斗、具塞三角瓶（50mL和100mL）、容量瓶（50mL和100mL）、移液管（5mL和10mL）、电炉、分光光度计、往复式振荡机。

2）试剂配制

（1）0.5mol/L碳酸氢钠浸提液：称取化学纯碳酸氢钠42.0g溶于800mL水中，以0.5mol/L氢氧化钠调节pH至8.5，洗入1000mL容量瓶中，定容至刻度，储存于试剂瓶中。此溶液储存于塑料瓶中比在玻璃瓶中容易保存，若储存超过1个月，应检查pH是否改变。

（2）磷（P）标准溶液：准确称取105℃烘干2～3h的分析纯磷酸二氢钾0.2195g于小烧杯中，以少量水溶解，将溶液全部洗入1000mL容量瓶中（加5mL浓硫酸防长霉菌，可使溶液长期保存），用水定容至刻度，充分摇匀，此溶液即为含50mg/L磷的基准溶液。吸取50mL此溶液稀释至500mL，即为5mg/L的磷标准溶液（此溶液不能长期保存）。比色时按标准曲线系列配制。

分别吸取5mg/L磷标准溶液0mL、1mL、2mL、3mL、4mL、5mL于50mL容量瓶中，每一容量瓶中即为0mg/L、0.1mg/L、0.2mg/L、0.3mg/L、0.4mg/L、0.5mg/L磷，再逐个分别加入0.5mol/L碳酸氢钠10mL和0.75mol/L硫酸-钼锑抗混合显色剂5mL，然后同待测液一样进行比色，在半对数纸上绘制成曲线。

（3）硫酸-钼锑贮存液：称取分析纯钼酸铵10g，溶于约60℃的450mL蒸馏水中，冷却至室温；缓缓注入153mL浓硫酸，边加边搅拌。再加入100mL 0.5%酒石酸氧锑钾溶液，用蒸馏水定容至1000mL，充分摇匀，贮于棕色试剂瓶中。

（4）钼锑抗混合色剂：在 100mL 钼锑储存液中，加入 1.5g 左旋（旋光度 21°～22°）抗坏血酸，此试剂有效期 24h，宜用前配制。

3. 实验步骤

（1）称取通过 18 目筛（孔径为 1mm）的风干土样 2.5g（精确到 0.001g）于 100～150mL 三角瓶中，准确加入 0.5mol/L 碳酸氢钠浸提液 50mL，再加一小角勺无磷活性炭，塞紧瓶塞，在振荡机上振荡 30min（振荡机速率每分钟 150～180 次），立即用无磷滤纸干过滤，滤液承接于 100mL 三角瓶中。最初 7～8mL 滤液弃去。

（2）吸取滤液 10mL（含磷量高时吸取 2.5～5mL，同时应补加 0.5mol/L 碳酸氢钠溶液至 10mL）于 50mL 容量瓶中，加硫酸-钼锑抗混合显色剂 5mL 充分摇匀，排出二氧化碳后加水定容至刻度，再充分摇匀。

（3）放置 30min 后，在分光光度计上比色（波长 880nm），比色时须同时做空白测定。

（4）磷标准曲线绘制：分别吸取 5mg/L 磷标准溶液 0mL、1mL、2mL、3mL、4mL、5mL 于 50mL 容量瓶中，每一容量瓶即为 0mg/L、0.1mg/L、0.2mg/L、0.3mg/L、0.4mg/L、0.5mg/L 磷，再逐个加入 0.5mol/L 碳酸氢钠溶液 10mL 和硫酸-钼锑抗混合显色剂 5mL，定容至刻度，然后同待测液一样进行比色，绘制标准曲线。

4. 结果计算

土壤速效磷含量（mg/kg，P）=比色液浓度×定容体积/W×分取倍数

式中，比色液浓度为从工作曲线上查得的比色液磷浓度（mg/L）；定容体积单位为 L；W 为称取土样重量（kg）；分取倍数为 50/10。

5. 注意事项

（1）活性炭一定要洗至无磷无氯反应，否则不能使用。

（2）室内低于 20℃时，显色后的钼蓝有沉淀产生（0.4ppm 磷以上时），此时可将其放入 40～50℃的烘箱或热水中保温 20min，稍冷却 30min 后比色。

（3）显色时 7.5mol/L 硫酸-钼锑抗混合显色剂 5mL，除中和 10mL 0.5mol/L 碳酸氢钠溶液外，最后酸度为 0.65mol/L。

三、实验结果与分析

（1）计算出土壤速效磷含量。

（2）根据测定结果判定土壤磷素丰缺水平（表 6.9）。

表 6.9　作物对使用磷肥的反应（供参考）

土壤速效磷/（mg/L）含量	含磷状况	作物对磷肥的反应
磷 5～10mg/L（0.5mg/100g 土）	低	反应明显
磷 5～10mg/L（0.5～1.0mg/100g 土）	中等	比较明显
磷 10mg/L 以上（1.0mg 以上/100g 土）	较高	反应不明显
磷 16～25mg/L（1.8～2.5mg/100g 土）	丰富	肥沃土壤的标志

实验十二　土壤速效钾的测定

一、实验目的与要求

掌握土壤速效钾的测定方法；了解土壤速效钾的含量。钾是作物生长发育过程中所必需的营养元素之一，土壤中钾主要呈无机形态存在，根据钾的存在形态和作物吸收能力，可将土壤中的钾素分为四部分：土壤含钾矿物，即难溶性钾，占全钾的90%～98%；非交换态钾，属缓效性钾，占全钾1%～10%；交换性钾和水溶性钾，同属速效钾，可直接为作物吸收利用，仅占全钾的1%～2%，其含量从小于100mg/kg至几百mg/kg，而水溶性钾每千克中只有几毫克。测定土壤中速效钾含量，对判断土壤肥力，指导合理施肥，满足作物丰产的营养要求，都有重要的意义。

实验要求掌握速效钾的测定方法，根据速效钾的测定结果，判定土壤的供钾水平。

二、实验内容

1. 实验仪器与材料

1）实验仪器

1/1000 分析天平、振荡机、火焰光度计、三角瓶（250mL、1000mL）、漏斗（60mL）、滤纸、角匙、吸耳球、移液管（100mL）。

2）试剂配制

（1）中性1.0mol/L NH_4OAc 溶液。称77.08g NH_4OAc 溶于近1000mL水中，用稀HOAc或 NH_4OH 调节至pH7.0，用水定容至1000mL。

（2）K标准溶液。称取0.1907g KCl（1100℃烘干2h）溶于1mol/L NH_4OAc 溶液中，完全溶解后用1mol/L NH_4OAc 溶液定容至1000mL，即为含K 100mg/L的 NH_4OAc 溶液。用时分别吸取此标准液0mL、2.5mL、5mL、10mL、20mL、40mL放入100mL容量瓶中，用1mol/L NH_4OAc 定容，即得0mg/L、2.5mg/L、5mg/L、10mg/L、20mg/L、40mg/L的K标准系列溶液。

2. 实验原理与方法

乙酸铵浸提-火焰光度法：以中性1mol/L乙酸铵溶液为浸提剂，铵根离子与土壤胶体表面的钾离子进行交换，连同水溶性钾离子一起进入溶液。浸出液中的钾可以直接用火焰光度法测定。本方法测定结果在非石灰性土壤中为交换性钾，而在石灰性土壤中则为交换性钾加水溶性钾。

3. 实验步骤

称取风干土样5g于100～150mL三角瓶中，加1mol/L NH_4OAc 溶液50.0mL（土液比为1∶10），用橡皮塞塞紧，在振荡机上振荡30min，用干滤纸过滤，滤液与钾标准系列溶液一起在火焰光度计上测定，记录读数。然后从标准曲线上求得其浓度（mg/L）。

4. 结果计算

土壤速效钾（mg/kg，K）=待测液浓度×浸提剂体积/风干土重。

$$W_{\mathrm{K}}=\frac{c\times V}{m_1\times K_2}$$

式中，W_{K}为速效钾（K）含量（mg/kg）； c为从工作曲线上查得待测液钾的浓度（mg/L）；V为浸提剂体积（50mL）；K_2为将风干土样换算成烘干土样中水分换算系数；m_1为风干土重（g）。

5. 允许误差

本实验允许误差如表 6.10 所示。

表 6.10　允许误差

测定值/（mg/kg）	绝对误差/（mg/kg）
>200	>10
50～200	2.5～10
<50	<2.5

6. 注意事项

乙酸铵提取剂必须是中性。加入乙酸铵溶液于土样后，不宜放置过久，否则可能有一部分矿物钾转入溶液中，使速效钾量偏高。

三、实验结果与分析

1. 根据实验记录数据，计算土壤速效钾含量。
2. 判定所测土壤的供钾水平。

第七章　植物地理学实验

第一节　概　　述

一、课程简述

“植物地理学”是地理科学（师范类）专业的一门重要的专业必修课程。植物地理学是研究植物在地球表面分布规律的科学，隶属于自然地理学，同时与生态学有着非常密切的关系，是一门介于地理学、植物学、生态学等学科之间的交叉学科。植物地理学研究植物分类类群、植物区系、植物群落、植被地理与环境条件的关系等内容，综合性和实践性强。

通过本课程的学习，学生可掌握植物分类基础知识，植物生活与环境的关系，植物分布与环境的关系，植物群落结构、功能、动态与分类，世界各地的植被类型及分布规律。可对中国的植被类型、分布规律性有较为全面的掌握，使学生具备从事中学地理教学的能力，并为后续课程学习和科研打下基础。

二、课程实验的重要性

植物是自然地理环境的重要组成要素之一，是地理环境的产物和表征。植物地理实验是植物地理学教学重要的实践环节，是地理学者基本功的训练之一。同时，植物地理学实验是对所学理论知识的巩固，同时也是野外实习的基础，能使学生掌握常见植物的基本特征，增强学生识别常见植物的能力，为调查植物群落打下基础。

植物地理学实验开设的目的是验证课堂所学理论知识，加深学生对课堂所学理论知识的理解，培养学生在植物地理实验室观察和动手（仪器操作、制作标本）的能力。培养学生掌握和学习植物地理的实验方法和研究的技能，提高分析自然地理现象相互联系、相互制约的能力，培养学生独立思考和辩证唯物主义思想方法，培养学生严肃认真的科学态度和实事求是的工作作风。

三、主要实验构成

植物地理学实验既是课堂教学的延伸，又是促进学生巩固和掌握本学科基本理论、基本知识和基本技能的一个相对独立的教学组成部分。一般包括三部分内容，即植物形态观察基础、植物分类基础和植物与环境的关系。植物形态观察基础部分包括显微镜的构造和使用实验、植物营养器官的形态观察实验、植物繁殖器官的形态观察实验等；植物分类基础部分包括植物标本的采集、制作与保存，植物的多样性与植物检索表的编制和使用，植物类群和校园植物观察实验等；植物与环境部分包括植物组织细胞渗透势的测定实验和植物的形态结构与环境的关系实验。

第二节　植物形态观察基础

实验一　显微镜的构造和使用

一、实验目的与要求

了解显微镜的结构，学会正确使用显微镜。观察、掌握植物叶、根、种子等的基本结构。正确绘制植物叶横切显微结构图。

二、实验内容

1. 实验仪器与材料

显微镜、镜头纸、香柏油、二甲苯；迎春叶横切制片，松针叶横切制片，玉米、小麦颖果纵切制片，洋葱根尖纵切制片等。

2. 实验方法与步骤

1）了解显微镜的构造和性能

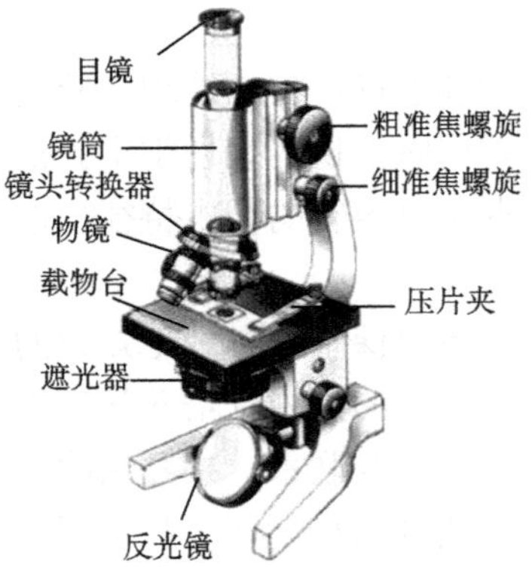

图 7.1　显微镜的结构图

光学显微镜是观察植物的必备仪器，由一组光学放大系统和支持及调节它的机械系统组成，有的还带有光源部分。

显微镜由物镜、目镜、镜筒、反光镜、遮光器、镜头转换器、镜台（载物台）、调焦螺旋（粗准焦螺旋和细准焦螺旋）等部分组成（图 7.1）。了解其构造，正确使用显微镜，才能提高观察效果。

a. 机械系统

镜座、镜柱、镜筒、镜头转换器、镜台、调焦螺旋等组成显微镜的机械部分。

（1）镜座和镜柱。镜座是显微镜的底座，用以支持和固定显微镜。其上直立的短柱部分为镜柱，支持镜臂和镜台。

（2）镜台。镜台又名载物台，是放置玻片标本的平板。其中央有一圆孔，称通光孔，以便从下方来的光线由此通过。镜台上有压片夹用以固定标本。较好的显微镜装有标本推进器，既可固定载玻片又可转动螺旋前后左右移动标本。有的标本推进器上还带有标尺，可利用标尺上的刻度寻找所要观察的标本位置。

（3）镜臂。镜臂为镜柱之上弯曲的部分，以便于持握，有些老式显微镜的镜臂与镜柱之间有一个能活动的倾斜关节，可使镜身向前后倾斜，便于观察。新式显微镜的镜筒已是倾斜的，而且能转动，没有倾斜关节。

（4）镜筒。镜筒为镜臂上端的圆筒部分。其顶端安置目镜，下端连接镜头和转换器。由物镜到目镜的光线便由此通过。

（5）镜头转换器。镜头转换器是镜筒下端一个可旋转的圆盘，上接镜筒。通过转换器上的三或四个具有螺纹的圆孔，可安放不同放大倍数的物镜，以便观察时换用不同倍数的物镜。

镜头转换器可旋转，以便于调换不同倍数的物镜，当听到碰叩声时，才能进行观察。

（6）调焦螺旋。有粗准焦螺旋和细准焦螺旋，能使镜筒或镜台升降，调节物镜和观察材料间的距离，以求得清晰的图像。粗准焦螺旋升降镜筒的距离较大，约为 50mm，用以快速和较大幅度地升降载物台，调节物镜与标本之间的距离，使物像呈现于视野中。由低倍镜观察标本时，用粗准焦螺旋调焦距。细准焦螺旋升降的幅度较小，为 1.8～2.2mm，用以缓慢地升降载物台，能精确地对准焦点，从而得到更清晰的物像。使用时，一般拧动不超过一圈。由低倍镜转高倍镜观察时，则用细准焦螺旋调焦。调焦螺旋是显微镜上的一个重要装置，因为对焦不准就看不清被观察的物体。

b. 光学系统

光学系统包括照明系统和成像系统。前者由反光镜、聚光器和虹彩光圈组成。后者由接物镜和接目镜组成。

（1）反光镜。反光镜是显微镜下方的圆镜，它可向各方向转动，用镜面收集光线，并通过聚光器，将其反射到物镜中。反光镜有平、凹两面，凹面聚光力强，适合于光线较弱或光源为日光灯时使用。平面镜聚光力弱，多在光线强时使用。

（2）聚光器。聚光器位于载物台通光孔的下方，由 2～3 块凹透镜组成。作用是聚集来自反光镜的光线，使光线增强，射入镜筒中，并使整个物镜所包括的视野均匀受光，提高物镜的鉴别能力。聚光器可以升降，其上还附有光圈，以调节进入物镜的光线。所以在使用高倍镜时，必须配以聚光器。

（3）虹彩光圈（可变光阑）。虹彩光圈位于聚光器下面，由许多金属片组成。推动操纵光圈的调节杆，就可调节光圈的大小，使上行的光线的强弱适宜，便于观察。

（4）接物镜（物镜）。接物镜由数组透镜组成，可放大物体。透镜的直径越小，放大倍数越高。每架显微镜均备有几个倍数不同的目镜，其中放大 40 倍（40×）以下的称为低倍镜，一般为 10 倍（10×）；放大 40 倍（40×）以上的称为高倍镜；放大 100（100×）倍以上的叫油镜。物镜不同于目镜，是显微镜取得物像的主要部件，其作用为聚集来自任何一点的光比重和利用入射光对被观察的物体做第一放大的造像。

每个物镜上通常标有表示物镜主要性能的参数。例如，10 倍物镜上标有 10/0.25 和 160/0.17，10 为物镜的放大倍数（即 10×）；0.25 为数值孔径（NA）；160 为镜筒长度（160mm）；0.17 为所要求的盖玻片厚度（称为镜口角）的一半正弦值和玻片与物镜间介质折射率所得的乘积，可用以下公式表示

$$NA = n\sin\alpha$$

式中，n 为介质折射率；α 为最大入射角的半数，即镜口角的半数。

因此，光线投射到物镜的角度越大，显微镜的效能就越大，该角度的大小取决于物镜的直径和焦距。

显微镜的分辨力是指显微镜能够辨别两点之间最小距离的能力。它与接物镜的数值孔径成正比，与光波长度成反比，因此，接物镜的数值孔径越大，光波长度越短，则显微镜的分辨力越大，被检物体的细微结构也越能区别。较高分辨力意味着较小的分辨距离，二者呈反比关系。

$$能辨别两点之间的最小距离=\frac{光波长度}{2\times 数值孔径}$$

人们肉眼所能感受的光波平均长度为0.55μm，例如，数值孔径为0.65的物镜（高倍镜），它可分辨的两点之间最小距离为0.42μm，而在0.42μm以下的两点距离就分辨不出，即便使用倍数更高的接目镜，增加显微镜的总放大率，也仍然分辨不出。只有改用数值孔径更大的接物镜，增加其分辨力才行。所以，显微镜的放大倍数与其分辨力是有区别的。油镜头的焦距短，镜口角小，其 *NA* 越高，光波就越短，则所能辨析的物体越小。另外，当香柏油作为介质使用时，物镜与载玻片之间仅隔一层油性物质（其他的物镜与载玻片之间隔着一层空气）。由于香柏油的折射率等于1.52，与玻璃相同，所以当光线通过载玻片后，可直接通过香柏油进入物镜而不发生折射，可使视野光线充足。相反，玻片与物镜之间的介质为空气时，当光线通过玻片后，受到折射发生散射现象，进入物镜的光线显然减少，这样就减低了视野的照明度，影响分辨力。

（5）接目镜（目镜）。接目镜是一个金属的圆筒，上端装有一块较小的透镜，下端装有一块较大的透镜，其作用是将物镜所放大和鉴别的物像进行再放大。目镜内可附加指针和测微尺。每架显微镜常备有几个倍数不同的目镜，其上也刻有5×、10×、12.5×等放大倍数。一般装的是10×的目镜，通常备有2～3个物镜。

显微镜的放大倍数即所用的目镜放大倍数跟所用的物镜放大倍数的乘积。例如，物镜为10倍，目镜为10倍，其放大倍数就为10×10=100。

2）显微镜的使用方法

（1）安放显微镜。打开镜箱，右手紧握镜臂，左手平托镜座，轻放桌上使镜臂正对自己的左胸，距离桌子边缘几厘米处。

（2）检查。检查各部分部件是否完好，镜身、镜头必须清洁。

（3）对光。显微镜的光源一般用天然光源，也可用日光灯或显微镜灯，但不能用直射日光。因直射日光影响图像的清晰度，损坏光源装置和镜头，而且刺伤眼睛。对光时，首先将光圈的孔径调至最大，将聚光器升到最高点，再将低倍镜对准镜台孔，镜头离载物台约1cm。这时，一面把反光镜转向光源，一面用左眼（两眼睁开）从目镜中观察，宜用平面镜；光线过弱时，宜用凹面镜。对好光后不要再移动显微镜，否则需要重新对光。

此外，在镜检全过程中，根据所需光线的强弱，还可通过扩大或缩小光圈、升降聚光器和旋转反光镜调节。

（4）调焦。光线对好后，就可将制片放在载物台上，有盖片的一面朝上，被检物体对准圆孔正中，用压夹压紧，或用标本移动器卡紧，开始调焦。先用低倍镜观察，因为低倍数视野范围较大，易于全面地观察材料和寻找材料中需要重点观察的部分。转动粗准焦螺旋，使镜筒缓缓下降，这时必须由侧面仔细观察，右眼也要睁开。这样，不仅便于绘图，而且眼睛也不易疲劳。同时转动粗准焦螺旋，使镜筒缓缓上升（注意：拧动粗准焦螺旋的方向，切勿弄错，以免物镜与载玻片碰撞，否则，既压碎玻片又损坏镜头），直至看清标本物像。然后，再轻轻转动细准焦螺旋，以便得到更清晰的物像。

（5）低倍镜观察。低倍镜下调焦距找物像时，若被检物体不在中央，可用标本移动器略微移动玻片，使物像恰好位于视野中央。若光线不适，可拨动虹彩光圈的操纵杆，调节光线，使物像最清晰。

（6）高倍镜观察。推动转换器，将高倍接物镜头转至镜筒正下方（转换时切勿动准焦螺旋）。这时，只要将细准焦螺旋向逆时针方向轻轻转动，就可看清楚目的物。注意：此时不可用粗准焦螺旋，否则会压碎玻片并损伤镜头。由于显微镜所观察的生物材料是立体的，故在观察时必须随时转动细调节器，才能了解不同光学平面的情况。在高倍镜下，将制片中的被检物按从上到下，从左到右的顺序移动，观察一遍。再换成低倍镜又转高倍镜反复观察几次，以熟练高倍镜的使用。用高倍镜观察完后，若有必要，可再换用油镜观察。

（7）油镜观察。用粗调节器将镜筒拉起1.5～2cm，将油镜转至镜筒下方。滴加一滴香柏油，使其与载玻片相接触，但注意不能相碰，以免压碎玻片和损伤镜头。然后从目镜中观察，首先调节光圈与聚光器，使光亮适当加大，用粗调节器极其缓慢地提升镜筒至出现物像为止。再用细准焦螺旋调至物像清晰。如果镜头已提升出香柏油面而未见物像，应按上述过程重复操作。使用完毕，取下载玻片，用擦镜纸擦去镜头上的香柏油，再取擦镜纸沾取少量二甲苯擦镜头，然后用干净擦镜纸擦去镜头上残留的二甲苯。二甲苯用量不宜过多，擦拭时间应短。

（8）复原。显微镜使用完毕，先将镜筒升高，取下玻片，擦净载物台和物镜，将各部分还原，反光镜垂直于镜座，并转动镜头转换器，将物镜从镜台孔挪开，成八字形，并将镜筒降至最低处，同时把聚光镜降下，扶下镜身，装镜入箱。

3. 实验观察内容

植物叶、根、种子等的显微结构观察：①迎春叶、松针叶横切制片观察；②玉米、小麦颖果纵切制片观察；③洋葱根尖纵切制片观察。

4. 注意事项

（1）应用擦镜纸轻轻擦拭。

（2）不得随意拆开显微镜。

（3）观察新鲜材料时，必须在标本上加盖玻片，以免沾污镜头，不要使水分或试剂接触物镜。观察标本时必须先在低倍镜下，然后转换到高倍镜下，不能直接用高倍镜观察。用高倍镜观察时，应特别小心，以免碰破盖玻片，损伤物镜镜头。

（4）观察完毕后先将高倍镜转换成低倍镜，然后取出载玻片标本。油镜镜头和标本制片上的香柏油一定要擦干净。

三、实验结果与分析

（1）观察并绘制迎春叶和松针叶横切显微结构图。

（2）说明显微镜的使用注意事项。

（3）思考镜检玻片标本时，为什么要先用低倍镜观察，而不能直接用高倍镜或油镜观察？

实验二　植物营养器官的形态观察

一、实验目的与要求

通过本实验学会使用科学的语言对植物的形态特征进行描述；了解根的基本形态和根

系的类型；了解茎的基本形态；掌握叶的形态特征及相关术语，为植物分类的学习奠定理论基础。

了解根、茎、叶各种变态器官的形态特征，了解根和茎的主要区别。通过观察植物营养器官各变态类型的特点，了解其生理功能和对环境的适应性。

二、实验内容

1. 实验仪器与材料

植物根、茎、叶的标本；放大镜或体视显微镜、解剖针、镊子、刀片。

2. 实验观察内容

1）植物根和根系的形态观察

根据根的发生情况，根可分为主根、侧根和不定根（图 7.2）。一株植物地下部分根的总和称为根系。根系有直根系和须根系两种基本类型（图 7.3）。

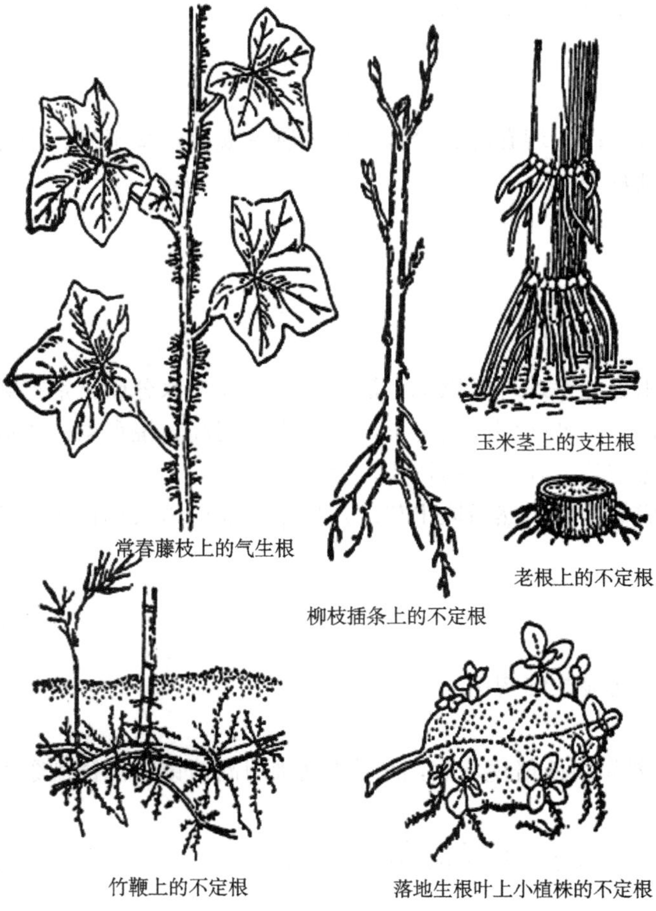

图 7.2　不定根（陆时万，1991）

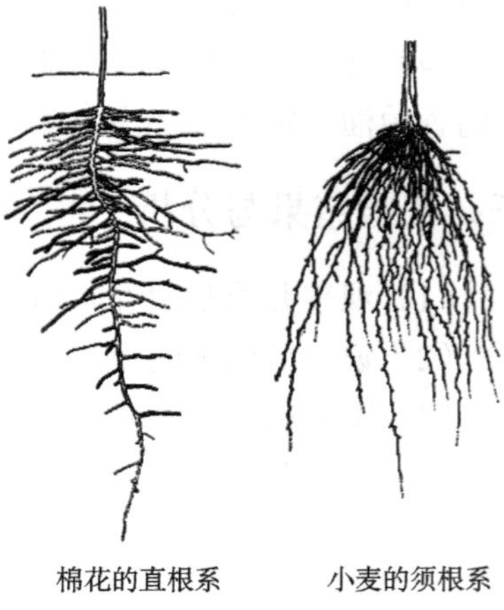

图 7.3　植物的根系（周云龙，2016）

观察蚕豆（*Vicia faba*）、向日葵（*Helianthus annuus*）、玉米（*Zea mays*）、小麦（*Triticum aestivum*）等植物的根系，区分主根、侧根和不定根，并判别其根系类型。

2）植物茎的形态观察

（1）茎的外形。茎是植物体地上部分的轴，着生叶和芽的茎称为枝条（shoot）（图 7.4）。茎与叶之间形成的夹角称为叶腋；着生叶的部位称为节，两节之间的部分，称为节间。当叶脱落后，在节上留有痕迹即为叶痕（leaf scar）；叶痕中的点状突起是枝条与叶柄间的维管束断离后留下的密集痕迹，这种痕迹称为维管束痕（简称束痕）；顶芽（腋芽）开放时，其芽鳞片脱落，在枝条上会留下密集痕迹，这种痕迹称为芽鳞痕。枝条的外表可以看见一些小型白色或褐色的皮孔。皮孔的形状、颜色和分布的疏密情况因植物而异。此外，有些植物的枝条上还有表皮毛、腺毛等多种类型的毛状附属物。

取多年生木本植物如杨（*Populus*）、桃（*Prunus persica*）、小叶黄杨（*Buxus sinica* var.*parvifolia*）等的枝条，观察其形态特征。先区分节与节间，再由枝顶端向枝基部观察，在枝条的顶端具有顶芽，在新开放的枝条与较老的枝条交界处具有数圈密集环纹，是芽鳞痕。根据芽鳞痕的数目能够判断枝条的年龄。试判断枝条的生长年限及每年增长的长度是否相等，再用放大镜观察枝条上的皮孔。

大部分植物的茎为圆柱形，少数植物具有方柱形、三角形的茎。观察益母草（*Leonurus japonicus*）等唇形科植物的方柱形茎和莎草科植物的三角形茎。

在木本植物中，节间伸长显著的枝条，称为长枝，节间短缩的称为短枝，短枝上的叶因节间缩短而呈簇生状态，长枝多为营养枝，短枝多为生殖枝。观察银杏（*Ginkgo biloba*）或其他代表植物的枝条，注意区分植物的长枝和短枝（图 7.5）。

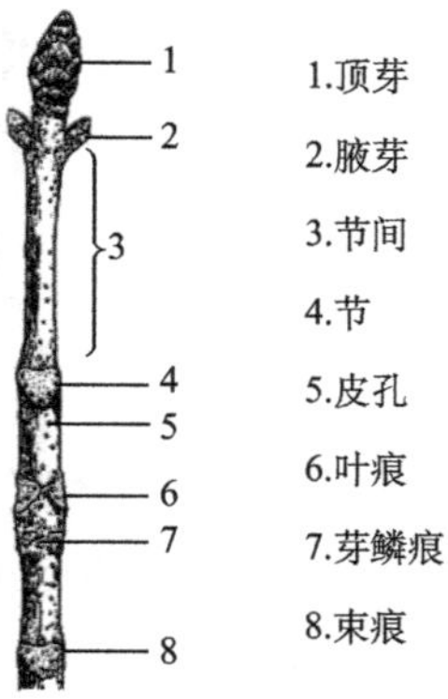

图 7.4 枝条的形态（高信曾，1978）

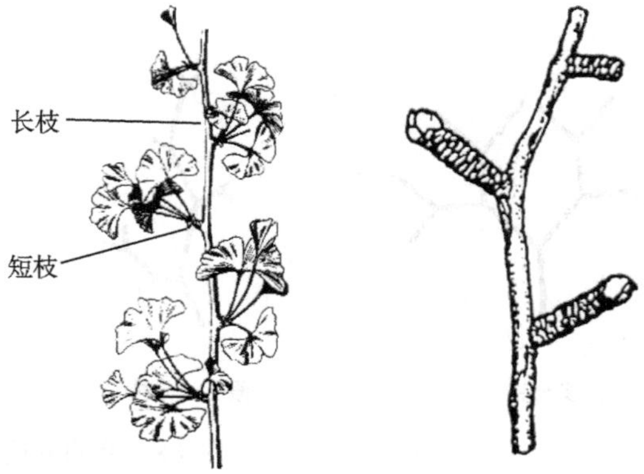

图 7.5 银杏的长枝和短枝（高信曾，1978；陆时万，1991）

（2）植物芽形态和结构的观察。芽（bud）是出于幼态而未伸展开的枝、花或花序。按照芽的生长位置，可将芽分为定芽（包括顶芽和腋芽）与不定芽，被叶柄膨大的基部覆盖的腋芽称为叶柄下芽；按照发育性质可将芽分为叶芽（一般小而瘦）、花芽（一般大而圆）和混合芽（图 7.6），根据芽鳞的有无将芽分为鳞芽和裸芽。根据芽活动能力将芽分为活动芽和休眠芽。

观察桃、杨、紫藤（*Wisteria sinensis*）、紫穗槐（*Amorpha fruticosa*）、落地生根（*Bryophyllum pinnatum*）、天竺葵（*Pelargonium hortorum*）等植物的芽，根据芽着生的位置，能否区别出顶

芽与侧芽（腋芽）。桃的芽通常三个并生，中间一个是主芽，两旁的芽叫作副芽（花芽）；紫穗槐的腋芽上下排列，上面的芽是副芽，下面的芽是主芽；落地生根在叶缘上着生的芽叫不定芽，它着地后能长成一株小植物。观察悬铃木（*Platanus occidentalis*）的叶柄下芽（图 7.7）。

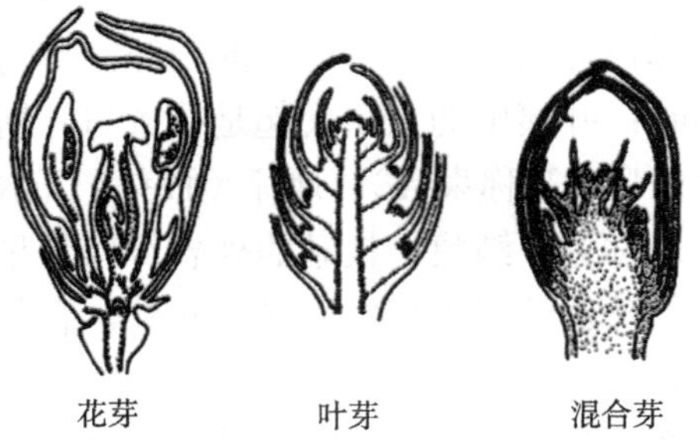

图 7.6　芽的类型（陆时万，1991）

图 7.7　悬铃木的叶柄下芽（陆时万，1991）

观察上述植物的芽，思考以下问题。

根据芽外面是否具有芽鳞，区分哪种植物具有鳞芽，哪种植物具有裸芽？

观察桃、杨、紫藤等植物枝条上的芽纵切，用镊子轻轻剥去芽鳞，放在放大镜下观察，判断花芽、叶芽和混合芽。在靠近枝条基部有些不开放的芽，称为什么芽？

（3）茎的分枝方式。茎的分枝具有一定的规律性，可分为二叉分枝、单轴分枝、合轴分枝及假二叉分枝等方式（图 7.8）。观察杨、柳（*Salix*）、榆（*Ulmus*）、丁香（*Syringa oblata*）等的枝条，试根据分枝的特征判断其中哪种植物是合轴分枝？哪种植物是单轴分枝？哪种植物是假二叉分枝？分枝与整个植物生长的形态及树冠形态有何关系？

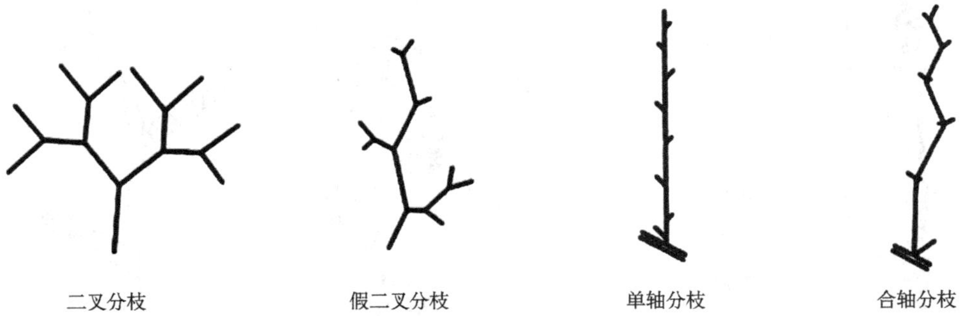

图 7.8　茎的分枝方式

禾本科植物的分枝比较特殊，称为分蘖，这些植物在四五叶期，茎基部节上的某些腋芽发育为新枝，同时在发生新枝的节上形成不定根，新枝的基部以后还可再形成新枝。观察禾本科植物小麦的分蘖，在小麦茎的基部靠近地面或埋在土壤中的几个节膨大，向上产生腋芽，向下产生不定根。产生分蘖的地方就叫分蘖节，分蘖的发生是有一定顺序的，所观察植物的分蘖情况如何？具有几级分蘖？

（4）茎的质地。不同植物茎的木质化程度差异很大，据此将植物分为木本植物和草本植物。木本植物的茎含有大量的木质素，一般比较坚硬，又可分为乔木（有明显主干的高大树木）和灌木（主干不明显，比较矮小，基部常分枝）；草本植物含木质素很少，可分为一年生草本（生活周期在本年内完成）、二年生草本（生活周期在两个年份内完成）和多年生草本（植物地下部分生活多年，每年继续发芽生长）。茎的质地是鉴别植物的重要依据。观察柳、女贞（*Ligustrum lucidum*）、蚕豆、小麦等植物，区别木本植物和草本植物。

（5）茎的生长习性。在长期的进化过程中，不同植物的茎形成了不同的生长习性，以适应外界环境，使叶在空间合适分布，尽可能地充分接受日光照射，制造自身生活需要的营养物质，并完成繁殖后代的生理功能。茎的生长方式主要包括四种类型：直立茎、缠绕茎、攀缘茎和匍匐茎（图 7.9）。

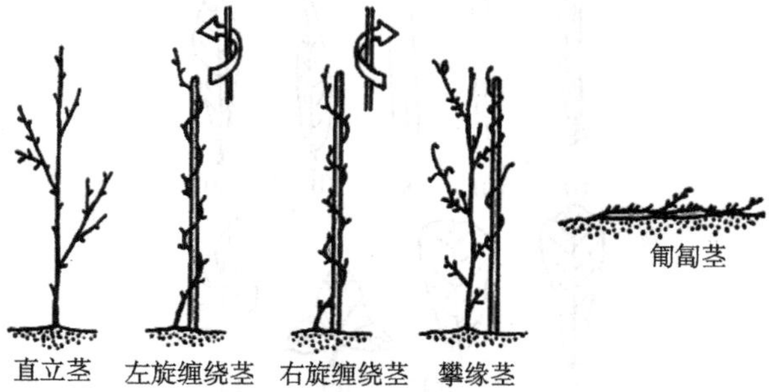

图 7.9　茎的生长方式（陆时万，1991）

观察松（*Pinus*）、扁蓄（*Polygonum aviculare*）、藜（*Chenopodium album*）、牵牛（*Ipomoea nil*）、紫藤、葡萄（*Vitis vinifera*）、南瓜（*Cucurbita moschata*）、地锦（*Parthenocissus tricuspidata*，别名爬山虎）等植物的茎，根据茎生长习性的不同，判断上述植物中哪些是直立茎，哪些是缠绕茎，哪些是攀缘茎，哪些是匍匐茎。

3）植物叶的形态观察

（1）叶的组成和形态。叶一般由叶片、叶柄和托叶三部分组成（图 7.10）。禾本科植物的叶由叶片和叶鞘（leaf sheath）两部分组成，叶片和叶鞘连接处为叶枕（pulvinus）或叶颈，两侧有叶耳（auricle），腹面有叶舌（ligulate）（图 7.11）。

叶的形态包括叶形（图 7.12）、叶尖（图 7.13）、叶基（图 7. 14）、叶缘（图 7.15）、叶裂（图 7.16）及叶脉（图 7.17）等。

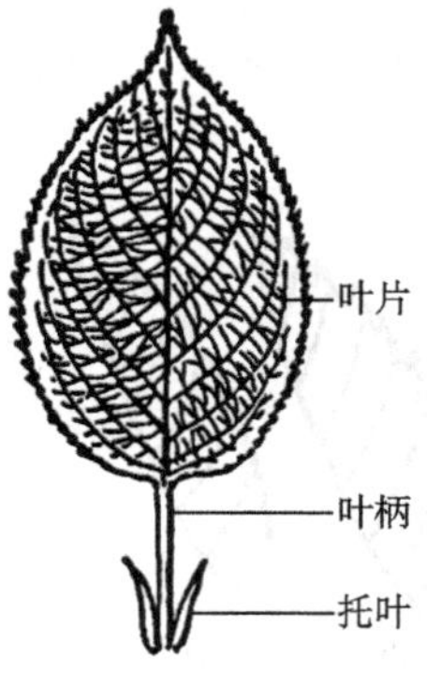

图 7.10　叶的组成（周云龙，2016）

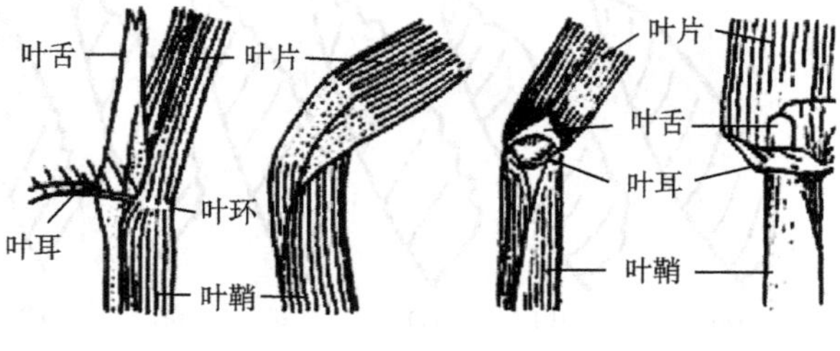

图 7.11　禾本科植物叶片与叶鞘交界处（陆时万，1991）

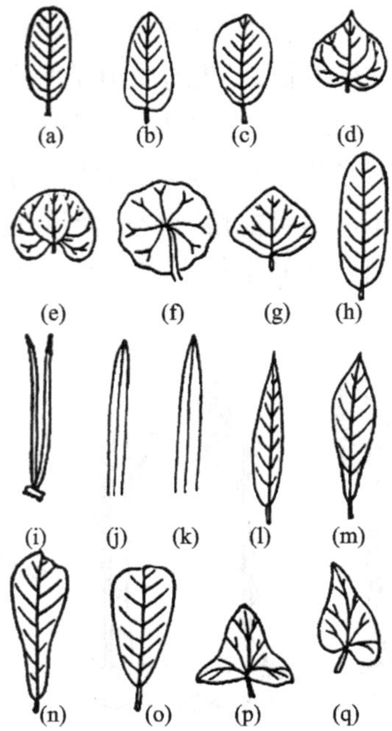

图 7.12　叶形的类型

（a）椭圆形；（b）卵形；（c）倒卵形；（d）心形；（e）肾形；（f）圆形（盾形）；（g）菱形；（h）长椭圆形；（i）针形；（j）线形；（k）剑形；（l）披针形；（m）倒披针形；（n）匙形；（o）楔形；（p）三角形；（q）斜形

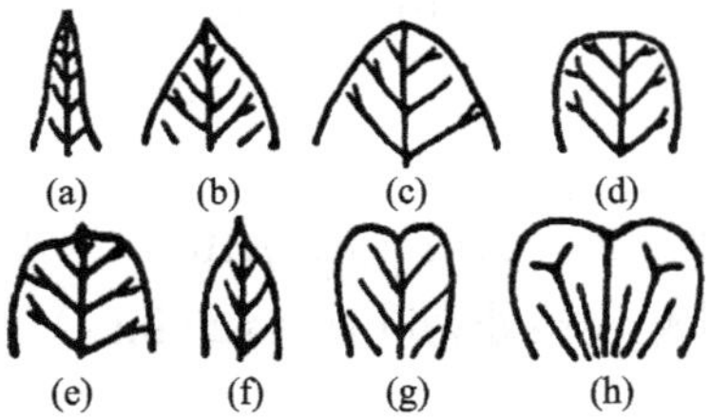

图 7.13　叶尖的类型

（a）渐尖；（b）急尖；（c）钝形；（d）截形；（e）具短尖；（f）具骤尖；（g）微缺形；（h）倒心形

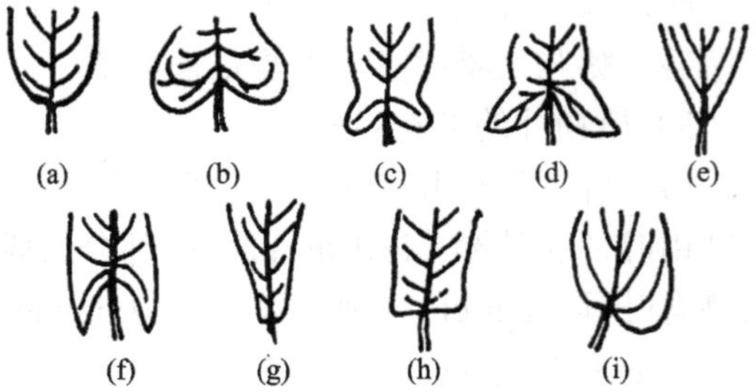

图 7.14　叶基的类型

（a）钝形；（b）心形；（c）耳形；（d）戟形；（e）渐尖；（f）箭形；（g）匙形；（h）截形；（i）偏斜形

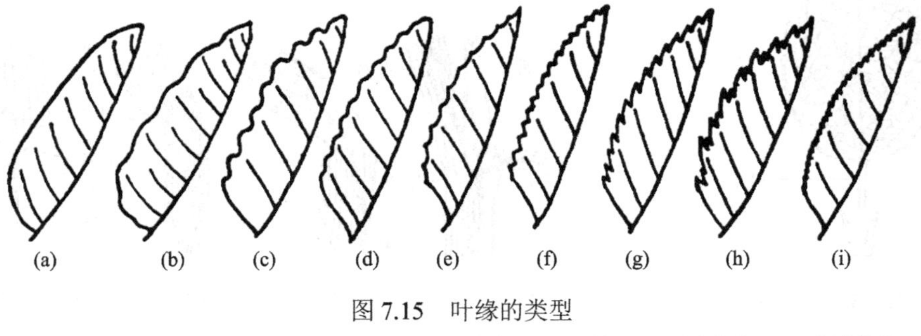

图 7.15　叶缘的类型

（a）全缘；（b）波状缘；（c）皱缩状缘；（d）圆齿状缘；（e）圆缺；（f）牙齿状缘；（g）锯齿状缘；（h）重锯齿状缘；（i）细锯齿状缘

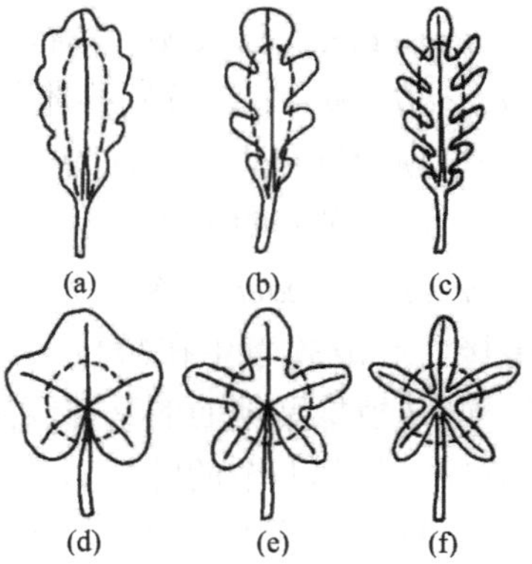

图 7.16　叶裂的类型（周仪等，1987）

（a）羽状浅裂；（b）羽状深裂；（c）羽状全裂；（d）掌状浅裂；（e）掌状深裂；（f）掌状全裂

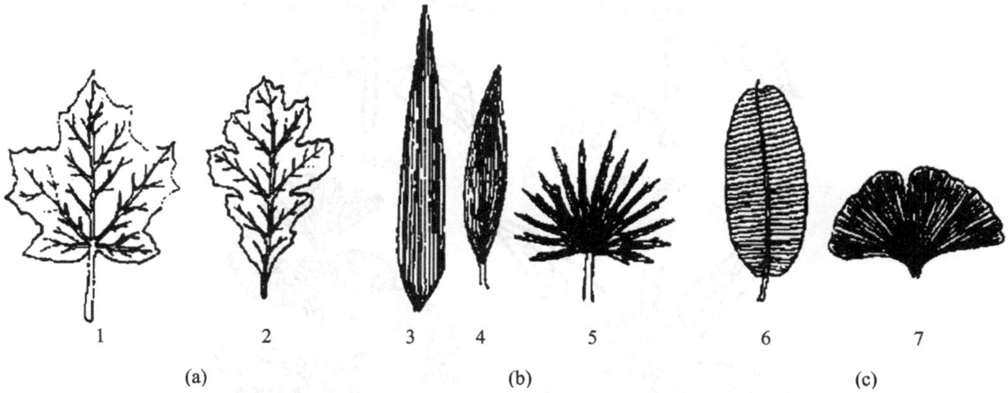

图 7.17　叶脉的类型（周仪等，1987）

（a）网状脉序；（b）平行脉序；（c）叉状脉序

1.掌状脉序；2.羽状脉序；3.直出脉；4.弧形脉；5.射出脉；6.侧出脉；7.叉状叶序

叶的厚度、表皮组织的厚度、叶脉的机械组织发达程度等均影响叶片的质地。根据叶的质地，可将叶片分为革质（叶厚韧似皮革）、膜质（叶薄而呈半透明，不呈绿色）、草质（叶薄而柔软）和肉质（叶肥厚多汁）。

叶柄的形态和长度也是识别植物的根据。叶柄分为圆形叶柄，如鹅掌楸（*Liriodendron chinense*）；上下压扁形叶柄，如樟（*Cinnamonum camhpora*）；两侧压扁形叶柄，如加杨（*Populus canadensis*）；复叶总叶柄有翅，如枫杨（*Pterocarya stenoptera*）、盐肤木（*Rhus chinensis*）；叶柄基部具鞘，如竹类、野胡萝卜（*Daucus carota*）；叶柄上面具纵槽，如榕树（*Ficus microcarpa*）等。

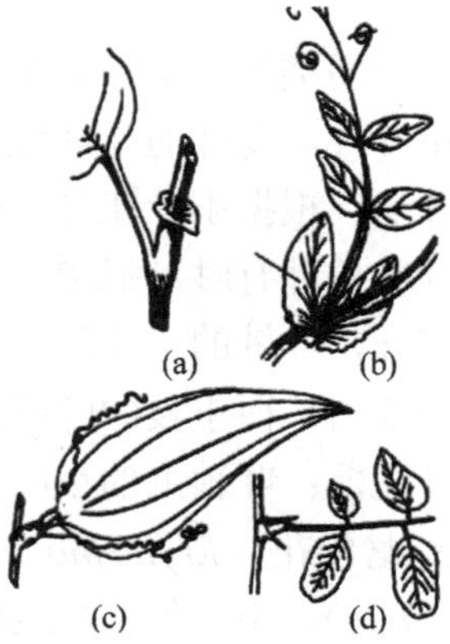

图 7.18　托叶的形态

（a）一种蓼科植物的托叶鞘；（b）豌豆的大托叶；（c）一种菝葜属植物的卷须形托叶；（d）刺槐的针刺形托叶

托叶形态变化较多样（图 7.18），观察新鲜植物的叶片，如女贞、香樟、马齿苋（*Portulaca oleracea*）、益母草、野百合（*Lilium brownii*）、小麦、蒙古蒲公英（*Taraxacum mongolicum*）等，分别描述其形态。

（2）叶序。叶在茎上具有的一定规律排列方式，称为叶序。常见类型（图 7.19）为：互生，每节着生一片叶，如樟等；对生，每节相对着生两片叶，如女贞等；轮生，每节着生三片或三片以上的叶，如夹竹桃（*Nerium oleander*）、猪殃殃（*Galium spurium*）等；簇生（又称丛生，fascicled），节间缩短密接，叶成簇着生在短枝上，如银杏、金钱松（*Pseudolarix amabilis*）；植物无明显的地下茎，叶从植株贴地面的基部簇生，成为基生叶，如蒲公英等。叶在茎上的排列，不论是哪一种叶序，相邻两节的叶，总是不相重叠，往往通过叶柄长短变化或以一定的角度彼此错开排列，这种现象称为叶镶嵌。叶镶嵌使茎上的叶片互不遮蔽，有利于光合作用的进行，并使茎的负载平衡。

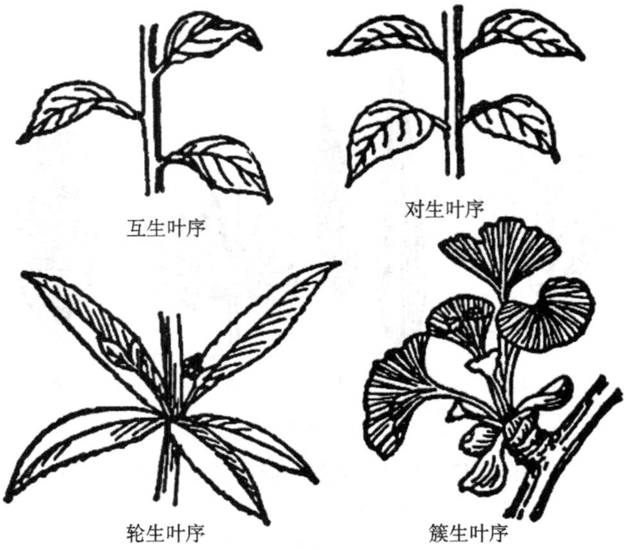

图 7.19　叶序的类型

（3）叶的类型。单叶是在一个叶柄上只生一片叶片；复叶是在叶柄上着生两片以上完全独立的小叶片。复叶的叶柄称为叶轴或总叶柄。叶轴上所生的许多叶称为小叶，小叶的叶柄即为小叶柄。根据小叶在总叶柄上的排列方式，可将复叶分为多种类型（图 7.20）。

复叶和单叶有时易混淆，这是对叶轴和小枝未仔细区分的结果。叶轴和小枝实际上有着显著的差异，叶轴的顶端没有顶芽，而小枝常具顶芽；小叶的叶腋一般没有腋芽，芽只出现在叶轴的腋内，而小枝的叶腋都有腋芽；复叶脱落时，先是小叶脱落，最后叶轴脱落，小枝上只有叶脱落；叶轴上的小叶与叶轴成一平面，小枝上的叶与小枝成一定角度。

观察龙牙花（*Erythrina corallodendron*）、洋槐（别名刺槐，*Robinia pseudoacacia* var. *pseudoacacia*）、南天竹（*Nandina domestica*）、柑橘（*Citrus reticulata*）、红花酢浆草（*Oxalis corymbosa*）等植物的叶，将观察结果填入表 7.1 和表 7.2，判别叶的类型。

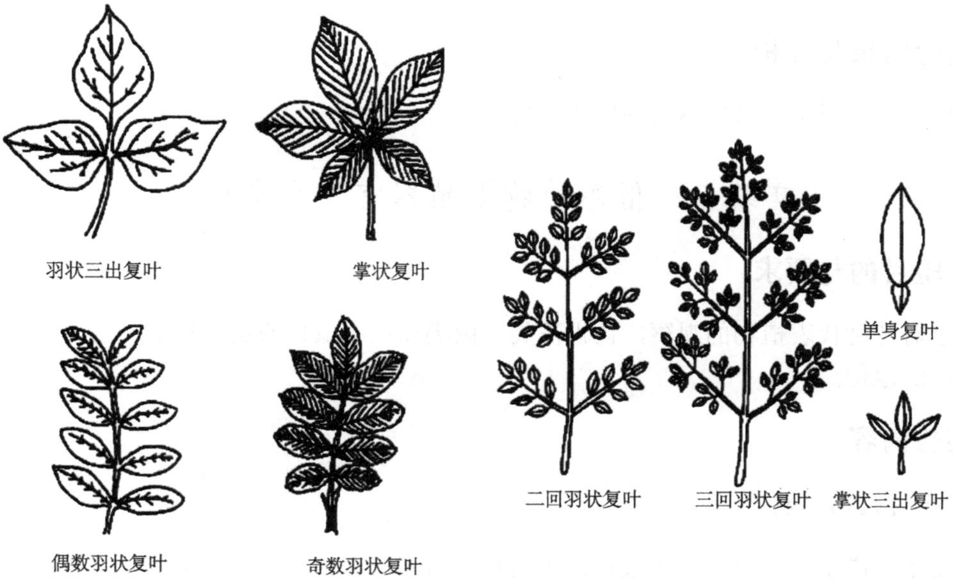

图 7.20　复叶的类型（周云龙，2016）

表 7.1　植物的形态特征

植物名称	茎的性质	茎的质地	生长习性	分枝方式

表 7.2　植物叶的形态特征

项目		植物名称							
形态									
叶序									
单叶或复叶									
叶片	形状								
	叶尖								
	叶基								
	叶缘								
	叶脉								
	叶质								
叶柄	有或无								
托叶	有或无								
叶鞘	有或无								
叶舌	有或无								
叶耳	有或无								
完全叶或不完全叶									

三、实验结果与分析

用所学过的形态术语描述四种植物的特征。

实验三　低等植物繁殖器官的形态观察

一、实验目的与要求

通过对各种代表植物的观察，认识藻类、菌类和地衣植物的主要特征，进而了解它们在植物界中的地位。

二、实验内容

1. 实验仪器与材料

显微镜、镊子、解剖针、载玻片、盖玻片、培养皿、纱布、吸水纸等；念珠藻、眼虫藻永久制片、水绵结合生殖永久制片、硅藻装片、海带藻体标本、紫菜藻体标本、池塘水、黑根霉或生霉的面包（馒头）、生霉的橘皮、新鲜蘑菇、地衣植物标本。

2. 实验观察内容

低等植物是地球上出现的一群最古老的植物。常生活于水中或潮湿处。植物体无根、茎、叶的分化，称为原植体植物。低等植物生殖器官常是单细胞的，有性生殖的合子不形成胚而直接萌发新的植物体。低等植物包括藻类、菌类和地衣植物。

1）藻类植物

藻类植物含有各种不同的光合色素，为自养的植物，多生活于水中，固着生活或能在水中运动。不同种类藻体形态、大小、结构差异悬殊：小的需在显微镜下观察，大的可长达百米；有单细胞藻类和多细胞群体藻类之分，后者呈片状、丝状等；有原核藻类和真核藻类之分。藻类植物形态结构和生殖方式多种多样，与人类关系密切。其中蓝藻、绿藻、硅藻、红藻和褐藻较常见。

（1）蓝藻（图 7.21）：念珠藻是蓝藻门的代表植物，为多细胞群体藻类，也是原核生物。取永久制片观察，高倍镜下在丝状体细胞中可看见有几个大型的异形细胞，其细胞壁厚，与营养细胞相连处有球状加厚的节球，细胞质呈淡黄绿色，易区分。异形细胞可将丝状体隔开成藻殖段，常由此进行营养繁殖。

（2）裸藻：取眼虫藻永久制片（示范），在显微镜下观察。裸藻是眼虫藻门（亦称裸藻门）的单细胞藻类，显微镜下可见其细胞呈梭形，前端圆钝、后端尖削。虫体内有一个红色眼点，还有许多叶绿体。虫体前端还有一根鞭毛，使其可在水中旋转式游动。

（3）绿藻：水绵是绿藻门的代表植物。植物体为多细胞不分枝的丝状体，用手触摸有滑腻的感觉。取水绵接合生殖永久制片观察。显微镜下可见有两条平行靠近的丝状体之间相对的细胞各生出一个突起，形成了接合管，细胞中的原生质体收缩形成配子。两条水绵丝之间可以形成多个横向的接合管，外形很像梯子，称为梯形接合。有的两条接合的水绵丝之间，一条丝状体的配子已经通过接合管进入了另一条丝状体，并形成了合子。这是水绵有性生殖常见的结合方式。

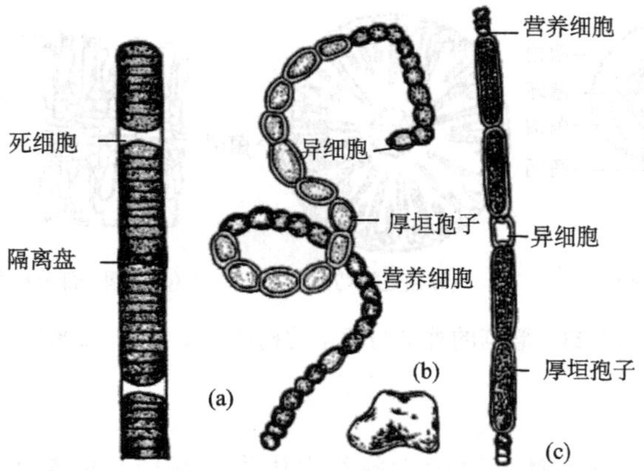

图 7.21　蓝藻（丁春邦，2003）

（a）颤藻属；（b）念珠藻属去掉胶质包被；（c）鱼腥藻属

（4）硅藻：硅藻也是常见的单细胞藻类，属硅藻门。取硅藻装片观察，硅藻的形状多样，有舟形、圆形、新月形、弓形、方形或其他形状。细胞壁由两个瓣片套合而成，高倍镜下可见瓣面上的花纹。原生质体有一个细胞核，还有一至几个金褐色的载色体，有的还具蛋白核。

（5）红藻：紫菜是红藻门的代表植物。取其藻体标本观察，植物体由鲜紫红色的片状体组成。片状体边缘波状，很薄，由单层或双层细胞组成。

（6）褐藻：海带是褐藻门的代表植物。取其藻体标本观察，植物体（孢子体）大型，深褐色，可分为狭长带片、短柱形的柄和假根状的固着器三部分。

2）真菌

真菌属于真核生物，植物体由菌丝组成。低等真菌的菌丝一般为无隔菌丝，具多核；高等真菌的菌丝多为有隔菌丝。真菌常见的代表种类有：

（1）根霉属（*Rhizopus*）：黑根霉是接合菌纲植物，为一种常见的腐生菌，多生长于面包、馒头等食物上。取黑根霉制片观察，可见匍匐生长的菌丝（无隔）、垂直向上的孢子囊梗、孢子囊（内有黑色孢子）和向下生长的假根结构。

（2）青霉属（*Penicillium*）（图 7.22）：青霉属为子囊菌纲，多生于腐烂水果表面。取青霉制片观察，可见其菌丝是有横隔的，在菌丝上生有长而直立的分生孢子梗，然后分生孢子梗经 2～3 次分枝，产生分生孢子小梗，分生孢子梗也有横隔，形成扫帚状。分生孢子小梗顶端产生多个圆形的、成串的分生孢子，属于外生孢子。

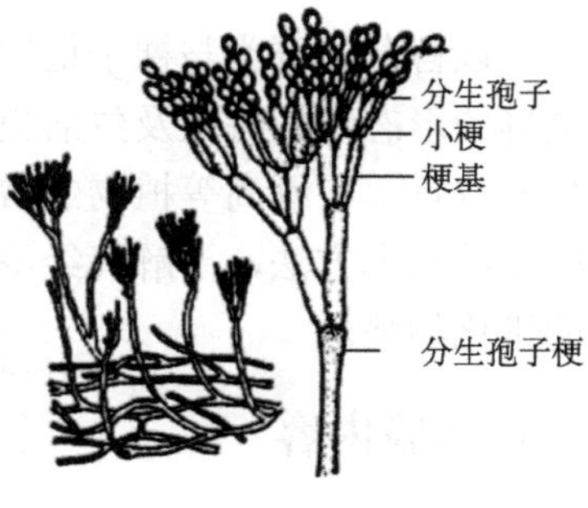

图 7.22　青霉属的菌丝与分生孢子梗

（3）酵母菌属（*Saccharonmyces*）：酵母菌为单细胞植物体，细胞卵形，有一大液泡，核很小。有的正在出芽繁殖的酵母细胞其一端产生芽生孢子，甚至多个芽细胞相连成为假菌丝。

（4）伞菌属（*Agaricus*）：常见的有蘑菇。蘑菇属于担子菌纲，其生活史中双核菌丝时间长，通常食用的部分是子实体。子实体呈伞状，可分为伞盖和伞柄两部分。伞盖上有许多菌褶，其上着生担子和担孢子，可进行孢子繁殖。伞柄上有的种类有菌环（图 7.23）。

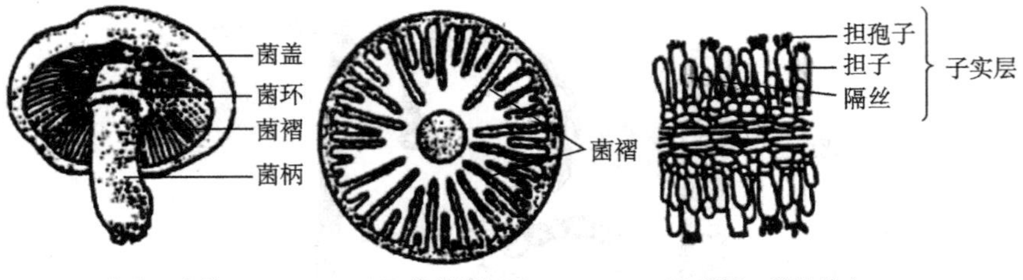

图 7.23　蘑菇的外形与菌褶的构造（丁春邦，2003）

3）地衣植物

地衣是真菌和藻类的共生体，真菌为藻类提供生长场所，藻类为真菌提供营养。观察三种类型地衣的标本和图片，即壳状地衣、叶状地衣、枝状地衣。

（1）壳状地衣：原植体（植物体）紧贴基物（如石头），难以分开。

（2）叶状地衣：原植体呈扁平状，有背、腹之分，以假根或脐固着于基物上，易于采下。

（3）枝状地衣：原植体直立呈枝状或丝状，或呈悬垂分枝状。

三、实验结果与分析

（1）绘制一段水绵丝状体的结构图，并注明各部分的名称。

（2）根据观察材料，总结蓝藻门、绿藻门、红藻门和褐藻门的主要特征。

（3）试述地衣的基本结构及地衣中藻与真菌的关系。

实验四　高等植物繁殖器官的形态观察（一）

一、实验目的与要求

以苔藓、蕨类与裸子植物代表类型的观察。通过对代表植物的观察，了解高等植物不同类群的形态结构特征及生活史特点，进而了解它们对陆生生活的适应结构和植物界进化中所处的位置。了解高等植物的常见种类识别方法，学习观察和鉴定苔藓植物、蕨类植物及种子植物的基本方法，了解其经济价值。通过低等植物与高等植物的比较观察，明确整个植物界的进化趋势。

二、实验内容

1. 实验仪器与材料

显微镜、载玻片、盖玻片、镊子、吸水纸、纱布、放大镜；蒸馏水；新鲜地钱标本、新鲜葫芦藓标本、地钱精子器切片、地钱颈卵器切片、真蕨原叶体装片、苏铁大小孢子叶球干制或浸制标本、新鲜真蕨标本[如铁芒萁（*Dicranopteris linearis*）、海金沙（*Lygodium japonicum*）、井栏边草（*Pteris multifida*）、欧洲鳞毛蕨（*Dryopteris filix-mas*）等]、新鲜水生蕨类[如浮萍（*Lemna minor*）或紫萍（*Spirodela polyrhiza*）、槐叶萍（*Salvinia natans*）、满江红（*Azolla pinnata subsp.asiatica*）等]标本、湿地松（*Pinus elliottii*）雌球果标本。

2. 实验观察内容

高等植物绝大多数陆生，植物体常有根、茎、叶的分化，具有明显的世代交替。雌性生殖器官由多个细胞组成，合子形成胚再长成植物体。高等植物包括苔藓植物、蕨类植物、裸子植物和被子植物。

1）苔藓植物

苔藓植物是水生生活向陆生生活的过渡类型，是一类原始的高等植物。植物体有茎、叶和假根分化。配子体发达，孢子体简化。

（1）苔类：地钱是最常见的苔类，多生于潮湿处。取新鲜地钱观察，植物体（配子体）分为二叉分支的叶状体，有背腹之分。生长季节背面（上面）能见到胞芽杯，其内产生胞芽，可进行营养繁殖；腹面生有假根和鳞片，可固着和保水。地钱雌雄异体，有性生殖时分别在雌雄配子体上产生雌器托、雄器托。雌器托顶盘有若干条指状深裂，颈卵器着生其上。取地钱颈卵器切片用低倍镜观察，可以看到指状芒线下方倒悬挂着屏状颈卵器。高倍镜下颈卵器可区分为颈部和腹部，再仔细观察外面的壁细胞和里面的颈沟细胞、腹沟细胞与卵细胞。雄器托顶盘边缘呈浅波状，精子器着生在顶盘的小孔中。取地钱精子器切片用低倍镜观察，可见椭圆形精子器陷于顶盘中，精子器外壁由一层薄壁细胞构成，内部充满精细胞。精细胞与水结合成为合子，经胚发育阶段变成孢子体。孢子体寄生，由孢蒴、蒴柄和基足三部分组成（图 7.24）。

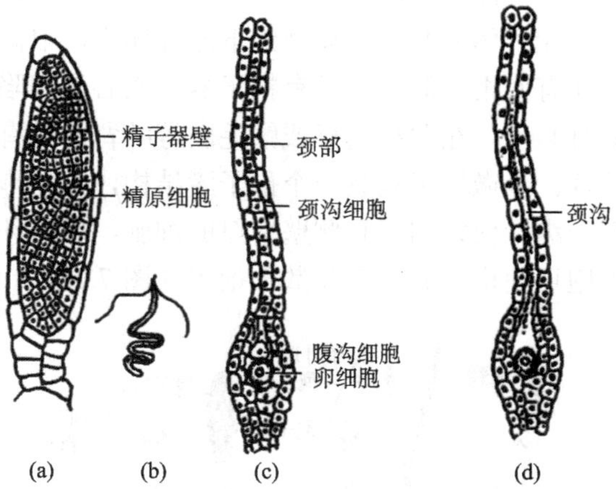

图 7.24　苔藓植物地钱苔属的有性生殖器官（周云龙，2016）

（a）精子器；（b）精子；（c）颈卵器；（d）颈卵器（颈沟细胞、腹沟细胞解体后）

（2）藓类：取新鲜葫芦藓观察，葫芦藓植物矮小，长 1～3m，有茎叶分化，假根固着，雌雄同株不同枝。雌枝顶端产生雌器苞，其外形似一个顶芽，其中有数个颈卵器和隔丝。雄枝顶端产生雄器苞，其外形似一朵小花，内含许多精子器和隔丝。精卵细胞借助水受精，最终发育成孢子体。葫芦藓孢子体也寄生，可明显分为孢蒴、蒴柄和基足三部分。孢蒴梨形，内生孢子；蒴柄极长，有利于孢子散发；基足插生于配子体内。孢子成熟后散出，落于阴湿处萌发成原丝体，再发育成雌、雄配子体（图 7.25）。

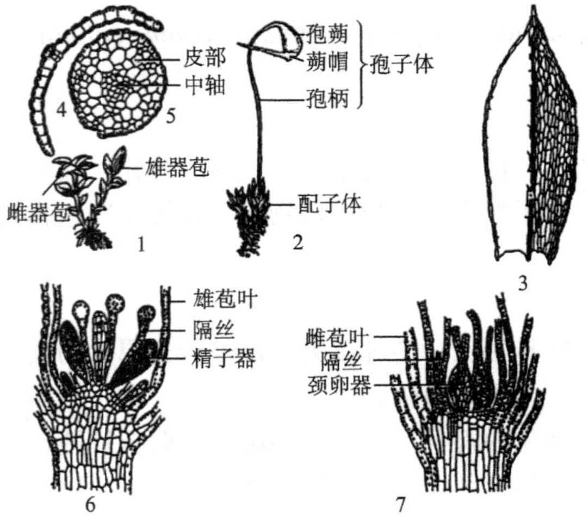

图 7.25　葫芦藓（丁春邦，2003）

1.配子体；2.孢子体；3.叶片；4. 叶片横切面；5.茎横切面；6.雄器苞纵切面；7. 雌器苞纵切面

2）蕨类植物

蕨类植物是一类绝大多数陆生的高等植物，但受精仍离不开水。孢子体发达，有根、茎、叶的分化，具有维管束分化；配子体简化，但两者都能独立生活。蕨类植物以孢子进行繁殖，属孢子植物。

（1）在示范桌上和校园内认识一些常见的大型叶陆生真蕨植物，例如：铁芒萁、鳞毛蕨等。水生蕨类代表，如浮萍、紫萍、槐叶萍、满江红等。了解蕨类植物的形态特点。

（2）观察真蕨原生叶（配子体）装片。显微镜下原叶体小，很薄，为绿色、略呈心形的叶状体，有背、腹面。腹面有假根，假根附近有精子器，在心形凹陷处有几个颈卵器。

（3）观察真蕨孢子囊群装片。在井栏边草或鳞毛蕨等叶背面具有褐色孢子囊群的地方刮取一点材料，制成临时装片。显微镜下观察一个孢子囊结构，可见孢子囊具长柄，孢子囊壁由一层细胞组成。囊壁有一纵行内切向壁和侧壁增厚的细胞，成为环带，其中有少数不加厚的细胞称为唇细胞，唇细胞可使孢子囊开裂和散出孢子（图 7.26）。

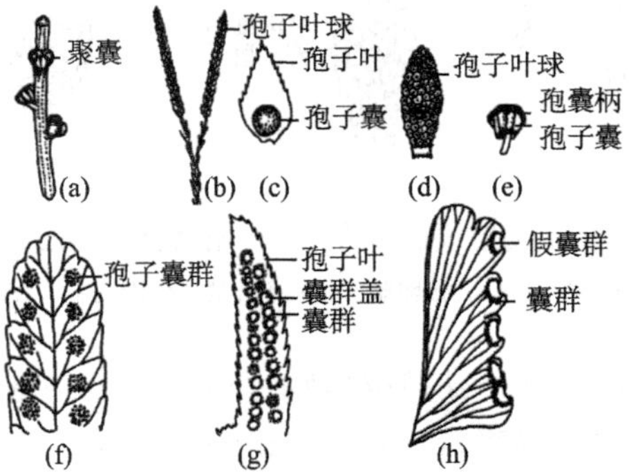

图 7.26　蕨类植物的孢子囊（周云龙，2016）

（a）3 个孢子形成的聚囊；（b）、（c）孢子叶聚集成孢子叶球，孢子囊单生孢子叶近轴面基部；（d）、（e）孢囊柄聚集成孢子叶球，孢子囊长筒形，生于孢囊柄六角形盘状体下面；（f～h）孢子囊在孢子叶背面聚集成孢子囊群；[（f）无囊群盖（水龙骨属 *Polypodiodes*）；（g）具有囊群盖（鳞毛蕨属 *Dryopteris*）；（h）具有假囊群盖（铁线蕨属 *Adiantum*）]

3）裸子植物

裸子植物是一类介于蕨类和被子植物之间的陆生种子植物。其孢子体进一步发达，均为高大的木本植物；配子体进一步简化并寄生在孢子体上，雄配子体为花粉，雌配子体有颈卵器产生。花粉管的出现使受精完全摆脱了水的限制。种子的产生使胚得到了保护和营养，但裸子植物种子是裸露的，无心皮包被。典型的裸子植物如下。

（1）苏铁及大小孢子叶球：苏铁为常见的庭院栽培常绿观赏乔木，主干粗壮不分支，顶端簇生大型羽状深裂的复叶。雌雄异株，小孢子叶球生于茎顶，圆柱形，其上螺旋状排列许多小孢子叶，小孢子叶鳞片状，其上具有许多小孢子囊；大孢子叶生于茎顶，密被黄褐色绒毛，上部羽状分裂，下部长柄上生有2～6个胚珠。观察大小孢子叶干制或浸制标本。

（2）湿地松雌球果：湿地松成熟球果呈卵圆形，栗褐色，质地坚硬，全部愈合，胚珠已发育为种子。雌球花是大孢子叶，称为珠鳞，球果是大孢子叶，称为种鳞。每片大孢子叶前端与外界接触的部分称为鳞盾，其上有鳞脐；种鳞的腹面有两枚具翅的种子。

（3）银杏（*Ginkgo biloba*）（图7.27）：银杏（白果、公孙树）是孑遗植物，我国一级保护植物。银杏植物体高大，为落叶乔木，有长、短枝之分，长枝为营养枝，短枝为生殖枝；叶扇形，具二叉叶脉；种子核果状，又称白果。雌雄异株。

（4）马尾松（*Pinus massoniana*）（图7.28）：马尾松（松树）为常绿乔木，有长、短枝之分，两枚细长的针叶簇生在短枝上，每束针叶基础被宿存的叶鞘所包。小孢子叶球（雄球花）长椭圆形，成熟时黄褐色，每个小孢子叶背面有一对小孢子囊（花粉囊），内生花粉；大孢子叶球（雌球花）卵圆形，紫红色，每片大孢子叶由珠鳞和苞鳞及两枚胚珠组成。大孢子叶球成熟时变为球果，栗褐色，质地坚硬，胚珠发育为种子。

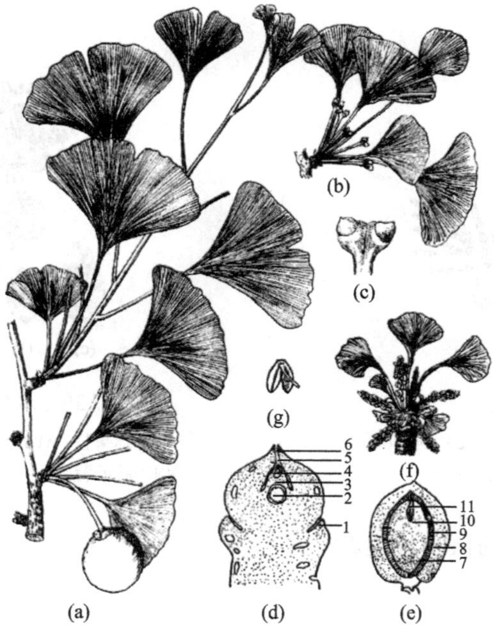

图7.27　银杏（周云龙，2016）

（a）长短枝及种子；（b）生雌球花的短枝；（c）雌球花；（d）胚珠和珠领纵切面；（e）种子纵切面；（f）生雄球花的短枝；（g）小孢子叶

1.珠领；2. 雌配子体；3. 珠心；4. 贮粉室；5. 珠孔；6.珠被；7.内种皮；8.外种皮；9. 中种皮；10.胚乳；11. 胚

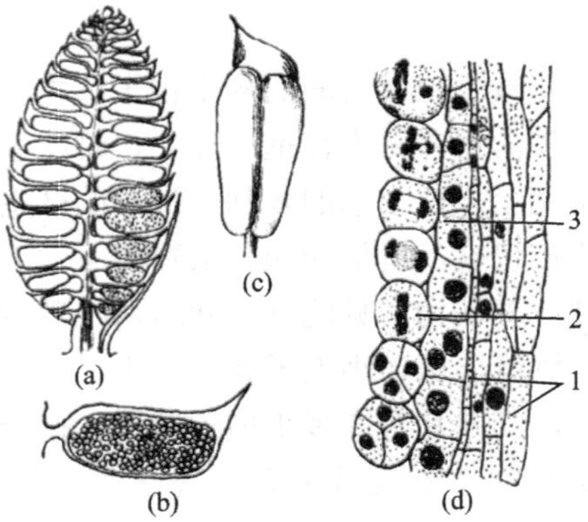

图 7.28　松属的小孢子叶球（周云龙，2016）

（a）雄球花纵切面；（b）小孢子叶切面观；（c）小孢子叶背面观；（d）小孢子囊部分切面

1.小孢子囊壁；2.小孢子母细胞；3.绒毡层细胞

（5）圆柏（*Juniperus chinensis*）（图 7.29）：圆柏为常绿乔木，树冠圆锥形，叶片有鳞形及刺形。雌雄异株，有时同株。

（6）水杉（*Metasequoia glyptostroboides*）（图 7.30）：水杉是我国特有的珍稀孑遗植物，落叶大乔木，叶片线形，扁平，交互对生，球花单性，雌雄同株。

图 7.29　圆柏

（a）球果枝；（b）雌球花；（c）雄球花；（d）小孢子叶；（e）种子

图 7.30　水杉（周云龙，2016）

（a）球果枝；（b）具雄球花的枝；（c）雄球花；（d）小孢子叶的背腹面；（e）球果；（f）种子；（g）叶

（7）观察校园内常见的植物种类。

三、实验结果与分析

绘制地钱配子体和葫芦藓与孢子体外形图，并引线注明各部分名称。

实验五　高等植物繁殖器官的形态观察（二）

一、实验目的与要求

掌握花的基本形态，学会正确描述花的方法；通过对花组成部分的比较观察，理解花形态的多样性；学会用花程式和花图式描述花的结构；了解果实的基本形态与特征；掌握各类种子的形态特征和结构。

二、实验内容

1. 实验仪器与材料

1）代表植物的实物标本

花：玉兰（*Yulania denudata*）或含笑花（*Michelia figo*）、龙牙花、桃、沙梨（*Pyrus pyrifolia*）或苹果（*Malus pumila*）、玫瑰（*Rosa rugosa*）或月季花（*Rosa chinesis*）、一串红（*Salvia splendens*）牵牛、木槿（*Hibiscus syriacus*）、木芙蓉（*Hibiscus mutabilis*）、吊灯花（*Ceropegia trichantha*）、荠（别名荠菜，*Capsella bursa-pastoris*）、蔊菜（*Rorippa indica*）、芸苔（别名油菜，*Brassica rapa* var. *oleifera*）、诸葛菜（*Orychophragmus violaceus*）、百合、蝴蝶花（*Iris japonicaf japonica*）、白芨（*Bletilla striata*）等植物的花。

花序：油菜、车前（*Plantago asiatica subsp. asiatia*）、杨、柳、胡萝卜、菊花（*Chrysanthemum morifolium*）、金盏菊（*Calendula officinalis*）、万寿菊（*Tagetes erecta*）、蒲公英、无花果（*Ficus carica*）、榕树（*Ficus microcarpa*）、黄葛树（*Ficus virens*）、石竹（*Dianthus chinensis*）、一品红（*Euphorbia pulcherrima*）、泽漆（*Euphorbia helioscopia*）等植物的花序。

果实：玉兰、含笑、八角（*Illicium verum*）、桃、李、杏（*Prunus armeniaca*）、葡萄、番茄（*Lycopersicon esculentum*）、黄瓜（*Cucumis sativus*）、橘、梨、苹果、落花生（*Arachis hypogaea*）、紫荆（*Cercis chinensis*）、荠、油菜、蔊菜、牵牛、向日葵、玉米、小麦、稻（*Oryza sativa*）、栗（*Castanea mollissima*）、胡萝卜、草莓（*Fragaria ananassa*）、无花果、桑（*Morus alba*）、凤梨（*Ananas comosus* ）等植物的果实。

种子：蚕豆、玉米、蓖麻（*Ricinus communis*）、小麦、荠等植物的种子。

2）实验仪器

放大镜、解剖针、镊子等。

2. 实验观察内容

1）花和花序的形态观察

在被子植物中，一朵完整的花由花柄、花托、花萼、花冠、雄蕊、雌蕊组成（图 7.31）。

一朵花如果同时具有花萼、花冠、雄蕊和雌蕊四个部分，称为完全花，缺少其中任一部分的都称为不完全花；通过花的中心可作几个对称面（辐射对称）的花称为整齐花，通过花的中心只能作一个对称面（两侧对称）的花称为不整齐花，主要由花的某一器官的形状和大小不一所致。

根据花中雄蕊、雌蕊的有无，把花分为两性花、单性花、无性花（中性花）。

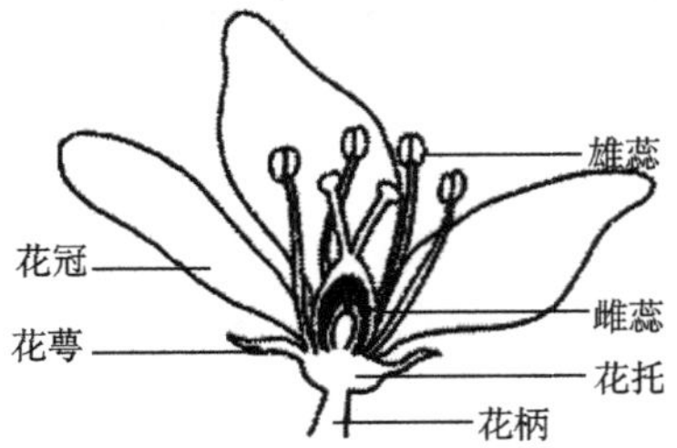

图 7.31　花的结构

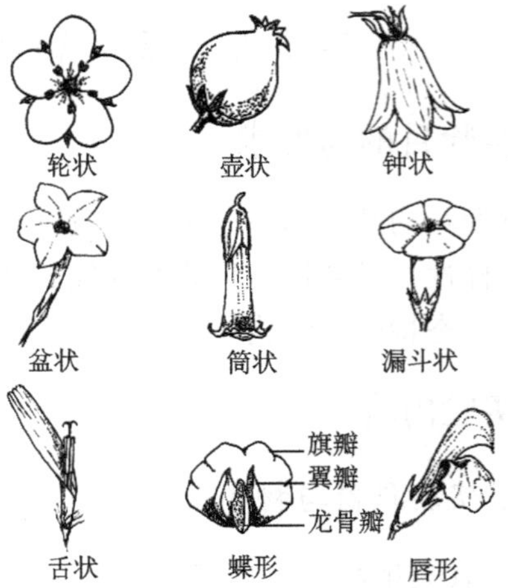

图 7.32　花冠的类型

根据花被的有无和分化情况，可将花分为重被花、单被花和裸花（无被花）。

花冠的类型（图 7.32）、雄蕊群的类型（图 7.33）、花药的开裂方式（图 7.34）和着生方式（图 7.35）、雌蕊的类型（图 7.36）、子房在花托上的位置（图 7.37）、胎座的类型（图 7.38）、胚珠的类型（图 7.39）等均是被子植物分类的重要依据。

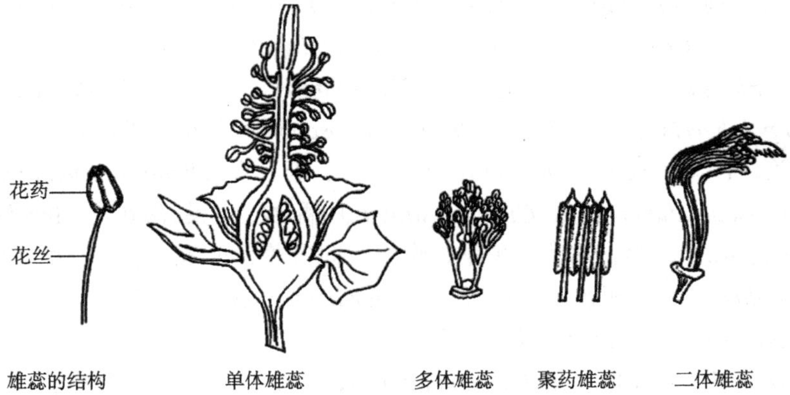

图 7.33　雄蕊群的类型（陆时万，1991）

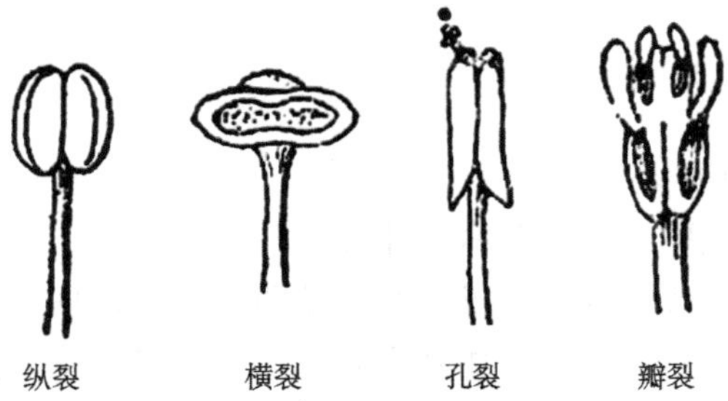

图 7.34　花药的开裂方式

图 7.35　花药的着生方式

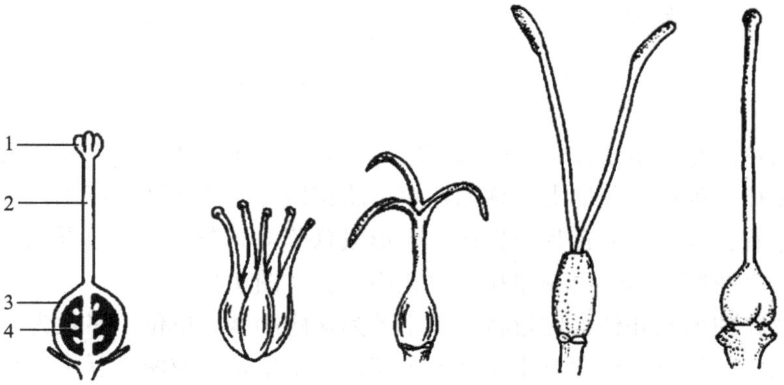

图 7.36　雌蕊的类型（陆时万，1991）

1.柱头；2.花柱；3.子房；4. 胚珠

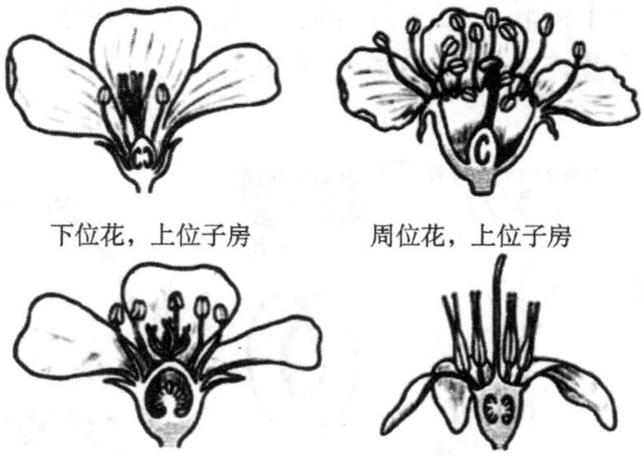

图 7.37　子房在花托上的位置（胡宝忠，2002）

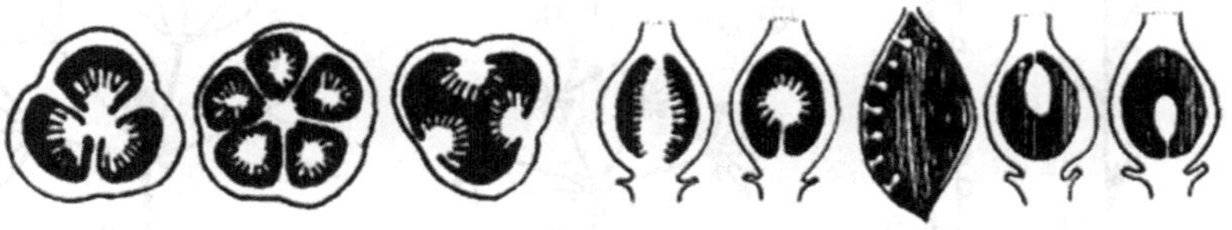

图 7.38　胎座的类型（胡宝忠，2002）

1.中轴胎座（横切面）；2.侧模胎座；3. 中轴胎座（纵切面）；4. 特立中央胎座；5.边缘胎座；6.基生胎座；7. 顶生胎座

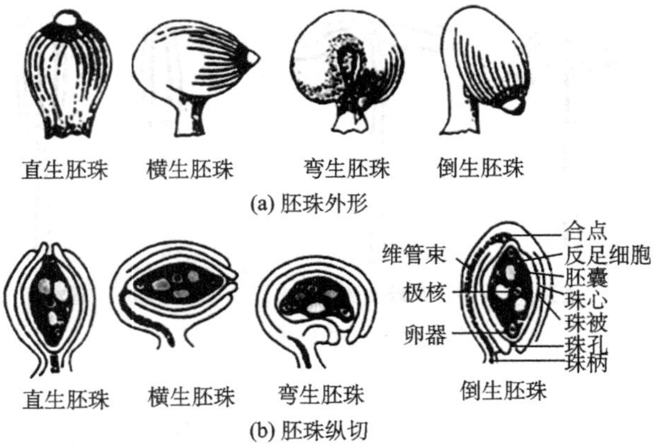

图 7.39　胚珠的类型（叶创兴，2007）

有些被子植物的花单生于枝顶或叶腋部位，称为单生花，如玉兰、桃；大多数被子植物的花则按一定规律排列在总花柄上，称为花序，总花柄称为花序轴或花轴。每一朵花的花柄或花序轴基部生有苞片，有的苞片密集在一起形成总苞，如向日葵。根据花序轴分枝的方式和开花的顺序，将花序分为无限花序和有限花序两类（图 7.40）。

禾本科植物花的形态和结构比较特殊，小穗为花序的基本单位，多数为圆锥状、穗状或总状，少数为头状。每个小穗含有 1 朵至多朵花，在小穗轴上成两列互生。小穗基部有 2 片坚硬的颖片，称为外颖和内颖，属于总苞片。颖片内有几朵花，其中基部的 2～3 朵能正常发育结实，称为能育花，上面的几朵往往发育不完全，不能结实，称为不育花。能育花外面有 2 片鳞片状薄片，外边的 1 片是花基部的苞片，称外稃，属于外轮花被。内稃里面有 2 片小形囊状突起，称为浆片，属于内轮花被。开花时，浆片吸水膨胀，使内稃、外稃撑开，露出花药和柱头。柱头多为羽毛状，少数为扫帚状（图 7.41）。

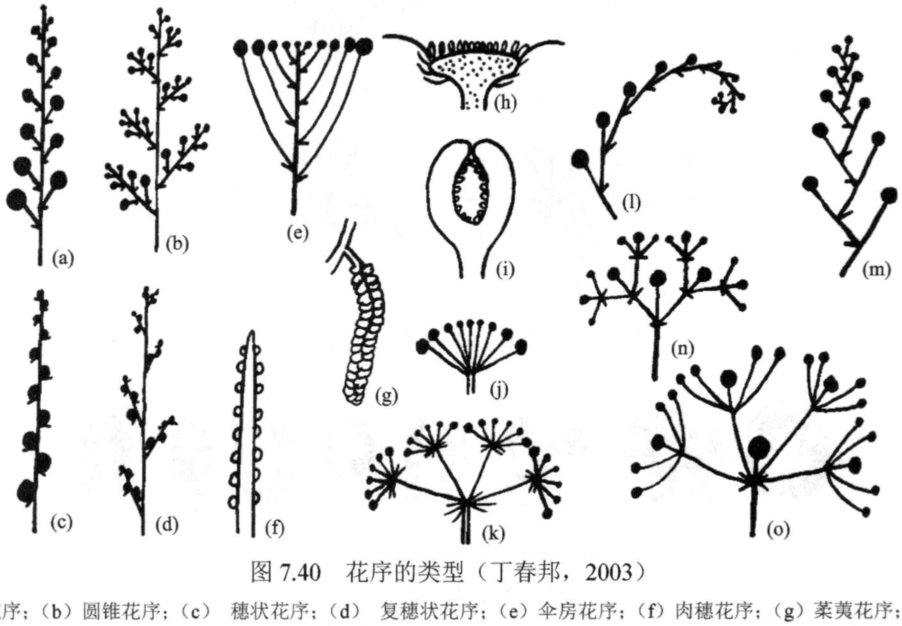

图 7.40　花序的类型（丁春邦，2003）

（a）总状花序；（b）圆锥花序；（c）　穗状花序；（d）　复穗状花序；（e）伞房花序；（f）肉穗花序；（g）葇荑花序；（h）头状花序；（i）瘾头花序；（j）伞形花序；（k）复伞形花序；（l）螺状聚伞花序；（m）蝎尾状聚伞花序；（n）二歧聚伞花序；（o）多歧聚伞花序

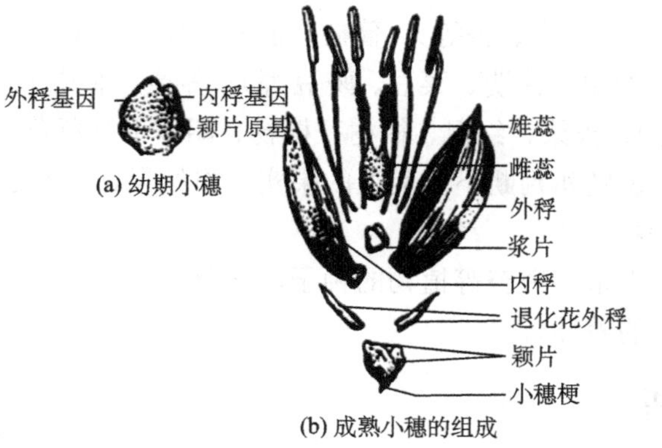

图 7.41 水稻小穗组成（李杨汉，1992）

2）花的解剖方法

花的解剖方法有两种：一种是过花的中轴纵剖；另一种是自外向内按顺序剥取花的各部分。开花时，雌蕊较小，注意从形态和结构上分辨单雌蕊、离生雌蕊和复雌蕊。合生心皮可以用分离的柱头或花柱判断心皮的数目，也可以通过横剖子房观察，这样既可以了解心皮的数目，又可以观察到不同的胎座类型。

仔细观察玉兰（或含笑）、象牙红、桃、梨（或苹果）、玫瑰（或月季）、一串红、牵牛、木槿（木芙蓉、吊灯花等）、荠菜（或油菜、诸葛菜等）、百合、蝴蝶花、白芨等植物的花，选择 3～5 种植物，仔细观察以后填写表 7.3。

观察油菜、车前、杨（或柳）、胡萝卜、菊花（或金盏菊、万寿菊、蒲公英等）、无花果（或榕树、黄葛树等）、石竹（或康乃馨）、一品红、泽漆、益母草（或风轮草等）、牛筋草等植物花序的形态特点，并判断属于何种类型的花序。

3）果实形态的观察

被子植物的果实是鉴别科属不可缺少的特征。果实科分为三类：单果、聚合果和聚花果（复果），其中单果又分为肉质果和干果两类（图 7.42）。

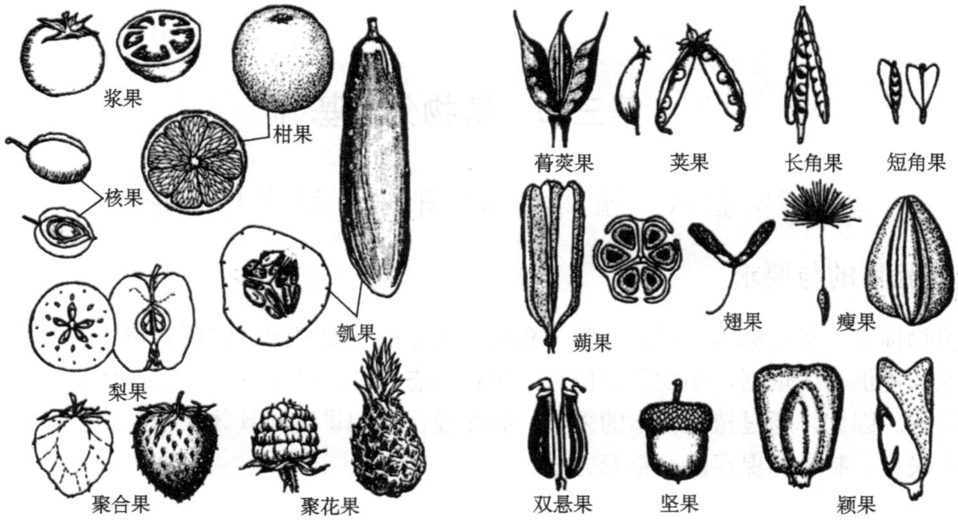

图 7.42 果实的类型

观察玉兰、八角、桃（或李、杏等）、葡萄、番茄、西瓜（或黄瓜、南瓜等）、橘（或橙）、梨（或苹果）、花生（或紫荆、决明、菜豆、豌豆等）、荠菜、油菜（或蔊菜）、牵牛、向日葵、玉米（或小麦、水稻等）、板栗、红枫、榆树、枫杨、胡萝卜、草莓、无花果、桑葚、凤梨等植物果实的主要特点，识别和判断不同类型的果实。将结果记录在表 7.4 中。

4）种子形态的观察

观察蓖麻、大豆、玉米、银杏等植物的种子，区分种皮、胚乳、子叶和胚，比较不同植物种子在形态和结构上的差异。

三、实验结果与分析

（1）观察并记录 10 种常见植物花的形态特征。

（2）观察并记录 6 种植物果实的形态特征。

表 7.3　花的形态

植物名称	花冠类型	雄蕊类型	雌蕊类型	子房位置	胎座类型	花序类型

表 7.4　果实的形态

植物名称	真果/假果	单果/聚合果/聚花果	果皮性质	开裂情况

第三节　植物分类基础

实验六　植物标本的采集、制作与保存

一、实验目的与要求

植物标本（腊叶标本）是进行教学和科研工作的重要材料。它可为植物资源的开发、利用和保护提供科学依据，如物种的信息，包括形态特征、地理分布、生态环境、物候期、化学成分等。因此，通过植物标本的采集、制作及保存的讲述和具体操作，学生可以掌握植物标本的采集、制作和保存的一整套方法。

二、实验内容

1. 实验仪器与材料

采集用品：标本夹（用板条钉成长约 43cm，宽约 30cm 的两块夹板）、采集箱（现多采用 70cm×50cm 的塑料袋或用塑料背包）、丁字小镐、枝剪和高枝剪、手锯、放大镜、空盒气压计（海拔表）、全球定位仪（GPS）、钢卷尺、照相机（带长焦）、望远镜、塑料的广口瓶、酒精、福尔马林（甲醛）等。

吸水纸（易于吸水的草纸或旧报纸）、号签、野外记录签、定名签（具体式样附后）、小纸袋、地图。

2. 标本采集与制作方法

1）植物标本的采集方法

a. 植物标本采集的时间

各种植物生长发育的时期有长有短，因此必须在不同的季节和不同的时间进行采集，才可能得到各类不同时期的标本。如有些早春开花植物，在北方冰雪开始融化的时候就开花了；而菊科、伞形科的有些植物到深秋才开花，因此必须根据要采的植物，决定外出采集的时间。

b. 植物标本采集的地点

采集的地点也很重要。因为在不同的环境里，生长着不同的植物，在向阳山坡见到的植物，阴坡上一般见不到。在低山和平原，环境比较简单，因而植物的种类也比较简单。但随着海拔高度的增加，地形变化的复杂，植物的种类也就比平原要丰富得多。因此，在采集植物标本时，必须根据采集的目的和要求，确定采集的时间和地点，这样才可能采到需要的和不同类群的植物标本。

c. 种子植物标本采集应注意的问题

（1）必须采集完整的标本。剪取或挖取能代表该种植物的带花果的枝条（木本植物）或全株（草本植物），大小约在长 40cm、宽 25cm。伞形科、十字花科的一些植物，如没有花、果，鉴定是很困难的。

（2）对一些具有地下茎（如鳞茎、块茎、根状茎等）的科属，如百合科、石蒜科、天南星科等，在没有采到地下茎的情况下难以鉴定，因此应特别注意采集这些植物的地下部分。

（3）雌、雄异株的植物，应分别采集雌株和雄株，以便研究时鉴定。

（4）采集草本植物，应采带根的全草，当发现基生叶和茎生叶不同时，要注意采基生叶。高大的草本植物，采下后可折成“V”或“N”字形，然后再压入标本夹内，也可选其形态上有代表性的部分剪成上、中、下三段，分别压在标本夹内，但要注意编同一采集号，以备鉴定时查对。

（5）乔木、灌木或特别高大的草本植物，只能采集其植物体的一部分。但必须注意采集的标本应能尽量代表该植物的一般情况。如可能，最好拍一张该植物的全形照片，以补标本的不足。

（6）水生草本植物，提出水面后，很容易缠成一团，不易分开。如金鱼藻、水毛茛、狸藻等。遇此情况，可用硬纸板从水中将其托出，连同纸板一起压入标本夹内。这样，就可保持形态特征的完整性。

（7）有些植物，一年生新枝上的叶形和老枝上的叶形不同，如毛白杨的幼叶和老叶，新生的叶有毛茸或叶背具白粉，而老叶则无毛。因此，幼叶和老叶都要采。对一些先叶开花的植物，采花枝后，待出叶时应在同株上采其带叶和结果的标本，如山桃；由于很多木本植物的树皮颜色和剥裂情况是鉴别植物种类的依据，因此，应剥取一块树皮附在标本上，如桦木属的一些种类。

（8）对寄生植物的采集，应注意连同寄主一起采下。并分别注明寄生或附生植物及寄主植物，如桑寄生、列当等标本的采集。

（9）采集标本的份数：一般要采 2～3 份，给予同一编号，每个标本上都要系上号签。标本除自己保存外，对一些疑难的种类，可将其中同号的一份送研究机关，请代为鉴定。他们可根据号签出具鉴定名单，说明这些植物的学名。若遇稀少的、奇异的、或有重要经济价值的植物，还须多采集。

d. 蕨类植物标本的采集法

蕨类植物的分类依据是孢子囊群的构造、排列方式、叶的形状和根茎特点等，所以要采全株，包括孢子囊和根茎，否则不容易鉴定。如果植株太大，可以采叶片的一部分（在带尖端、中脉和一侧的一段），叶柄基部和部分根茎，同时认真记下植物的实际高度、阔度、裂片数目及叶柄的长度。

e. 苔藓植物标本的采集法

苔藓植物用孢子繁殖，采集时，要力求采到生有孢子囊的植株；如果有长在地面上的匍匐主茎，也一定要采下来。苔藓植物常长在树干、树枝上，这就要连树枝、树皮一起采下。苔藓植物有的单生，有的几种混生，应尽力做到每一种做成一份标本，分别采集，分别编号。孢子囊没有成熟的、精器卵器没有长成的也应适量采一些，这对研究形态发育是有用的。标本采好以后，要一种一种地分别用纸包好，放在软纸匣，不要夹，不要压，保持它们的自然状态。

f. 必须认真做好野外记录

植物的产地、生长环境、性状、花的颜色和采集日期等，对于标本的鉴定和研究有很大的帮助。一张标本价值的大小，常以野外记录详细与否为标准。因此，在野外采集标本时，应尽可能地随采随记录和编号，以免过后忘记或错号等。野外记录的编号和号签上的编号要一致。回来后应将野外记录签上的记录如实地抄在固定的记录本上，作为长期的保存和备用。在野外编的号应连续，不要因为改变地点或年月，就另起号头。

此外，在野外工作中，对有关人员的调查访问工作也是很重要的。如对当地植物的土名、利用情况和有毒植物情况的调查访问等，这些实际资料应认真记录和整理。

2）植物标本的压制和整理方法

标本采来后应及时压制，当天晚上就应将干纸更换一次，同时对标本进行整理。第一次整理最为重要，由于在标本夹内压了一段时间，植物基本被压软了，不易折断，便于整理，如果等标本快干时再去整理就容易折断。整理时要注意不使多数叶片重叠，叶子要正面和反面的都有，以便观察叶的正、反面上的特征，如蕨类植物的部分孢子叶下面朝上；落下来的花、果和叶要用纸袋装起来，和标本放在一起。标本中间隔的纸多一些，就压得平整，而且干得也快，前三天每天应换两次干纸，以后每天换一次即可，直至标本完全干为止。

在换纸或压标本时，植物的根部或粗大的部分要经常调换位置，不可集中在一端，致使高地不均，同时要注意尽量把标本向四周放，决不能都集中在中央，否则也会形成边缘空而中央突起很高，致使标本压不好。在压标本或换纸时，各标本要力争按编号顺序排列，换完一夹，应在夹上注明夹内为几号到几号的标本、采集的日期和地点。这样做既有利于将来查找，又可以及时发现在换纸过程中丢失的标本。

换纸时还应注意，一定要换干燥而无皱褶的纸。纸不干吸水力就差，有皱褶会影响标本的平整。对体积较小的标本可以数份（同一号的）压在一起，但不能把不同种类（不同号）的标本放在一张纸上，以免混乱。对一些肉质植物，如景天科的一些植物，在压制时，需要先放入沸水中煮 3～5 分钟，然后再按照一般的方法压制，这样处理可以防止落叶。换纸时最好把含水多的植物分开压，并增加换纸的次数。

3）植物标本（腊叶标本）的制作和保存

一份合格的植物标本制作需经压制、消毒、上台纸和标本保存等基本过程，具体如下。

（1）消毒：一般使用升汞（$HgCl_2$）酒精饱和溶液进行消毒。配制方法是将升汞 2～3g 溶于 1000mL70%酒精中。消毒时，可用喷雾器直接往标本上喷消毒液，或将标本放在大盆里，用毛笔沾上消毒液，轻轻地在标本上涂刷，也可将消毒液倒在盆里，将标本放在消毒液里浸一浸，还可把标本放进消毒室和消毒箱内，将敌敌畏或四氯化碳、二硫化碳混合液置于玻皿内，利用毒气熏杀标本上的虫子或虫卵，约三天即可。升汞有剧毒，消毒时要避免手直接接触标本，以防中毒。经消毒的标本，要放在标本夹中再压干，才能装上台纸。

（2）上台纸：将白色台纸（白板纸或 8 开卡片纸，约 39cm×27cm），平整地放在桌面上，然后把消毒后的标本放在台纸上，摆好位置，右下角和左上角要留出贴定名签和野外记录签的位置。这时，便可用小刀沿标本各部的适当位置上切出数个小纵口，再用具有韧性的白纸条，由纵口穿入，从背面拉紧，并用胶水在背面贴牢。这种上台纸的方法既美观又牢固，比在正面贴的方法要好得多。对体积过小的标本（如浮萍）或脱落的花、果、种子等，不便用纸条固定时，可将标本放在一个折叠的纸袋内，再把纸袋贴在台纸上，这样在观察时可随时打开纸袋观察。

（3）腊叶标本的入柜和保存：凡经上台纸和装入纸袋的高等植物标本，经正式定名后，都应放进标本柜中保存。为了减少标本的磨损，入柜的标本最好用牛皮纸做成的封套按属套好，在封套的右上角写上属名，以便查阅。

标本柜的规格以铁制的最好，可以防火，但由于价格贵，现在一般多用木制标本柜。通常采用两节四门的标本柜，柜分上下两节，以便搬运。每节的大小约为高 80cm、宽 75cm、深 50cm，每节分成两大格，每格再以活板隔成几格，上节的底部左右各装活动板一块，用时可以拉出，供临时放置标本。每格内可放樟脑防虫剂，以防虫蛀。

腊叶标本在标本柜内一般按分类系统排列。可按现在一般较为完善的系统，如恩格勒系统、哈钦松系统等将各科的排列顺序编一个固定的号，如蔷薇科 67 号、豆科 69 号、菊科 173 号、禾本科 184 号等，把编号、科名及科的拉丁名标识于标本柜门上，并在此基础上按科的系统排列顺序、中文笔画顺序及拉丁文字母顺序等编成相应的标本室馆藏标本的检索表。这无论对一些专门研究某科的人，还是学生，整理和查找起来都比较方便。目前一般较大的标本室各科的排列都是按照系统排列的。

附式样 1　号签（4cm×2cm）

采集人：

采集时间：

地点：

第　号

附式样 2　野外记录签（7cm×10cm）

（××省）植物

采集人/　号	年　月　日
产地：	
生境：（如森林、草地、山坡等）	
海拔：　　性状：　　体高：	
分布：	
胸高直径：　　树皮：	
叶：（正反面的颜色或是否有毛）	
花：（花序、颜色等）	
果、种子：（颜色、性状）	
学名：　　科名：	
土名：	
附记：（特殊性状等）	

附式样 3　定名签（10cm×7cm）

××标本室

中文名		
学名	科名	
采集人	产地	号数
鉴定人		日期

三、实验结果与分析

（1）学生自行设计并制作 1～3 份合格的植物腊叶标本。

（2）学会利用《中国高等植物科属检索表》、《中国高等植物图鉴》及各地《植物志》等工具书，初步鉴定腊叶标本的科、属或种。

实验七　植物的多样性与植物检索表的编制和使用

一、实验目的与要求

学习编制植物检索表的原则和方法，让学生掌握植物检索表的编制及使用方法。

二、实验内容

1. 实验仪器与材料

实验材料：藻类植物、菌类植物、地衣植物、苔藓植物、蕨类植物、裸子植物、被子植物的新鲜标本或浸制标本、蜡叶标本。

实验用品：《中国高等植物科属检索表》或区域性植物检索表。

2. 检索表编制方法

1）植物检索表编制

（1）植物检索表的编制原则：通过对某一群植物的形态特征进行比较分析，抓住其相同点和不同点，两两相比的原则。把相同的植物归纳在一项内，不同的归纳在另一项内，再在相同项下，找出其不同点，再分两项，依此类推，最终得出不同植物的区别所在。

（2）植物检索表的类型：定距式检索表和平行式检索表。

定距式检索表：第一项两个相对性状的叙述内容常写在左边第一格中，而第二项两个相对性状的叙述内容写在左边第二格，这样依次下去，直到终止。七大类植物检索表（定距式）如下。

1. 植物体无根、茎、叶的分化，无胚
  2. 植物体不为藻类和菌类所组成的共生体
    3. 植物体内有叶绿素，为自养生活方式　藻类植物
    3. 植物体内无叶绿素，为异养生活方式　菌类植物
  2. 植物体为藻类和菌类所组成的共生体　地衣植物
1. 植物体有根、茎、叶的分化，有胚
    4. 植物体有茎、叶，无真根　苔藓植物
    4. 植物体有茎、叶，有真根
      5. 以孢子进行繁殖　蕨类植物
      5. 以种子进行繁殖
        6. 种子外面无包被物　裸子植物
        6. 种子外面有包被物　被子植物

平行式检索表：每一项两个相对性状的叙述内容都写在相邻的两行中，数字号码均写在左侧第一格中。七大类植物检索表（平行式）如下。

1. 植物体无根、茎、叶的分化，无胚　2
1. 植物体有根、茎、叶的分化，有胚　4
2. 植物体不为藻类和菌类所组成的共生体　3
2. 植物体为藻类和菌类所组成的共生体　地衣植物
3. 植物体内有叶绿素，为自养生活方式　藻类植物
3. 植物体内无叶绿素，为异养生活方式　菌类植物
4. 植物体有茎、叶，无真根　苔藓植物
4. 植物体有茎、叶，有真根　5

5. 以孢子进行繁殖　蕨类植物
5. 以种子进行繁殖　6
6. 种子外面无包被物　裸子植物
6. 种子外面有包被物　被子植物

2）植物检索表的编制方法

首先将所要编制在检索表中的植物进行全面细致地研究，然后对其各种形态特征比较分析，找出各部分形态特征的相对性状，注意一定要选择醒目特征，然后按先后顺序，分清主次，逐项排列起来加以叙述，并在各项文字描述的开端用数字编排，检索出某一等级的名称之前或改等级名称的文字描述末端用“……”连接。

注意所采用的植物分类术语的准确性，使用文字力求简短明确，尽量避免在对相对性状的形态描述时出现模棱两可和不好区分的现象。

3. 植物检索表的使用

当采集到不认识的植物时，应根据植物的形态特征，先确定是哪门、纲、目的植物，再继续查找其分科、分属及分种的检索表。

在使用检索表时，对植物形态特征观察应细致、准确，按检索表中的叙述仔细查对，对于完全符合的项目继续往下查找，最终能查出想得知的结果。如果遇到不符合的项目，就需要找另一项查找，直至检索到终点为止。

三、实验结果与分析

（1）列出各种植物分科、分属和分种的主要特征的提要。
（2）编制植物分科、分属和分种检索表。
（3）将采集到的植物根据检索表查找所在科、属、种。

实验八　植物类群和校园植物观察

一、实验目的与要求

通过校园植物的观察，学生应该初步掌握植物分类的基本知识，理解种子植物一些常见科属的主要特征，识别常见的植物，初步学会鉴别物种的方法。

了解孢子植物和种子植物各大类群的一些代表种类基本特征及对环境的适应性，为植物地理实验和野外调查打基础。

二、实验内容

1. 实验仪器与材料

放大镜、解剖针、刀片、镊子、培养皿、载玻片、滴管、枝剪等及各植物类群代表性实物标本。

2. 实验观察内容

1）孢子植物的观察

（1）藻类。藻类具有叶绿素，能进行光合作用，分布于世界各地，为低等植物。如水绵，它没有真正的根、茎、叶的器官分化，但具有细胞核和叶绿色，能进行光合作用，制造有机物。

（2）真菌。真菌植物体只有少数原始种类是单细胞的，大多数种类的营养体都发展成为分枝或不分枝的丝状体。每一根丝叫菌丝，组成一个植物体所有的菌丝叫作菌丝体。真菌均为异养植株，营寄生或腐生生活。如面包霉，是有细胞核并营异养生活的低等植物。

（3）苔藓植物。苔藓植物是高等植物中脱离水生进入陆地生活的原始类型，其植物体都很矮小，通常为叶状或有类似茎、叶分化。假根由单个细胞或一列细胞所组成，吸收作用微弱。类似茎、叶的部分，多由薄壁细胞所组成，无维管束构造，如苔纲植物多为左右对称的叶状体，有背腹型的构造，叶状体为1～2层细胞所构成，中肋一般不明显；藓纲植物体通常直立，多有类似茎、叶的分化，中肋较为明显。

（4）蕨类植物。其叶大型，叶脉有多种类型。在叶的下面或边缘聚生着许多孢子囊群，或单独聚生成孢子囊穗。取蕨类羽叶观察叶脉和孢子囊群的分布情况，以及取蕨的原叶体观察，可见到幼小的新植物在母体上长大成形的情况。

2）裸子植物的观察

裸子植物的种子没有被果皮所包被，常见的裸子植物有：

（1）苏铁科。苏铁科的苏铁又称铁树，为棕榈状常绿乔木，茎不分枝，茎顶丛生大羽状复叶。

（2）银杏科。银杏科的银杏又称白果树或公孙树。为落叶乔木，枝条有长短枝之分，长枝上的叶为互生，短枝上的叶为丛生，叶为扇形，顶端分裂，具有二叉状平行叶脉。

（3）松科。松科的马尾松为常绿乔木，叶细长柔软，呈长针形，通常两个针叶组成一束，叶基具叶鞘，叶边缘有锯齿，果鳞背面扁平，鳞脐不突起，每个果鳞内含有两粒具翅的种子，它喜生于酸性土，是华南荒山主要造林树种之一。

（4）杉科。杉科的代表植物杉木为常绿乔木，叶为线状披针形，叶背具有两条白色气孔带，叶在茎上成螺旋状排列，在侧枝上常扭转为二列状，叶缘有细锯齿，顶端尖锐。球果有短柄，略为卵圆形，果鳞革质，黄褐色，尖头卵形，各果鳞有种子2～3粒；种子扁平，长圆形。杉喜生于不太寒冷和不过热的地区，为我国长江以南地区最重要的造林树种。此外，杉科的水松，为落叶乔木。叶有三型：有冬芽的小枝具鳞形叶，基部下延，冬季宿存；侧生小枝的叶为线状叶，两侧扁，常排列成羽状，冬季脱落；在萌蘖枝或幼枝上还有锥尖状叶，它比鳞片状叶长得多。雌雄同株，雄球花单生于枝顶，雌球花卵状椭圆形。球果倒卵圆形，种子基部有向下的长翅，它是一种孑遗植物。

（5）柏科。柏科的侧柏为常绿乔木。小枝扁平，分枝在一个平面上，鳞片状叶交互对生，紧贴在小枝上，具有腺点。球果卵圆球形，每个果鳞顶端有一反卷尖钩，每个果鳞含两粒种子，顶端一对果翅无种子，种子无翅。圆柏为常绿乔木，树冠呈尖塔形，具二形叶；针叶与鳞叶，针叶为三叶轮生，有两条气孔带；鳞叶交互对生。球果球形，紫黑色，具白粉。

3）被子植物的观察

被子植物的种子是被果皮所包围，可分为双子叶植物和单子叶植物。

a. 双子叶植物观察

（1）十字花科。取菜心、芥蓝、荠菜的植物或标本观察，首先观察其总状花序，其次取一朵花，放在培养皿中，观察十字形花冠；然后剔去相邻的两个花瓣，可见两个短雄蕊和四个长雄蕊，并观察其子房的位置，看是否上位子房；再取菜心的果实，看其是不是长角果，注意其形状，子房室数，如何开裂？胚珠多少？最后对比荠菜的短角果的标本，注意有何异同。

（2）樟科。取樟树或阴香作为樟科的代表植物。首先取枝条观察，注意叶片的叶脉如何分布？是否为三出脉？叶面有没有腺体？它们的枝叶是否有芳香味？然后取樟树花观察，可看到它的花较小，注意观察花被有多少个？有没有花冠与花萼之分？花被排成几轮？再将一朵樟树花放入解剖镜中仔细观察花被内的雄蕊数目与排列情况。雄蕊一般排成四轮。第一轮与第二轮雄蕊花药内向，第三轮雄蕊花药外向，并在花丝上有两个腺体。第四轮雄蕊退化。除退化的雄蕊外，其他各个雄蕊的花药均为四室，且瓣裂。将所有的雄蕊除掉，便可看到在花的中央有一个雌蕊，注意子房的位置，将它作一横切，看它有多少室？并观察樟树果的形态类型。

（3）豆科。苏木亚科的代表植物。取洋紫荆或黄槐的花进行解剖观察，注意花的构造。假蝶形花冠的排列，与菜豆或刺桐的花进行比较，看有什么区别？

蝶形花亚科的代表植物。取龙芽花、菜豆、刺桐的花各一朵，解剖观察花的各部。刺桐有五个不等大的萼片；五个覆瓦状排列的花瓣，上面最大的叫旗瓣，两侧两个互相分离的叫翼瓣，下面两个微结合的叫龙骨瓣。雄蕊和雌蕊包在龙骨瓣内，雄蕊十个形成二体，九个合为一束，一个分离。雄蕊由一个心皮构成，花柱上弯，内侧有毛。再取菜豆的果实进行观察，它是一个心皮构成的荚果，具种子数个，注意种子着生位置。

b. 单子叶植物观察

（1）百合科。取百合花一段，观察其三基数的花部，花萼三枚呈花瓣状，花瓣三片，与萼片交错排列；花药六个丁字形着生；雌蕊三枚，心皮合生，子房上位。三室，每室有胚珠多个，中轴胎座。果实为蒴果。

（2）禾本科。取小麦花序及花进行观察，其花小，而且与一般的花不同，它的花序（麦穗）的基本单位为小穗，小穗本身就是一个穗状花序，而麦穗是有很多小穗组成的复穗状花序。小穗以其侧面对向穗轴，取下一个小穗观察，最外两个是颖片，较下一个是第一颖片，即外颖片，较上一个是第二颖片，两个颖片之间包含着数朵花，通常两三朵花结实，顶端花退化。

从小穗上取下一朵花进行观察，外面较大而且长芒的一片，叫外稃，内面较小而成膜质透明的一片是内稃，在外稃和内稃之间包含三个雄蕊和一个雌蕊，雌蕊有两个羽状柱头。花柱很短，子房由两个心皮合成一室，内含种子一粒，在子房的基部有两个多毛的白色浆片。取小麦的果实进行观察，小麦的果实为颖果，通常所谓的“种子”实际是颖果。果皮和种皮合生，不易分开，由两个合生的心皮发育而成，内含种子一粒，胚位于基部，仅有一个子叶，种子的大部是胚乳，顶端还有一撮细毛，整个颖果，一面有沟，一面凸起。

三、实验结果与分析

对校园内常见的裸子植物、被子植物分别进行总结整理。要求明确每种植物的名称，所归属的科、属、种，生物学特征，主要经济价值。

第四节　植物与环境

实验九　植物组织细胞渗透势的测定

一、实验目的与要求

观察植物细胞的质壁分离现象，并了解其质壁分离的原因；掌握用质壁分离法测定植物组织的渗透势的方法，比较不同类型的渗透势。

二、实验内容

1. 实验仪器与材料

显微镜、温度计、载玻片、盖玻片、镊子、小培养皿、移液管、试管、细玻棒、吸水纸、1mol/L 蔗糖溶液、0.03%中性红染色液。

2. 实验观察内容及步骤

1）细胞的质壁分离

取 2～3 条水绵（或撕取洋葱表皮一小块）制作临时装片。先在显微镜下观察细胞的正常状态，之后吸取 1mol/L 蔗糖溶液少许于盖玻片一侧，在另一侧吸水，稍后观察，原生质就慢慢脱离细胞壁，这就是质壁分离现象，然后再加入蒸馏水，可以观察到质壁分离复原。

2）用质壁分离法测定植物组织的渗透势

植物组织渗透势对植物的水分代谢、生长及抗寒性具有重要意义。此法根据原生质是半透膜，细胞处于高渗溶液中产生质壁分离的原理，而求出细胞液与外液相等时的等渗溶液浓度，代入公式

$$\Psi_w = -RTic = -0.0083\times(273+t)\times c$$

式中，Ψ_w 为渗透势（atm）；R 为理想气体常数（R=0.0083MPa·L·K^{-1}·mol^{-1}）；t 为实验温度（℃）；c 为等渗浓度；i 为范托夫系数与等渗参数，蔗糖为 1。

（1）取备制好的浓度为 1mol/L 的蔗糖溶液，用蒸馏水在试管中稀释成浓度为 0.1mol/L、0.2mol/L，…，0.6mol/L 的溶液各 10mL，按表 7.5 配制。

表 7.5　蔗糖溶液浓度配制方法

稀释浓度/（mol/L）	0.1	0.2	0.3	0.4	0.5	0.6
1 mol/L 蔗糖溶液/mL	1	2	3	4	5	6
蒸馏水/mL	9	8	7	6	5	4

（2）取洋葱鳞茎、藓叶、菠菜及蚕豆等植物叶片，用镊子撕取表皮（藓叶用整个叶片）2～3 小块，浸入最高浓度溶液中，记好时间，5 分钟后再撕同种叶片浸入下一浓度溶液，依此类推，这样 25 分钟后 6 种浓度均已有切片浸入。注意不要让切片浮在水面，各培养皿应盖好防止水分蒸发。

（3）第一个浸片可在 25～30 分钟后制作临时装片（用同浓度溶液制片，不能用蒸馏水）在显微镜下观察细胞是否发生质壁分离，记录于表 7.6 中，5 分钟后观察第二个切片，这样连续进行，直到没有发生质壁分离为止。

表 7.6　质壁分离时间

植物名称	浓度	浸入时间	观察时间	质壁分离否
	0.6mol/L	15 点 0 分	15 点 25 分	显著
	0.5mol/L	15 点 5 分	15 点 30 分	显著
	0.4mol/L	15 点 10 分	15 点 35 分	有质壁分离
	0.3mol/L	15 点 15 分	15 点 40 分	角偶分离（轻度）
	0.2mol/L	15 点 20 分	15 点 45 分	无

以表 7.6 为例，细胞液浓度应在出现轻度质壁分离和未发生质壁分离两种溶液浓度之间，即为 0.25mol/L。如需要更精确测定，可以配置浓度在 0.2mol/L 到 0.3mol/L 之间不同的溶液，再重新浸泡切片观察结果。

（4）根据所测植物组织的等渗浓度，记录测定时的温度（℃），将所得的值代入上式求出其渗透势。可比较不同类型植物细胞渗透势的大小。

三、实验结果与分析

（1）试述植物细胞产生质壁分离的原因及研究质壁分离的重要意义。

（2）说明你所测定的植物组织渗透势的原理，并计算其结果。

实验十　植物的形态结构与环境的关系

一、实验目的与要求

观察不同水分生态类型植物的叶片形态构造，认识水分条件和植物的相互关系；通过对不同生态条件下的叶片和几种主要变态器官的观察，了解其生理功能和对环境的适应性，加深环境条件对植物形态结构影响的理解，增强保护环境的意识和拓宽生理生态研究的思路。

二、实验内容

1. 实验仪器与材料

仪器：解剖镜、显微镜、刀片、染色碟、镊子、毛笔、载玻片、盖玻片、解剖刀。

材料：各种生态环境条件下生长的叶，各种常见的营养器官变态的实物。

2. 实验观察内容

1）叶的生态类型

（1）旱生植物叶的构造。长期生活在干燥的气候和土壤条件下，能够正常保持生命活动的旱生植物，其叶片的结构特点主要是朝着降低蒸腾和贮藏水分两个方向发展。

取夹竹桃叶片进行徒手切片，装片置于显微镜下进行观察，或观察夹竹桃叶横切玻片标本（图 7.43）。夹竹桃是比较典型的旱生植物，其对环境的适应性变化主要有：表皮由多层细胞组成，角质层相当发达，气孔下陷成气孔窝，栅栏组织细胞的层次较多，海绵组织和细胞间隙不发达。叶脉稠密，机械组织发达，这些特点与适应干旱环境有关。

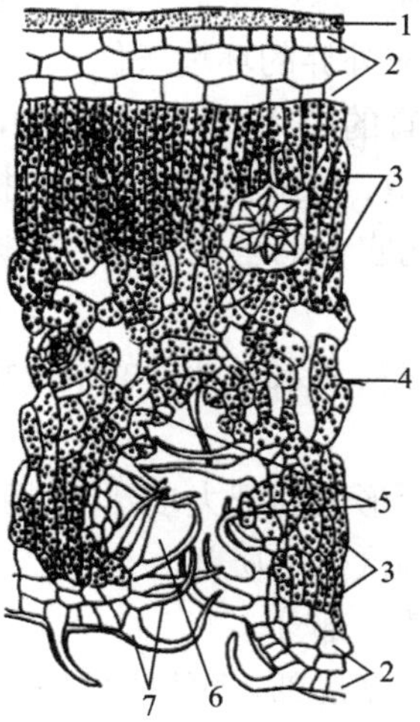

图 7.43 夹竹桃叶横切面的一部分

1.角质层；2.复表皮；3.栅栏组织；4.海绵组织；5.气孔；6.气孔窝；7.毛

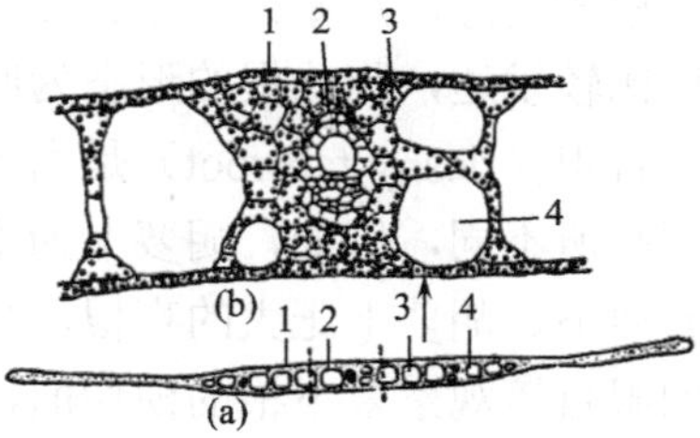

图 7.44 眼子菜属的菹草叶（*Potamogeton crispus*）

（a）叶的横切面；（b）叶片中部的一部分放大

1. 具叶绿体的表皮细胞；2.叶肉；3.退化的维管束（没有导管）；4.通气组织

取龙舌兰（或马齿苋叶）进行徒手切片置于显微镜下观察，可看到发达的薄壁组织，贮藏着大量水分。这些旱生植物的细胞保水力强，减少水分消耗，因此能够耐旱。

（2）水生植物叶的结构。水生植物可以直接从周围环境获得水分和溶解于水中的物质，但却不易得到充分的光照和良好的通气。在长期适应水生环境的过程中，水生植物的体内形成了特殊的结构，其叶片结构的变化尤为显著（图 7.44）。

取凤眼蓝（*Eichhornia crassipes*）叶片进行徒手切片，装片置于显微镜下观察。表皮细胞外壁不角质化，角质层薄或者无角质层，细胞内具有叶绿体，没有气孔。叶没有栅栏组织和海绵组织的分化，有较大的通气道，维管组织退化，机械组织不发达。

（3）阳生叶和阴生叶的构造。以榕树（或榆树）为例。取着生在树冠上部受阳光直射的叶片和生长在树冠下面荫蔽处的叶片分别进行徒手切片观察。

阳生叶片：阳光直射下，受光较强，所处环境干燥，表现旱生形态，一般叶厚而小，表皮细胞角质层较厚，栅栏组织典型，具有两层以上的细胞，海绵组织不发达，细胞间隙小，机械组织发达。

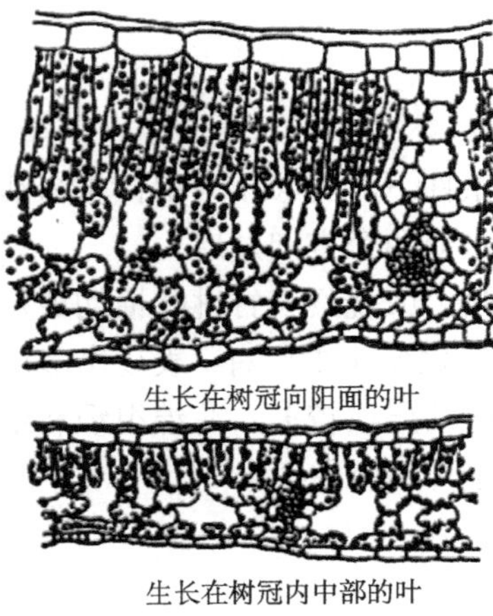

图 7.45　糖枫（*Acer saccharum*）的横切面

阴生叶片：由于生长于荫蔽环境中，一般叶大而薄，表皮细胞具有叶绿体，栅栏组织不甚明显，细胞间隙比较发达，叶绿体大，这些结构特点均有利于光的吸收和利用，能适应荫蔽环境（图 7.45）。

2）植物营养器官的变态

有些植物的营养器官在形态、结构和生理功能等方面发生了较大的变化，这种变化叫作变态。这是由于植物体在某些条件的影响下，这些器官改变其功能，获得另外的机能，引起与之相适应的形态变化。在长期的发展过程中，这些变态特性变得很稳定，一代代遗传下来，适应外界的环境条件。

观察有变态器官的图片、标本或实物，了解各类变态器官的主要类型、形态特征和功能，找出变态茎的节、节间、鳞片、顶芽、腋芽、不定根等，思考如何说明它们的茎的变态？根据什么特征判断茎卷须和叶卷须？如何区分叶刺和枝刺？

（1）根的变态。贮藏根（storage root）是指具有贮藏养料和水分功能的根，根中的薄壁组织一般比较发达，因此根的形态为肥大肉质。

肉质直根（fleshy tap root）是由主根或由下胚轴参与而形成的肥大多汁的贮藏根。其肥大的成因有所不同，例如，胡萝卜为次生韧皮部，而萝卜为次生木质部。

观察萝卜、胡萝卜肥大的直根，分辨出根、下胚轴和茎三部分。

用肉眼直接观察萝卜根的横切面，区分皮层、木质部和韧皮部，可以发现萝卜根的木质部特别发达，取木质部一部分进行徒手切片，装片观察，可发现其木质部中导管比一般植物导管少，而大部分是木薄壁细胞（这是由于额外形成层活动产生的）它起了贮藏作用。

用肉眼直接观察胡萝卜根的横切面、区分皮层、木质部和韧皮部。同时可以发现胡萝卜的木质部较少，而韧皮部特别发达，即次生韧皮部较多。

块根（root tuber）是由不定根（营养繁殖的植株）或侧根（实生苗）经过增殖生长而成的肉质贮藏根。因此，在一株上可形成多个块根。另外，它的组成不含下胚轴和茎的部分，而完全由根的部分构成。而其在未膨大以前与一般吸收根相同，膨大成为块根以后，皮层很少，并在表皮下形成木栓组织，块根的形成主要是由于额外形成层活动，形成大量薄壁组织，这些额外形成层首先在每个原生木质部导管周围产生，其次在后生木质部导管周围及次生木质部里面产生，再次是在与维管束无关的薄壁细胞中产生。主要目的是增加细胞的数目。

观察一株甘薯的根，一株上有大小不等的若干块根，同时也能见到尚未膨大的根。

观察甘薯横切面永久制片，了解皮层、韧皮部、木质部形成和膨大的根。

气生根（aerial root）是生长在地面以上空气中的根，因作用不同，常见的有以下几种。

支柱根（prop root）：从地面的茎节上长出向下生长的不定根，穿入土壤中，具有支持和吸收功能，成为植株的辅助根系，这种根被称为支柱根。观察玉米靠近地表的几个茎节上产生的不定根和榕树从枝上产生的下垂的气生根。

攀援根（climbing root）：茎上着生的气生根，具有攀援功能，用以攀援向高处生长，这种气生根称为攀援根，像爬山虎、薜荔、络石等就是靠这种不定根，以固着在其他树干、山石或墙壁的表面而攀援向上生长。

呼吸根（respiratory root）：营呼吸作用的根，像海边沼泽地生长的桐花树、秋茄、白骨壤等，都有一些垂直向上生长而伸出地面的根，其上有丰富的呼吸孔与大气相通，以适应土壤中缺乏空气的环境（图 7.46）。

寄生根（parasitic root）：用来从寄主的器官或组织中吸取营养物质的特殊器官。观察菟丝子植株，其以茎紧密地曲旋缠绕在寄主茎上，叶退化成鳞片状，不能行光合作用，营养全部依靠寄主，而以突起状的根伸入寄主茎的组织内形成吸器，从寄主体内吸取水分和有机营养（图 7.47）。

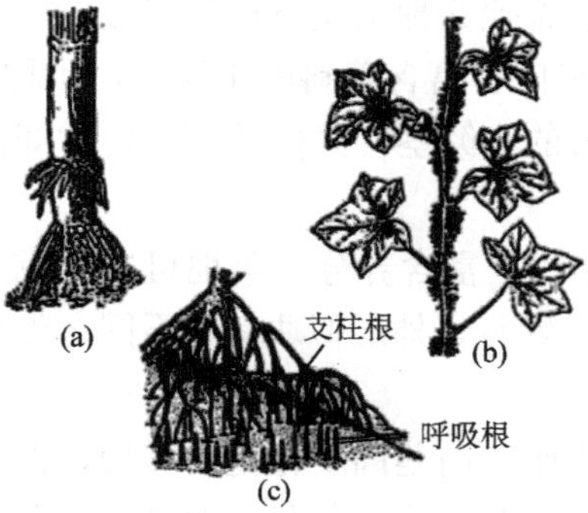

图 7.46 根的变态（胡宝忠，2002）

（a）玉米的支柱根；（b）常春藤的攀援根；（c）红树的支柱根和呼吸根

图 7.47 根的变态

（a）菟丝子的幼苗；（b）菟丝子寄生在柳枝上

（2）茎的变态。茎和根一样，长期受周围环境的影响，产生了变异。变态的茎无论怎样改变，总有茎的固有特征。即有节和节间之分，在节上有退化为鳞片状的叶子，或是叶子脱落留下的叶痕，在叶腋还有腋芽，以这些特征可与根区别。茎的变态主要有以下几种。

地上茎（aerial stem）：着生于地面的变态茎，变态着生于产生枝和分枝的部位（图 7.48）。

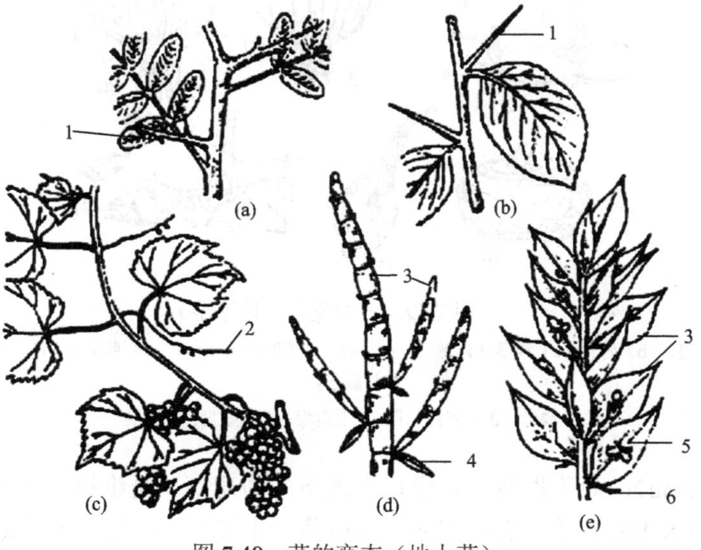

图 7.48 茎的变态（地上茎）

（a）、（b）茎刺[（a）皂荚；（b）山楂]；（c）茎卷须（葡萄）；（d）、（e）叶状茎[（d）竹节蓼；（e）假叶树]

1.茎刺；2.茎卷须；3.叶状茎；4.叶；5.花；6.鳞叶

茎刺（stem tendril）：茎转变为刺，观察石榴、山楂、酸橙或梨的茎上的刺，其着生于叶腋，有时还长分枝和叶，其木质部与茎的木质部相连不易折断。强力折断后的折断面参差不齐，这与蔷薇茎上的皮刺有显著不同。

茎卷须（stem tendril）：茎呈细丝状，不能直立，侧枝变成卷须，称为茎卷须或枝卷须。葡萄的卷须生长在产生花枝的相应位置，而南瓜或黄瓜的卷须则生于叶腋。这与着生在长叶位置上的卷须（即叶卷须不同）。

叶状茎（也称叶状枝，phyllioid）：茎转变成叶状，扁平呈绿色，可代替叶行光合作用，而这些植物的正常叶退化。如竹节蓼的茎，粗看像叶，但是有节，表明是枝（茎）变态。还有假叶树，这类植物由于茎（枝）扁化呈叶状，有些学者把这种茎变态称为扁化茎。

小鳞茎（bulblet）：呈小球形变态地上茎，具肥厚多肉、富含养料的小鳞片，也称珠芽。例如，百合地上枝的叶腋内，常形成若干紫色的椭球形的小鳞茎，其生长到一定时间，离开母体，在适合条件下，可发育成新植株，这就是珠芽。

小块茎（tubercle）：也称肉芽，腋芽常长成肉质小块，富含养分，落地可发育成为新植株。薯蓣（山药）、秋海棠的腋芽常长肉质小块，但不具鳞片，外形似块茎，不同之处是形较小，是地上茎的变态。

肉质茎（fleshy stem）：茎肥大肉质。有的叶退化为刺，而茎肉质行光合作用，例如，仙人掌科植物茎肥大变为球形、柱形、扁圆形等多种形状，茎多汁；莴苣、榨菜、球茎甘蓝等茎肥大，贮藏大量水分和养分，都是肉质茎一种。

地下茎（subterraneous stem）：茎通常生在地上，生在地下的茎与根相似，但由于仍具茎的某些特征，故不难和根区别开（图 7.49）。

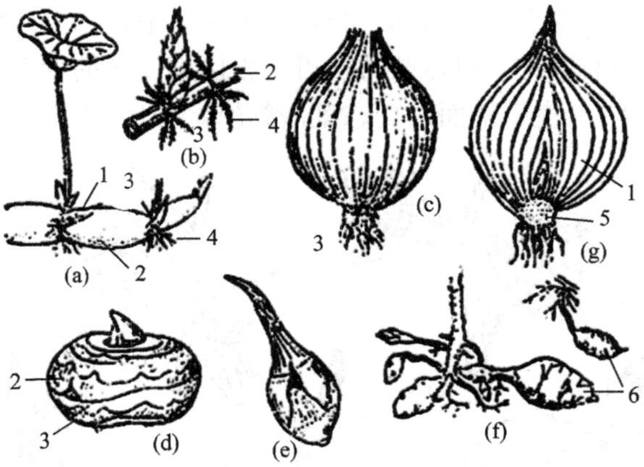

图 7.49　茎的变态（地下茎）

(a)、(b) 根状茎[(a) 莲；(b) 竹]；(c) 鳞茎（洋葱）；(d)、(e) 球茎[(d) 荸荠；(e) 慈姑]；(f)、(g) 块茎[(f) 菊芋；(g) 甘露子]

1.鳞叶；2.节间；3.节；4.不定根；5.鳞茎盘；6.块根

根状茎（rhizome）：简称根茎，是横走于地下的葡萄茎。是维持多年生和营养繁殖的一种生长方式。许多禾本科植物具有根状茎。如白茅、绊根草、芦苇、狗牙根、竹等的根状茎，蔓生于土壤中。多呈圆柱形，细长肉质，一般贮有丰富养料。具有根的特征，但又有节、节间及节上长鳞片叶等茎的特点。此外，姜、菊芋的根状茎肥短而为肉质，莲的根状茎称为莲藕，其中有发达的气道与叶相通。

块茎（tuber）：其茎甚短，多肉而膨大，呈不规则的块状，为贮藏养分的地方，块茎表面有芽眼，其内有芽，马铃薯的薯块顶端有顶芽，四周有许多“芽眼”作螺旋排列。每个“芽眼”内有几个芽。每个芽眼所在处实际上即相当于茎节，螺旋线上相邻的两个芽眼之间即为节间，可见它实际上是节间短的变态茎。

鳞茎（bulb）：一种呈球形或扁球形的变态地下茎，其上部丛生许多肥厚多肉、富含养料的鳞片叶。它是洋葱、水仙花、葱等多种单子叶植物的一种营养繁殖器官。观察洋葱鳞茎最中间的基部，为一个扁平而节间极短的鳞茎盘，其上生有芽，将来可发育为花序。四周有肉质鳞片重重包围着，它们储存着大量的营养物质。肉质鳞片叶之外，还有几片膜质的鳞片叶保护，这两种鳞片都是叶的变态。叶腋有芽，鳞茎盘下端产生定根，可见鳞茎是一个节间极短的地下茎的变态。

球茎（corm）：球茎是肥而短的地下茎，荸荠、慈姑的球茎由根状茎顶端发育而成，芋的球茎由基部发育而成。他们顶端都有粗壮的顶芽，有时还有细小幼嫩的绿叶生于其上，节与节间明显，节上有干膜状的鳞片叶和腋芽。球茎贮藏大量营养物质，为特殊的营养繁殖器官。

（3）叶的变态。叶和根、茎一样，在周围环境的长期影响下，也同样出现多种变态（图 7.50）。

苞叶（bract）和总苞（involucre）：生长在花下面的那种特殊叶叫苞叶；苞叶数多而聚生在花序外围的，总称为总苞。苞叶和总苞有保护花芽和果实的作用。向日葵头状花序周围的绿色的叶状结构就是总苞，玉米雌花序外面紧紧包围着的绿色结构，是由多层苞叶组成的。

鳞叶（scale leaf）：叶的功能特化或退化成的鳞片状结构。

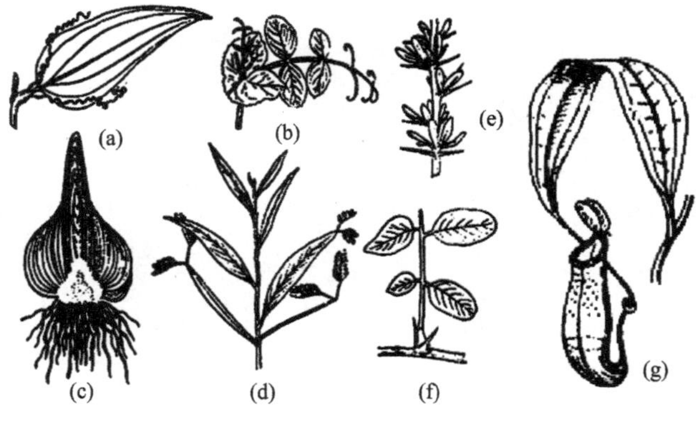

图 7.50 叶的变态

（a）、（b）叶卷须[（a）菝葜；（b）豌豆]；（c）鳞叶（风信子）；（d）叶状柄（金合欢属）；（e）、（f）叶刺[（e）小檗；（f）刺槐]；（g）捕虫叶（猪笼草）

叶卷须（leaf tendril）：有些植物的叶的一部分转变成为卷须，适于攀援生长。豌豆的羽状复叶，先端的小叶变成卷须。菝葜的托叶变成卷须，以卷须缠绕在其他物体上，向上生长，使自身能充分接受阳光。

捕虫叶（insect catching leaf）：变为一种特殊的形态，用以捕获虫类的叶。具捕虫叶的植物，称为食虫植物或肉食植物。食虫植物一般具有叶绿体，能进行光合作用，故植物总有部分呈绿色。茅膏菜（*Drosera peltata* var. *multisepala*）的捕虫叶呈半月形或盘形。上表面有许多顶端膨大，并能分泌黏液的触毛，能粘住昆虫，同时触毛能自动弯曲，包围虫体并分泌消化液，将虫体消化并吸收。

叶状柄（phyllode）：叶片发达或无，叶柄扁平呈叶状而代替叶片机能的叶柄。台湾相思树叶，呈到披针形，肉眼能看到内有许多纵行的“叶脉”，没有侧脉，经发育研究和解剖分析，这是叶柄变态而成的叶，其原来的叶片完全退化了。

叶刺（leaf thorn）：由叶或叶的部分（如托叶）变成的刺状结构。

叶的全部变成的刺，刺位于叶着生位置，叶刺腋（即叶腋）中有芽，以后发展成短枝，枝上具正常的叶，如小檗。

叶的部分（如托叶）变成的刺，刺位于叶的茎部托叶位置上，如洋槐、刺槐等。

三、实验结果与分析

（1）以简图绘出旱生和水生植物叶的结构特点。

（2）列举日常生活中或校园内看见的具营养器官变态的植物。

（3）利用你学过的实验技术，从形态学角度，设计一个试验，为环境形态（或生理形态）方面提供资料。

第八章　地图学实验

第一节　概　　述

一、课程简述

“地图学”课程是地理科学类专业基础课程，既是一门综合性学科，又是一门技术性很强的应用课，地图是地理学的第二语言。地图学是以地图信息传递为中心的，探讨地图的理论实质、制作技术和使用方法的综合性科学，因此，地图学的任务是系统传授先进、实用的地图学知识与技能，培养学生地理现象抽象、空间认知与思维、地图表达的能力，为专业后续课程的学习打下坚实的基础。

课程由地图学理论和地图学实验两部分组成，主要介绍地图理论及地图制作方面的基础知识，主要包括地图的数学基础、地形图的应用、地图的概括、地图的表示、地图符号及专题地图的编制等方面的内容。这门课的学习，应使学生熟练掌握地图学理论知识，并运用现代化的教学手段，真正培养学生的动手能力和用图能力，使学生掌握地图应用与制作方面的基本知识和技能。

二、课程实验的重要性

为了进一步掌握和深化“地图学”课程的基本理论和知识，掌握地图的数学基础、地形图的应用、地图的表示、地图符号、专题地图编制的基本方法和技能，进行实践及创新学习的训练，需要配套相应的实验课程帮助学生理解和掌握地图学的相关理论、方法和技术。通过一系列实验训练，一方面，综合应用地理学基础知识，达到融会贯通的目的；另一方面，用基础知识来解决实际问题，培养学生的科研能力，进而提高学生的创新意识、创新思维和创新能力。

三、主要实验构成

结合“地图学”课程学习任务、学习内容及学习方法，根据地理科学专业培养方案，地图学实验由三部分组成。第一部分为地图基础理论实验，包括用几何投影法绘制正轴方位投影、墨卡托投影图上等角航线与大圆航线的绘制；第二部分为地图分析与应用，包括地形图量测（坐标、长度、坡度量测）、地形图量算（面积量测）、地形图阅读、地形图的分幅和编号；第三部分地图制图，包括手绘专题地图和电子绘制专题地图。所有实验包含了地图学的数学基础、地形图的应用、地图的概括、地图的表示、地图符号及专题地图的编制等主要内容，进一步加深了学生对“地图学”基础理论的认识，培养了学生用地图来解决实际问题的能力，提高了学生的动手能力和科研实力。

第二节　地图基础理论实验

实验一　用几何投影法绘制正轴方位投影

一、实验目的与要求

理解地图投影的构成、各种变形的存在及计算分析方法。

按 R=6371km；比例尺为 1∶6000 万；θ为投影斜坐标轴 $O'X'$和 $O'Y'$的夹角；制图范围 φ：30°N～90°N，λ：90°E～90°W，λ_0=180°，$\Delta\varphi_0=\Delta\lambda$=15°绘制正轴球心方位投影经纬网，并从地球仪上转绘相应区域大陆轮廓，计算、量算分析投影变形性质（图 8.1）。

二、实验内容

1. 实验仪器

五件套绘图仪、三角板、地球仪、计算器、铅笔、图板、绘图纸、碳素墨水等。

2. 实验步骤

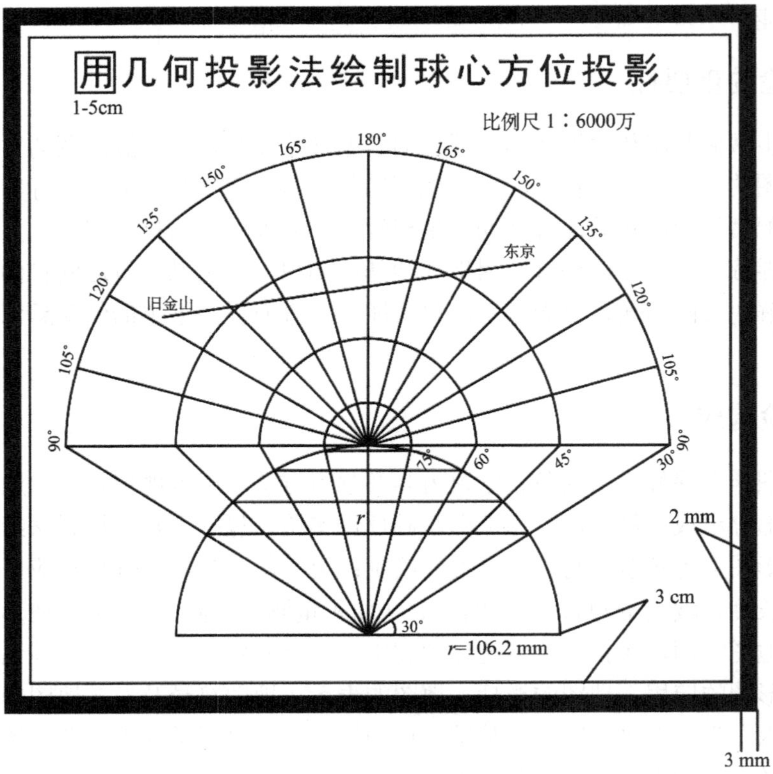

图 8.1　用几何投影法绘制球心方位投影

$$\rho_{\varphi}=r\tan(90^\circ-\varphi)\begin{cases}\rho_{30^\circ}=r\tan(90^\circ-30^\circ)\\ \rho_{45^\circ}=r\tan(90^\circ-45^\circ)\\ \rho_{60^\circ}=r\tan(90^\circ-60^\circ)\\ \rho_{75^\circ}=r\tan(90^\circ-75^\circ)\end{cases}$$

（1）绘图纸横向放置，在离底边1.5cm处绘一水平直线代表赤道位置。

（2）以赤道线中点为圆心，以 $r=\frac{R\text{cm}}{M}$ 为半径画一个半圆代表北半球，其中 M 为比例尺的分母。

（3）过弧顶（北极N点）作赤道线的平行直线（切线）代表投影面。

（4）按 $\Delta\varphi=15^\circ$ 等分圆弧，并从 $\varphi=30^\circ$ 起连接地心和各分点，再延长交投影面得各纬线投影半径 ρ（ρ 值可以通过图形计算而得，然后连接地心与各 ρ 值端点）。

（5）分别以切点为圆心，以各 ρ 为半径画半圆得制图区域及各纬线。

（6）仿照（4）的部分作法画出各经线，然后标出各经纬线注记。

（7）利用经纬线网格通过目估法从地球仪上勾绘大陆轮廓。

（8）上方写实验名称，下方写年级、专业、学号、姓名。

三、实验结果与分析

如图8.2所示，取图上纬度30°～45°（也可选纬度45°～60°或60°～75°）的任一个球面形，从其中心点分别量测或计算经纬线长度ds′；然后再分别计算（推算）地球仪（正球体）上相应经、纬线长度ds，从而计算经线长度比 m 和纬线长度比 n。最后根据投影条件，判断分析该投影变形性质。

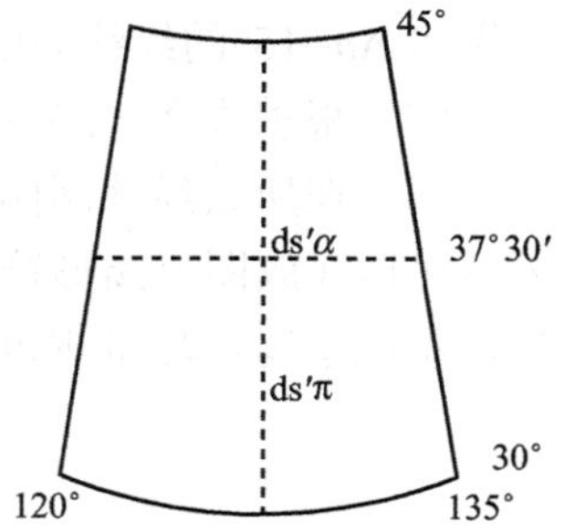

图8.2　几何投影变形性质

如果 $m=n$，$\theta=90^\circ$，则为等角投影；$mn\sin\theta=1$，则为等积投影；上述两种情况之外，则为任意投影。

实验二　墨卡托投影图上等角航线与大圆航线的绘制

一、实验目的与要求

掌握正轴圆柱投影经纬网建立的方法，并通过在该图上转绘世界大陆轮廓，绘制等角航线与大圆航线，深入理解地图投影的实质，加深对墨卡托投影性质的理解。

二、实验内容

1. 实验仪器与材料

图板、直尺、五件套绘图仪、点规、计算器、绘图纸等。

2. 实验步骤

规定制图比例尺为1∶6000万；地球半径 R=6371km；制图范围为经度：0°～λ_E180 °λ_W180°，纬度：φ_S75°～φ_N75°；经纬网密度 $\Delta\varphi=\Delta\lambda=15^\circ$。

（1）根据公式 $y=\dfrac{R\cdot\lambda}{M}$ 计算赤道周长，从而确定东西向内图廓尺寸。

（2）根据公式 $x=\dfrac{R}{0.43429}\lg\tan\left(45^\circ+\dfrac{\varphi}{2}\right)$ 计算，填入表 8.1，根据赤道周长，y 值和 x 值可确定图幅内图廓尺寸。

表 8.1　图幅内图廓尺寸

φ	0°	15°	30°	45°	60°	75°
x/cm						

（3）在图纸上规划，安排图幅位置，并绘出内图廓。注意：上下图边预留图名位置；内外图廓。

（4）在内图廓南北中点绘出赤道，将其二十四等分，在各等分点作垂线交南北图廓得各经线，并标注经度，注意对照资料图。为了便于从现存资料（时区图）上转绘大陆轮廓，再分别将 $\Delta\alpha$=15°的经线间隔两等分。

（5）根据步骤（2）中计算的 x 值，绘出各纬线。

（6）在所绘经纬网图上，根据地球仪、资料图转绘世界大陆轮廓、岛屿、主要河流、主要居民地（成图上圈形符号必须用点规）。注意，字格应为 5～7mm，排列规范，字体大小一致，不能草写，尽量规范。

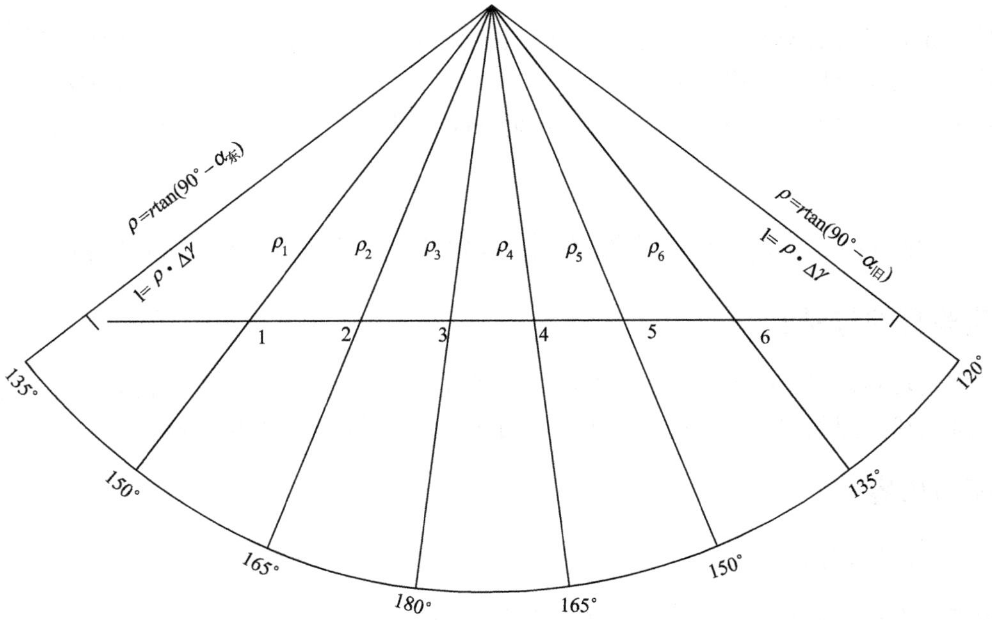

图 8.3　大圆航线

（7）在图上用直线连接东京（α 36°11′N，λ 139°27′E）和旧金山（α 37°30′N，λ 122°24′W），即为等角航线。

（8）在球心方位投影图上，按下列图示计算和量取相应数字，定出东京和旧金山的位置，并用直线连接，即为两点间的大圆航线（图 8.3）。

（9）在上图中量取 ρ_1～ρ_6，然后根据下式计算 1～6 各交点的纬度，如图 8.4 所示。

$$\because \rho_i = r\tan（90°-\alpha）r\cdot c\tan\alpha$$

$$\therefore \alpha_i = \text{arc } c\tan\frac{\rho_i}{r} \text{ 或 } \alpha_i = \text{arc } \tan\frac{r}{\rho_i}$$

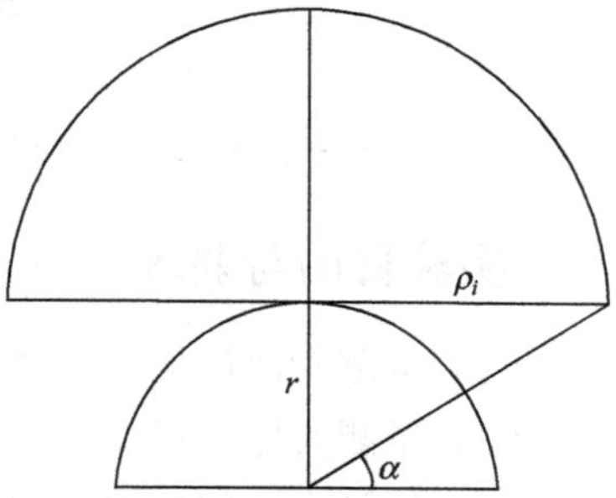

图 8.4　纬度计算示意图

（10）根据步骤（9）计算的 α_i 和直读的经度 λ，将大圆航线转绘到墨卡托投影图上。方法：分别将各 α_i 代入 $x_i = \dfrac{r}{0.43429}\lg\tan\left(45° + \dfrac{\alpha_i}{2}\right)$ 中，求得 x_i，填入表 8.2（比例尺 1∶6000 万）。

表 8.2　转绘表

	1	2	3	4	5	6
α_i	41°17′31″	46°9′4″	48°28′58″	48°38′04″	47°03′46″	43°5′33″
x/mm	84.2	96.6	103.01	103.4	99.1	88.7

然后，在墨卡托投影图上沿相应经线从赤道开始量取各 x_i 值，得各 α 点，最后，将各点连接成平滑曲线便得大圆航线。

（11）根据东京和旧金山的地理坐标，计算大圆航线长度（1 海里=1.852 公里）。计算公式为

$$\cos\alpha = \cos（90°-\alpha_1）\cos（90°-\alpha_2）+ \sin = \cos（90°-\alpha_1）\sin（90°-\alpha_2）\cos\Delta\lambda$$

距离 $D = R\cdot\alpha$

$$= 6371 \times \alpha \times \frac{\pi}{180}（公里）$$

$$= R\cdot\alpha/1.852（海里）$$

（12）整饰：→　上墨
图名
图廓
比例尺
专业、年级、学号、姓名

三、实验结果与分析

投影变形性质已定，不再分析。主要分析、评价自己对所绘图的满意度及体会。

分析、评价内容包括以下方面：①图幅位置与纸张大小安排恰当；②图边预留；③图名位置、规范；④内外图廓；⑤大陆轮廓勾绘；⑥注记书写。

第三节　地图分析与应用

实验三　地形图量测（坐标、长度、坡度量测）

一、实验目的与要求

（1）量测大比例尺地形图上若干指定地面点的平面直角坐标和地理坐标；

（2）量测大比例尺地形图上若干地物点间的直线长度和曲线长度；

（3）量测大比例尺地形图上若干指定方向的等高线之间的坡度；

（4）通过具体量测，掌握运用手工方法及计算机方法在地形图上进行量算的基本技能，为正确应用地图打下基础。

二、实验内容

1. 实验仪器与材料

直尺、三角尺、两脚规、曲线量测仪、计算器、计算机、制图软件。

由教师选择 1∶2.5 万或 1∶1 万地形图，进行指定点位的坐标、长度及坡度的量测。

2. 实验原理与方法

地图量算，就是在地图上按一定方法进行量测，计算出各种现象的数量特征，并评价所得结果的精度。在地图上可以量测各种物体的坐标、长度、面积、坡度、体积等。量测可以用手工方法，也可用仪器和计算机方法进行。影响量测精度的因素有地图比例尺、地图投影、地图概括等。

1）测定地面点的地理坐标和平面直角坐标

地图上的坐标系统分为两种，即地理坐标系和平面直角坐标系。

地理坐标:确定地球表面上某点位置的经度和纬度数值，就是该点的地理坐标。

在大于或等于 1∶25 万的国家基本地形图上，只在内图廓与外图廓之间绘出每 1′间隔的短线构成分度带。按分度带的对应连接即可构成经纬网，而在 1∶50 万地形图上则要直接绘出地理坐标网。地理坐标是世界各国通用的。例如，知道了地理坐标为 49°31′N，124°31′E，就可以从图上找到这个位置。反之，找到了图上位置，也可以求出这一点的地理坐标。

平面直角坐标:由于经纬线在图上多是弧线，不便于图上作业，更不便于距离和角度的换算，因此，在大比例尺图上都绘有平面直角坐标网。

平面直角坐标，是由两条垂直相交的直线建立起来的坐标系统。纵线为纵轴，以 X 表示；横线为横轴，以 Y 表示；两直线的交点为坐标原点，以 O 表示。确定某点的位置时，以该点到横轴的垂直距离为纵坐标（X），到纵轴的垂直距离为横坐标（Y）。并规定，X 值在横轴以上的为正，以下的为负；Y 值在纵轴以右的为正，以左的为负。如甲点的坐标 X=250，Y=300。用这种方法确定点位的，就叫平面直角坐标法。平面直角坐标值是以 km 和 m 为单位的。

我国地形图上的平面直角坐网，是按高斯投影构成的。高斯投影以 6°为一带，每个投影带的中央经线是直线，与中央经线相垂直的另一条直线是赤道。地形图上的平面直角坐标，就是以中央经线为纵轴（X），以赤道为横轴（Y），其交点为坐标原点（O），这样，每个投影带便构成一个坐标系。我国领土位于赤道以北，所以纵坐标 X 值均为正值；横坐标 Y 值，位于中央经线以东的为正，位于中央经线以西的为负。为了计算方便，消除负数，又将横坐标 Y 值均加上 500km 常数（即等于将纵轴西移 500km），横坐标以此纵轴起算，则 Y 值均为正。

因为一个投影带的范围很大，分的图幅也很多，为能迅速确定点的坐标，制图时，就用平行线的办法，以 1km 或 2km 为单位，分别作中央经线和赤道的平行线，构成正方形方格网，叫作平面直角坐标网，在 1∶5 万地形图上，每个方格的面积是 $1km^2$，所以又叫方里网。

图上平面直角坐标的注记：地图上纵向的线（即中央经线的平行线），都叫纵坐标线，它的长度数值是由南向北增加的，注记（公里数）在左右图廓间。

地图上横向的线（即赤道的平行线），都叫横坐标线，它的长度数值是由西向东增加的，注记（公里数）在上下图廓间。

平面直角坐标网的作用，主要是指示目标和确定目标在图上的位置，也可以估算距离和面积。利用坐标指示目标时，可以用概略坐标，也可以用精确坐标。反之，用同样的方法，知道了坐标值，也可以确定目标点在图上的位置。

（1）测定平面直角坐标，首先查出某点 p 所在直角坐标的公里格网，并计算出该公里格网西南角点 A 的坐标（x_A, y_A）；然后过待测点 p 作平行于 x 轴和 y 轴的直线，分别在公里网西、南两边得两交点（图 8.5），用两脚规分别截取该两点至本公里网西南角点 A 的距离，并放置于图上直线比例尺读出距离，得到测点 p 在此公里网的坐标增量（Δx，Δy），最后按下式计算出待测点的坐标值。

$$x_i = x_A + \Delta x_A$$

$$y_i = y_A + \Delta y_A$$

（2）测定地面点的地理坐标，首先找出待测点 p 在地形图上的位置，相对应地联结其附近的经、纬度短线，形成经纬网格 $ABCD$，并读出待测点 p 所在经纬网格西南角点 A 的地理坐标值 $\lambda_A\varphi_A$；然后确定 p 点到它所在经纬网西、南两边垂线长度的相应秒值。为此，可用两脚规量取 p 点所在方格的长边 CD 和宽边 AD（相当于 1″ 的经线长和纬线长），同时，量出 p 点至西、南两边垂线长 p_m 和 p_n（图 8.5）。根据下述比例关系，算出该点 p 的增量

$$\Delta\lambda''_p = \frac{p_n}{AD}\times 60''$$

$$\Delta\varphi''_p = \frac{p_m}{CD}\times 60''$$

式中，$\Delta\lambda$ 和 $\Delta\varphi$ 分别为 p 点到所在方格西、南边的垂线长所代表经差和纬差的秒值。

则待测点 p 的地理坐标值为

$$\lambda_p = \lambda_A + \Delta\lambda_p$$

$$\varphi_p = \varphi_A + \Delta\varphi_p$$

2）长度量测

直线量测比较简单，其量测方法通常为以下两种。

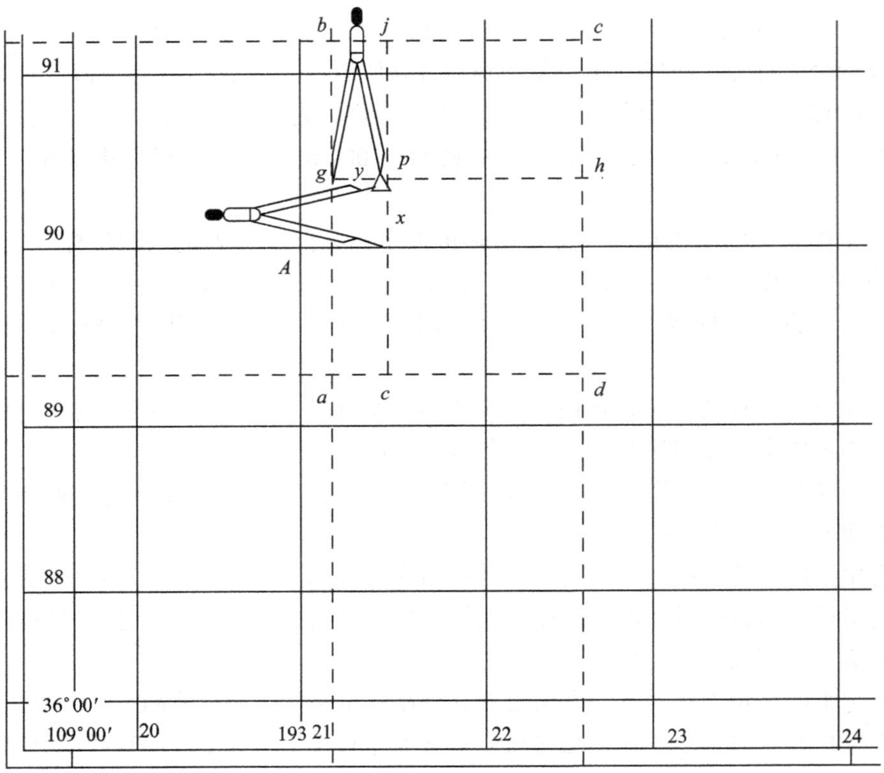

图 8.5　点的平面直角坐标求算（蔡孟裔等, 2000）

（1）根据两点的坐标，利用解析几何中计算两点距离的公式计算。

$$L=\sqrt{(X_B-X_A)^2+(Y_B-Y_A)^2}$$

（2）用直尺、两脚规或计算机直接量测，按地形图比例尺换算成实地长度。

曲线（河流道路、岸线等）的量测，可有以下两种方法。①用曲线逼近的方法。即曲线转化为多段直线求和的方法，当曲线变化较小时，可划分为不等距的近似直线量测；当曲线复杂、变化较大，可划分为等距的线段（如 2mm）作为近似直线量测。②采用曲线量测仪（图 8.6）进行。在使用曲线量测仪时，要选择适合地图比例尺的分划盘，并检验曲线量测仪。可利用所量测地形图上的公里网或直线比例尺做试验基础，用曲线仪反复量测若干次，以确定曲线仪上的每一分划是否代表实地距离的整公里数。用曲线量测仪沿所量测线小心地往返四次量测，然后取其算术平均值。现在，已较少采用这种仪器进行曲线量测。

3）坡度量测

地面坡度与等高线间的水平距离存在一定的函数关系，已知地面两点的高差（h）和水平距离（D）即可求出地面坡度（a）

$$\tan a=\frac{h}{D}$$

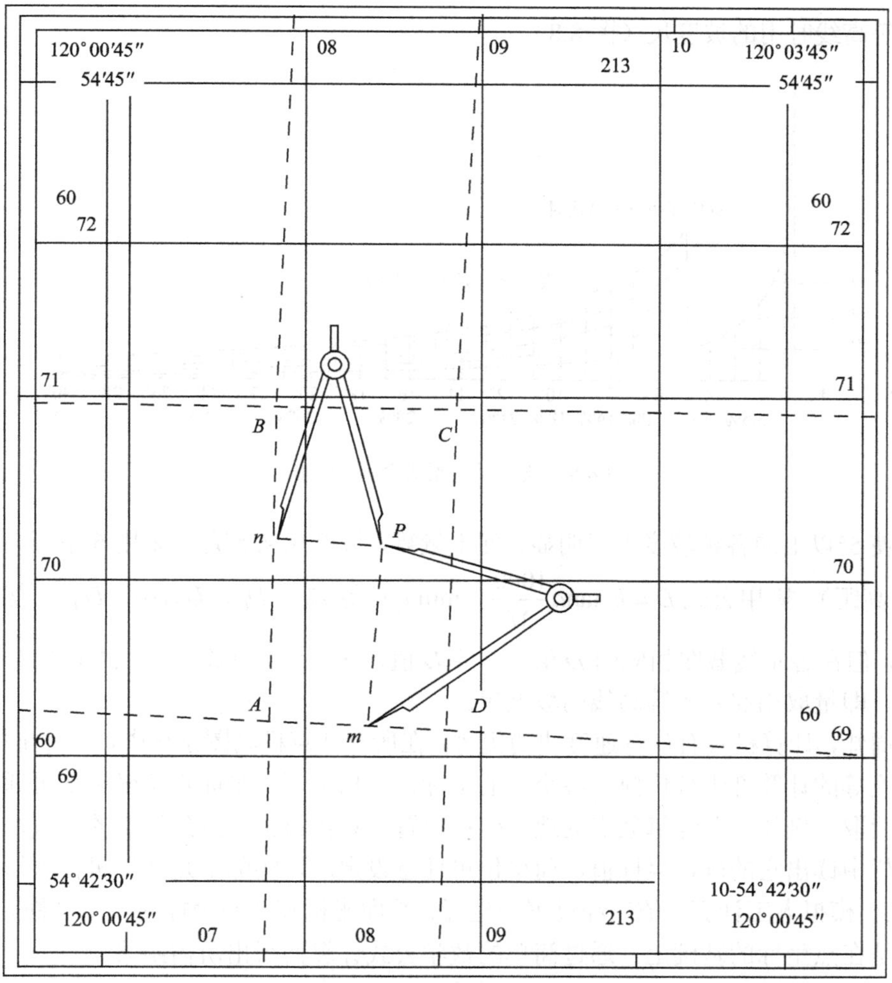

图 8.6　地理坐标量算（蔡孟裔等, 2000）

在实际工作中常会遇到坡度问题，因此，大比例尺地形图南图廓下面均绘有坡度比例尺，应用时只需用它直接量取坡度（图 8.7）。坡度尺底线上所注度数是斜坡的坡度；垂直于底线的直线是依比例尺求出的水平距离。

坡度尺的制作步骤如下。

（1）根据公式 $D = hc\tan a\frac{1000}{M}$（mm），其中 D 为等高线间的平距；h 为地面两点间的高差；M 为地图比例尺的分母，和查取 a=1°，2°, 3°，…，30°的函数值，求得相应的 D_{1°，D_{2°，D_{3°,…，D_{30° 的水平距离。

（2）绘一水平横线作坡度尺的基线，并按 2mm 等分。

（3）过各等分点作基线的垂线，并依次截取 D_{1°，D_{2°，$D_{3^\circ}\cdots$ 的值。

（4）将所截垂线的各端点连成平滑的曲线，即制成

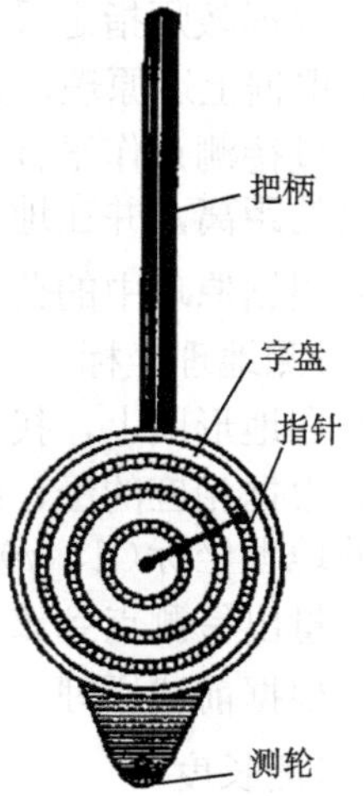

图 8.7　曲线量测仪（蔡孟裔等, 2000）

相邻两条等高线时用的坡度尺（图 8.8）。

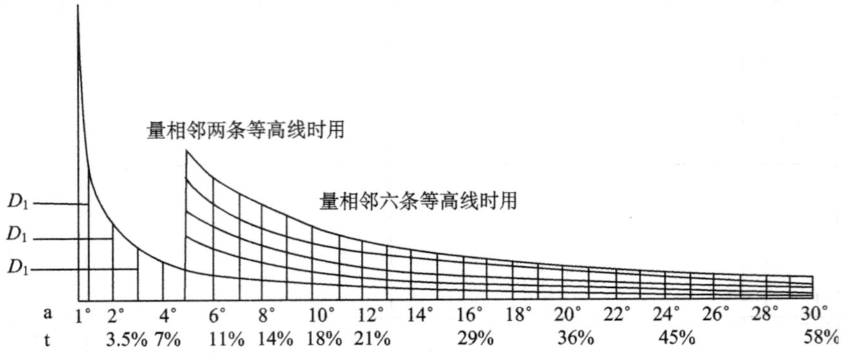

图 8.8 坡度尺（蔡孟裔等, 2000）

为了使 5°以上的各种坡度表现明显，便于量算，坡度尺从 5°起，采用 6 条等高线的高差（5 倍于等高距），则用公式 $D = hc\tan a\dfrac{1000}{M}$（mm）计算 $D_{5°}$，$D_{6°}$，$D_{7°}$，…，$D_{30°}$，然后按上述方法制作，但在各垂线截取相应的 D 值后，各 D 值需 5 等分，并将各垂线相应的分点连成光滑的曲线，即量取相邻 6 条等高线的坡度尺。

众所周知，计算机具有计算速度快的优势，在所有计算机制图系统中，各种坐标、长度、面积、角度等的计算都十分快捷。各个点的坐标，包括地理、平面直角坐标都可通过参数设置来直接读取。例如，要计算某点的地理坐标位置，只需将鼠标点到该点的位置，即可在系统的状态栏中读出它的确切坐标值，而单位可任意设定。这实际上是计算机在很短的时间内（很难觉察）模拟人工计算，依次经过屏幕坐标、平面坐标和地理坐标的换算过程。长度、角度、面积是在点坐标的基础上，通过简单的数学公式计算而得出所需结果。

3. 实验步骤

1）量测平面直角坐标

（1）根据教师指定采用的地形图，找出待测点数个。

（2）根据上述原理，查出各点所在的坐标方格，并读出该方格西南坐标点的坐标值 x_i,y_i。

（3）过待测点作平行 x 轴和 y 轴的直线，分别在西、南两边得两交点，量取这两点至西南端原点的距离，并在地形图直线比例尺上读出数值，即得方格网的坐标增量 $\Delta x \Delta y$ 。

（4）根据原理中的公式，算出待测点的坐标值。

2）量测地理坐标

（1）在地形图上，找出待测点 P。

（2）根据相应的经、纬度分度带，连出该点附近的经、纬网格，并读出该经、纬网格西南角点的地理坐标（λ、φ）。

（3）量出待测点到该网格西、南边的距离，并根据前述原理计算该点的增量 $\Delta\lambda$、$\Delta\varphi$ 。

（4）根据前述原理，算出该点的地理坐标（λ_P、φ_P）。

3）量测长度

（1）圆规（分规）直尺法：直线的长度和距离可以借助圆规，也可用直尺直接量取；曲线的长度，则可用圆规分段，即把曲线用近似的折线来代替，量取、累积而成。如果是用分规，分规的一个针尖始终不离开纸面，顺次地沿曲线量测过去，其精度会更高。

（2）线绳法：用细金属线或线绳依照曲线弯曲情况仔细绕成相应的图形，然后将线绳拉直进行量测。

（3）曲线仪法：将曲线仪齿轮放在欲量测的曲线一端（起点），然后沿曲线滚动，指针随着齿轮旋转，直至曲线终点位置为止，在刻度盘上找到相应地图比例尺指针所指位置读数，可得到实地曲线长度。

（4）计算机量测长度法：这是一种较先进的科学方法。操作数字化台面上的标示器，沿地图上地物线划移动，测出位移坐标增值，获得一系列离散点的 x、y 坐标，电子计算机对这些数字信息进行自动处理，便可获得所需的量测数据。数字化时，对于直线，只要数字化两端点即可；对于曲线则要把曲线变成折线来量取，即将曲线的特征点进行数字化。显然弯曲转折点取的越多，所量算的精度越高。

4）量测坡度

用分规在地形图上沿已确定的剖面地段，截取相邻 2 条或 6 条等高线间的水平距离，然后保持分规的开度，将截取的距离移置在坡度尺上，使分规一只脚在坡度水平线上，并徐徐移动，使另一只脚尖在垂直于水平基线的方向上，恰好落在坡度尺的某一平滑曲线上；量相邻 2 条等高线间的地面坡度，应落在最下面的平滑曲线上，量相邻 6 条等高线间的地面坡度，则应落在最上面的平滑曲线上，即可依据所指示的坡度值读取坡度（图 8.9）。

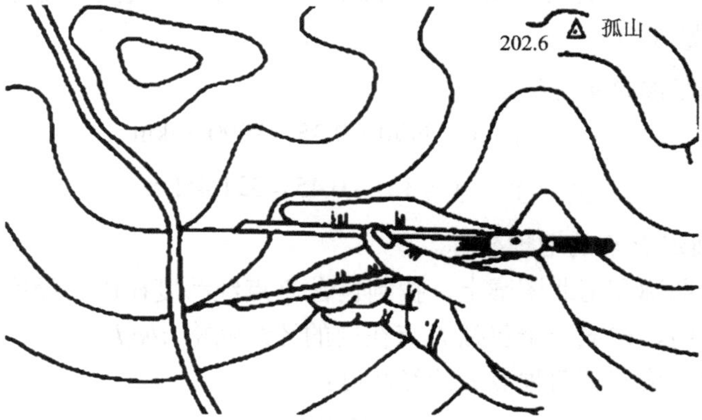

(a) 量相邻2条等高线时用

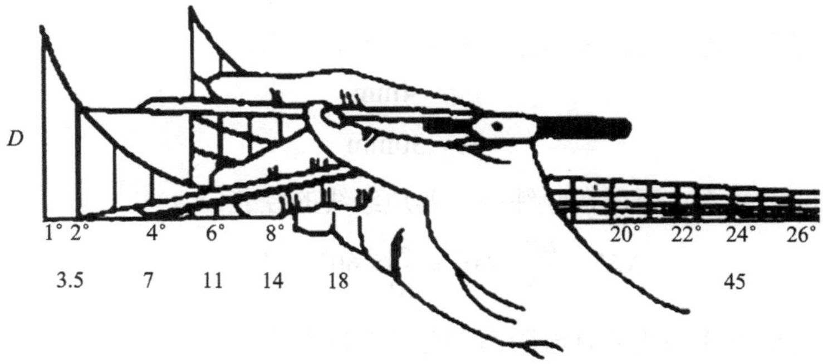

(b) 量相邻6条等高线时用

图 8.9　利用坡度尺量坡度（蔡孟裔等, 2000）

5）用计算机进行地形图量算

对于要量算的地形图，在数据输入时，如果都已经按照数字化或其他输入要求，遵循一定的数学规范采集，如设置正确的投影、采集准确的控制点等，那么量算就非常容易。进行地物点的坐标计算及长度量算，只要在绘图系统中打开该地形图，状态条的一栏内随时都在显示当前鼠标指向位置的坐标，所以想读哪点坐标，只需用鼠标指向该位置即可。对于长度、面积、角度量算，系统一般都提供相应的量算工具。例如，长度量算，只需点击长度量算工具，然后用鼠标依次点击量算端点，在另外一个显示框中即可随时显示目前两点位置及从起始点到鼠标位置的长度。

坡度量算要借助长度量算，再读取相应点高差，代入坡度公式 $\text{tg}a = h / D$ 即可算出。

三、实验结果与分析

1）在图 8.5 上确定 p 点的平面直角坐标。

（1）首先确定 p 点所在的方格，并读出该方格西南角顶点的平面直角坐标值。

$$x_A = 3990\text{km}$$

$$y_A = 321\text{km}$$

（2）用两脚规截取 p 点至 3990km 线的垂直距离 x，并将它放在图幅下方的直线比例尺上量比，得 $x = 0.35\text{km}$（即为 p 点在此格内的坐标增量 Δx）。

（3）同样截取 p 点到 321km 线的垂直距离 y，在直线比例尺上量比得 $y = 0.45\text{km}$（即为 p 点在此格的坐标增量 Δy）。

（4）计算 p 点的平面直角坐标：

$$x_p = x_A + x = 3990 + 0.35 = 3990.35\text{km}$$

$$y_p = y_A + y = 321 + 0.45 = 321.45\text{km}$$

2）在图 8.6 上确定 P 点的地理坐标。

（1）首先在东西图廓和南北图廓上，找到包含 P 点经纬度在内的经度分划和纬度分划，并将分划对应端点连线，构成一个包括 P 点在内的经纬网格 $abcd$。

（2）读出该经纬网格左下角顶点 a 的经纬度：

$$\phi_a = 36°01'$$

$$\lambda_a = 109°01'$$

（3）量测 P 点至所连经线的垂直距离和分度带的距离：

$$pg = 4\text{mm}$$

$$gh = 30\text{mm}$$

按比例关系可求得 P 点至所在经纬网格西边经线的经差：

$$\Delta\lambda'' = \frac{pg}{gh} \times 60'' = \frac{4}{30} \times 60'' = 8''$$

（4）量测 P 点至所连纬线的垂直距离和分度带的距离：

$$cp = 23\text{mm}$$

$$cj = 35\text{mm}$$

按比例关系可求得 P 点至所在经纬网格南边纬线的纬差：

$$\Delta\varphi'' = \frac{cp}{cj} \times 60'' = \frac{23}{35} \times 60'' = 39''$$

（5）计算 P 点的地理坐标：

$$\lambda_P = \lambda_a + \Delta\lambda'' = 109°01' + 8'' = 109°01'8''$$

$$\varphi_P = \varphi_a + \Delta\varphi'' = 36°01' + 39'' = 36°01'39''$$

3）量测 1∶1 万地图（图 8.10）上凤凰山山顶到金鸡山山顶地势剖面线沿途的坡度

（1）由凤凰山山顶至金鸡山山顶作一剖面线，交各等高线分别于 A、B、C、D、E、F、G、H、I、J、K、L、M。

（2）根据等高线疏密变化，将剖面线经过的坡面分成 5 个地段分别量测[图 8.10（a）]。

（3）用分规截取距离 AE、EF、FH、HL、LM，分别移置该地形图南图廓外绘制的坡度尺上。

（4）依各分规落在坡度尺水平基线上那只脚所示，基地面坡度 AE 尺段为 5.3°，EF 段为 1.4°，……[图 8.10（b）]。

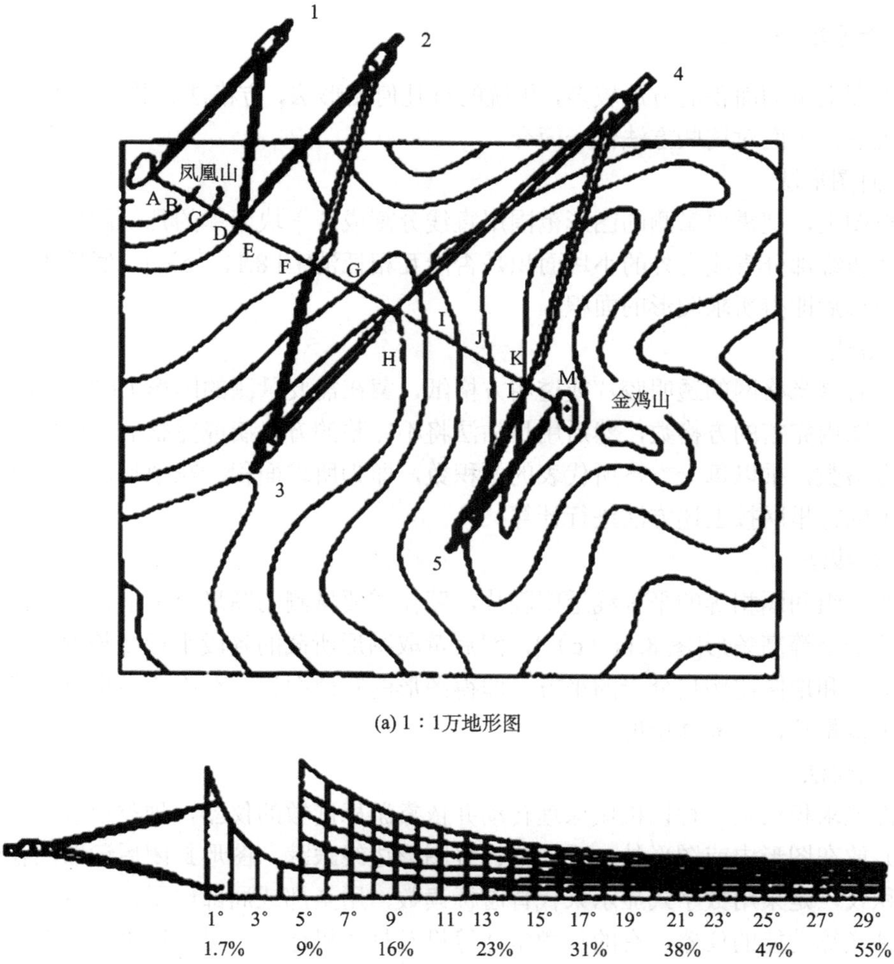

(a) 1∶1万地形图

(b) 量测地面坡度

图 8.10　量测规定剖面的坡度（蔡孟裔等, 2000）

实验四　地形图量算（面积量测）

一、实验目的与要求

（1）在地形图上进行水面积界线的勾绘。

（2）通过各种方法的应用，掌握在地形图上进行面积量测的方法，并比较各种方法的优缺点及精度。

二、实验内容

1. 实验仪器与材料

（1）工具：透明坐标纸、聚酯薄膜、直尺、三角板、求积仪、计算器；计算机、制图软件。

（2）基础资料：由教师选择 1∶1 万地形图。

2. 实验原理与方法

在地形图上量测面积的方法较多，传统的有几何图形法、方格法、平行线法和求积仪法，以及计算机法。下面对这些方法作一简介。

1）几何图形法

在地形图上，把需要量测的图形范围用直线分割成若干块简单的几何图形。在直线分割时，要估计边缘部分直线内外的小块面积是否能互相抵消[图 8.11（a）]，然后求各几何图形的面积，相加后即得所求图形的面积。

2）方格法

用一块有毫米格网的透明胶片或透明方格纸，蒙在需要量测的图形上[图 8.11（b）]。先读出图形范围内完整的方格数，然后用目估法将不完整的方格凑成完整的方格数，二者相加得到总的方格数，乘以每一方格所代表的面积数，即为所求面积。在地形图上量算面积，也可根据图上的方里网按上述方法进行计算。

3）平行线法

将绘有一组间隔相等的平等线透明膜片，蒙在需要量测的图形范围上，把量测范围借膜片分割成若干个等高条形[图 8.11（c）]，然后量取图形所截的各段平行线长度的总和，再乘以平行线间隔和地图比例尺分母的平方，即得图形的实地面积。在作业中也可变换平行线方向，进行重复量算，以提高精度。

4）求积仪法

机械性能求积仪是一种以机械原理转动并依靠游标读数的仪器，种类很多。操作时，将基点（针）放在图形内或图形外，手扶描针绕图形边线跟踪，图形封闭后读取面积值。电子数字式求积仪，是采用数字式显示来代替游标读数，用全部或局部电子传递替代机械转动，并附有各种换算功能的仪器，有的与微型计算机及打印机连接，可直接进行汇总、换算并打印出结果。光电面积量测仪，则是一种利用光电变换实现求积的仪器，先对待量测的图形进行涂黑，并将其固定于滚筒上，进行扫描，取两次读数平均值并换算为实际面积。

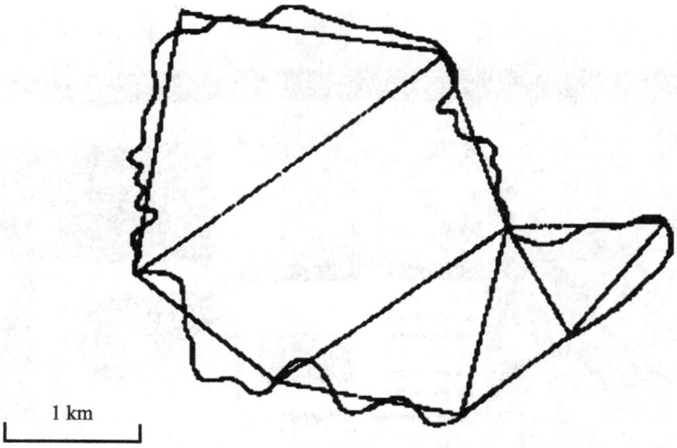

(a) 几何图形法 8.52 km²

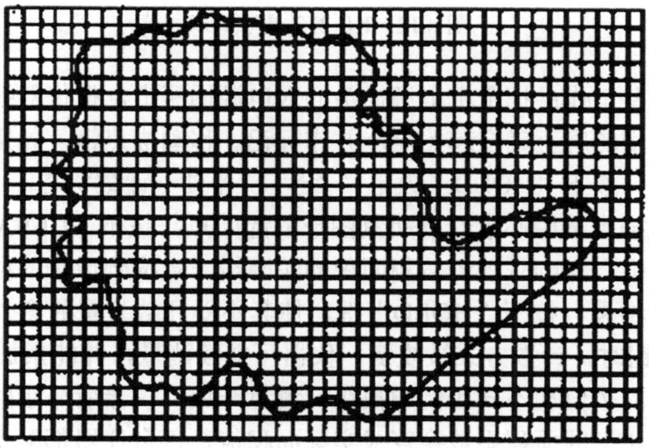

(b) 方格法 8.50 km²

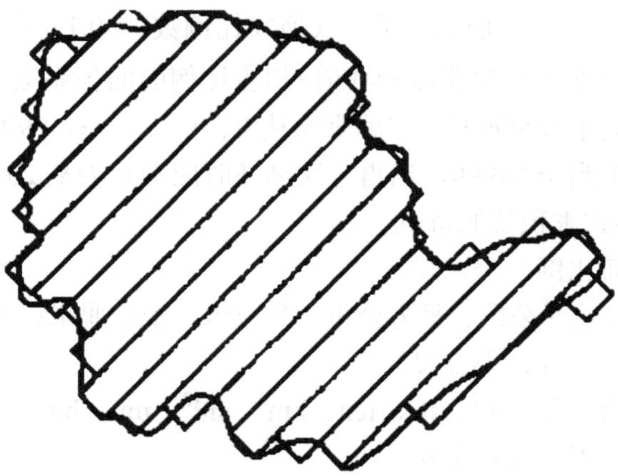

(c) 平行线法 8.49 km²

图 8.11 几种量算面积的方法（蔡孟裔等, 2000）

a. KP-21C 数字式求积仪的使用方法

求积仪的种类很多，现介绍 KP-21C 数字式求积仪（图 8.12）的使用方法。

图 8.12　KP-21C 数字式求积仪

（1）测量前准备工作：把主机电源插头插入电源插座上，把仪器摆放在所测图形近似中心线上，在被测面积轮廓上确定起始点，并作标记。移动描点镜，如果显示器数字不变化，仪器处于锁定状态，按下“HOLD（锁定）”键，仪器处于计数状态。

（2）测量：把描点镜中心点对准所测图形的起始点，按下“CLEAR（清零）”键，移动描迹器使描迹器的中心点顺时针沿被测面积的轮廓线一直描到原来的标记处，结束测量。若要保持显示器测量结果，按下“HOLD”键，使其不受计数装置的意外移动所影响。当再一次按“HOLD”按钮时，计数方式被恢复，仪器可继续测量，并能累加测量。

（3）实际面积的数值和不同比例的换算：测量结束，仪器所显示的数值并不是真实的面积值，要根据不同比例的面积系数换算成实际面积值，每台仪器都配备面积系数表供用户查用。如果表上没有所需的比例，其面积系数可由下式求得

$$面积系数=（所需比例数）^2\times 0.1\text{cm}^2$$

所测图形的实际面积＝仪器显示数值×相应比例的面积系数。当测量图形面积较大时，如果显示器溢出（大于 999999），它就重新从 0、1、2、…、999999 开始计数，此时，计数应理解为从 1000001 到 1999999，当再一次循环时应理解为从 2000001 到 2999999。

b. KP-21C 数字式求积仪的特点

（1）可以置任何比例。

（2）可以设置单位（公顷、平方公里、平方米、平方厘米；英亩、平方英里、平方英尺、平方英寸；市顷、亩、分、平方尺）。

（3）有 8 个存储单位（m^2、ft^2、fen、km^2、mi^2、mu、hm^2、ac）。

（4）可多次测量不同面积求和。

（5）可多次测量同一面积求平均值。

（6）可进行面积单位的转换。

目前，数字式求积仪得到了日益广泛的应用。这种求积仪由微型计算机代替机械式求积仪中的计数器系统，可直接用数字显示测定面积值，还附有多种换算功能（如比例尺换算、单位换算等），以及累加量算、平均值量算、累计平均值量算等功能，量算速度较快，精度较

高，可靠性较好。另一种求积仪常见的型号，KP-90N型电子求积仪，采用轮型转动，8位液晶显示数字，具有记忆储存、数据保持等功能，测量范围上下最大幅度325mm，左右在滚轮移动方向内无限，精度为±0.2%脉冲。该仪器量测面积时的步骤包括准备工作、打开电源、设计单位及比例尺、图形跟踪等。仪器的功能说明及具体操作步骤可参阅仪器说明书。

5）计算机法

目前的制图软件中一般都提供面积量算的工具，可直接点击该工具按钮或菜单条，围绕目的区域跟踪一周便可立即显示其面积。如果系统没提供该工具，可分两种情况解决：

（1）所测区域本身就是个区域多边形，可通过鼠标双击该区域图形，系统显示其属性框，其中包括面积、周长。

（2）如果所测区域本身不是多边形区域，可创建一个多边形区域，然后查看其属性，便可查到。

3. 实验步骤

1）方格法

（1）将地形图固定在图板上，使图面保持平整。

（2）依地图比例尺确定透明方格纸的每一大格（1cm边长）和每一小格（1mm、2mm和5mm边长）所代表的实地面积。

（3）将透明方格纸蒙在欲测面积的图形上，适当调整方格纸的位置，以便得到更多的完整方格；也可将所测图形转绘在透明纸上，方便计算格数。

（4）数出量测范围所占的方格数，可先数大格，后数小格，对不足一格的，用目估法确定它占小格的几分之几，或与附近不完整的小格折合成一个或几个小格。数方格时要细心，要边数边做记号，以免遗漏或重复（图8.13）。

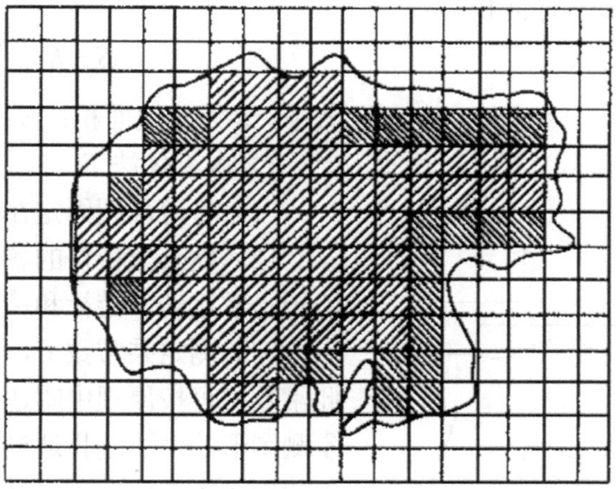

图8.13 方格法量测面积（蔡孟裔等, 2000）

（5）计算实地面积。

2）平行线法

（1）绘制平行线膜片，可在透明纸或聚酯薄膜片基上，以2mm间距（h），按照大于测量面积的图形绘出若干条平行线。

（2）把地形图固定在图板上，使图面保持平整。

（3）将绘有等间距的平行透明膜片蒙在量测的图形上，并使下方的某一平行线切于图形最下方的端点，上方的某一平行线切于上方图形端点（图 8.14）。

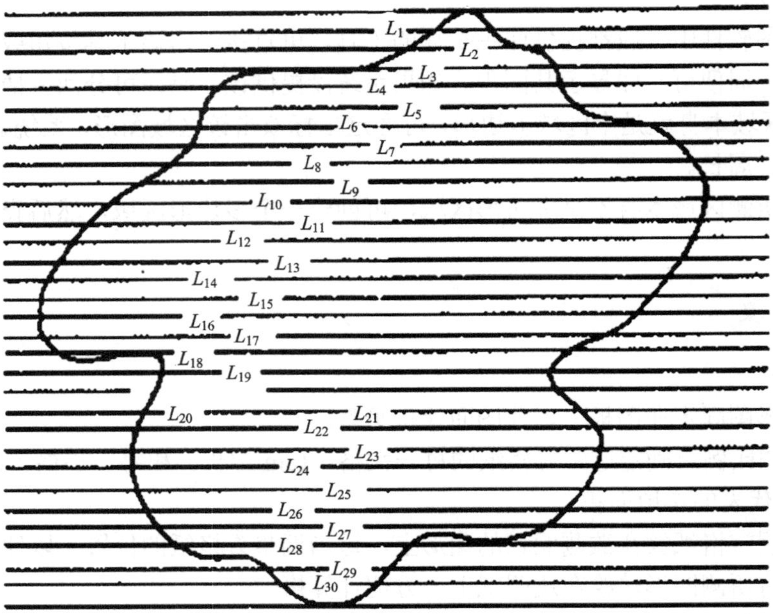

图 8.14　平行线法量测面积（蔡孟裔等, 2000）

（4）用分规量取被测图形截取的各段平行线长度 L，并求其总和 $\sum L$。

（5）按下述公式计算实地面积：

$$S = h \cdot \sum L \cdot m^2$$

式中，S 为实地面积；m 为地图比例尺分母。

3）求积仪法

（1）将地形图固定在一个平整的图板上。

（2）检查求积仪的各部件是否完好，测轮等能否正常运转，游标和读数盘能否清楚计数。

（3）测定乘常数 C，如果仪器附表上查不到此常数，可按原理中阐述的方法，自行测定。依量测图形的大小选择适当的航臂长度，一般图形小的用较短的航臂，反之则用较长的航臂。

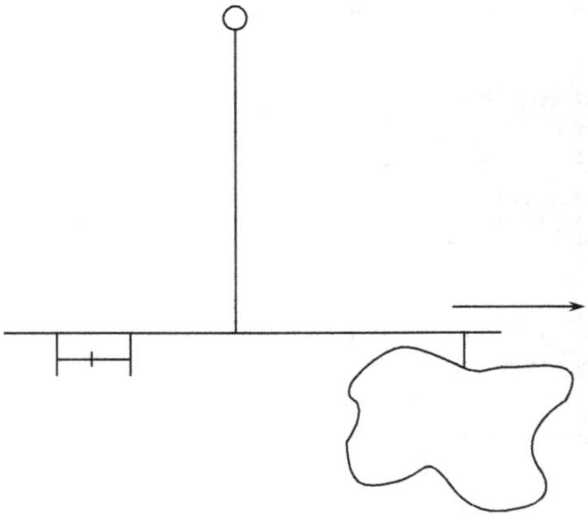

图 8.15　航针最佳起始位置（蔡孟裔等, 2000）

（4）确定极点位置，极点应选在图形的外边，试运行一次，若运行中有困难，两臂夹角出现小于 30°的锐角或大于 150°的钝角，须调整极点的位置。确定航针起始位置，将航针起始点定在使两臂近于垂直的位置，并在开始运行时，有一段行迹能与测轮旋转轴保持平行的最佳位置（图 8.15）。

（5）在图形的边界上标定起点，将航针对准起点，分别以顺时针和逆时针方向，仔细沿图形边界匀速运行，最后回到起点。

（6）在航针运行前，先从计数器上读取始读数 n_1，航针绕图形一周回到原位时，从计数器上读取终读数 n_2，则为一个运行方向的计数，每次读数时要读取 4 位数。

（7）将数次运行测得的面积，求其平均值，并换算成实地面积。

4）计算机法

（1）打开已有或输入的地形图数据。

（2）如制图系统有面积量算工具，可直接利用该工具，当手扶标示器（跟踪数字仪器）沿待测图形走动一圈闭合后，计算机按已设计好的程序自动计算出面积值并在监视器（屏幕）上显示。如果没有该工具，则建立汇水面积图层，勾绘汇水面积区域，查看该区域多边形属性，即可显示。

三、实验结果与分析

要求：汇水界线勾绘及面积量测。

提示：水库（图 8.16）的汇水界线是一条由山脊线、山顶及鞍部组成的负地形封闭曲线（图 8.17）。曲线应随时保持与所通过的等高线正交，而不应落在山坡的坡面上，在穿越山顶或鞍部时，允许出现突然的转折。将勾出的汇水界线，选取所讲的 4 种方法中的一种进行面积量测并对比。

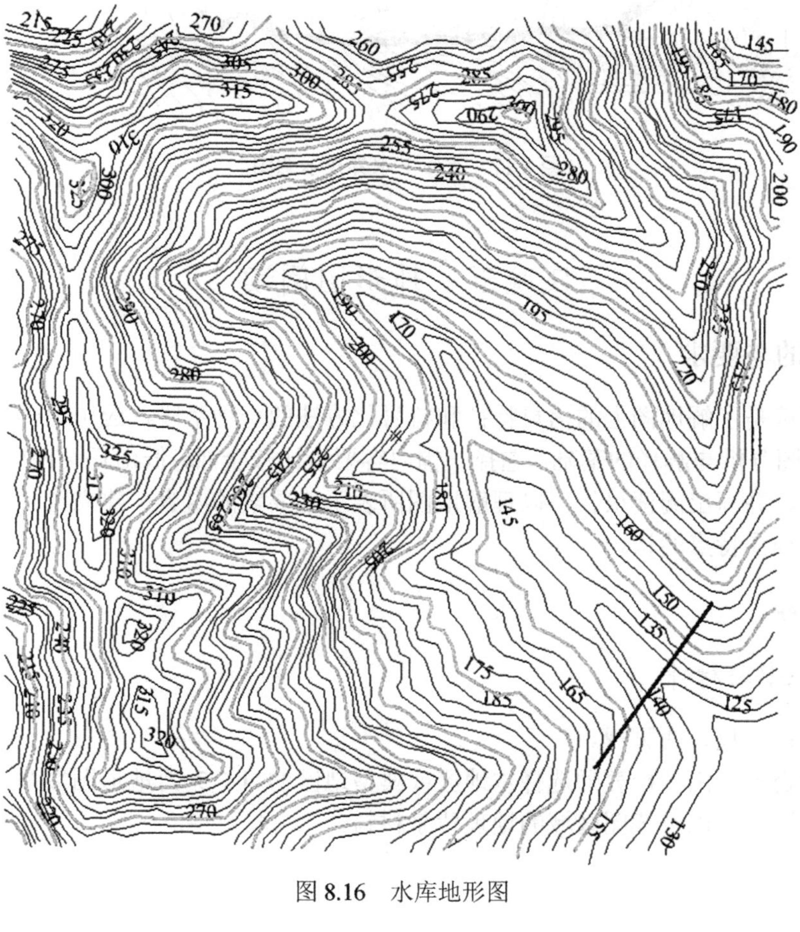

图 8.16　水库地形图

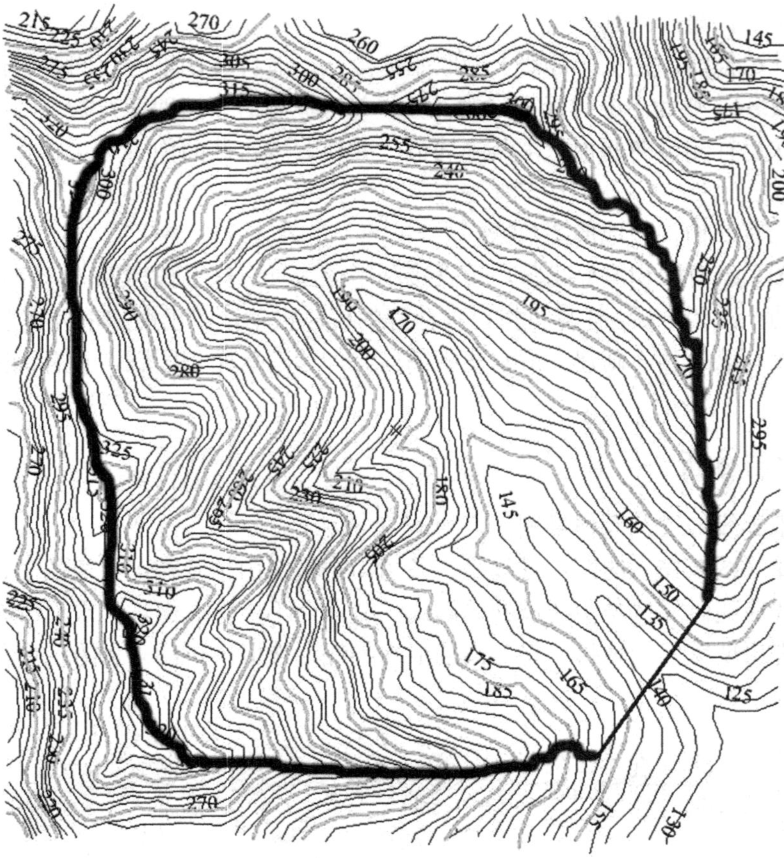

图 **8.17**　水库汇水界线示意图

实验五　地形图阅读

一、实验目的与要求

地形图阅读是了解地图上的信息特征和符号化方法的一种手段，应用地图须从阅读地图开始。这是地图分析与解释的基础。选择一幅内容要素比较全面，低山丘陵地区的 1∶5 万地形图进行阅读，并写出阅读报告，以理解地图所表示诸要素的内容，建立符号与表示对象的联系，加深对地图特点的认识。

二、实验内容

1. 实验仪器与材料

（1）工具：直尺、两脚规。

（2）基础资料：由各校教师选择本地区或典型地区的 1∶5 万地形图数幅、与地形图成图年代相应的图式，以及读图区域的地理背景材料。

2. 实验步骤

1）阅读辅助要素

（1）图名、图号和接图表——一幅地形图，是用本图内最大的村庄或突出的地物、地貌的名称来命名的。在图名之下再加图号。图名和图号注记在北图廓上方中央，它不仅说明图幅所在地区，而且明确了图的比例尺。接图表是表示各图幅间相互位置的图表。根据其用处和范围可分为图幅接图表和区域接图表。

（2）图例——了解各种符号的图形、尺寸、颜色及不同规格注记所代表的具体内容。图例是识别地图符号的工具。

（3）坡度尺——是用来量取坡度的。图上的基本等高距是一定的，只要给出一系列坡度角值，就可求得相应的一系列水平距离 S。量取坡度时，用卡规测出图上相邻等高线间的平距后，再到坡度尺上进行比较，即可求出该平距对应的坡度。

（4）制图文字说明——可了解制图单位、成图时间、资料使用情况、采用的坐标系和高程系、基本等高距等。

2）阅读数学要素

（1）地图投影——了解该地图投影的特点，帮助建立正确的位置和形状概念。识别经纬线网、方里网和控制点。

（2）比例尺——地形图的地物和地貌，大都是按照实地位置和大小，以一定比例尺缩绘在图上的。从图上量得的长度和面积，可以算出它所代表的实地长度和面积。地形图上通常都注有数字比例尺或直线比例尺，也可以从坐标格网所注数字辨认出来。比例尺越大，表示地面的情况越详细、精度也就越高，但是一幅图所能反映的实地范围就越小。

（3）三北方向偏角图——磁偏角是磁北方向与真北方向的夹角，它在不同的地点有不同的大小和偏向，即使在同一地点，也有长期变化和短期变化之分。图幅的磁偏角值一般在测图过程中测定，取图幅内各埋石点的平均磁偏角。在一个投影带内，平面直角坐标系的纵线都相互平行，且均平行于轴子午线。但因各图幅在带内的位置不同，每个图幅有它本身的子午线平均值，它和坐标纵线（即轴子午线）一般是不平行的，其夹角称为坐标纵线偏角。这个偏角就是图幅子午线平均值对轴子午线的收敛角。图幅离轴子午线越远，纬度越高，坐标纵线偏角越大。其角值可根据纬度和经度算出。对于 1∶2.5 万或更小比例尺的图幅，在图的右下方绘出磁偏角及坐标纵线偏角，至于 1∶1 万或更大比例尺的图幅，则一般不要求绘制。在地形图上用罗盘仪或罗针定向时，要考虑磁偏角的影响。

3）阅读图形要素

（1）水系——了解该区域内河流、湖泊、海洋、水库、沟渠、井泉等的分布。阅读水陆界线，搞清河流性质、河段情况等。

（2）地貌——了解该区域的地形起伏状况，可根据等高线疏密、高程注记、等高线形态特征来判明地形起伏和地貌类型。具体读出山头、山脊、山谷、山坡、凹地、鞍部等基本地形。

（3）土质、植被——土质主要了解地表覆盖层的性质，植被主要了解地表植被的类型及其分布。

（4）居民地——主要阅读居民地类型、形状、人口数量，行政等级，分布密度，分布特点等。

（5）交通网——了解交通线种类、等级，路面性质、宽度，主要站点，水上交通网，港口和航线情况等。

（6）境界线——了解该图区域内的政治、行政区划情况，以及主要境界线的种类和位置。

（7）独立地物——主要有文物古迹，判断方位的重要标志，具有特殊意义的工、农业地物等。

按照上述顺序，边阅读、边记录。

三、实验结果与分析

选择一幅内容要素比较全面，低山丘陵地区的 1∶5 万地形图进行阅读，并写出阅读报告。对照地形图的图式图例，阅读地图内容的所有图形要素，包括自然和社会经济要素、数学要素和辅助要素，运用符号与表示对象的联系，以获取该区域的地理环境性质与分布特征的知识。

实验六　地形图的分幅和编号

一、实验目的与要求

（1）通过具体图幅编号的计算，掌握基本比例尺地形图的分幅和编号的方法。

（2）已知某地的地理坐标。用图解法和解析法分别推算出该点所在的 1∶50 万、1∶5 万、1∶1 万地形图的分幅和编号。

二、实验内容

1. 旧的地形图分幅和编号方法（图解法）

1）1∶100 万地形图分幅编号

（1）分幅（经差 6°纬差 4°）：由经度 180°开始按经差 6°自西向东将全球分成 60 纵列，用 1，2，…，60 表示；由赤道按纬差 4°将南北半球各分 22 横行，用字母 A，B，…，V 表示。

$$\text{行号：}a=[\text{纬度}/4°]+1$$

$$\text{列号：}b=[\text{经度}/6°]+31\text{（西经范围用 }b=30-[\text{经度}/6°]\text{）}$$

（2）编号。每幅 1∶100 万地形图编号由行号和列号组成，行号在前，列号在后，中间连一短线，如北京所在图幅，编号为 J-50 （北京 116°05′15″E，39°50′10″N），如图 8.18 所示。

2）1∶50 万；1∶25 万；1∶10 万地形图分幅编号

1∶50 万：按经差 3°，纬差 2°分幅；每幅 1∶100 万图含 4 幅 1∶50 万图；代号 A,B,C,D；例：J-50-A。

1∶25 万：经差 1°30′，纬差 1°分幅；每幅 1∶100 万图含 16 幅；代号[1]，[2]，…，[16]；例：J-50-[1]（1∶100 万幅编号后加上代号）。

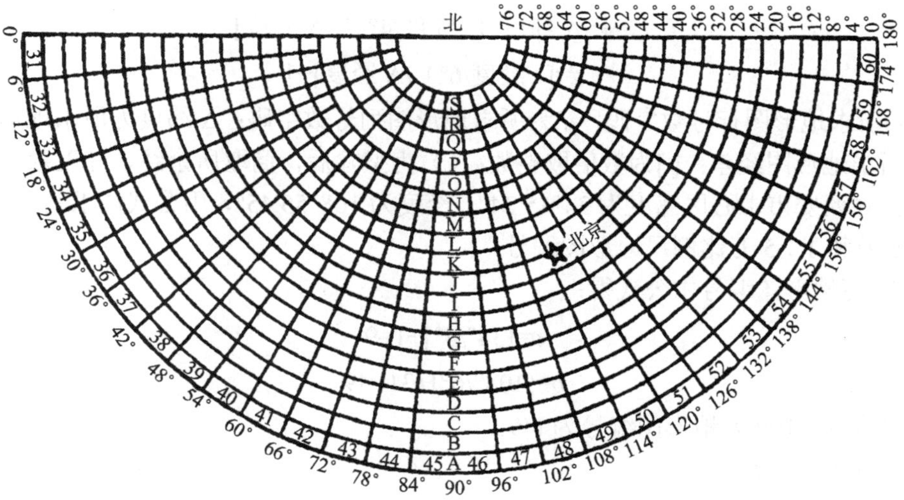

图 8.18 1∶100 万地形图编号示意图（蔡孟裔等, 2000）

1∶10 万：按经差 30′，纬差 20′分幅；每幅 1∶100 万图含 144 幅；代号 1，2，…，144；例：J-50-5（1∶100 万幅编号后加上自然序数代号）。

1∶1 万：经差 3′45″，纬差 2′30″分幅，每幅 1∶10 万图含 64 幅；代号为（1），（2），（3），…，（64）；例：J-50-5-（24）（1∶10 万幅编号后分幅加上各自的代号）。

2. 新的地形图分幅编号方法（解析法）

自 1991 年起新测和更新的地形图，均按照新制订的《国家基本比例尺地形图分幅和编号》（GB/T 13989—2012），进行分幅和编号，如图 8.19 所示。

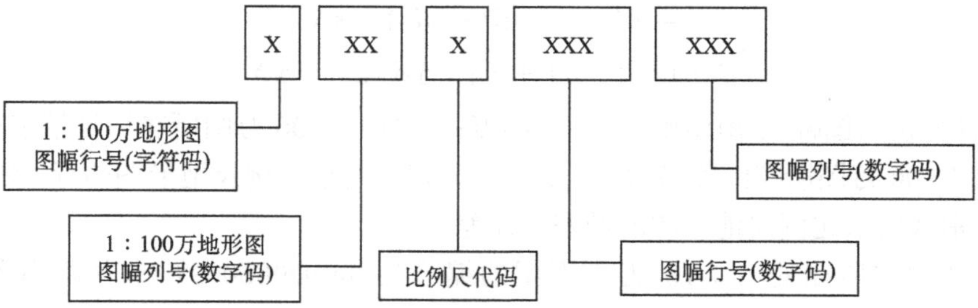

图 8.19 1∶50 万～1∶5000 地形图图号的构成

比例尺代码：1∶50 万到 1∶5000 代码依次是 B、C、D、E、F、G、H。

计算公式如下：

$$a=[纬度/4°]+1$$

$$b=[经度/6°]+31（西经范围用 b=30-[经度/6°]）$$

式中，a 为 1∶100 万图所在纬度字符相对应数字码；b 为 1∶100 万图所在经度带数字码；[ ] 为数值取整数。

知道一幅图的 1∶100 万比例尺地形图编号，求其余各种比例尺地形图的行列编号，可用公式：

$$C=4°/\Delta 纬度-[(纬度/4°)/\Delta 纬度]$$

$$d=[(经度/6°)/\Delta 经度]+1$$

式中，c 为所求地形图行号数字码；d 为所求地形图列号数字码；Δ纬度为所求地形图纬差；Δ经度为所求地形图经差；[ ]为数值取整数；( ) 为整除后，商取所余经、纬度数。

例：已知西安市中心区纬度为34°15′24″，经度为108°55′45″，用公式法求其所在1∶100万、1∶25万和1∶5万比例尺地形图编号。

1∶100万地形图编号由公式得：

$$a=[34°/4°]+1=9$$

$$b=[108°/6°]+31=49$$

西安所在1∶100万地形图编号为I49。

1∶25万地形图编号：

$$c=4°/1°-[(34°15'24''/4°)/1°]=4°/1°-[2°15'24''/1°]=002$$

$$d=[(108°55'45''/6°)/1°30']+1=[0°55'45''/1°30']+1=001$$

西安所在1∶25万地形图编号为I49E002001。

1∶5万地形图编号：

$$c=4°/10'-[(34°15'24''/4°)/10']=4°/10'-[2°15'24''/10']=011$$

$$d=[(108°55'45''/6°)/15']+1=[0°55'45''/15']+1=004$$

西安所在1∶5万地形图编号为I49E011004。

3. 查询地形图经纬度

已知图幅编号，计算该图西南图廓点经纬度用下式：

$$\lambda=(b-31)\times 6°+(d-1)\times \Delta\lambda$$

$$\delta=(a-1)\times 4°+(4°/\Delta\delta-c)\times \Delta\delta$$

式中，λ、δ 分别为图幅西南图廓点经度、纬度；a 为1∶100万图所在纬度带字符所对应数字码；b 为1∶100万图所在经度带数字码；c、d 分别为所求比例尺地形图的行、列号数字码；$\Delta\delta$、$\Delta\lambda$ 分别为所求比例尺地形图的经差、纬差。

例：已知西安所在的1∶10万地形图的编号为I49D006002，求其西南图廓点的经纬度。

$$a=9,\ b=49,\ c=006,\ d=002,\ \Delta\delta=20',\ \Delta\lambda=30'$$

$$\lambda=(b-31)\times 6°+(d-1)\times \Delta\lambda=(49-31)\times 6°+(2-1)\times 30'=108°30'$$

$$\delta=(a-1)\times 4°+(4°/\Delta\delta-c)\times \Delta\delta=(9-1)\times 4°+(4°/20'-6)\times 20'=34°$$

三、实验结果与分析

已知某地地理坐标为 λ=116°03′45″E，δ=39°37′N，求其所在1∶100万，1∶50万，1∶25万，1∶10万和1∶1万地形图的新旧编号。

第四节　地 图 制 图

实验七　中国人口密度图、世界时区图绘制（手绘）

一、实验目的与要求

学生通过绘制中国人口密度图及世界时区图，理解地图投影，了解中国各省分布，熟悉专题地图制作流程。以中国各省区分布图为底图，以各省区的人口数、分布面积，计算各省人口密度，再利用分级方法和符号表示法在地图上进行表示。转绘世界时区图，了解正切圆柱投影及其投影变形。

二、实验内容

1. 实验仪器与材料

（1）工具：铅笔、丁字尺、三角板，白纸，颜料，调色板，画笔。
（2）基础资料：中国各省区分布图及各省人口密度数据。

2. 实验步骤（以中国人口密度图为例）

（1）在网上收集中国各省区分布图，收集最新的各省人口密度分布统计。
（2）在 1/2 开白纸上进行地图布局（包括图、图名、图框、图例、比例尺布局）。
（3）首先绘制中国省区图，检查转绘过程有没有变形，如果有变形，找出原因进行重绘；如果没有变形，再利用分级方法进行人口密度分级。

常用的分级方法有：定名量表、顺序量表、间距量表、比率量表。

定名量表是最低等级的量表尺度。在只是定性地考虑地理现象的差别时，可以采用此方法进行分类。众数是最佳的数字统计量，以一个群体中出现频率最高的类别定名。

顺序量表是在分类的基础上，对具有同一定性特征的要素根据其定量特征进行排序或分等。四分位法是顺序量表常用的方法。

四分位法：将数据从小到大排列，然后按各级内部数据个数相等的规则确定分级。假如有 40 个数，第一个四分位序号 $Q_1 = \frac{n+1}{4} = \frac{40+1}{4} = 10.25$；第二个四分位序号 $Q_2 = \frac{2(n+1)}{4} = \frac{2\times 41}{4} = 20.5$；第三个四分位序号 $Q_3 = \frac{3(n+1)}{4} = \frac{3\times 41}{4} = 30.75$。

间距量表不仅包含了数据的顺序关系，而且可以清楚地表明彼此数量指标的间距大小。

常用的统计量是算术平均值 x 和标准差 δ。

$$x = \frac{\sum X}{n};\quad \delta = \sqrt{\frac{\pm\sum(X-x)^2}{n}}$$

式中，X 为统计的原数据；n 为统计的原数据量。

分级间隔值：$X-2\delta$，$X-\delta$，x，$x+\delta$，$x+2\delta$。

比率量表包含前面三种量表的所有特性，是间距量表的高级形式。比率量表度量的要素不仅反映其数值间距的大小，还反映彼此的大小比率。

$$L，kLr，kLr^2，kLr^3，kLr^4，kLr^5,\cdots，H$$

（4）利用符号法进行符号设计，最后在 2 开白纸上表示。视觉变量有形状变量、尺寸变量、方向变量、颜色变量、网纹变量五种。

形状变量指符号图形本身的轮廓形状。线状和面状要素的形状都取决于地理要素的空间分布特征。

尺寸变量指构成符号在长度、宽度、高度、面积、体积等方面的度量变化。

方向变量包括两个层次：一是指基本变量中整个符号图形本身的方向变化，如正三角形与倒三角形；二是指网纹中同类纹理的方向变化，如水平晕线、倾斜晕线。在地理符号设计中可以通过方向的变化来表示地理要素定性特征的不同。

颜色变量是最活跃的一种视觉变量。它既可以表达地理要素定性特征的不同，又可以表达定量特征的变化。颜色变量包括颜色和非颜色（黑白色），颜色具有色相、亮度、彩度三种特性，而非颜色却只有亮度特性。颜色的三种特性对制图来说各有作用，因而也可以各自成为一种视觉变量。

网纹变量也称纹理，是具有一定形状和大小的点、线，以及点线组合而成的图案按照一定的方式排列的结果，如境界线、铁路等。通过网纹的疏密程度可以反映数量大小。

三、实验结果与分析

利用实验内容所讲述的实验步骤，最后提交一幅手绘中国人口密度图，要求包含图名、省名、长江、黄河、太平洋、黄海、渤海、东海、南海、地图比例尺、图例等相关信息。上色要求均匀、美观。

实验八　中国人口密度图绘制（电子）

一、实验目的与要求

熟悉 ArcGIS 界面，了解如何用 ArcGIS 进行地图矢量化，如何表达地理要素（点、线、面），如何表达地理主题，如何插入标题、比例尺、指北针及图例。学生通过电子绘制中国人口密度图，理解如何利用 ArcGIS 表达中国人口密度图，比较传统绘制地图和电子绘图的区别。

二、实验内容

1. 实验仪器与材料

（1）工具：计算机、ArcGIS 软件。

（2）基础资料：中国政区图层、各省人口密度属性数据。

2. 实验步骤（以中国人口密度图为例）

（1）了解 ArcGIS 绘图界面。

（2）利用中国政区图作为底图，利用 ArcGIS 对此底图进行矢量化。

利用 ArcCatalog 建立线文件。然后按照国界、省界绘制界线，注意在绘制的时候，相交的线一定要有交点，除了各省外不要形成不必要的其他面。

利用 ArcToolbox，进行要素转面文件。

（3）对面文件的属性，新建三个字段，一个字段为省名（字符型），另外两个字段为面积和人口密度，均为浮点型（图 8.20）。对每一个面文件加上相应的省名，同时用 ArcGIS 工具算出每一个面文件的面积，用计算工具算出每一个面文件的人口密度。

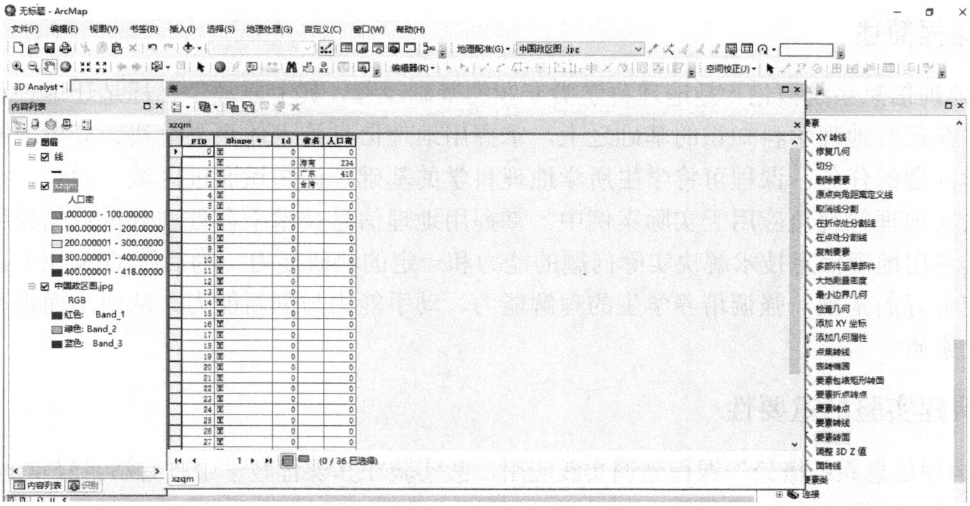

图 8.20　在 ArcGIS 中对图形属性添加字段

（4）将各省人口密度进行分级，用图像表示。添加标题、比例尺、指北针及图例。保存并打印。

三、实验结果与分析

利用实验内容所讲述的实验步骤，最后提交一幅中国人口密度电子地图。

第九章　地理信息系统概论实验

第一节　概　　述

一、课程简述

“地理信息系统概论”是地理科学类专业的基础课程，其主要教学目标是让地理科学专业学生在已有地理学科知识的基础之上，掌握用地理信息技术体系去解决、分析、构建地理科学问题的任务。课程可将学生所学地理科学的基础理论知识通过区域、微观、自然地理、人文地理等视角应用于实际案例中。掌握用地理信息技术平台处理分析数据流程的要点，具备用地理信息技术解决实际问题的能力和一定的科研能力，为后续 GIS 相关课程学习奠定良好的基础，强调培养学生的理解能力、动手能力与创新能力，从而全面提高学生的综合素质。

二、课程实验的重要性

“地理信息系统概论”课程强调实践应用，故实验在其课程教学中具有举足轻重的地位。实验以提高地理科学专业学生的应用技能为目标，发挥 GIS 课程特有的实践性，充分调动学生学以致用的心理，引导学生将地理学其他学科理论在 GIS 技术学习中通过具体案例实现，加固学生对 GIS 理论和实践的理解和掌握。

三、主要实验构成

本实验教程所需软件主要为 ArcGIS Desktop10.5 桌面地理信息系统平台，ArcGIS 是目前最流行，市场占有率最高的地理信息系统平台软件，主要用于创建和使用地图，编辑和管理地理数据，分析、共享和显示地理信息，并在一系列与空间相关的应用中使用地理信息。ArcGIS Desktop10.5 是一套可扩展的软件家族产品，是 GIS 用户工作的主要平台，它包含了 ArcMap、ArcCatalog、ArcScene 等桌面应用程序，每一个应用程序都集成了 ArcToolbox 和 Model Builder 模块。本教程主要基于 ArcMap、ArcCatalog 应用程序和 ArcToolbox、Model Builder 模块完成整个课程的实验内容。

实验共分三个部分：第一部分为数据输入与处理，包括创建地理数据库、地理配准、空间数据矢量化等；第二部分为空间分析，包括叠加缓冲分析、空间查询、建设用地适宜性分析、地形特征点的提取；第三部分为综合应用，练习基于 Model Builder 的度假山庄选址，其详细内容见表 9.1。

表 9.1　地理信息系统概论实验一览表

项目	实验名称	数据路径
数据输入与处理	创建地理数据库	光盘/gisdata/ex1
	地理配准	光盘/gisdata/ex2
	空间数据矢量化	光盘/gisdata/ ex3
空间分析	叠加缓冲分析	光盘/gisdata/ex4
	空间查询	光盘/gisdata/ex5
	建设用地适宜性分析	光盘/gisdata/ ex6
	地形特征点的提取	光盘/gisdata/ ex7
综合应用	基于 Model Builder 的度假山庄选址	光盘/gisdata/ex8

第二节　数据输入与处理实验

实验一　创建地理数据库

一、实验目的与要求

实验目的：学会创建地理数据库，将已有的空间数据导入到新建的地理数据库中；理解地理数据库的原理，明白地理数据库与 shapefile、converage 之间的区别和联系。

实验要求：创建地理数据库，并根据提供的空间数据将其导入新建的地理数据库中。

二、实验内容

1. 实验相关原理

GeoDatabase 数据模型是美国环境系统研究所公司（Environmental Systems Research Institute, Inc., ESRI）在 ArcInfo 中推出的一种新型面向对象数据模型，它是建立在数据库管理系统（database management system，DBMS）之上的统一的、智能化的空间数据库。采用面向对象技术将现实空间世界抽象为由若干对象类组成的数据模型，每个对象类有其属性、行为和规则，对象类间又有一定的联系，其目的是让用户能更容易、更自然地表示 GIS 数据特征和更易于建立特征之间的关系（图 9.1）。

Geodatabase 数据模型包括 File Geodatabase-GDB（文件地理数据库）、Personal Geodatabase-MDB（个人地理数据库）和 ArcSDE 中的 Geodatabase 三种数据结构。其中文件地理数据库（File Geodatabase-GDB ）是 ArcGIS 9 之后推出新的数据格式，也是这次实验用到的数据模型。

2. 实验设备与数据

（1）实验设备：计算机。

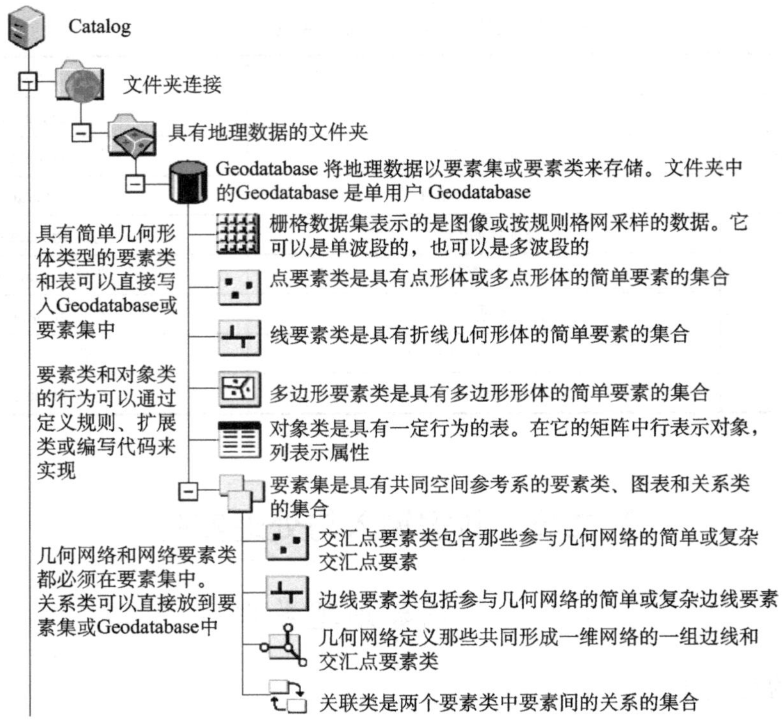

图 9.1　Geodatabase 主要数据

（2）主要软件：ArcGIS10.5。

（3）实验数据：软件光盘中提供的“ex1”文件夹下的相关数据，它包括：DEM（研究区高程数据）；三江.shp（研究区三江矢量数据）；交通 08.shp（2008年研究区交通矢量数据）；主城九区.shp（研究区区县级别矢量数据）。

3. 实验步骤

1）创建文件地理数据库

（1）运行 ArcMap。选择“ArcMap—启动”栏中的“空白地图”方式，单击“确定”；界面右边已嵌入 ArcCatalog，在 ArcCatalog 中单击“连接到文件夹”按钮，导航到 D:\gisdata\ex1，单击确定，文件夹的快捷方式将添加到目录树的文件夹连接下。

（2）新建地理数据库。在 ArcCatalog 中选择要建立的数据库所在目录（...\ex1）后，点击鼠标右键，选择“新建”→“文件地理数据库”，命名为 cq（图 9.2）。

（3）新建要素数据集。选中 cq.mdb，点击鼠标右键，选择“新建”→“要素数据集”（图 9.3），命名为 zcq，点击“下一步”，建立一个新的要素数据集，要素数据集必须要定义空间参考，包括确定其坐标系统（地理坐标——Projected Coordinate System 和投影坐标——Geographic Coordinate System），坐标域（*x*, *y*, *z*, *m* 值和精度），关于空间参考的定义在定义坐标系统时可以选择预先定义的坐标系，使用已有数据的坐标系统或独立要素类的坐标系统作为模板，或自己定义，该练习使用已有数据三江.shp 的坐标系统，即横轴墨卡托投影来定义（图 9.4）。

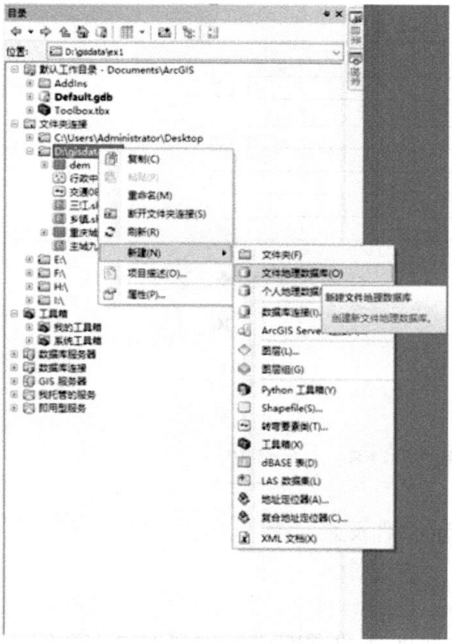

图 9.2 创建文件地理数据库

图 9.3 创建要素数据集

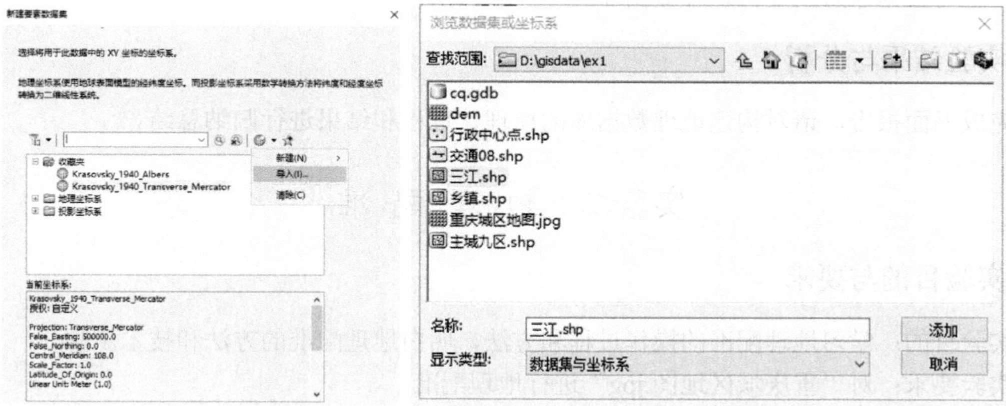

图 9.4 为要素数据集设置投影坐标

接下来点击“下一步”，按默认值直到完成。

2）导入 shapefile 文件

将 ex1 文件夹下的 shapefile 格式文件全部导入文件地理数据库 cq.mdb 中的 zcq 要素数据集内：选择 zcq 要素数据集，点击右键，在快捷菜单中选择“导入”→“要素类（单个）”，进入对话框设置输入要素、输出位置和输出要素类（图 9.5），shapefile 数据的导入可选择一次性导入或多个导入，但前提要求是外来的 shapefile 数据应该与 zcq 要素数据集是同样的投影类型，导入成功的数据会自动添加到 ArcMap 界面上。

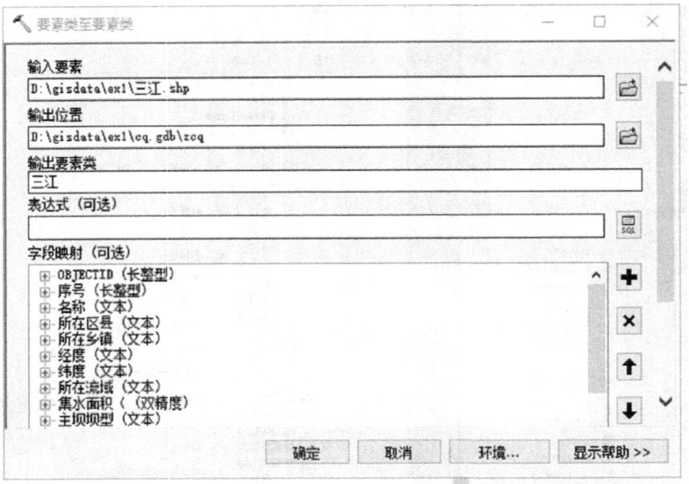

图 9.5　导入单个 shapefile 文件设置

3）导入栅格数据

将 ex1 文件夹下的栅格数据“Dem”导入 cq 文件地理数据库中：方法与 2）类似，选择 cq 文件地理数据库，点击鼠标右键，快捷菜单中选择“导入”→“栅格数据集”即可，最后将整个练习数据导入到文件地理数据库。

三、实验结果与分析

完成书面报告，请对构建地理数据库的原理、过程和结果进行归纳总结。

实验二　地 理 配 准

一、实验目的与要求

实验目的：学习地理配准的操作过程和方法，明白地理配准的方法和技术步骤。

实验要求：对“重庆城区地图.jpg”进行地理配准。

二、实验内容

1. 实验相关原理

GIS 数据通常来自多个源。当数据源之间不一致时，通常需要执行额外的工作以将新数据集与其余数据进行整合。相对于基础数据而言，一些数据会在几何上发生变形或旋转，因此需要对数据进行空间校正。

ArcGIS 中的校正包括地理配准（georeferencing）和空间校正（spatial adjustment）。地理配准是将扫描地图、收集航空像片和卫星影像等栅格数据集与其他空间数据结合使用，通常需要将这些数据对齐或配准到某个地图坐标系。空间校正用于配准矢量数据坐标和调整形状。

地理配准的基本过程是在栅格图像中选取一定数据的控制点，将它们的坐标指定为矢量数据中对应点的坐标（在空间数据中，这些点的坐标是已知的，坐标系统为地图坐标系）。

配准时需要知道一些特殊点的坐标，即控制点。控制点的选取可以是经纬线网格的交点、公里网格的交点或者一些典型地物的坐标。如果知道这些点在矢量坐标系的坐标内，则直接输入控制点的坐标值；如果不知道它们的坐标，则可以采用间接方法获取，即从矢量数据中选取。但是，过多的控制点并不一定能够保证高精度的配准。要尽可能使控制点均匀分布于整个栅格图像，而不是只在图像的某个较小区域选择控制点，最好呈三角形。通常先在图像的四个角选择四个控制点，然后在中间的位置有规律地选择一些控制点能得到较好的效果。

2. 实验设备与数据

（1）实验设备：计算机。

（2）主要软件：ArcGIS10.5。

（3）实验数据：软件光盘中提供的“ex2”文件夹下的相关数据，包括：重庆城区地图.jpg（需校正的栅格数据）；交通 08.shp（2008 年研究区交通矢量数据）；主城区.shp（研究区范围）。

3. 实验步骤

1）数据准备

（1）运行 ArcMap。选择“ArcMap—启动”栏中的“空白地图”方式，单击“确定”。

（2）添加数据。在 ArcCatalog 上，单击“连接到文件夹”按钮，导航到 D:\gisdata\ex2，单击“确定”，文件夹的快捷方式将添加到目录树的文件夹连接下。

添加空间数据：在 ArcCatalog 的文件夹 D:\gisdata\ex2 下找到重庆城区地图.jpg（需校正栅格数据）、交通 08.shp（参考坐标数据）和主城区.shp，将三者拖动至地图主体中；或者通过 ArcMap 的 Standard 工具条中选择添加这三个数据至地图主体中。特别注意两点：①因地理坐标数据不一样，ArcMap 中框架坐标系统是将第一个添加的数据作为框架的坐标系统，故该实验添加数据时应先加“交通 08.shp”的空间数据，再加重庆地图数据；②因不是统一的地理坐标系统，故添加的空间数据不可能在同一个范围中显示，如果要显示或浏览某个图层，需选择某个图层，点击鼠标右键，选“放大到所选图层”。

2）添加工具条

选择“自定义”菜单下的“工具条”下的“地理配准”工具。如果是校正矢量数据，则选择“空间校正”工具（图 9.6）。

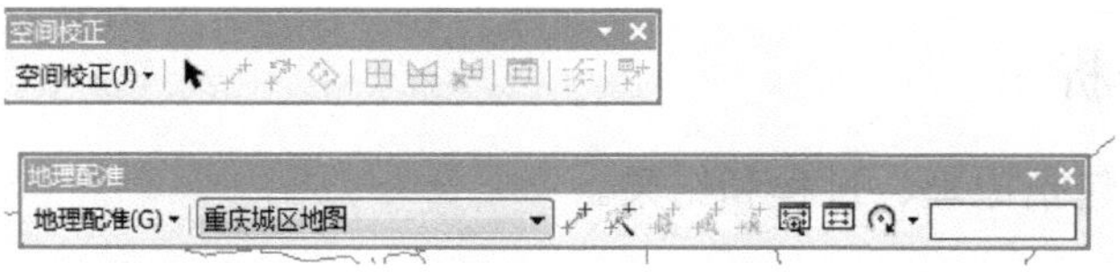

图 9.6　空间校正、地理配准工具

空间变换包括仿射变换（transform-affine）、相似变换（transform-similarity）和投影变换（transform-projective）。

3）校正栅格数据

在地理配准工具中，分别选择重庆城区地图.jpg 和交通 08.shp 所对应的控制点（最好选择四边，控制点保证四个以上）。

（1）通过 添加控制点。这里提供了三种配准模型，分别是 1st Order Polynomial、2nd Order Polynomial、3rd Order Polynomial。根据控制点个数计算公式（n+1）（n+2）/2，不同的控制点个数，启用不同的配准模型。

（2）校正保存。控制点选择结束，可以通过两种方式保存影像。一种方式是通过“自动校正”，另一种方式是“校正”。前者直接将待配准的影像进行保存，后者通过另存的方式保存配准结果。

（3）检查 RMS。在 View Link Table 窗口中检查控制点的残差和均方根（root mean square，RMS），删除残差特别大的控制点并重新选取控制点，确保 RMS 值越小越好，对于最终校正好的重庆城区地图，请保存后命名为“重庆城区地图”留作实验三矢量化栅格数据用（图 9.7）。

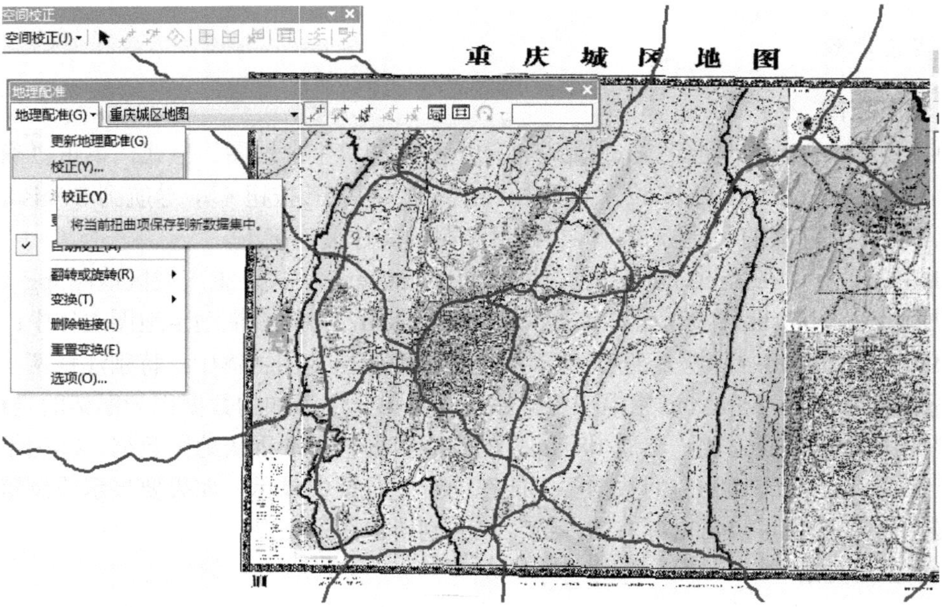

图 9.7　地理配准示意图

三、实验结果与分析

完成书面报告，包括原理、过程和结果。

实验三　空间矢量化

一、实验目的与要求

实验目的：了解栅格数据人工矢量化的步骤，清楚栅格数据和矢量数据之间的区别，并了解 ArcScan 自动矢量化的步骤。

实验要求：根据实验二已经校正好的重庆城区地图，对重庆市城区的市内交通、旅游景点等进行数字化建库工作。请按照表 9.2 和表 9.3 的要求进行数字化采集与属性录入，创建新要素，将结果要素存入该数据库中。

表 9.2　图层分类说明

要素图层	几何类型	要素类别	说明
高等院校	矢量点要素		
风景区	矢量点要素		
道路中心线	矢量线要素	1.高速公路；2.铁路；3.国道；4.省道；5.县道；6.规划铁路；7.规划高速公路；8.城区道路	道路的路面中心线

表 9.3　图层属性表说明

要素图层	字段名	类型	说明
高等院校	ID	Integer	要素编号（从 0 开始）
	Name	Text	学校名称
风景区	ID	Integer	要素编号（从 0 开始）
	Name	Text	风景区名称
道路中心线	ID	Integer	要素编号（从 0 开始）
	Type	Text	要素类别
	Number	Text	编码

二、实验内容

1. 实验相关原理

矢量化是将栅格数据转换为矢量数据的过程，它分为手工矢量和自动矢量化。

2. 实验设备与数据

（1）实验设备：计算机。

（2）主要软件：ArcGIS10.5。

（3）实验数据：“ex3”文件夹下校正好的数据“重庆城区地图”。

3. 实验步骤

1）数据准备

选择“ArcMap—启动”栏中的“空白地图”方式，单击“确定”；在 ArcCatalog 上，单击“连接到文件夹”按钮，导航到 D:\gisdata\ex3，单击“确定”，文件夹的快捷方式将添加到目录树的文件夹连接下。在 ArcCatalog 的文件夹 D:\gisdata\ex3 下将重庆主城区加载到 map 中。

2）新建地理要素

（1）新建要素类。按“工具”→“ArcCatalog”进入 ArcCatalog 模块，在 ArcCatalog 中选择“...\ex1\”所在目录后，选中 cq.gdb 下的 zcq 地理要素集，点击右键，选择“新建”→

“要素类”，在新建要素类对话框中，建名称“高等院校”，类型选择“点要素”（图 9.8），点击“下一步”。

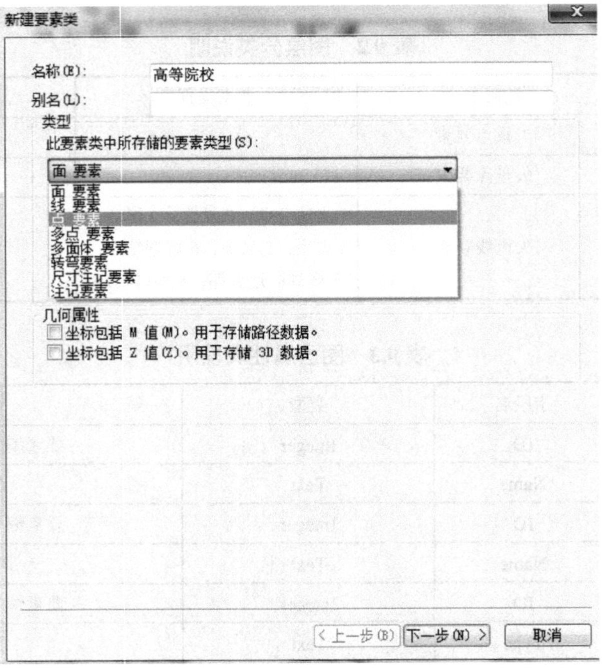

图 9.8　新建要素类对话框

（2）对要素类新建字段名和数据类型、字段属性的长度。按表 9.2 和表 9.3 提示一一建立，如图 9.9 所示，对大专院校的要素类需要新建“NAME”字段名，其类型为“文本”，默认长度为 50，即最多 25 个汉字，可根据实际情况调整。

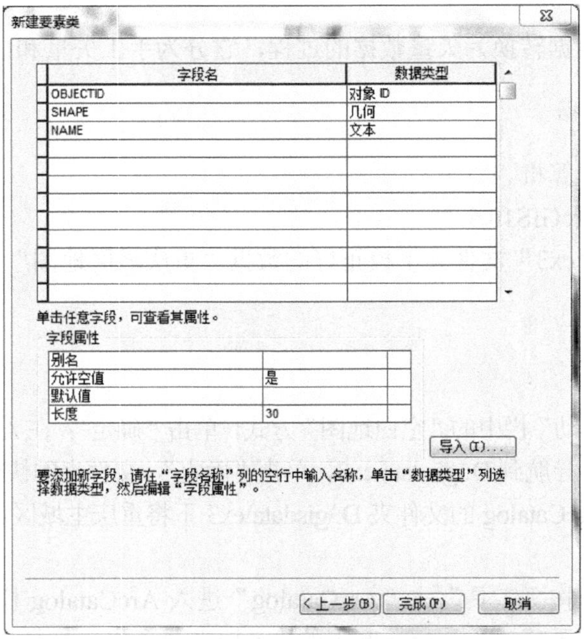

图 9.9　为新建要素类添加字段对话框

重复步骤（2）再分别建风景区（点要素）、道路中心线（线要素）两个要素，并按表 9.2 和表 9.3 建立要素的相应字段。

3）矢量新要素

（1）添加新数据。新建的数据层会自动加载到 ArcMap 中的“内容列表”中，也可在主菜单中通过“文件”→“添加数据…”，或者在 Standard 工具条中点击，选择高等院校和道路中心线加载至地图中。

（2）屏幕数字化。在“自定义”→“工具条”下，选取“编辑器”，打开编辑工具栏，以“重庆主城区”为背景，进行屏幕数字化。

（3）开始编辑。选取数据层“道路中心线”，按编辑器的下拉键，点取“开始编辑”（图 9.10），利用编辑工具，即可数字化道路。

重点练习和总结各种编辑工具的使用，部分使用工具详见参考书《ArcGIS 10 地理信息系统教程—从初学到精通》。

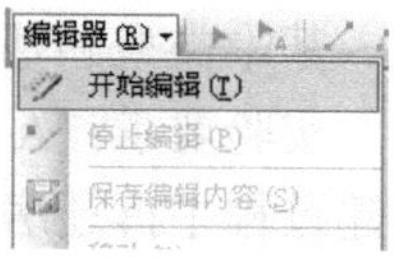

图 9.10　编辑器工具栏

（4）增加属性值。设置数据层处于编辑状态，按编辑器的下拉键，点取“开始编辑”。点击，选取某要素（图 9.11），点击编辑器的工具，如图 9.12 所示，进入属性编辑窗口，即可输入或修改属性值。

（5）完成保存编辑过程。点击编辑器菜单并点击“保存编辑内容”。如果点击“停止编辑”，会提示保存编辑成果。

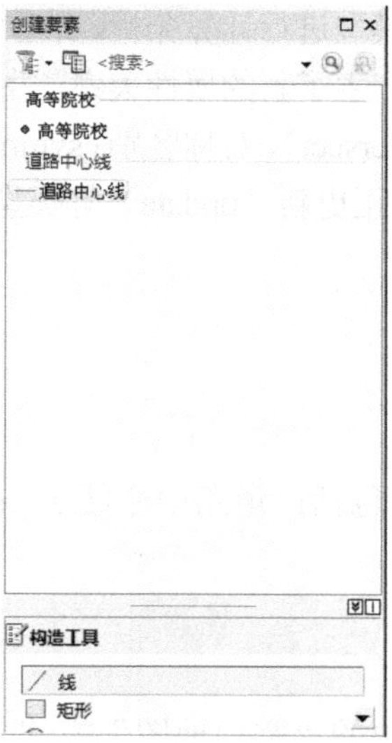

图 9.11　选择矢量要素

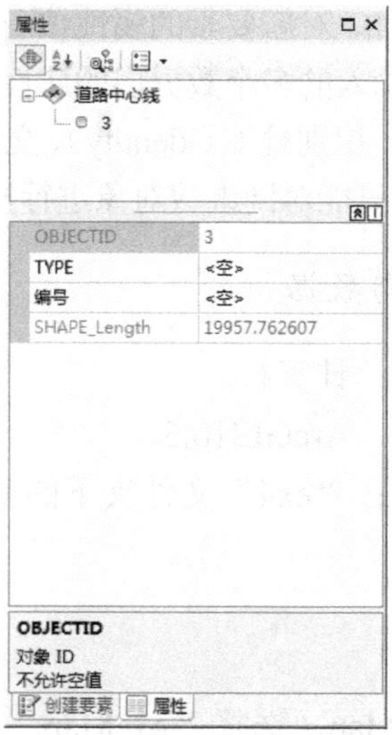

图 9.12　属性值输入

三、实验结果与分析

完成书面报告，包括原理、过程和结果。具体内容如下：

（1）总结屏幕跟踪数字化过程的基本步骤及每一步骤的必要性；

（2）分析数字化过程中误差的来源及减小误差的相关方法。

第三节　空 间 分 析

实验四　叠加缓冲分析

一、实验目的与要求

实验目的：让学生掌握矢量数据缓冲分析的基本步骤；掌握矢量数据叠加分析的基本原理、基本类型和基本步骤。

实验要求：A 城市为完成城市道路拓宽改建，计划将道路拓宽为 30m，请计算道路拓宽改建过程中拆迁房屋的空间数据，道路拓宽改建的基本标准是：①道路拓宽至 30m；②部分位于拆迁区内的 10 层以上的建筑不拆除。

二、实验内容

1. 实验原理

缓冲区分析是以点、线、面实体为基础，在其周围建立一定宽度范围内的缓冲区多边形，用以分析实体的邻近性或对周围的影响，从而实现空间数据在水平方向得以扩展的空间分析方法。

叠加分析（overlay analysis）是在统一的空间坐标系统下，将同一区域的两个或两个以上空间要素图层进行叠加，对新要素的属性按一定的数学模型进行计算分析，结果不仅生成了新的空间关系，而且还将输入的多个数据层的属性联系起来产生了新的属性关系。叠加分析类型主要包括图层擦除（erase）、识别叠加（identity）、交集操作（intersect）、对称区别（symmetrical difference）、图层合并（union，只能对同维数对象进行操作）和修正更新（update）等类型。

2. 实验设备与数据

（1）实验设备：计算机。

（2）主要软件：ArcGIS10.5。

（3）实验数据："ex4"文件夹下的相关数据，包括：道路中心线.shp；建筑物.shp。

3. 实验步骤

1）数据准备

（1）运行 ArcMap。选择"ArcMap—启动"栏中的"空白地图"方式，单击"确定"。

（2）添加数据。在 ArcCatalog 上，单击"连接到文件夹"按钮 ，导航到 D:\gisdata\ex4，单击"确定"，文件夹的快捷方式将添加到目录树的文件夹连接下。

添加空间数据：将 ArcCatalog 的文件夹 D:\gisdata\ex4 下的道路中心线.shp 和建筑物.shp 加载到 map 中。

（3）设置地图框架单位。在"内容列表"上选择"图层"，点击右键，选择"属性"，在数据框属性对话框中，选择"常规"复选框，将地图和显示单位都设置为"米"，点击"确定"按钮（图 9.13）。

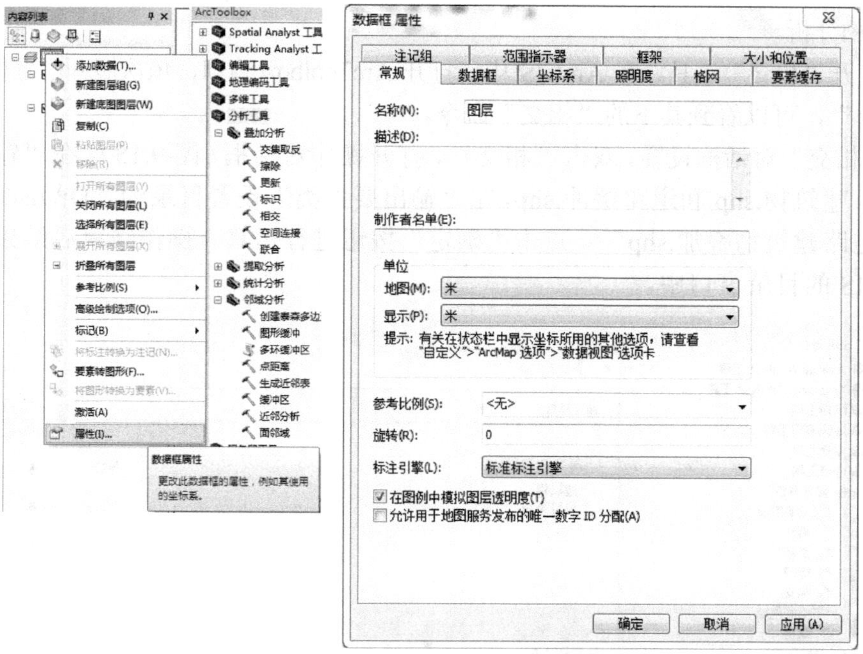

图 9.13　图层属性设置

2）缓冲区分析

（1）打开“缓冲区”。打开 ArcToolbox 窗口，依次展开“分析工具”→“邻域分析”，可以看到其下的“缓冲区”命令。

（2）“缓冲区”对话框设置。点击“缓冲区”，在对话框进行设置，输入要素为“道路中心线”，输出要素类设置目录为“D:\gisdata\ex4”，命名为“道路缓冲.shp”，距离选择“线性单位 15 米”，具体设置如图 9.14 所示。

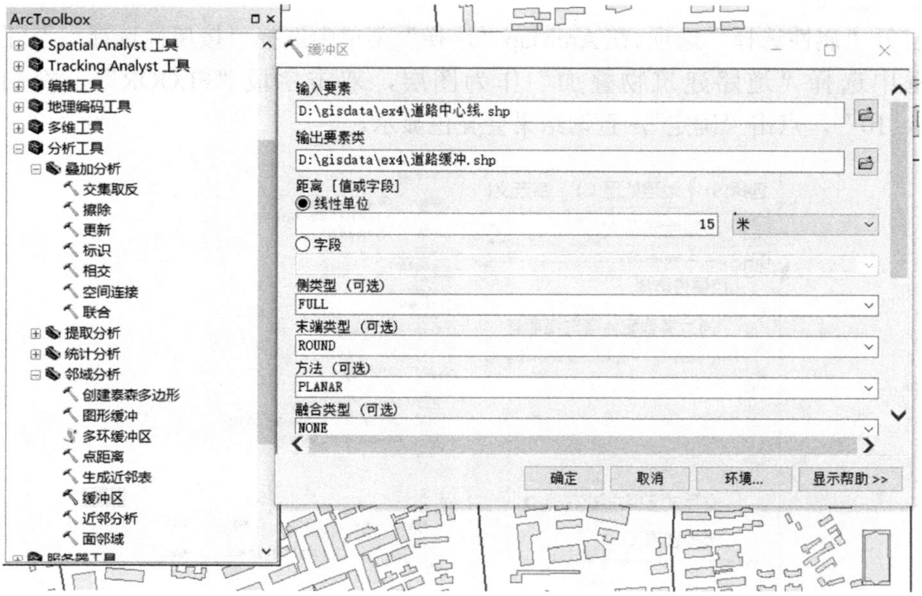

图 9.14　缓冲区窗口设置

3）叠加分析

（1）打开“相交”工具。在 ArcGIS 中，打开 ArcToolbox 窗口，依次展开“分析工具”→“叠加分析”，可以看到其下的“相交”命令。

（2）“相交”对话框设置。双击“相交”，打开操作对话框（图 9.15）。在“输入要素”中依次输入建筑物.shp 和道路缓冲.shp，在“输出要素类”设置目录为“D:\gisdata\ex4”，命名为“道路建筑物叠加.shp”。点击“确定”按钮进行运算。操作结束后结果将自动添加到 ArcGIS 的目录窗口中。

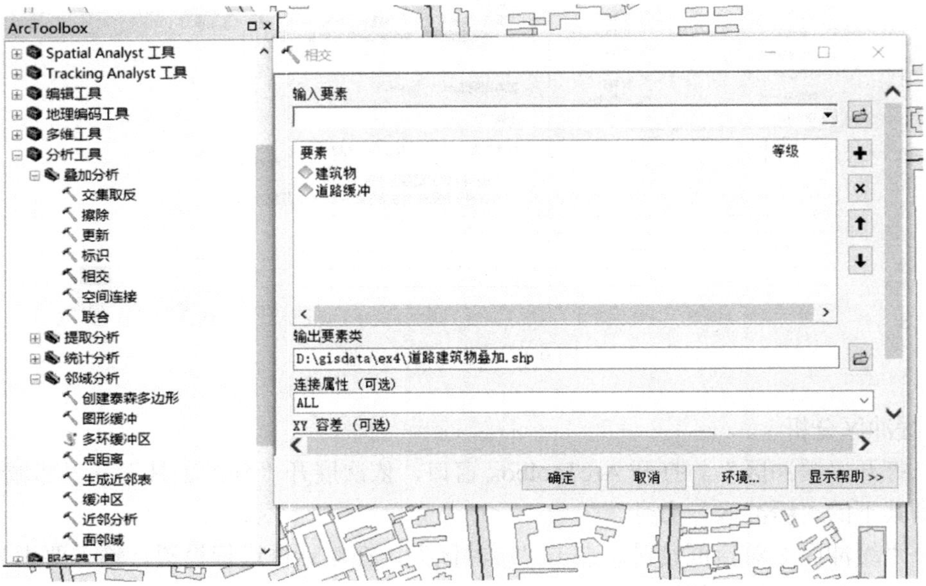

图 9.15　叠加窗口设置

4）属性查询

（1）打开“属性选择”选项。在 ArcMap“选择”菜单中选择“按属性选择...”（图 9.16），在属性框中选择“道路建筑物叠加”作为图层，双击字段“FLOOR”，空白处输入“FLOOR<10”，点击“确定”，查询结果会亮色显示。

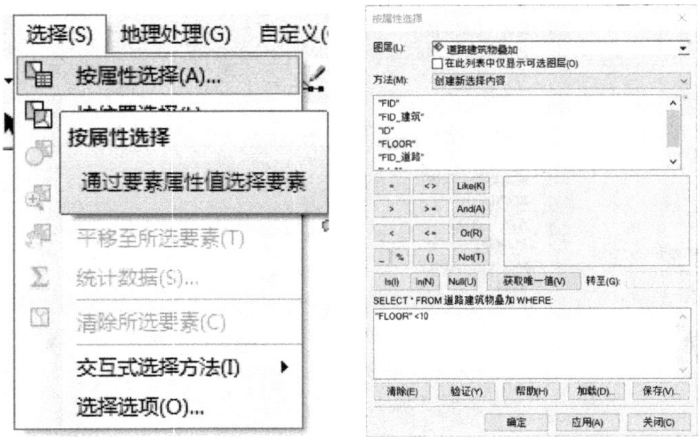

图 9.16　查询窗口设置

（2）查询结果导出保存。将查询过后的“道路缓冲叠加”图层选中，点击鼠标右键，在快捷菜单中选择“数据/导出数据”，在导出数据类型定位“shapefile”格式，命名为“叠合结果 1.shp”（图 9.17）。

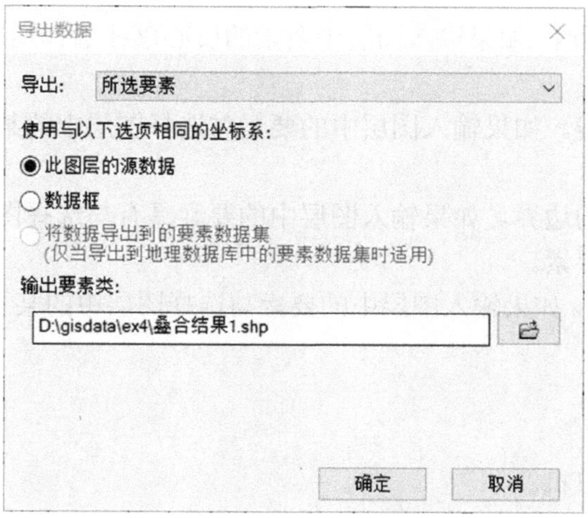

图 9.17　导出数据窗口设置

三、实验结果与分析

完成书面报告，包括原理、过程和结果。

实验五　基于空间关系的查询

一、实验目的与要求

1. 实验目的

理解和掌握基于空间关系的查询，以及空间查询与叠加缓冲的区别。

2. 实验要求

A 城市为完成城市道路拓宽改建，计划将道路拓宽为 30m，请计算一条道路拓宽改建过程中的拆迁房屋的空间数据，道路拓宽改建的基本标准是：①道路拓宽至 30m；②部分位于拆迁区内的 10 层以上的建筑不拆除。

二、实验内容

1. 实验原理

ArcMap 空间查询包括相交、相邻和完全包含等类型。

（1）相交。如果输入图层中的要素与选择图层中的某一要素相交，则会选择这些要素。

（2）在某一距离范围内的要素。如果输入图层中的要素在选择图层中一个要素的某一指定距离范围内，则会选择这些要素。选择此选项后，对话框底部的缓冲距离字段会自动变为启用状态，以便指定距离。

（3）完全包含。如果输入图层中的要素完全包含选择图层中的某一要素，则会选择这些要素。选择图层必须为面图层。

（4）质心在要素范围内。如果输入图层中要素的质心落在选择图层中某一要素的范围内，则会选择这些要素。

（5）与其他要素共线。如果输入图层中的要素与选择图层中的某一要素共线，则会选择这些要素。

（6）接触其他要素的边界。如果输入图层中的要素具有与选择图层中的某一要素相接触的边界，则会选择这些要素。

（7）与其他要素相同。如果输入图层中的要素与选择图层中的某一要素相同（在几何上），则会选择这些要素。

2. 实验设备与数据

（1）实验设备：计算机。

（2）主要软件：ArcGIS10.5。

（3）实验数据："ex5"文件夹下的相关数据，包括：道路中心线.shp；建筑物.shp。

3. 实验步骤

1）数据准备

（1）运行 ArcMap。选择"ArcMap—启动"栏中的"空白地图"方式，单击"确定"。

（2）添加数据。在 ArcCatalog 上，单击连接到文件夹按钮，导航到 D:\gisdata\ex5，单击"确定"，文件夹的快捷方式将添加到目录树的文件夹连接下。

添加空间数据：将 ArcCatalog 的文件夹 D:\gisdata\ex5 下的道路中心线.shp 和建筑物.shp 加载到 map 中。

（3）设置地图框架单位。在"内容列表"上选择"图层"，点击右键，选择"属性"，在数据框属性对话框中，选择"常规"复选框，将地图和显示单位都设置为"米"，点击"确定"按钮（图 9.18）。

2）按包含关系查询

（1）在"选择"菜单中选择"按位置选择..."。

（2）按包含关系查询。

对话框如图 9.19 设置。

点击"确定"按钮，符合条件的要素将亮色显示，将满足条件的要素导出输出，命名为"包含查询.shp"。

3）按质心查询

（1）在"选择"菜单中选择"按位置选择..."。

（2）按质心关系查询。

对话框如图 9.20 设置。

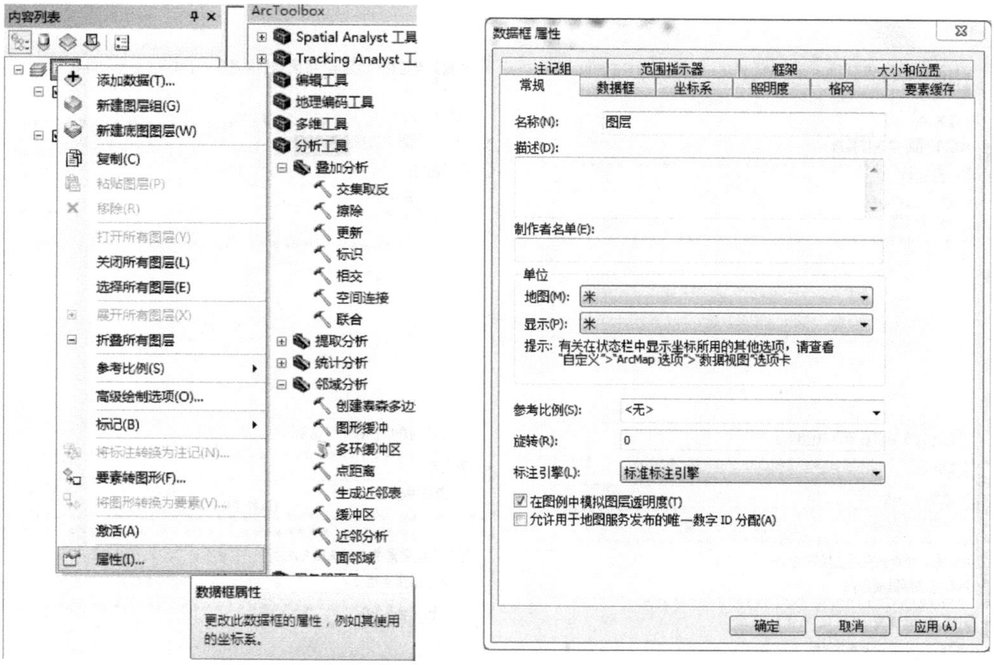

图 9.18　数据框属性设置

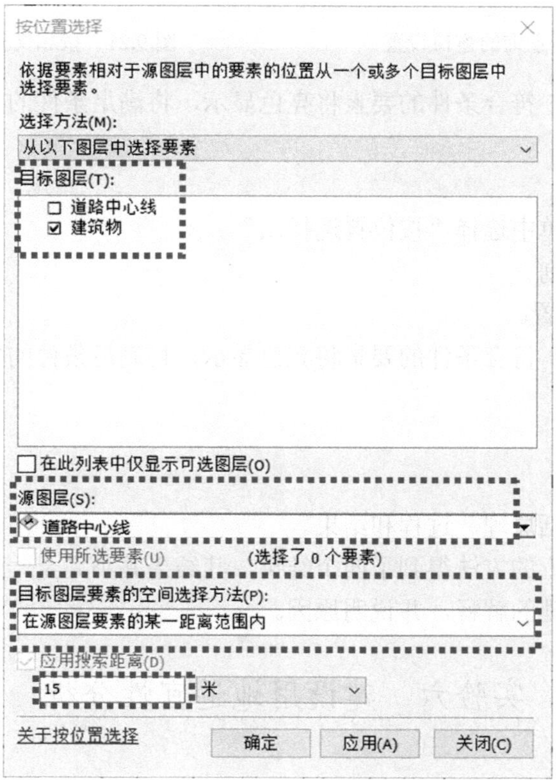

图 9.19　按包含关系查询的窗口设置

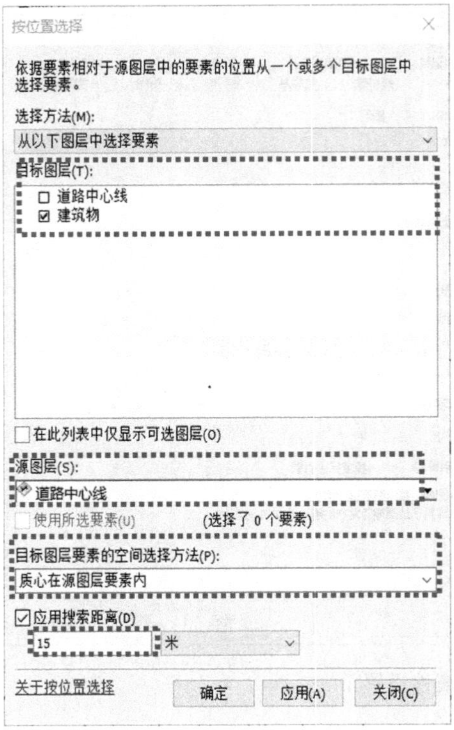

图 9.20　按质心查询的窗口设置

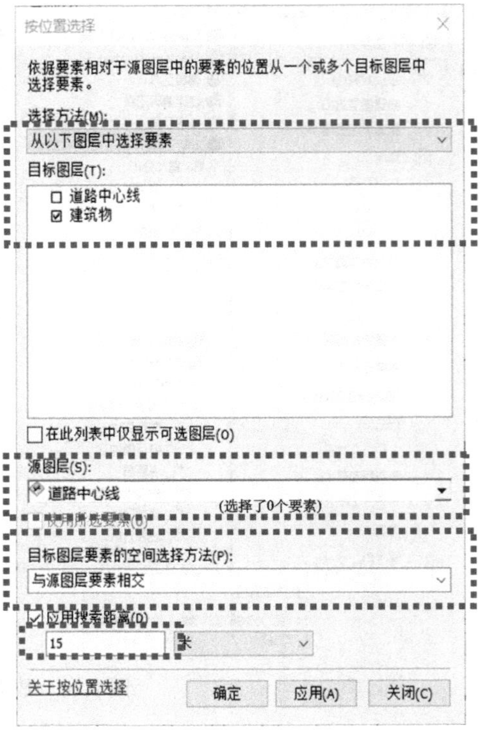

图 9.21　按相交查询的窗口设置

点击“确定”按钮，符合条件的要素将亮色显示，将满足条件的要素导出输出，命名为“质心查询.shp”。

4）按相交查询

（1）在“选择”菜单中选择“按位置选择…”。

（2）按相交关系查询。

对话框如图 9.21 设置。

点击“确定”按钮，符合条件的要素将亮色显示，将满足条件的要素导出输出，命名为“相交查询.shp”。

三、实验结果与分析

完成书面报告，包括原理、过程和结果。

通过实验四和实验五的方法得到了四个结果，其结果并不完全一致，请同学课后进行合理分析，找出最合乎情理的解释，并说明原因。

实验六　建设用地适宜性分析

一、实验目的与要求

1. 实验目的

适宜性分析是城市总体规划的一项重要前期工作，它首先对自然、社会经济和生态环境等要素进行单项用地适宜性评价，然后用叠加技术生成综合用地的适宜性评价结果，俗称“千层饼模式”。请根据所学的知识，用提供的数据进行建设用地适宜性评价。

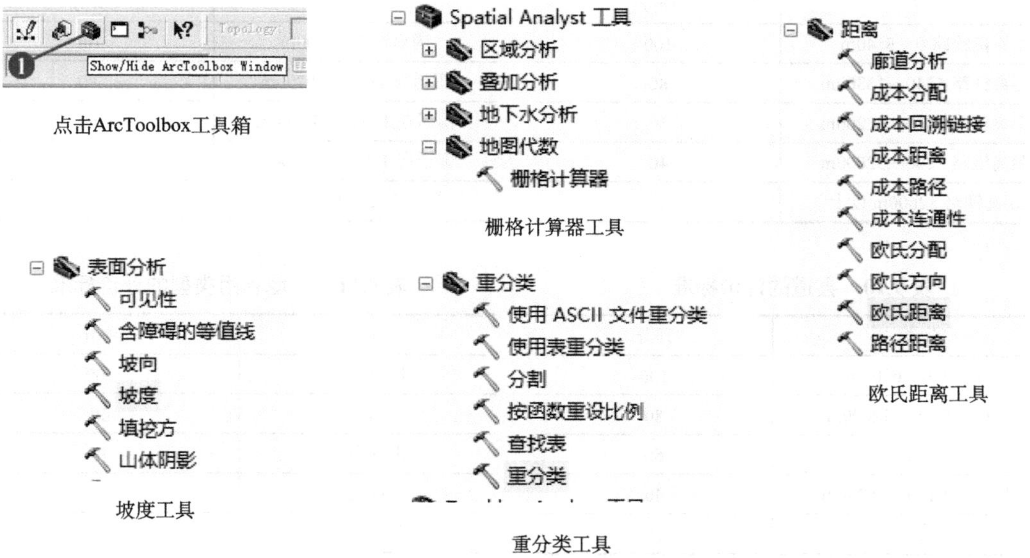

图 9.22　实验所用 ArcToolbox 工具一览

2. 实验要求

通过该实验的练习，熟悉 ArcGIS10.5 的栅格数据空间分析工具，包括欧氏距离、重分类、坡度、多权叠加等空间分析功能。其空间分析方法主要在 ArcToolbox 工具箱里（图 9.22）。

空间数据的具体权重和分类标准见表 9.4～表 9.12。

表 9.4　Slope 的评价标准

分类	评分
Slope 在 0°～7°	100
Slope 在 7°～14°	80
Slope 在 14°～22°	60
Slope 在 22°～30°	40
Slope 在 30°以上	20

表 9.5　DEM 的评价标准

分类	评分
DEM 在 131～284m	100
DEM 在 284～404m	80
DEM 在 404～552m	60
DEM 在 552～744m	40
DEM 在 744m 以上	20

表 9.6　行政中心点的评价标准

分类	评分
行政中心点在 0～8500m	100
行政中心点在 8500～15500m	80
行政中心点在 15500～23400m	60
行政中心点在 23400～32000m	40
行政中心点在 32000m 以上	20

表 9.7　高速公路的评价标准

分类	评分
距离高速公路 0～2500m	100
距离高速公路 2500～5500m	80
距离高速公路 5500～9300m	60
距离高速公路 9300～14600m	40
距离高速公路 14600m 以上	20

表 9.8　铁路的评价标准

分类	评分
距离铁路 0～5540m	100
距离铁路 5540～13300m	80
距离铁路 13300～2200m	60
距离铁路 2200～32600m	40
距离铁路 32600m 以上	20

表 9.9　国道的评价标准

分类	评分
国道在 0～4900m	100
国道在 4900～10700m	80
国道在 10700～18000m	60
国道在 18000～26500m	40
国道在 26500m 以上	20

表 9.10　县道的评价标准

分类	评分
县道在 0～6200m	100
县道在 6200～12600m	80
县道在 12600～19100m	60
县道在 19100～26200m	40
县道在 26200m 以上	20

表 9.11　土地利用类型的评价标准

分类	评分
建设用地	100
园地	60
未利用地	40
耕地	40
草地、林地	0
水域	0

表 9.12　适宜性评价因子及权重

因子	权重	因子	权重
行政中心点	0.15	铁路	0.06
土地利用类型	0.2	县道	0.09
DEM	0.15	国道	0.06
Slope	0.2	高速公路	0.09

二、实验内容

1. 实验思路

（1）数据准备。确定输入数据，包括高程数据（DEM）、土地利用数据、现有道路数据。

（2）派生数据集。从现存数据派生出能提供都市区适宜性分析的原始成本数据，包括坡度数据。

（3）重分类各种数据集。消除各成本数据集的量纲影响，使各成本数据具有大致相同的可比分类体系，级数越高，适宜性越好。

（4）给各数据集赋权重。必要时给适宜性模型中影响比较大的数据集赋比较高的权重，然后合并各数据集以寻找适宜位置。

2. 实验设备与数据

（1）实验设备：计算机。

（2）主要软件：ArcGIS10.5。

（3）实验数据："ex6"文件夹下的相关数据，包括：高速公路.shp；国道.shp；省道.shp；县道.shp；行政中心点.shp；土地利用.shp；DEM；主城九区.shp。

3. 实验步骤

1）数据准备

（1）运行 ArcMap。选择"ArcMap—启动"栏中的"空白地图"方式，单击"确定"。

（2）添加数据。在 ArcCatalog 上，单击连接到文件夹按钮，导航到 D:\gisdata\ex6，单击确定，文件夹的快捷方式将添加到目录树的文件夹连接下。

添加空间数据：将 ArcCatalog 的文件夹 D:\gisdata\ex6 下的所有数据加载到 map 中。

（3）环境设置。加载空间数据和激活空间分析模块。点击"自定义"菜单下的"扩展模块"，选择 Spatial Analyst，点击"关闭"按钮，如图 9.23 所示。

点击菜单"地理处理"→"环境"，在"环境设置"对话框中选择"处理范围"和"栅格分析"两个方面，将"处理范围"中的"范围"和"栅格分析"中的"掩膜"都设置为"与图层主城九区相同"，像元大小设置为 25（图 9.24）。

2）派生数据及重分类数据

（1）坡度因子。使用 DEM 数据生成坡度：在 ArcToolbox 中选择"Spatial Analyst 工具"→"表面分析"→"坡度"选项，选"dem"作为输入栅格，选择"D：\gisdata\ex6"作为保存数据路径，将生成坡度命名为"slope"（图 9.25）。

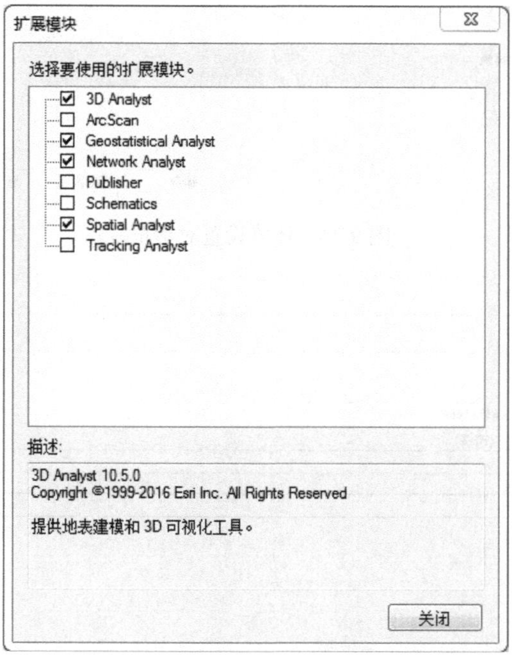

图 9.23 扩展模块集

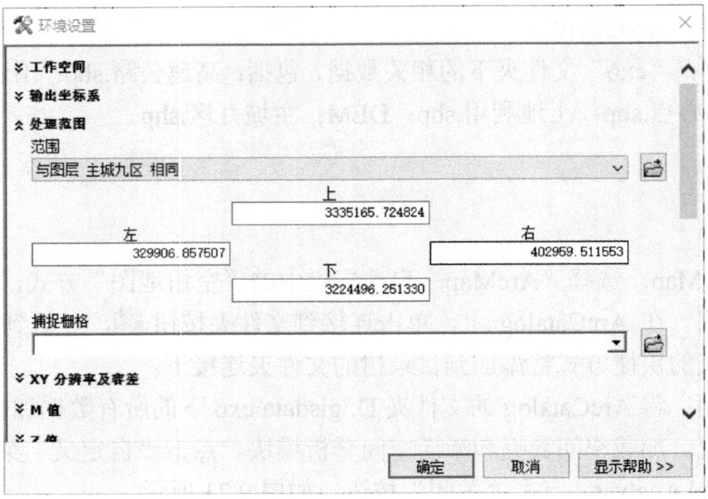

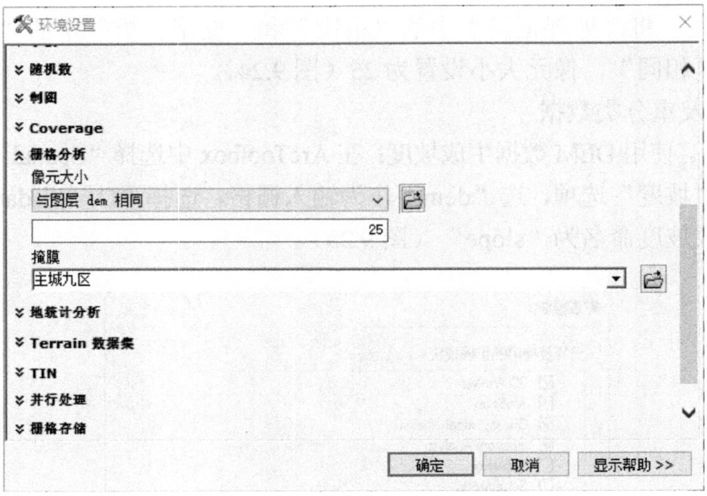

图 9.24　环境设置对话框

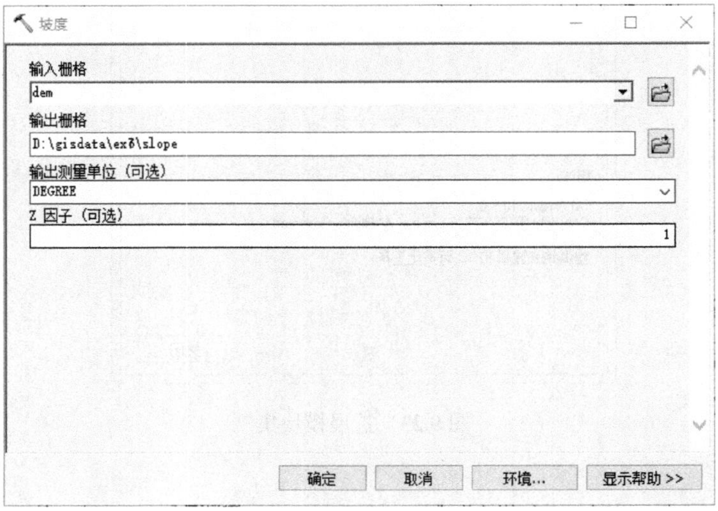

图 9.25　生成坡度对话框

对坡度做重分类：在 ArcToolbox 选择“Spatial Analyst 工具” →“重分类”→“重分类”选项（图 9.26），输入栅格选择“slope”，重分类字段选择“value”，点击“分类”按钮，进行分类，按照表 9.4 的分类标准进行中断值的输入（图 9.27），点击“确定”后，回到重分类对话框中。

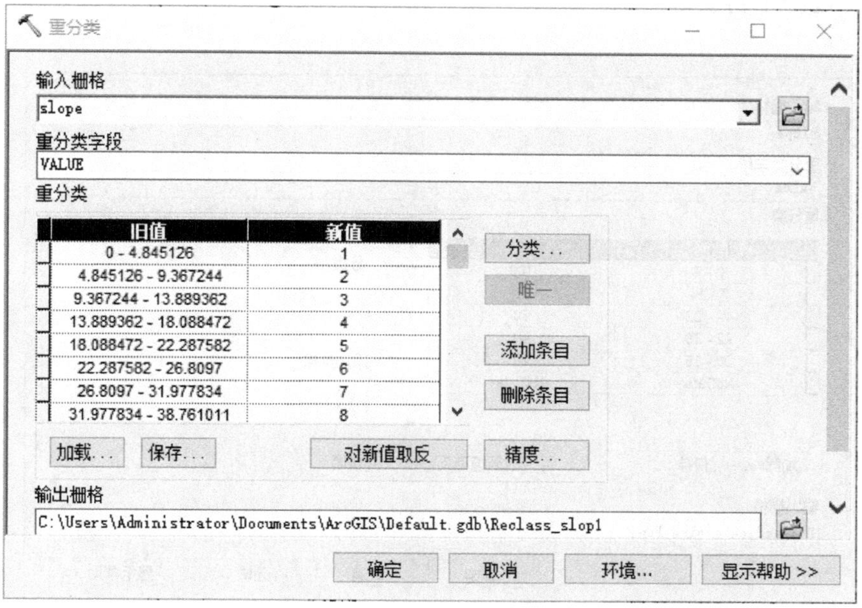

图 9.26　重分类对话框

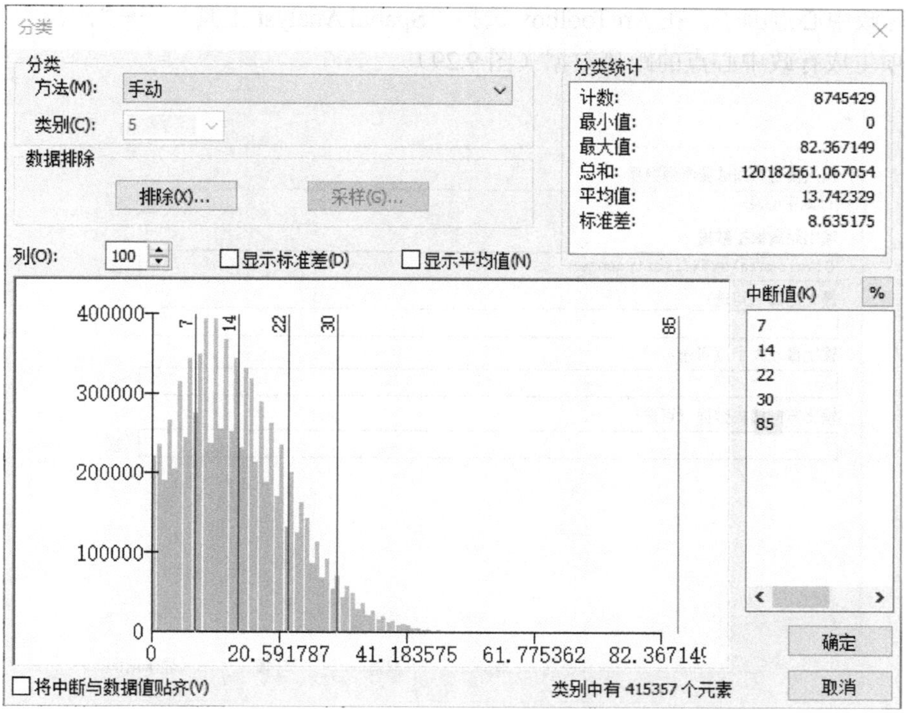

图 9.27　分类中断值输入

在重分类对话框中，“旧值”已经按照中断值进行了新的分类，将“新值”按照表 9.4 的标准输入“100、80、60、40、20”，并输出栅格设置为“D:\gisdata\ex6”目录，命名为 reslope。

（2）高程 DEM 因子。与坡度因子类似，高程 DEM 按照表 9.5 的标准进行重分类（在 ArcToolbox 选择“Spatial Analyst 工具”→“重分类”→“重分类”选项），生成数据 redem，操作过程不再赘述。

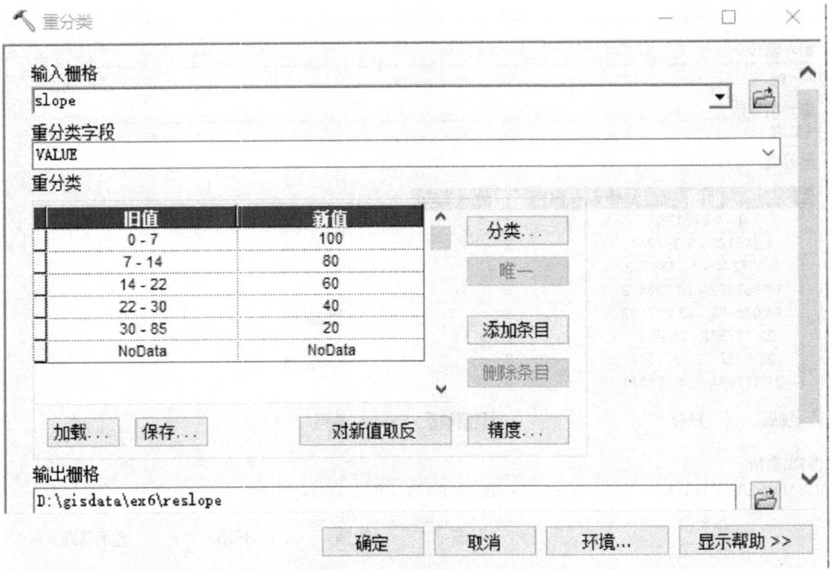

图 9.28　重分类设置

（3）行政中心点因子。在 ArcToolbox 选择“Spatial Analyst 工具”→“距离”→“欧氏距离”选项生成行政中心点的距离数据（图 9.29）。

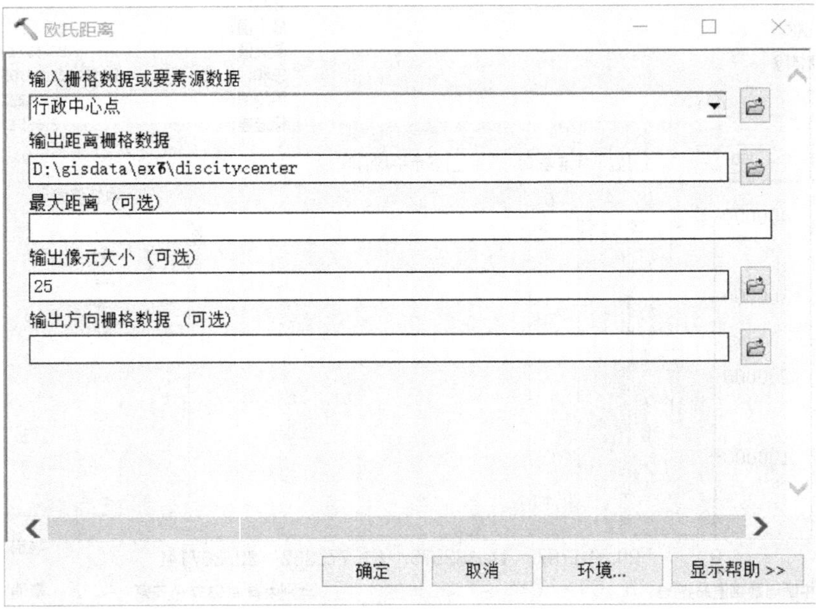

图 9.29　欧氏距离窗口设置

对距离数据重分类，操作步骤与坡度因子类似，请参照表 9.6 和图 9.25～图 9.28 进行操作，生成重分类的数据命名为 recitycenter。

（4）高速公路因子。操作过程如同行政中心点因子，按照表 9.7 完成欧氏距离和重分类，生成重分类的数据命名为 rehighway。

（5）铁路因子。操作过程如同行政中心点因子，按照表 9.8 完成欧氏距离和重分类，生成重分类的数据命名为 rerailway。

（6）国道因子。操作过程如同行政中心点因子，按照表 9.9 完成欧氏距离和重分类，生成重分类的数据命名为 restateway。

（7）县道因子。操作过程如同行政中心点因子，按照表 9.10 完成欧氏距离和重分类，生成重分类的数据命名为 recountyway。

（8）土地利用类型因子。土地利用数据为矢量数据，要完成几个数据的空间叠合，需要将矢量数据转为栅格数据：在 ArcToolbox 选择“转换工具”→“转为栅格”→“面转栅格”选项，在对话框中进行设置，将“土地利用 15”作为输入要素，转入的“值字段”为 type，输出要素的路径仍在 ex6 下，命名为 landuse（图 9.30）。

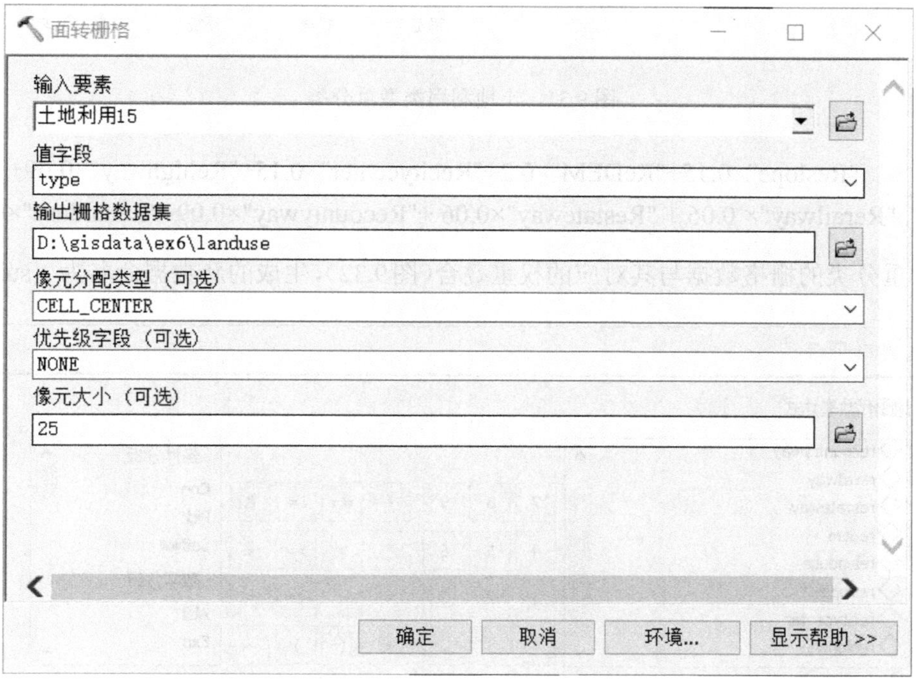

图 9.30　矢量转栅格

在 ArcToolbox 选择“Spatial Analyst 工具”→“重分类字段”→“重分类”选项，输入栅格选择“landuse”，重分类字段选“type”，按照表 9.11 的分类标准进行中断值的输入（图 9.31），得到“新值”，重分类的数据命名为“relanduse”，点击“确定”。

3）加权叠加

在 ArcToolbox 选择“Spatial Analyst 工具”→“地图代数”→“栅格计算器”选项，计算器空白处输入：

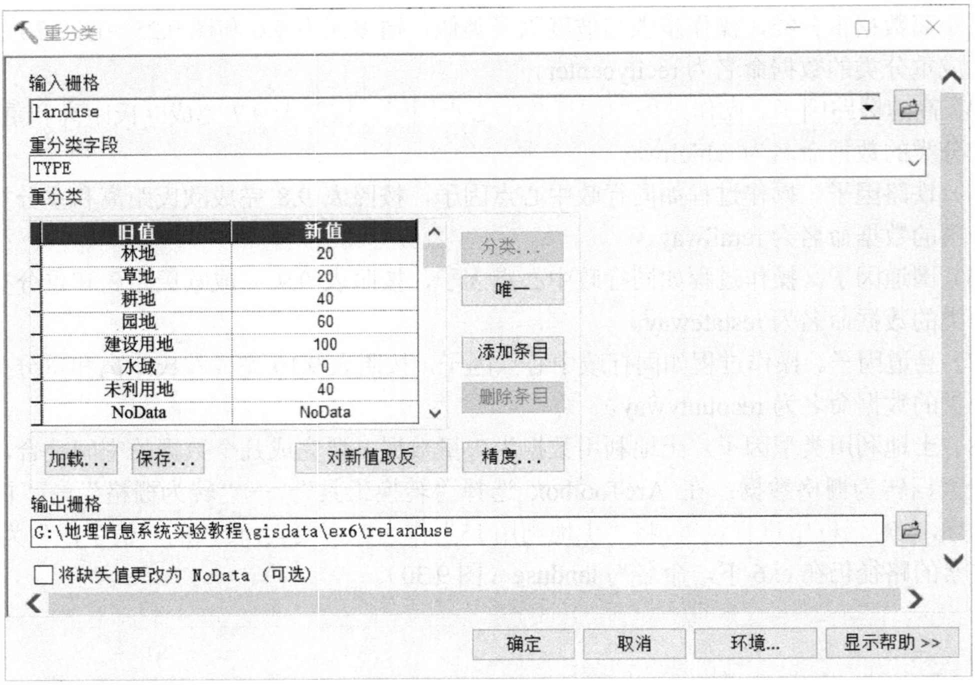

图 9.31　土地利用类型重分类

"Reslope"×0.15+"ReDEM"×0.2+"Recitycenter"×0.15+"Rehighway"×0.09+
"Rerailway"× 0.06 + "Restateway"×0.06 +"Recountyway"×0.09+"Relanduse"×0.2

各个重分类的栅格数据与其对应的权重叠合(图9.32),生成的新数据命名为“suitable”。

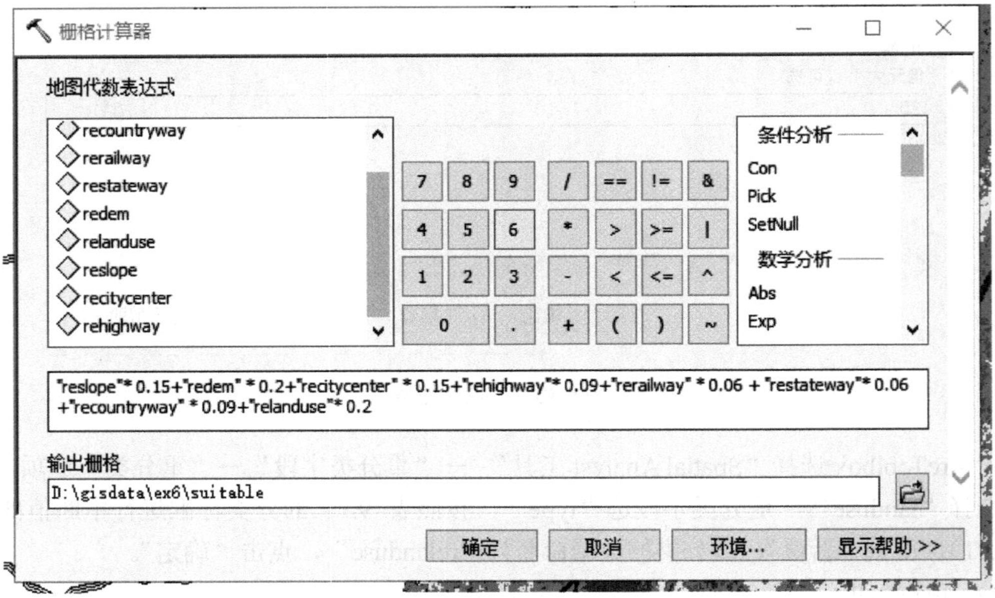

图 9.32　栅格计算器

三、实验结果与分析

完成书面报告，包括原理、过程和结果。将各个步骤生成的数据制图，针对最后建设用地适宜性空间格局做出合理分析。

实验七　地形特征点的提取

一、实验目的与要求

实验目的：掌握邻域统计分析、等高线的生成与显示、栅格计算等空间分析方法。

实验要求：根据 DEM 数据提取区域地形特征点——以提取山顶点为例。

二、实验内容

1. 实验原理

地形特征点主要由山顶点、山脊线、山谷线、洼地等组成。根据 DEM 中相邻像元之间的相互关系，采用 GIS 的邻域统计等方法可以提取地形特征点。

2. 实验设备与数据

（1）实验设备：计算机。

（2）主要软件：ArcGIS 10.5。

（3）实验数据：随书光盘中提供的 DEM 数据。

3. 实验步骤

1）数据准备

（1）运行 ArcMap。选择“ArcMap—启动”栏中的“空白地图”方式，单击“确定”；激活 Spatial Analyst 扩展模块。

（2）添加数据。在 ArcCatalog 上，单击“连接到文件夹”按钮，导航到 D:\gisdata\ex7，单击“确定”，文件夹的快捷方式将添加到目录树的文件夹连接下。

加载 DEM 数据，对其进行符号化：采用 Stretched 的显示方式，颜色采用红蓝过渡色带，地势高的采用红色，地势低的采用蓝色。

2）根据 DEM 生成等高线

（1）生成等高线 contour10。点击 ArcToolbox 上的“Spatial Analyst 工具”→“表面分析”→“等值线”，“输入栅格”中选择 DEM，等高距设置为 10m，输出文件命名为 contour10（图 9.33）。

（2）生成等高线 contour50。重复上一步，将等高距设为 50m，输出文件命名为 contour50，并将 contour50 数据层中的等高线加粗显示。

3）生成山体阴影，增强地形的立体效果

（1）生成山体阴影。点击 ArcToolbox 上的“Spatial Analyst 工具”→表面分析→山体阴影，“输入栅格”选择 DEM，太阳方位角和高度角、像元大小均采用默认值，输出文件命名为 hillshade，点击“确定”。

（2）透明度设置。右键单击 hillshade 数据层，选择“属性”，在图层属性对话框中选择“显示”标签，将其透明度设置为 60%（图 9.34）。

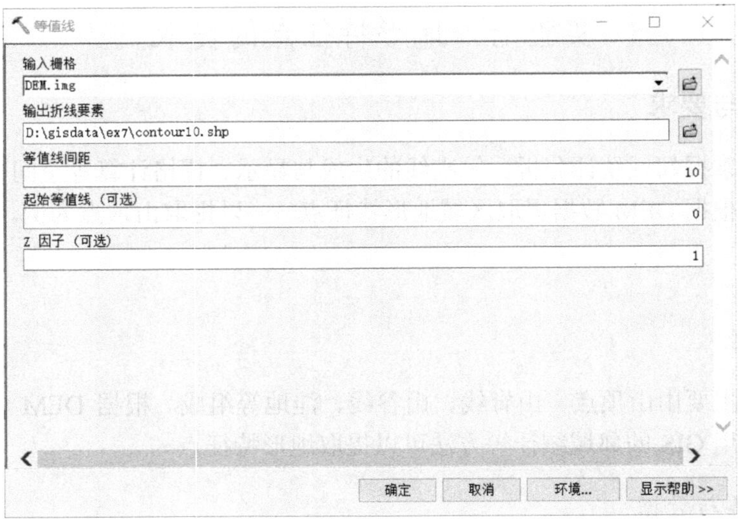

图 9.33　生成等高线

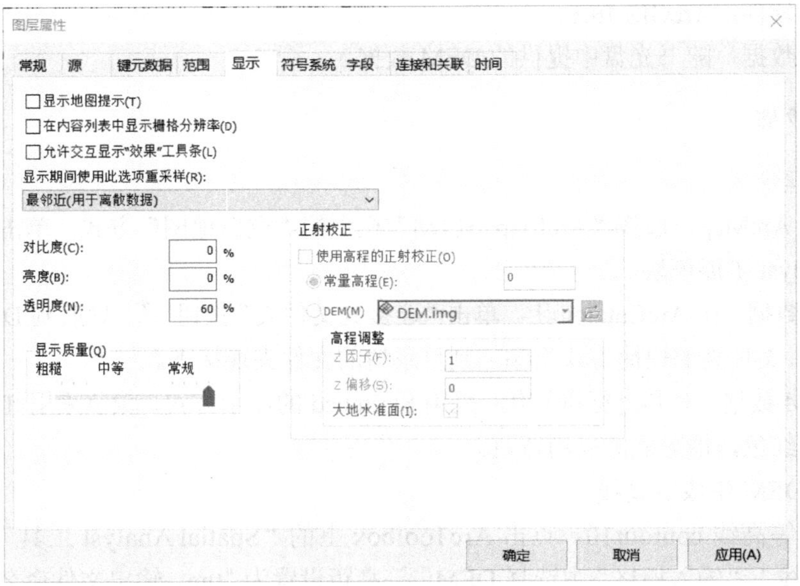

图 9.34　透明度设置

（3）图层设置。按 contou50、contour10、hillshade、DEM 顺序设置数据层，生成地形立体效果图（图 9.35）。

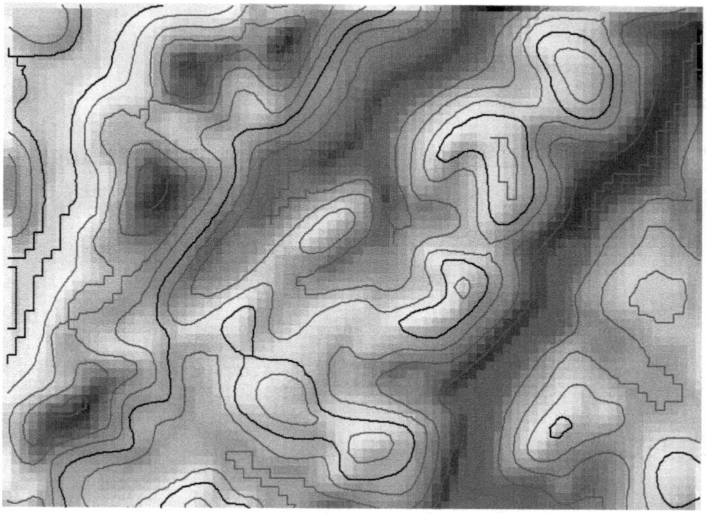

图 9.35 地形立体效果图

4）对 DEM 求邻域最大值

点击 ArcToolbox 上的“Spatial Analyst 工具”→“邻域统计”→“焦点统计”，打开焦点统计对话框，在“输入栅格”中选择 DEM，“统计类型”选择最大值（Maximum），邻域窗口设置为 11×11 的矩形，输出文件命名为 maxdem，其余采用默认值（图 9.36）。

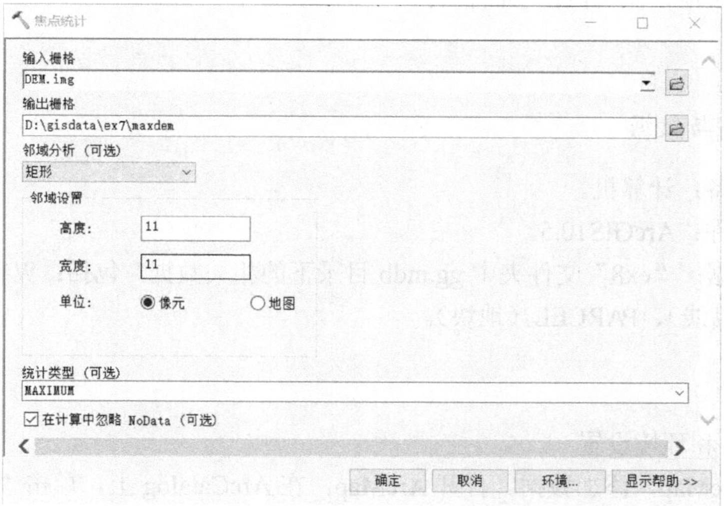

图 9.36 邻域统计对话框

5）提取山顶顶点

先点击 ArcToolbox 上的“Spatial Analyst 工具”→“地图代数”→“栅格计算器”，在栅格计算器中输入“[maxdem]–[DEM.img]”，点击“确定”；然后对新生成的栅格数据进行重分类，将值不为 0 的像元设为 Nodata，输出数据命名为 TopPoint。

6）将顶点栅格转换成矢量数据，并进行符号化设置

点击 ArcToolbox 上的“Spatial Analyst 工具”→“由栅格转出”→“栅格转点”，将 TopPoint

输出为点要素，命名为 Peak，并对其进行符号化。

三、实验结果与分析

完成书面报告，包括原理、过程和结果。具体内容包括：研究 TopPoint 或 Peak 中的山顶数据，理解平山顶的地方存在多个顶点的原因，思考如何解决这些问题。

第四节　综 合 应 用

实验八　基于 Model Builder 的度假山庄选址

一、实验目的与要求

1. 实验目的

（1）熟练掌握在 ArcMap 中如何创建模型。
（2）利用模型完成度假山庄的选址。

2. 实验要求

度假山庄选址要求为：①距离水源地在 300m 以内；②坡度小于 15°，高程在 1930m 以下；③不能选在耕地、园地内；④面积为 50～80 亩（1 亩≈666.67m^2）。

二、实验内容

1. 实验设备与数据

（1）实验设备：计算机。
（2）主要软件：ArcGIS10.5。
（3）实验数据：“ex8”文件夹中 gg.mdb 目录下的相关数据，包括：WATER（水源地）、CONTOUR（等高线）、PARCEL（地块）。

2. 实验步骤

1）数据准备和环境设置

（1）运行 ArcMap，添加数据。打开 ArcMap，在 ArcCatalog 上，单击“连接到文件夹”按钮 ，导航到 D:\gisdata\ex8，单击“确定”，文件夹的快捷方式将添加到目录树的文件夹连接下。

（2）环境设置。点击菜单“地理处理”→“环境”，在“环境设置”对话框中选择“处理范围”和“栅格分析”两个方面，将“处理范围”的“范围”和“栅格分析”中的“掩摸”都设置为“与图层 PARCEL 相同”（图 9.37）。

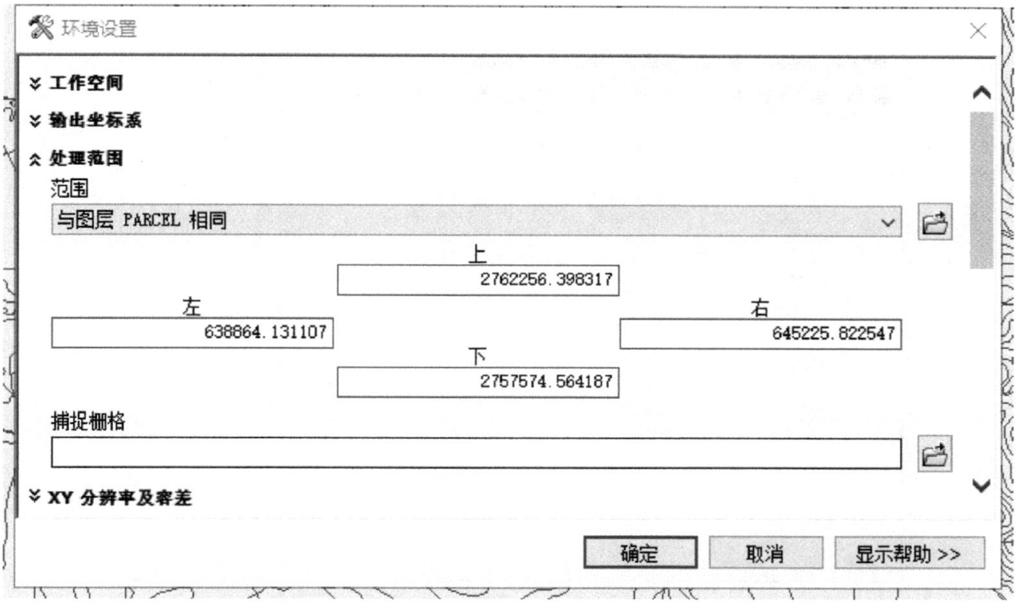

图 9.37　环境设置

2）创建 Model Builder

（1）创建 Model builder 的第一种方法。在 ArcCatalog 对应的本实验目录中点击右键，选择“新建”→“工具箱”，选择新建好的“工具箱”，点击鼠标右键，选择“新建”→“模型”，模型窗口自动添加（图 9.38）。

（2）创建 model builder 的第二种方法。直接在 ArcMap 菜单上点击“地理处理”→“模型构建器”，但这样的模型后面需要保存。

（3）打开后的模型界面如图 9.39 所示。

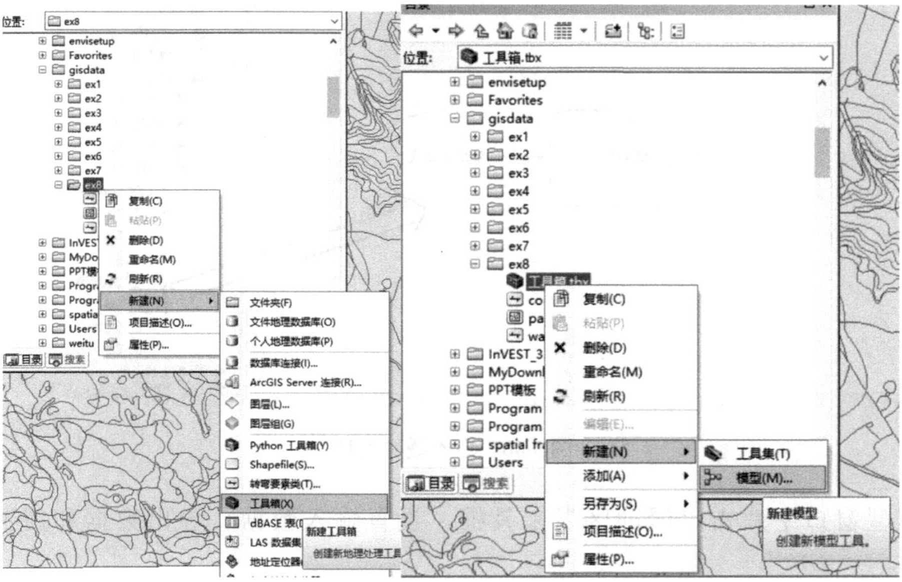

图 9.38　新建工具箱及模型

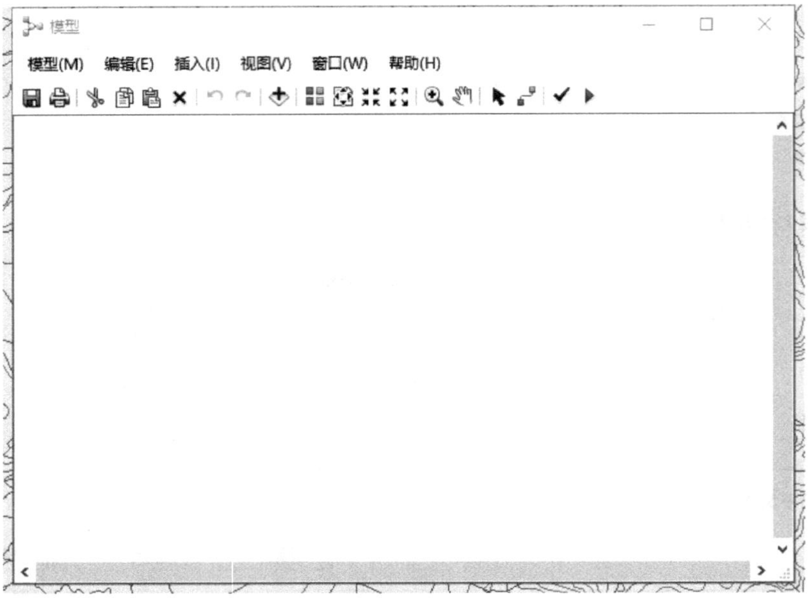

图 9.39　模型窗口

3）按照条件要求分别建模型

（1）满足条件①。距离水源地在 300m 以内，即以河流为对象，生成距河流 300m 的缓冲区。

在 ArcToolbox 工具集内找到“缓冲区”工具（分析工具→邻域分析→缓冲区），将其拖入模型界面（图 9.40）。

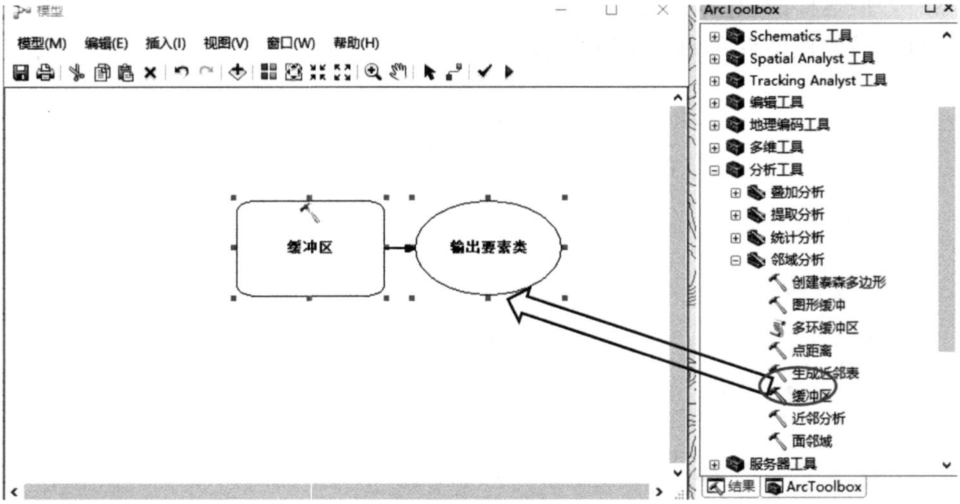

图 9.40　拖入缓冲工具

在模型窗口中双击“缓冲区”工具框，设置输入数据、导出数据和缓冲距离值（图 9.41）。

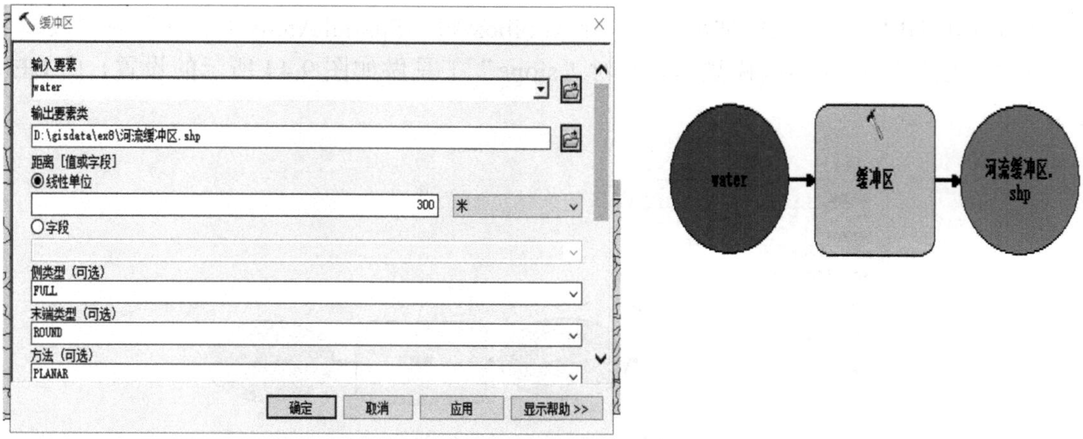

图 9.41　缓冲工具集选项

（2）满足条件②。坡度小于 15°，高程在 1930m 以下。

Create TIN。在 ArcToolbox 工具集将“3D Analyst 工具”→“数据管理”→“TIN”→“创建 TIN”拖入模型构建器里，并进行设置，将由原始数据 CONTOUR 生成 TIN（图 9.42）。

TIN to Raster。在 ArcToolbox 工具集将“3D Analyst 工具”→“转换”→“由 TIN 转出”→“TIN 转栅格”拖入模型构建器里，并进行设置，将 TIN 转入栅格数据 DEM，获取高程数据及由 DEM 生成坡度数据（图 9.43）。

图 9.42　拖入 Create TIN 并设置选项

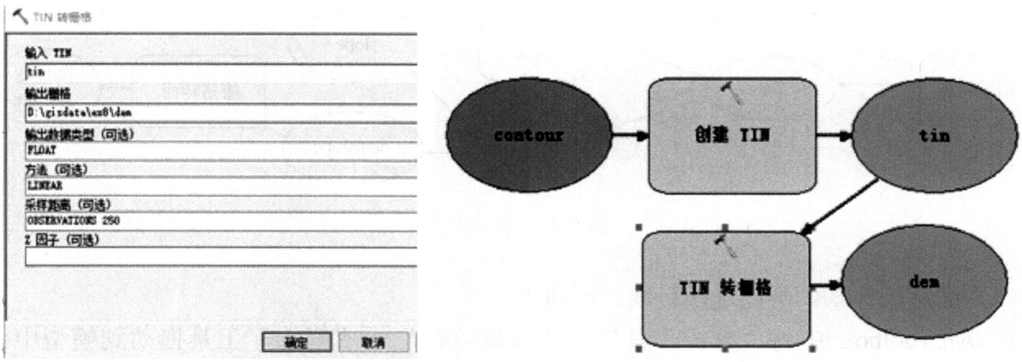

图 9.43　TIN 转栅格工具设置

slope（由 DEM 数据生成坡度）。在 ArcToolbox 将“Spatial Analyst 工具”→“表面分析”→“坡度”工具拖动到模型里，并对“slope”工具做如图 9.44 所示的设置，由 DEM 生成坡度。

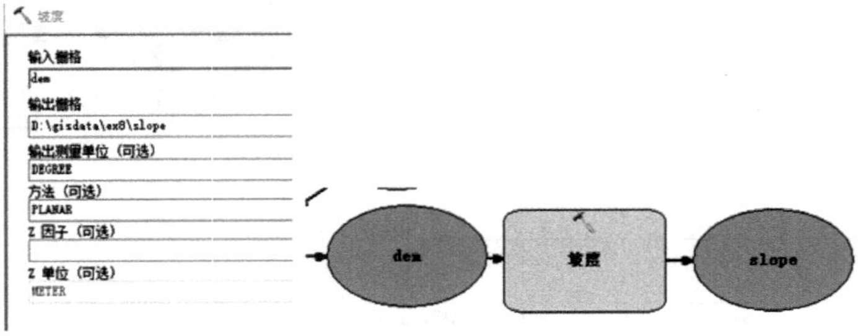

图 9.44　拖入工具并添加数据

在 ArcToolbox 将“Spatial Analyst 工具”→“地图代数”→“栅格计算器”工具拖动到模型中，并进行如图 9.45 的设置，查找满足条件“DEM<=1930，slope<=15”，输出数据为 dem slope。

将符合条件的栅格数据转入矢量数据。在 ArcToolbox 将“转换工具”→“由栅格转出”→“栅格转面”工具拖动到模型中并做设置，转出矢量数据设为“满足条件 2.shp”，整个条件③的操作流程见图 9.46。

图 9.45　查找满足条件 2 的设置

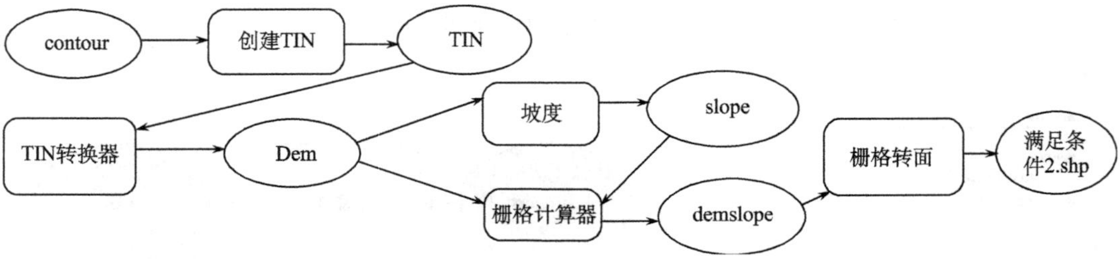

图 9.46　转为矢量

（3）满足条件③。不能选在耕地、园地内。

在 ArcToolbox 中将“分析工具”→“提取分析”→“筛选”工具拖动到模型中并做图 9.47 的设置，输入表达式“[UseCode] not LIKE "11*" AND [UseCode] not LIKE "12*"”。

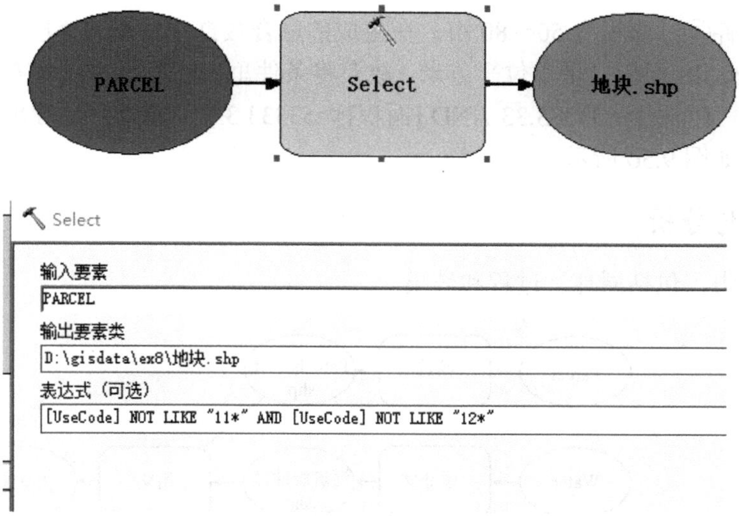

图 9.47　选择工具的设置

（4）将条件集合查询。通过相交工具（“分析工具”→“叠加分析”→“相交工具”）将符合条件 1、条件 2、条件 3 的部分共同求交集（图 9.48）。

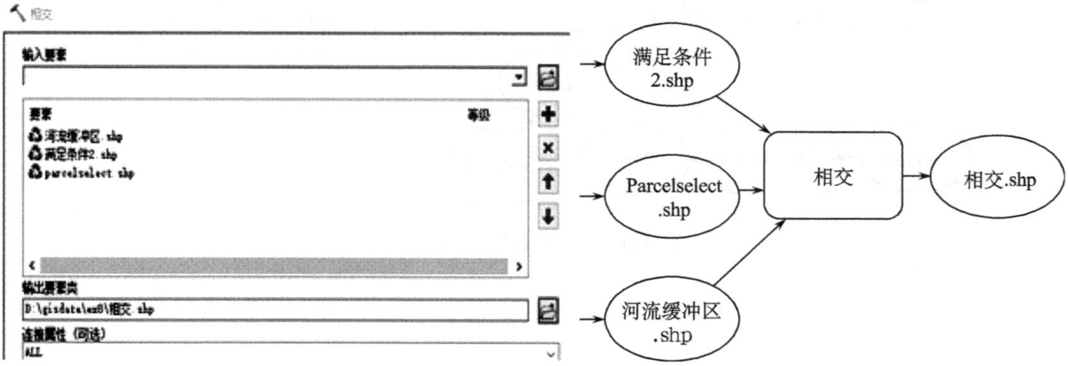

图 9.48　相交

通过“融合”（“数据管理工具”→“制图综合”→“融合”）工具将相交后的数据进行融合处理，融合字段选择“ParcelID”，融合后的数据进行面积计算（图 9.49）。

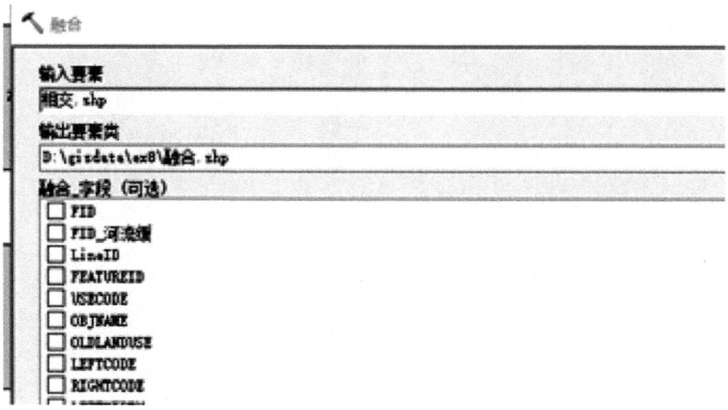

图 9.49　融合选项

（5）满足条件④，面积为 50～80 亩。在生成的融合数据中，添加字段“面积”，并计算面积值，因为 ArcGIS 面积自带单位平方米，故要将条件里亩的值换算成平方米。再选择“筛选”工具，查询“[面积]>=33333.33 AND [面积]<=53333.33”，查询结果导出为“结果.shp”数据，整个模型如图 9.50 所示。

三、实验结果与分析

完成书面报告，包括原理、过程和结果。

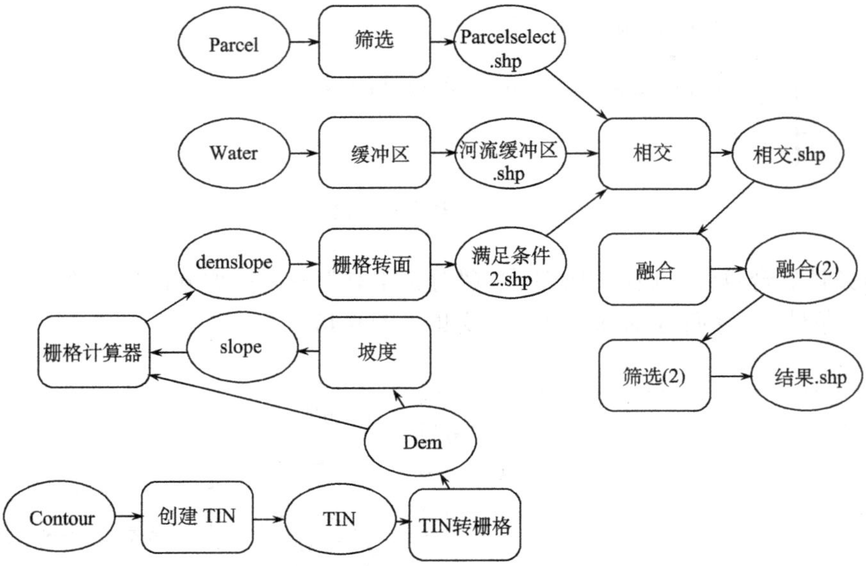

图 9.50　“select”工具设置

第十章　遥感原理与软件应用实验

第一节　概　　述

一、课程简述

“遥感原理与软件应用”是地理科学类专业的基础课程之一。该课程的主要目标是让学生掌握遥感的基本原理和遥感图像处理。遥感的基本原理是理论教学课的重点内容，本章只对必要的理论进行论述。应用遥感软件，处理遥感图像，是本章的重点。本章将以 ENVI 5.3 作为教学软件，讨论遥感图像的数字化处理。作为地理科学类专业的学生，不仅应该有专业的地理学知识，而且也应该拥有基于专业知识的软件操作技能。

遥感图像的数字化处理，主要内容包括：图像裁剪、图像增强、监督分类、非监督分类、决策树分类和面向对象分类。通过这门课程的学习，学生可熟练掌握遥感理论和应用。运用现代化的教学手段，真正培养学生动手能力，使学生掌握遥感理论的实践应用，熟练操作软件 ENVI 5.3。

二、课程实验的重要性

“遥感原理与软件应用”广泛应用于科学研究、地理环境、测绘、自然资源、气象、农林海洋、医学、军事、智慧城市方面等。掌握遥感原理，精通 1～2 个遥感图像处理软件，是地理科学学生的必备素质。ENVI 遥感图像软件功能强大、完备，与很多 GIS 软件相互兼容，广受师生欢迎。掌握遥感的基本原理与软件应用，能在短时间内获得大面积同步观测的各种影像资料；能以相对经济的手段，获得具有现势性、综合性和可比性的数据；更重要的是，掌握了遥感原理与软件应用，能为学生提供一种宏观的视野、全局的眼光、历史的变化过程。“遥感原理与软件应用”不仅培养一种能力，更包含了一种思想、一种眼光和一片胸怀。

三、主要实验构成

本章实验由三个部分组成，第一部分为图像裁剪，包括图像的规则裁剪与不规则裁剪；第二部分为图像增强，包括空间域增强处理、辐射增强处理、光谱增强处理、傅里叶变换；第三部分为图像分类，包括监督分类、非监督分类、决策树分类和面向对象分类。图像裁剪就是保留感兴趣的图像区域，裁剪掉多余的部分。图像增强就是应用各种图像增强算法，提高图像中不同地物的表现差异，方便后续的人工解译和机器判读。监督分类是有人工干预的训练分类法。根据先验知识，人工选取认知地物对象的样本，计算机根据样本进行训练，从而进行图像分类。非监督分类是无人工干预的训练分类法，本章介绍重复自组织数据分析法和 *K*-Means 聚类。决策树分类应用决策规则，构建决策树进行分类。面向对象分类分析多个邻近像元，形成并发现对象，提取特征，进行地物对象分类。所有实验包含 ENVI 5.3 遥感图像处理基本方法，旨在进一步加深学生对 ENVI5.3 软件的理解和熟悉程度，培养学生用

ENVI5.3 来解决实际问题的能力，提高学生的动手能力。

第二节　图 像 裁 剪

实验一　规则裁剪与不规则裁剪

一、实验目的与要求

掌握图像的规则裁剪和不规则裁剪，熟悉使用 ENVI5.3 裁剪图像的流程和操作方法。

二、实验内容

选取感兴趣的图像区域，并进行裁剪。学习在 ENVI 5.3 下进行图像的规则裁剪，以及利用矢量数据进行图像的不规则裁剪。不规则裁剪包括手动绘制多边形裁剪图像和利用外部矢量数据裁剪图像。实验方法与步骤如下。

1. 图像的规则裁剪

规则裁剪又称规则分幅裁剪，指图像的裁剪范围是一个矩形。这个矩形范围有如下的定义方式：行列号、左上角和右下角两点坐标、图像文件、ROI/矢量文件。规则分幅裁剪功能位于 Spatial Subset 工具中。下面介绍其中一种规则分幅裁剪的步骤和流程。

（1）“File” → “Open” 打开需要裁剪的图像 Beijing_TM.dat。

（2）“File” → “Save As...（ENVI, NITF, TIFF, DTED）”，进入 File Selection 面板，单击“Spatial Subset”按钮，打开右侧裁剪区域选择面板。Spatial Subset 表示空间子集，即选取一块感兴趣的空间裁剪区域。单击“Spectral Subset”按钮，弹出 Spectral Subset 对话框。Spectral Subset 表示选取输出的波段子集。全选（Select All）或单击感兴趣的波段。若想多选，按住键盘上的 Ctrl 键，可以同时选多个波段。点击 Spectral Subset 对话框页面的“OK”，保存退出。

（3）多种方法确定空间裁剪区域（图 10.1）。

方法一：手动交互确定空间裁剪区域。File Selection 面板的右侧为裁剪区域。区域内的光标表现为“十字形”。按住鼠标左键，拖出一个红色边框的矩形。松开鼠标左键，矩形框不再发生变化。图像中的红色矩形框即为规划的裁剪区域。裁剪区域可以继续修改。光标移到红色矩形框内时，按下鼠标左键，可移动红色矩形的位置，即移动裁剪区域的位置。光标移至红色矩形的框边，按下鼠标左键，可调整红色矩形的大小，即调整裁剪区域的大小。

方法二：File Selection 面板右侧的下方，应用 Columns 和 Rows 确定空间裁剪区域。应用 Columns 和 Rows（行列数）来确定裁剪尺寸和裁剪区域。直接输入起始的列数、终止的列数、总的列数、起始的行数、终止的行数、总的行数这 6 个参数，也可以确定裁剪区域。

方法三：应用 File Selection 面板上方的工具条确定空间裁剪区域。工具条样式为

。该工具条提供了简便、易操作的区域选取方法。工具条表示用下述方法选取子集（Subset by）。

Use Full Extent ：使用整幅图像范围作为裁剪区域。

Use View Extent ：使用视图主窗口中可视的范围作为裁剪区域。

Subset By Raster ：通过导入现有栅格文件确定裁剪区域。

Subset By Vector ：通过导入现有矢量文件确定裁剪区域。

Subset By ROI ：通过导入 ROI 文件确定裁剪区域。

Enter Map Coordinates ：输入地图的具体地理坐标作为裁剪区域。

单击 File Selection 面板下方的“OK”按钮，选择输出路径及文件名，完成规则图像的空间裁剪。

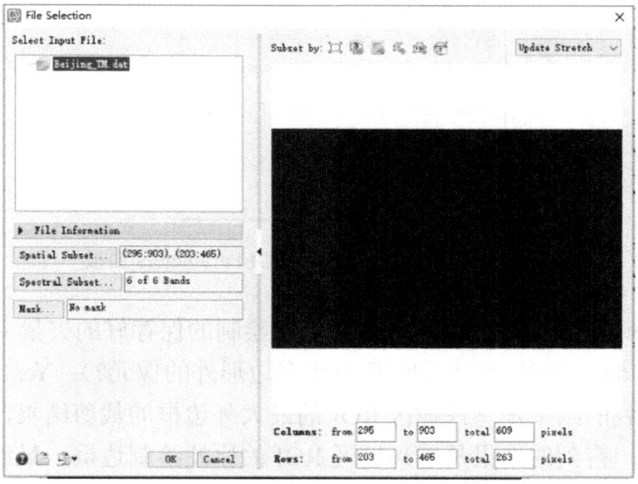

图 10.1　规则裁剪参数设置面板

2. 图像的不规则裁剪

图像的不规则裁剪指裁剪图像的范围是一个不规则的任意多边形。任意多边形可以是事先生成的一个完整的闭合多边形区域，可以是一个手工绘制的感兴趣区多边形，也可以是 ENVI 支持的矢量文件。针对不同的情况采用不同的裁剪方法。

1）手绘区域裁剪图像

打开图像，手绘 ROI。点击“File”→“Open”打开需要裁剪的图像 Beijing_TM.dat。在图层管理器（Layer Manager）中，选中 Beijing_TM.dat 文件。单击鼠标右键，选择 New Region Of Interest。打开感兴趣区面板[Region of interest（ROI）Tool]，点击 按钮，裁剪区域内的光标表现为“十字形”，不断点按鼠标左键，在图像上绘制感兴趣区的手绘裁剪多边形。双击鼠标左键完成感兴趣区的绘制。绘制的红色多边形区域即为感兴趣的裁剪区域。可以修改多边形名称（ROI Name）、感兴趣区颜色（ROI Color）等，也可以根据需求绘制若干个多边形。当绘制多个感兴趣区时，可利用 ROI 计数器 进行删减。选择“File”→“Save As…”，保存绘制的多边形 ROI，选择保存的路径和文件名。

应用 ROI，进行图像裁剪。在 Toolbox 中，点击“Regions of Interest”→“Subset Data from

ROIs”，打开输入文件的对话框（Select Input File），选择 Beijing_TM.dat，点击“OK”，打开感兴趣区参数获取子集面板（Spatial Subset via ROI Parameters），参数设置如图 10.2 所示。

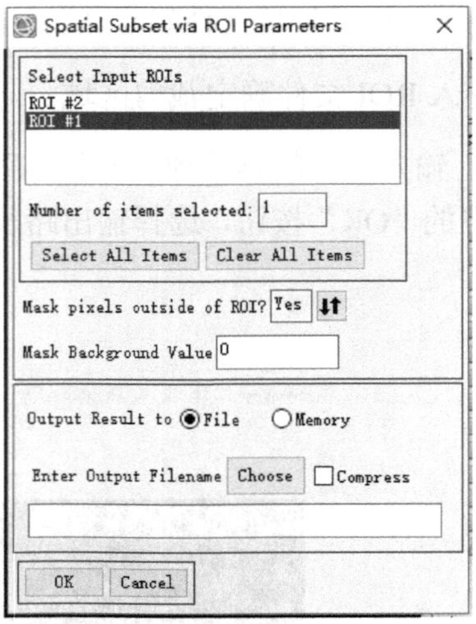

图 10.2　Spatial Subset via ROI Parameters 面板

Select Input ROIs（在 ROI 列表中）：选择刚才绘制的保存好的矢量文件。

Mask pixels outside of ROI?（是否掩膜 ROI 多边形外的像元?）：Yes。

若选择 NO，得到的结果是感兴趣区 ROI 的最大外边框的裁剪结果，最终结果是一个矩形区域。若选择 Yes，得到的结果是感兴趣区 ROI 的原始绘制边框，最终裁剪图像结果是一个与 ROI 完全相同的多边形。

Mask Background Value（裁剪背景值）：0，就是选择整个图像背景值为 0 或者灰度值为 0。

选择输出路径和文件名，单击“OK”按钮执行图像裁剪。

2）现有矢量数据裁剪图像

打开图像 Beijing_TM.dat。“File”→“Open”，选择矢量文件路径（"...\矢量数据\ROI.shp"）。选择 ROI 文件，将矢量文件加载到视图中。在 Toolbox 工具箱中，双击打开“Regions of Interest”→“Subset Data from ROIs”工具。在弹出的“Select Input File”框中选择 Beijing_TM.dat 作为需要裁剪的原始图像，点击“OK”。打开 Subset Data from ROIs Parameters 面板，将参数设置如下。

Select Input ROIs（在 ROI 列表中）：选择输入的现有 ROI.shp 文件作为 ROI。

Mask pixels outside of ROI？（是否掩膜 ROI 多边形外的像元）：Yes。

Mask Background Value（裁剪背景值）：0。

选择输出路径和文件名，单击“OK”按钮执行图像裁剪。

三、实验结果与分析

图像裁剪既能实现图像空间域规则裁剪和不规则裁剪，又能实现波段的裁剪。在实际应用中，适合特定地区的不规则裁剪常常使用。图像的规则裁剪与不规则裁剪，是图像增强的基础工作。

第三节 图 像 增 强

实验二 图像空间域、频域增强

一、实验目的与要求

本实验目的是：研究图像增强处理方法；应用图像增强算法，突出图像中的有用信息，表现影像特征，提高图像的可解译性等；掌握各种不同的图像增强处理方法。

二、实验内容

学习各种图像增强的方法。图像增强主要方法有：空间域增强处理、辐射增强处理、光谱增强处理、傅里叶变换。实验方法与步骤如下。

1. 空间域增强处理

空间域增强处理通过改变图像中的单个像元及相邻像元的灰度值来增强图像。这种增强方式的结果是：增强图像中的线状地物特征或者主干部分等。空间域增强的主要方法有卷积滤波、数学形态滤波。

1）卷积滤波

卷积（convolutions）滤波是通过消除特定的空间频率或加强特定的空间频率来使图像增强。根据增强类型（低频、中频和高频），可分为低通滤波、带通滤波和高通滤波。地物变化慢或相邻像元变化慢的区域即为低频部分，变化快的部分即为高频部分。滤去图像的某些频率，让特定频率的图像通过，这种滤波即为带通滤波。即允许特定频段的波通过，屏蔽其他频段的滤波。高通滤波（high pass）使高频通过阻止低频，起到锐化图像的作用，补偿图像的轮廓，增强图像的边缘及灰度跳变的部分，使图像变得清晰；低通滤波（low pass）起到平滑作用，消除图像噪声。此外，还可以增强图像某些方向特征的方向滤波。卷积滤波的核心是卷积核。ENVI 5.3 提供多种卷积核，例如，拉普拉斯算子（Laplacian）、方向（directional）滤波、高斯高通（Gaussian high pass）滤波、高斯低通（Gaussian low pass）滤波、中值（median）滤波、Sobel 滤波、Roberts 滤波，还可以自定义卷积核。卷积滤波操作如下。

打开图像文件。在 Toolbox 中，选择“Filter”（滤波）→“Convolutions and Morphology”（卷积与形态变换）。在“Convolutions and Morphology Tool”中（图 10.3），选择“Convolutions”→滤波类型。

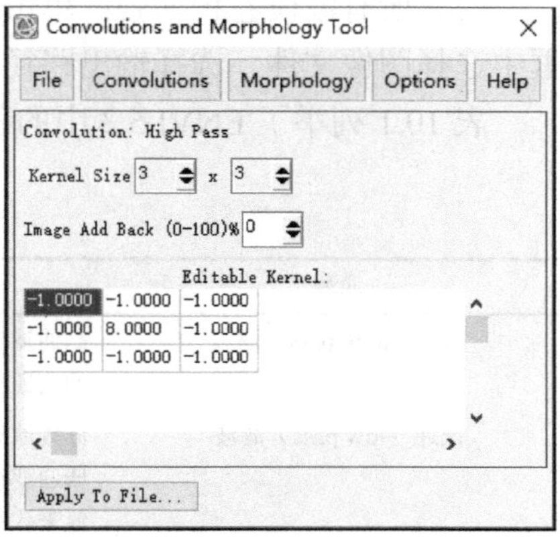

图 10.3 卷积滤波形态变换

不同的滤波类型对应不同的参数，主要包括以下三项参数。

Kernel Size：卷积核大小，卷积核表现为 3×3、5×5 的矩阵，也称为模板。有些卷积核不能改变大小，如 Sobel 和 Roberts 梯度模板。默认卷积核是行列数相同的矩阵，如果需要使用行列数不相同的矩阵，可修改 Kernel size 中的行列数。

Image Add Back：输入一个加回值（add back）或者背景值。将原始图像中的一部分作为背景“加回”到卷积滤波结果图像，有助于保持图像的空间连续性。该方法能保持原图像的一些特征，常用于图像锐化。“Image Add Back（1-100）%”后面的文本框的值，表示原始图像像元值的百分比（图 10.3）。例如：上述文本框“加回”值输入 40，那么原始图像的像元值乘以 40%，“加回”到卷积滤波结果图像，并生成最终的结果图像。

Editable Kernel：可编辑的卷积核，卷积核的各参数可以根据操作者的需要进行修改。在卷积核文本框中双击鼠标可以编辑卷积核，选择“File”→“Save Kernel”或“Restore Kernel”，可以把卷积核保存为.ker 文件或打开一个已知的卷积核文件。

（1）单波段高通滤波卷积增强：高通滤波增强图像。选择“Convolutions”→“High Pass”，其他项保持默认设置。单击“Apply To File”按钮，选择要增强的图像。点击下方“Spectral Subset”按钮，选择需要增强的波段（图 10.4），点击“OK”按钮。在“Convolution Parameters”中设置输出文件路径，单击“OK”按钮，执行图像单波段卷积增强。

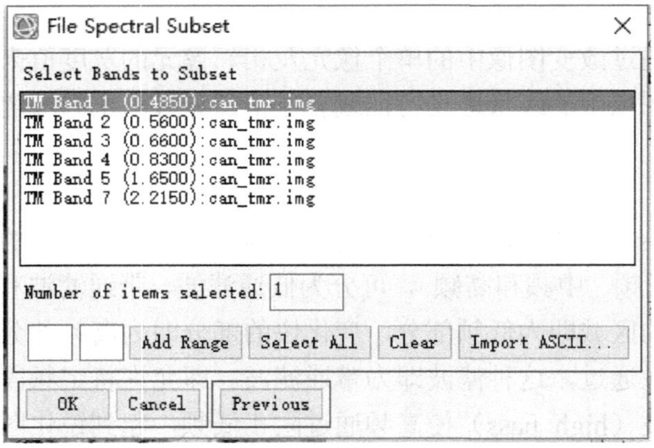

图 10.4　单波段卷积增强面板

（2）所有波段卷积增强：单击“Apply To File”按钮，在“Convolution Input File”对话框中选择图像文件。选择输出路径及文件名。

表 10.1 列举了 ENVI 5.3 中的各种卷积滤波。

表 10.1　各种卷积滤波说明

滤波	说明
高通（high pass）滤波	高通滤波保持图像高频信息，消除低频成分，用来增强纹理、边缘等信息。ENVI 默认的高通滤波器使用 3×3 的变换核（中心值为 8，周围像元值为–1）
低通（low pass）滤波	低频滤波选择通过图像中的低频成分，阻挡图像高频信息，使图像平滑。ENVI 默认的低通滤波器使用 3×3 的变换核，每个变换核中的元素包含相同的权重，使用外围值的均值来代替中心像元值

续表

滤波	说明
拉普拉斯算子（Laplacian）	拉普拉斯算子滤波是边缘增强滤波，不考虑边缘的方向。ENVI 默认的拉普拉斯滤波使用一个大小为 3×3，中心值为 4，南北向和东西向均为–1 的变换核
方向（directional）滤波	方向滤波是边缘增强滤波，增强有特定方向成分的图像特征。方向滤波变换核元素的总和为 0。原始图像有相同像元值的区域输出图像均为 0，原始图像不同像元值的区域，输出较亮的边缘
高斯高通（Gaussian high pass）滤波	高斯高通滤波器属于高通滤波。通过一个指定大小的高斯卷积函数对图像进行滤波。ENVI 默认的变换核大小是 3×3
高斯低通（Gaussian low pass）滤波	采用高斯卷积核的低通滤波。ENVI 默认的变换核大小是 3×3。
中值（median）滤波	中值滤波算子有多种，一般对图像有平滑作用，消除椒盐噪声或斑点非常有效。ENVI 的中值滤波器用一个滤波器大小限定的图像区的中值代替中心像元值
Sobel 滤波	滤波器采用 Sobel 算子，变换核为两个 3×3 的非线性边缘增强的算子。该算子分别检测横向及纵向图像边缘
Roberts 滤波	Roberts 滤波是类似于 Sobel 的两个 2×2 非线性边缘探测滤波算子，用于边缘锐化和分离
自定义卷积核	选择和编辑一个用户卷积核，定义常用的卷积变换核（包括矩形或正方形卷积核）

2）数学形态滤波

ENVI 5.3 中的数学形态滤波包括以下类型（表 10.2）：膨胀（dilate）、腐蚀（erode）、开启（opening）和闭合（closing）。它们常用于增强二值图像和灰度图像。数学形态滤波的操作过程与卷积滤波基本一样，在“Convolutions and Morphology Tool”中，选择“Morphology”→对应的滤波。这里对以下两个参数进行说明。

Cycles：滤波的重复次数。

Style：滤波格式，“Binary”、“Gray”或“Value”。选择“Binary”表示 0 和 1 的二值图像，输出的像元呈黑色或白色。选择“Gray”表示为灰度图像或灰阶图像。在 ENVI 5.3 中，灰阶最大可表示为 256 级，即像元值为 0～255 中的任何一个。灰度图像具有层次感。选择“Value”表示允许对所选像元的变换核值进行膨胀或腐蚀。

表 10.2　数学形态学滤波

数学形态学滤波	特点
膨胀（dilate）	膨胀是求局部最大值的操作，边界向外部扩张，常用于二值或灰度图像
腐蚀（erode）	腐蚀是求局部最小值的操作，边界向内部收缩，常用于二值或灰阶图像
开启（opening）	先对图像进行腐蚀滤波，然后再进行膨胀滤波，即为开启，或称开运算。开启滤波器可以用于平滑图像边缘、打破狭窄部分、消除孤立像元、锐化图像最大最小值信息
闭合（closing）	先对图像进行膨胀滤波，然后再进行腐蚀滤波，即为闭合，或称闭运算。闭合滤波器可以用于平滑图像边缘、融合窄缝和长而细的海湾、消除图像中的小孔、填充图像边缘的间隙

2. 辐射增强处理

辐射增强处理是通过对单个像元的灰度值进行变换处理来增强图像，属于图像空间域增强，如图像拉伸。图像拉伸主要是增强图像的显示效果，如果图像的对比度比较低，那么就无法看清楚地物，这时就需要拉伸。

打开图像并在视窗中显示，在主界面中，选择“Display”→“Custom Stretch”，打开交互式直方图拉伸（Custom Stretch）面板（图 10.5），在面板右侧可以根据需要选择 R、G、B 三个波段之一，这里以 R 波段为例。

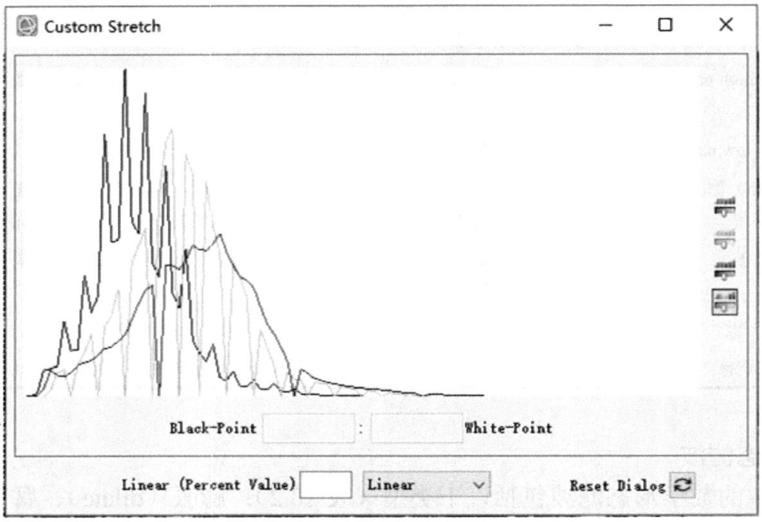

图 10.5　交互式直方图拉伸面板

ENVI 5.3 中共有 5 种拉伸方法可供选择：Linear（线性拉伸）、Equalization（直方图均衡化拉伸）、Gaussian（高斯拉伸）、Square Root（平方根拉伸）和 Logarithmic（对数拉伸）在下拉列表中选择拉伸方法（如 Linear）。设定拉伸范围：将鼠标移动到直方图中的垂直线上，当鼠标变为横向双箭头时，按住左键可以移动直方图中的垂直线到所需要的位置，或在“Black-Point”和“White-Point”文本框中分别输入最小值和最大值，按回车键生效。“Black-Point”表示最暗像元的值，即图像中的黑点，“White-Point”表示最亮像元的值，即图像拉伸后的白点。其中 Linear 方法也可以在“Linear（Percent Value）”文本框内输入所需要的数据百分比，按回车键生效。Gaussian 方法可以在 Gaussian（Standard Deviation）文本框中输入高斯标准差，按回车键生效。

使用相同的操作方法修改 G、B 两个波段的最小值和最大值。

3. 光谱增强处理

光谱增强是基于多光谱数据对波段进行变换达到图像增强处理，也属于图像空间域增强，如主成分变换、色彩空间变换等。

1）波段比的计算

计算波段的比值是两个不同波段图像对应像素的灰度值相除（除数不为 0），比值运算可以增强波段之间的波普差异，减少地形导致的阴影影响，突出季节差异。

打开多波段图像文件。在 Toolbox 工具箱中，双击“Band Algebra （波段代数，即波段的加、减、乘、除等代数运算）”→“Band Ratios（波段比值）”工具。在 Band Ratio Input Bands

对话框中（图 10.6），从 Select from the Available Bands（从波段列表中选取波段）中选择某一个波段作“Numerator”（分子）波段，另一波段作“Denominator”（分母）波段。单击“Clear”，清除选择的分子和分母的波段，可重新输入作分子和分母的波段。单击“Enter Pair”按钮，将波段比值添加到“Selected Ratio Pairs”中，单击“OK”按钮。

选择输出文件路径及文件名，单击“OK”按钮。

2）NDVI 计算

归一化差分植被指数（normalized difference vegetation index，NDVI），又称为标准差异植被指数或生物量指标变化，可使植被从水和土壤中分离出来。

打开图像文件。在 Toolbox 工具箱中，点击“Spectral”→“Vegetation”→“NDVI 工具”，在“NDVI Calculation Input File”中选择需要进行 NDVI 计算的 TM 文件，点击“OK”。在 NDVI Calculation Parameters 面板中（图 10.7），选择输出数据类型（Output Data Type）。

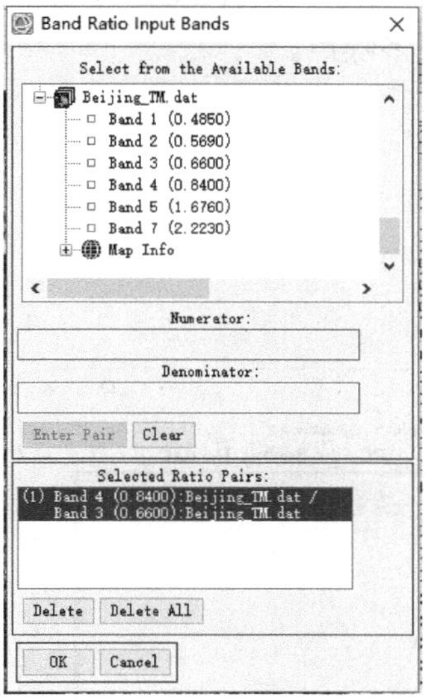

图 10.6 Band Ratio Input Bands 面板

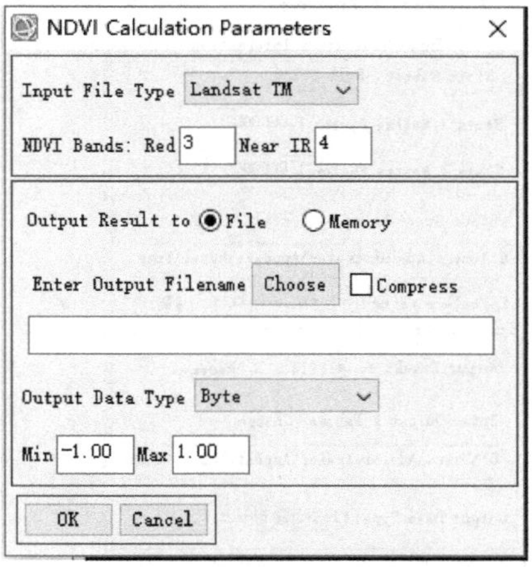

图 10.7 NDVI Calculation Parameters 面板

Floating Point（浮点型）：表示输出值的数值范围是–1.0～1.0。

Byte（字节型）：表示输出值占一个字节，数值范围为 0～255。输入最小 NDVI 值，该值将被拉伸为 0。输入最大 NDVI 值，该值将被拉伸为 255。

选择输出路径及文件名，点击“OK”，完成 NDVI 计算。

3）主成分变换

多光谱图像的各波段信息一般高度相关。主成分分析（principal component analysis，PCA）就是一种去除波段之间的冗余信息，用较少的波段去解释原来图像中的大部分波段，将许多相关性很高的波段转化为彼此为正交的波段的分析方法。通常计算出少数几个波段信息，就能解释图像的主要信息。也可理解为将多波段的图像信息压缩到少数几个转换波段的分析方法。主成分分析通过使用“Principal Components”选项，输出正交不相关的波段，去除冗余信息并减少数据集的维数。主成分分析的原理请参考线性代数课程。

第一主成分包含最大的数据方差百分比，第二主成分包含第二大的方差百分比。依此类推，最后的主成分波段由于包含很小的方差（大多数由原始波谱的噪声引起），显示为噪声。

由于数据的不相关，主成分波段可以生成更多种颜色的彩色合成图像。

打开图像文件。在 Toolbox 工具箱中，单击“Transform”→“PCA Rotation”→“Forward PCA Rotation New Statistics and Rotate”工具。在“Principal Components Input File”对话框中，选择高光谱文件，点击“OK”按钮。在“Forward PC Parameters”对话框中（图 10.8），用 Calculate using(计算使用)后面的箭头按钮选择方法。一般来说，计算主成分时选择 Covariance Matrix（协方差矩阵），当波段之间数据范围较大时选择 Correlation Matrix（相关系数矩阵）。

选择输出路径及文件名，输出数据类型为 Floating Point。单击“OK”按钮。

在 Toolbox 工具箱中，点击“Transform”→“PCA Rotation”→“Inverse PCA Rotation”工具执行主成分逆变换。

ENVI 处理完毕之后，将出现主成分分析特征值（PC Eigenvalues）窗口（图 10.9）。可以看到，第一、第二、第三分量具有很大特征值，合成 RGB 显示。选择 PC1、PC2、PC3，色彩非常饱和。用 PC4、PC5、PC6 合成 RGB，将会看到很多噪声。

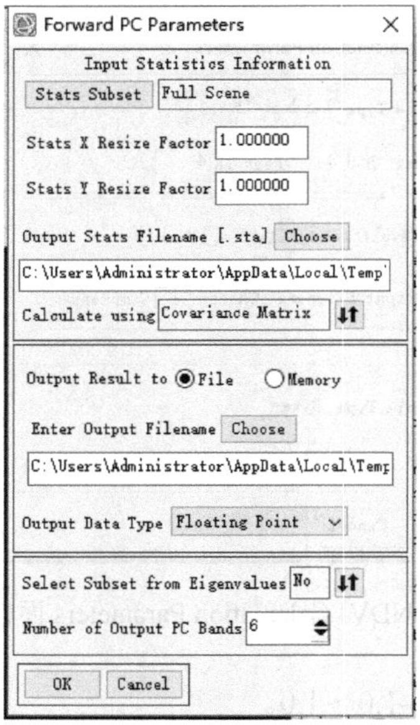

图 10.8　Forward PC Parameters 面板

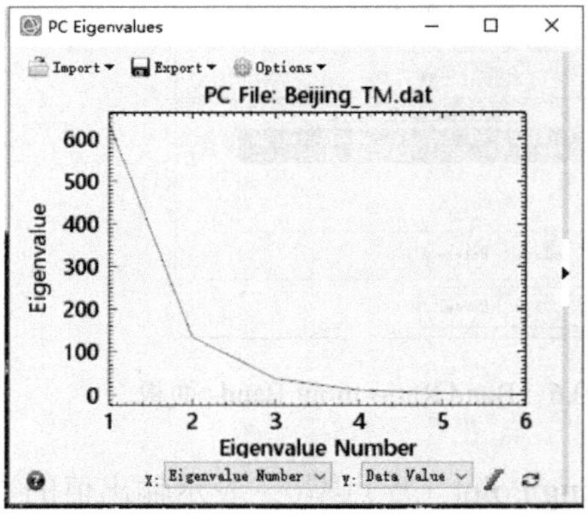

图 10.9　PC Eigenvalues 面板

4）色彩空间变换

ENVI 支持将红、绿、蓝（RGB）三波段图像变换到一个特定的彩色空间，并且能从所选彩色空间变回 RGB。两次变换，通过对比度拉伸，可以生成一个色彩增强的彩色合成图像。ENVI 支持的彩色空间包括颜色亮度值（HSV）、色度、亮度、饱和度（HIS）。其中，色度代表像元的颜色，取值范围为 0～360；饱和度代表颜色的纯度，取值范围为 0～1；颜色亮度值表示颜色的明暗亮度，取值范围为 0～1；亮度表示整个图形的明亮程度，取值范围为 0～1。

HSV（USGS Munsell）彩色系统被土壤科学家和地质学家用于描述土壤和岩石的颜色特征。这套彩色系统已经被美国地质勘测部门修订，以描绘数字图像的颜色。USGS Munsell 变换将 RGB 坐标变换成了色彩坐标（色调、饱和度和颜色亮度值）。色度变化范围为 0～360，这里 0 和 360 代表蓝，120 代表绿，240 代表红。饱和度变化范围为 0～208，值越高代表颜色越纯。颜色亮度值的变化范围大致为 0～512，越高的值代表颜色越明亮，下面以从 RGB 到 HSV 为例介绍操作过程，其他色彩空间变换操作过程类似。

打开一个至少含 3 个波段的图像文件，显示 RGB 彩色图像。在 Toolbox 工具箱中，点击“Transform”→“Color Transforms”→“RGB to HSV Color Transfom ”工具。在 RGB to HSV Input Bands 对话框中，可以从可用波段列表中选择 3 个波段进行变换。在 RGB to HSV Parameters 对话框中，选择输出路径及文件名，单击“OK”按钮。

4. 傅里叶变换

傅里叶变换是将图像从空间域转换到频率域，进行图像频率域增强。它主要用于消除周期性噪声，还可以消除由于传感器异常引起的规律性错误。傅里叶变换原理，请参考高等数学教材。

1）快速傅里叶变换（FFT）

应用傅里叶变换的第一步是把图像波段转换成一系列不同频率的二维正弦波或余弦波傅里叶图像。这里由快速傅里叶变换完成。

打开图像文件，在 Toolbox 工具箱中，点击“Filter”→“FFT（Forward）”工具，在“Forward FFT Input File”对话框中，选择输入图像文件，点击“OK”。在“Forward FFT Parameters”对话框中，选择输出路径及文件名。在“Data Manager”框中，选择一个 FFT 波段加载到视窗中（图 10.10），可以看到中间很亮的部分集中了图像的低频信息；外围较暗的部分集中了图像的高频信息；图中的外边框两个较明显的小白条是周期性条带噪声，方向与空间域中的图像垂直。

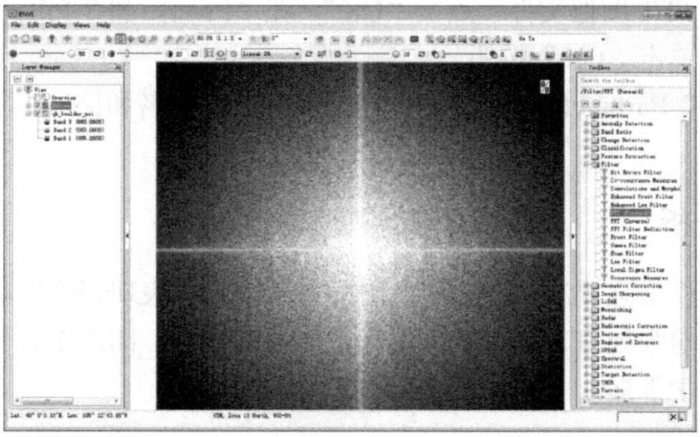

图 10.10 FFT 图像

2）定义 FFT 滤波器

快速傅里叶变换得到的结果，可以定义一些滤波器进行频率域的增强处理。

在 Toolbox 工具箱中，双击“Filer”→“FFT Filter Definition”工具。“Filter Definition”对话框中，在“Samples”和“Lines”文本框中键入滤波器的尺寸大小。选择“Filter_Type”→滤波器类型。选择不同的滤波器类型时，需要设置的参数不一样，如果选择自定义滤波器（User Delined），还需要借助注记工具。下面对各种滤波作简单介绍。

Circular Pass 和 Circular Cut：Circular Pass 为低通滤波器，Circular Cut 为高通滤波器。

需要在“Radius”文本框中以像元为单位输入滤波半径。“Number of Border Pixels”参数用于细化滤波器（平滑滤波器的边缘），0 值代表没有平滑。

Band Pass 和 Band Cut：对于 Band Pass 或 Band Cut 滤波器，在“Inner Radius”和“Outer Radius”文本框中以像元为单位键入所需值，构成一个圆环，Band Pass 滤波器保留圆环以外的能量谱（FFT 图像），Band Cut 保留圆环以内的能量谱。“Number of Border Pixels”参数用于细化滤波器（平滑滤波器的边缘），0 值代表没有平滑。

User Defined Pass 和 Band Cut：可以将 ENVI 的形状注记导入滤波器。注记文件需要在 ENVI Classic 中构建，具体方法如下。

启动 ENVI Classic，打开 FFT 正向变换后的图像。在显示正向变换的 FFT 图像的主图像窗口中，选择“Overlay”→“Annotation”。通过在 FFT 图像上绘制多边形或其他形状，勾绘出特定的噪声区域（一般说来，FFT 图像中的亮斑、行或楔形条带等代表噪声）。要构建一个适当对称的 FFT 滤波器，在注记窗口中选择“Options”→“Turn Mirror On”，将绘制的注记保存为.ann 文件。回到“Filter Definition”对话框中，单击“Ann File”按钮，选择刚才绘制的注记文件。User Defined Pass 滤波器保留形状注记以内的能量谱，User Defined Cut 则保留形状注记以外的能量谱。选择输出滤波器文件的路径及文件名，单击“Apply”按钮。输出的滤波器为 0 和 1 的二值图。

3）反向 FFT 变换

反向 FFT 变换是快速傅里叶变换的逆变换。傅里叶逆变换将频率域转化为空间域，从而达到图像空间域的增强。ENVI 反向 FFT 变换顺序：先应用 FFT 滤波，然后将 FFT 图像反向变回空间域数据。

在 Toolbox 工具箱中，点击“Filter”→“FFT（Inverse）”工具。在“Inverse FFT Input File”对话框中，选择输入 FFT 图像文件，点击“OK”。在“Inverse FFT Filter File”对话框中，选择应用的滤波图像，单击“OK”按钮。

在“Inverse FFT Parameters”窗口中，选择输出文件名和路径，单击“OK”按钮，处理图像。

三、实验结果与分析

图像增强应用图像增强算法，突出图像中的有用信息，表现影像特征。本实验介绍了空间域增强处理、辐射增强处理、光谱增强处理、傅里叶变换。图像增强的数学原理，未作详细介绍，建议读者自学掌握。

第四节　图 像 分 类

实验三　监 督 分 类

一、实验目的与要求

对研究区进行监督分类，掌握监督分类的方法与过程，加深对监督分类的理解。

二、实验内容

监督分类又称训练分类法，是用已经被确认类别的样本像元去识别其他未知类别像元的过程。首先，在分类之前通过目视判读和野外调查，对遥感图像上某些样区中影像地物的类别属性有了先验知识。然后，对每一种类别地物选取一定数量的训练样本，计算机计算每种训练样本的统计或其他信息。同时用这些种子类别对判决函数进行训练，使其符合对各种子类别分类的要求，随后用训练好的判决函数去对其他待分数据进行分类。使每个像元和训练样本作比较，按不同的规则将其划分到和其最相似的样本类，以此完成对整个图像的分类。

监督分类步骤为：类别定义/特征判别（分类原理），定义训练样本，执行监督分类，分类后处理和评价分类结果。实验方法与步骤如下。

1. 类别定义/特征判别

类别定义就是根据分类目的、影像数据自身的特征和分类区收集的信息确定分类系统。对影像进行特征判断，评价图像质量，决定是否需要进行影像增强等预处理。这个过程主要是一个目视查看的过程，为后面样本的选择打下基础。

以土地分类为例，介绍类别定义。目视一般可分辨六类地物：林地、草地/灌木、耕地、裸地、沙地、其他用地，也可按照分类标准分类。为了更好地进行目视解译，可以将图像进行 RGB 彩色合成，如用 Band 5、4、3 进行 RGB 显示。

2. 定义训练样本

1）创建感兴趣区

进入图层管理器 Layer Manager，在 can-tmr.img 图层上单击右键，选择“New Region of Interest”。打开“Region of Interest （ROI） Tool”面板，下面学习选择样本，以林地选择为例。

在“Region of Interest （ROI） Tool”面板（图 10.11）上设置以下参数。ROI Name（样本名称）：林地，回车确认样本。ROI Color（样本颜色）：单击右键选择一种颜色，如绿色。

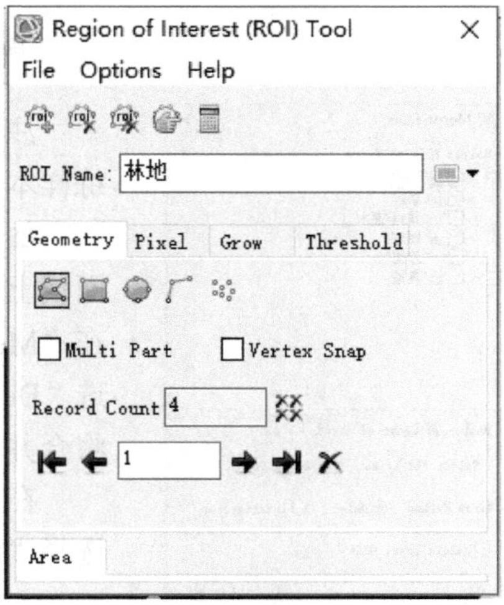

图 10.11　设置样本参数

默认 ROIs 绘制类型为多边形，在影像上辨别林地区域，并单击鼠标左键，开始绘制多边形样本。当绘制结束时，可以点击鼠标右键，选 Complete and Accept Polygon，表示完成并接受多边形的绘制（也可以双击鼠标左键）。Complete Ploygon，表示完成绘制的多边形；还可以用鼠标移动位置或者编辑节点；Clear Ploygon：表示放弃当前绘制的多边形。

同样的方法，在图像其他的区域绘制样本，样本尽量均匀分布在整个图像上，这样就为林地选好了训练样本。当对一个完成的训练样本进行编辑时，在该样本区单击右键，选择“Edit Record”，编辑训练区样本。“Duplicate Record”：表示复制训练区样本；Delete Record：表示删除训练区。一个样本 ROI 里面可以包含 n 个多边形或者其他形状的记录（record）。如果不小心关闭了“Region of Interest （ROI） Tool”面板，可在图层管理器“Layer Manager”上的某一类样本（感兴趣区）双击鼠标。

在图像上右键选择“New ROI”，或者在“Region of Interest（ROI）Tool”面板上，选择  工具。重复“林地”样本选择的方法，分别为草地/灌木、耕地、裸地、沙地、水体五类选择样本。

2）评价训练样本

计算样本的可分离性是计算任意类别间的统计距离，这个距离用于确定两个类间的差异程度。各个样本类型之间的可分离性，用 Jeffries-Matusita 距离和 Transformed Divergence（转换分离度）参数表示。这两个参数的值在 0～2.0，大于 1.9 说明样本之间可分离性好，属于合格样本。小于 1.8，需要编辑样本或者重新选择样本。小于 1，考虑将两类样本合成一类样本。

在“Region of Interest（ROI）Tool”面板上，选择“Option”→“Compute ROI Separability”，弹出 Choose ROIs 面板，将几类样本都勾选，点击“OK”。

这个例子（图 10.12）中，林地与草地/灌木可分离度约为 1.66，草地/灌木与裸地可分离度约为 1.79，林地、草地/灌木、裸地这三类样本需要修改。

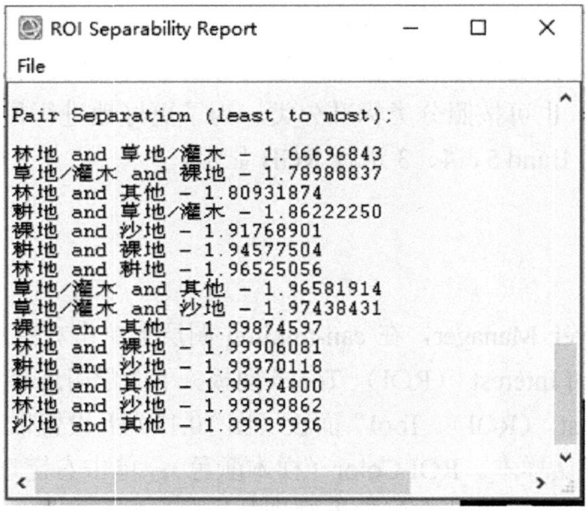

图 10.12　样本可分离性计算报表

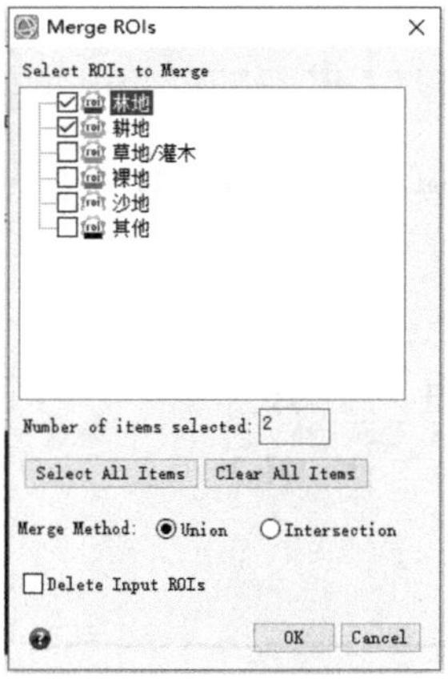

图 10.13　Merge ROIs 面板

注：在图层管理器 Layer Manager 中，可以选择需要修改的训练样本。

如果需要合并几个样本，在“Region of Interest （ROI） Tool”面板上，选择“Options”→“Merge （Union/Intersection） ROIs”。在“Merge ROIs”面板（图 10.13）中，选择需要合并的类别，勾选“Delete Input ROIs”。图 10.13 表明勾选“林地”，“草地/灌木”，将合并草地、林地为同一地类。

在图层管理器中，选择“Region of interest”，单击鼠标右键，选择“Save as…”，保存为.xml 格式的样本文件。

3. 执行监督分类（分类器选择）

监督分类基于“距离”，进行类别的分割，这就是分类器或叫分类法。根据分类的复杂度、精度需求等确定选择哪一种分类器。目前 ENVI 的监督分类可分为基于传统统计分析学的，包括平行六面体（parallelepiped）法、最小距离（minimum distance）法、马氏距离（Mahalanobis distance）法、最大似然（maximum likelihood）法。还有基于神经网络（neural net）的，基于模式识别的，包括支持向量机（support vector machine，SVM）、模糊分类等。下面是几种分类器的简单描述。

（1）平行六面体法监督分类。根据训练样本的亮度值形成一个 n 维的平行六面体数据空间，其他像元的光谱值如果落在平行六面体任意一个训练样本所对应的区域，就被划分至其对应的类别。

在“Toolbox”工具箱中，点击“Classification（分类）”→“Supervised Classification（监督分类）”→“Parallelepiped Classification（平行六面体分类）”工具，选择 TM 图像，单击“OK”，打开“Parallelpiped”参数设置面板（图 10.14），设置如下。

Select Classes from Regions：从训练样本中选择。单击 Select All Items，选择全部的训练样本。

Set Max stdev Mean ：设置最大标准阈值，明确地讲是距离均值多少个标准差，有以下三种类型。None：不设置标准调值。Single Value：为所有类别设置一个标准差阈值。Multiple Values：分别为每个类别设置一个标准差阈值。选择 Single Value，值为 3。

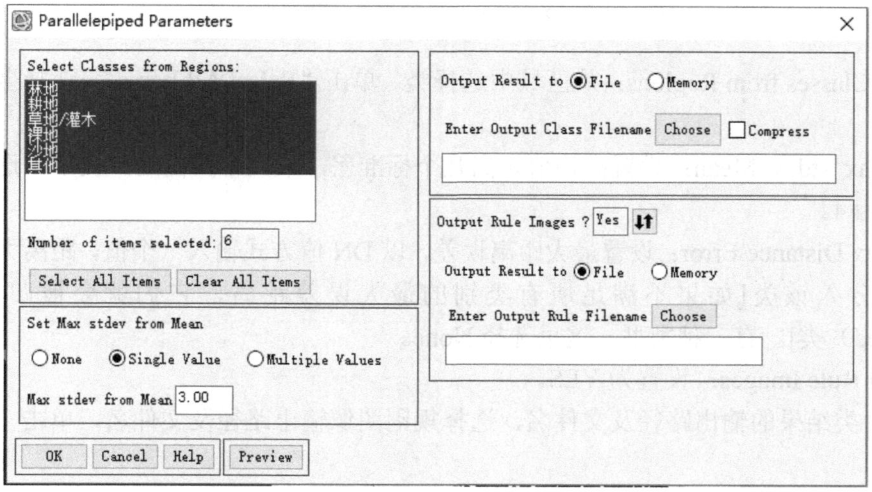

图 10.14　平行六面体分类器参数设置

Output Rule Images：规则输出图像，设置为 YES。

选择分类结果的输出路径及文件名，选择规则图像输出路径及文件名，单击“OK”，执行分类。

（2）最小距离法监督分类。最小距离法监督分类的前提是假定图像中各类地物光谱信息呈多元正态分布。每一个类在 K 维特征空间中形成一个椭球状的点群，利用训练样本数据计算出每一类的均值向量和标准差向量，然后以均值向量作为该类在特征空间中的中心位置，计算输入图像中每个像元到各类中心的距离，依据像素距各类中心距离的远近决定其归属。

在 Toolbox 工具箱中，点击“Classification”→“Supervised Classification”→“Minimum Distance Classification（最小距离分类）”工具，选择 TM 图像，单击“OK”，打开“Minimum Distance”参数设置面板（图 10.15）。

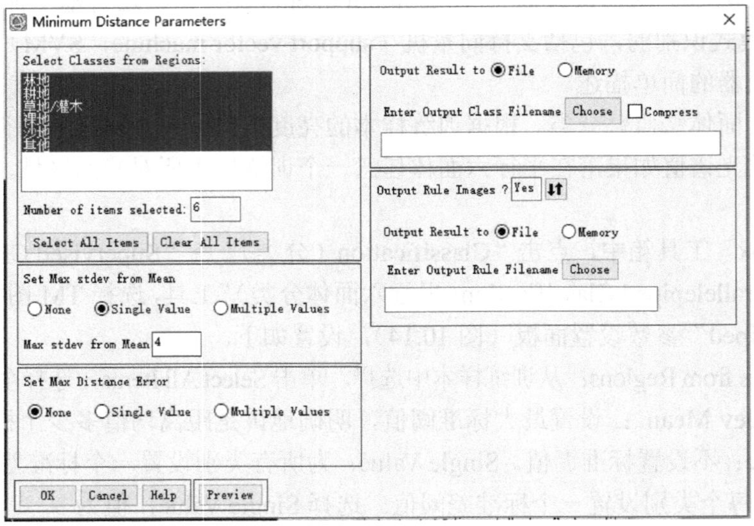

图 10.15　最小距离分类器参数设置

Select Classes from Regions：从区域中选择类。单击“Select All Items”，选择全部的训练样本。

Set Max stdev Mean：设置离均值距离几个标准差，最大个数由用户决定。选择 Single Value，值为 4。

Set Max Distance Error：设置最大距离误差，以 DN 值方式输入一个值，距离大于该值的像元不被分入该类[如果不满足所有类别的最大误差距离，它们就会被归为未分类（unclassified）类]。有三种类型，这里选择 None。

Output Rule Images：设置为 YES。

选择分类结果的输出路径及文件名，选择规则图像输出路径及文件名，单击“OK”，执行分类。

（3）马氏距离法监督分类。马氏距离法监督分类计算输入图像到各训练样本的协方差距离（一种有效的计算两个未知样本集的相似度的方法），最终技术协方差距离最小的，即为此类别。

在 Toolbox 工具箱中，点击“Classification”→“Supervised Classification”→“Mahalanobis Distance Classification”工具，选择 TM 图像，单击“OK”，打开“Mahalanobis Distance”参数设置面板（图 10.16）。

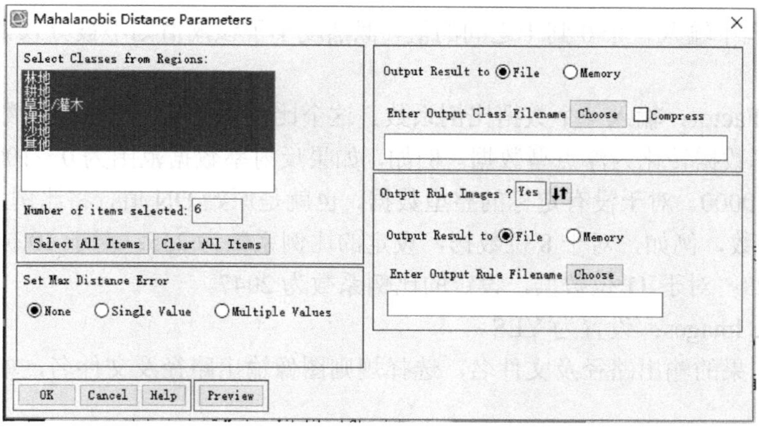

图 10.16　马氏距离分类器参数设置

Select Classes from Regions：单击 Select All Items，选择全部的训练样本。

Set Max Distance Error：设置最大距离误差，选择 None。

Output Rule Images：设置为 YES。

选择分类结果的输出路径及文件名，选择规则图像输出路径及文件名，单击“OK”，执行分类。

（4）最大似然法监督分类。最大似然法监督分类假设每一个波段的每一类像元统计都呈正态分布。计算给定像元属于某一训练样本的似然度，像元最终被归并到似然度最大的一类当中。

在 Toolbox 工具箱中，点击“Classification”→“Supervised Classification”→“Maximum Likelihood Classification”工具，选择 TM 图像，单击“OK”，打开“Maximum Likelihood”参数设置面板（图 10.17）。

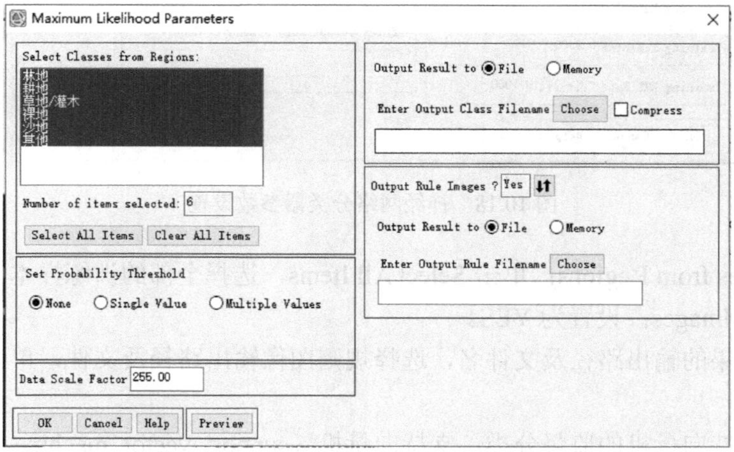

图 10.17　最大似然分类器参数设置

Select Classes from Regions：单击 Select All Items，选择全部的训练样本。

Set Probability Threshold：设置似然度的阈值。如果选择“Single Value”，则在 Probability

Threshold 文本框中输入一个 0 到 1 之间的值，似然度小于该阈值则不被分入该类。本例选择 None。

Data Scale Factor：输入一个数据比例系数。这个比例系数是一个比值系数，用于将整型反射率或辐射率数据转化为浮点型数据。例如，如果反射率数据范围为 0～10000，则设定的比例系数就为 10000。对于没有定标的整型数据，也就是原始 DN 值，将比例系数设为 2^n–1，n 为数据的比特数，例如，对于 8 位数据，设定的比例系数为 255；对于 10 位数据，设定的比例系数为 1023；对于 11 位数据，设定的比例系数为 2047。

Output Rule Images：设置为 YES。

选择分类结果的输出路径及文件名，选择规则图像输出路径及文件名，单击“OK”，执行分类。

（5）基于神经网络（Neural Net）监督分类。神经网络指用计算机模拟人脑的结构，用许多小的处理单元模拟生物的神经元，用算法模拟实现人脑的识别、记忆、思考等过程。

在 Toolbox 工具箱中，点击“Classification”→“Supervised Classification”→“Neural Net Classification”工具，选择 TM 图像，单击“OK”，打开“Neural Net”参数设置面板（图 10.18）。

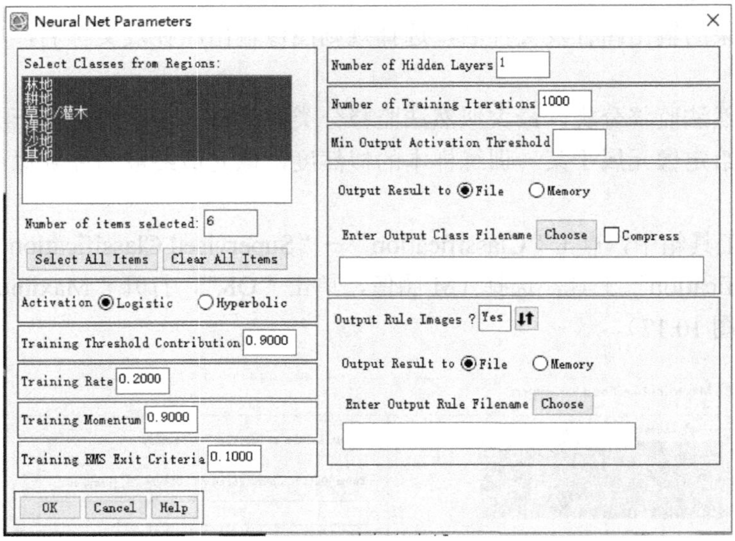

图 10.18　神经网络分类器参数设置

Select Classes from Regions：单击 Select All Items，选择全部的训练样本。

Output Rule Images：设置为 YES。

选择分类结果的输出路径及文件名，选择规则图像输出路径及文件，单击“OK”，执行分类。

（6）基于支持向量机的监督分类。支持向量机（support vector machine，SVM）分类是一种建立在统计学习理论（statistical learning theory，SLT）基础上的机器学习方法。SVM 自动寻找对分类有较大区分能力的支持向量，由此构造出分类器。SVM 能将类与类之间的间隔最大化，有较高的分类准确率。

在 Toolbox 工具箱中，点击“Classification”→“Supervised Classification”→“Support Vector

Machine Classification”工具，选择 TM 图像，单击“OK”，打开“Support Vector Machine Classification”参数设置面板（图 10.19）。

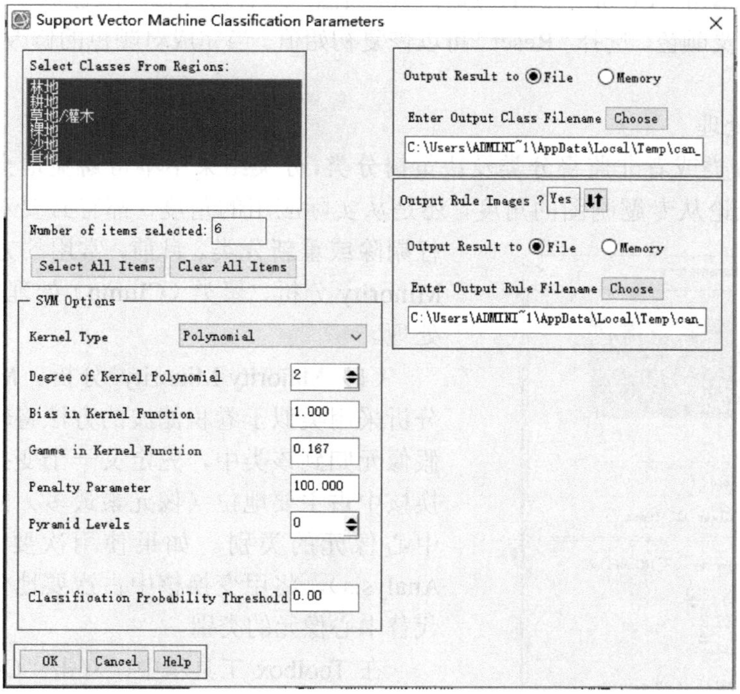

图 10.19　支持向量机分类器参数设置

Select Classes from Regions：单击 Select All Items，选择全部的训练样本。

Kernel Type（内核类型）：在下拉菜单中选择 Polynomial（多项式）。

Output Rule Images：设置为 YES。

选择分类结果的输出路径及文件名，选择规则图像输出路径及文件名，单击“OK”，执行分类。

4. 分类后处理

用以上分类方法得到的是初步结果，一般难以达到最终的应用目的。对获取的分类结果需要再进行一些处理，才能得到最终理想的分类结果，这些处理过程通常称为分类后处理。常用的分类后处理包括更改分类颜色、小斑点处理等操作。分类后处理适用于监督分类、非监督分类及决策树分类。

1）更改分类颜色

在显示分类结果时，分类结果中每一类自动呈现不同的颜色。每类的颜色与监督分类中选择的感兴趣区时预先选择的每类颜色相对应，可以通过以下方法重新定义分类结果中各个类别的颜色。

在 Toolbox 工具箱中，双击“Raster Management”→“Edit ENVI Header”工具，在文件输入对话框中选择分类结果。在 Header Info 面板中，选择“Edit Attributes”→“Classification

Info”，按照默认设置单击“OK”按钮，打开“Class Color Map Editing”面板。从“Selected Classes”列表中选择需要修改的类别。Class Name：输入新的类别名。选择 RGB、HLS 或 HSV 中的一种颜色系统。单击“Color”按钮，选择标准颜色，或者通过移动颜色调整滑块分别调整各个颜色分量来定义颜色。选择“Reset”可以恢复初始值。当完成对颜色的修改以后单击“OK”按钮。

2）小斑点处理

应用监督分类或者非监督分类及决策树分类，分类结果中不可避免地会产生一些面积很小的图斑。无论从专题制图的角度，还是从实际应用的角度，都有必要对这些小图斑进行剔除或重新分类。目前，常用的方法有 Majority/Minority 分析、聚类（Clump）处理和过滤（Sieve）处理。

（1）Majority/Minority 分析。Majority/Minority 分析采用类似于卷积滤波的方法将较大类别中的虚假像元归到该类中，先定义一个变换核尺寸，用变换核中占主要地位（像元素最多）的像元类别代替中心像元的类别。如果使用次要分析（Minority Analysis），将用变换核中占次要地位的像元的类别代替中心像元的类别。

在 Toolbox 工具箱中，双击“Classification”→“Post Classification”→“Majority/Minority Analysis”工具。在打开的文件选择对话框中，选择分类图像。打开“Majority/Minority Parameters”面板，填写“Majority/ Minority Parameters”对话框中的参数（图 10.20）。

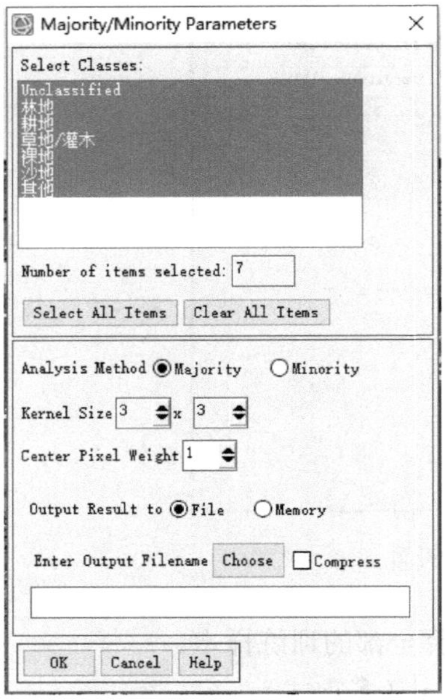

图 10.20　Majority/Minority Parameters 面板

Select Classes（选择分类类别）：单击“Select All Items”按钮，选择所有类别。

Analysis Method（选择分析方法）：Majority。

Kernel Size（选择变换核）：3×3。必须是奇数且不必为正方形，变换核越大，分类图像越平滑。

Center Pixel Weight（中心像元权重）：1。在判定变换核中哪个类别占主体地位时，中心像元权重用于设定中心像元类别将被计算多少次。例如，如果输入的权重为 1，系统仅计算 1 次中心像元类别；如果输入 5，系统将计算 5 次中心像元类别。

选择输出路径及文件名，单击“OK”按钮，执行 Majority/Minority 分析。

（2）聚类处理。聚类处理是运用形态学算子将邻近的类似分类区域聚类并合并。分类图像经常缺少空间连续性（分类区域中斑点或洞的存在）。低通滤波虽然可以用来平滑这些图像，但是类别信息常会被邻近类别的编码干扰，聚类处理解决了这个问题。首先将被选的分类用一个扩大操作合并到一起，然后用参数对话框中指定了大小的变换核对分类图像进行侵蚀操作。

在 Toolbox 工具箱中，双击“Classification”→“Post Classification”→“Clump Classes”

工具。在“File Selection”对话框中，选择一个分类图像，单击“OK”按钮，打开“Classification Clumping”面板。下面填写“Classification Clumping”对话框中的参数（图 10.21）。

Classes Order（选择分类类别）：点击选择所有类别。

Rows 和 Cols（输入形态学算子大小）：3，3。

选择输出路径及文件名，单击“OK”按钮，执行聚类处理。

（3）过滤处理。过滤处理解决分类图像中出现的孤岛问题。过滤处理使用斑点分组方法来消除这些被隔离的分类像元。类别筛选方法通过分析周围的 4 个或 8 个像元，判定该像元是否与周围的像元同组。如果一类中被分析的像元数少于输入的阈值，这些像元就会被从该类中删除，删除的像元归为未分类的像元（Unclassified）。

在 Toolbox 工具箱中，双击“Classification”→“Post Classification”→“Sieve Classes”工具。在“File Selection”对话框中，选择一个分类图像，单击“OK”按钮，打开“Classification Sieving”对话框。如图填写“Classification Sieving”对话框中的参数（图 10.22）。

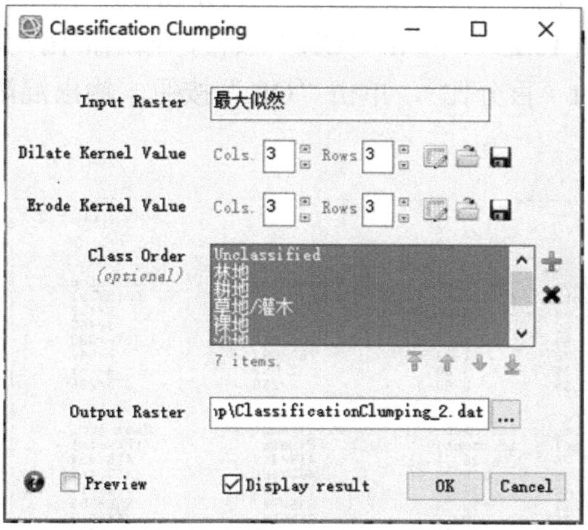

图 10.21 Classification Clumping 面板

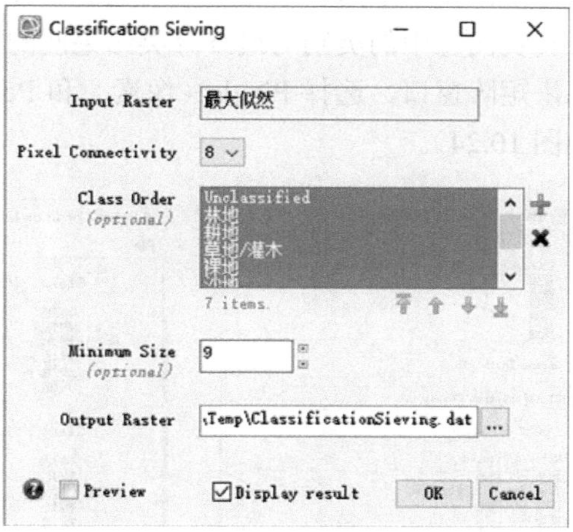

图 10.22 Classification Sieving 面板

Classes Order（选择分类类别）：点击选择所有类别。

Pixel Connectivity（像素连接）：选择 8。分析周围连接的 8 个像元，判定一个像元是否与周围的像元同组。

Minimum Size（最小尺寸）：选择 9。一组中小于该数值的像元将从相应类别中删除。

选择输出路径及文件名，单击“OK”按钮，执行过滤处理。

5. 评价分类结果

对分类结果进行评价，确定分类的精度和可靠性。比较常用的精度验证方式为分类结果叠加、混淆矩阵和 ROC 曲线。

1）分类结果叠加

分类结果叠加主要是将最后的分类结果和原始真实图像进行叠加，通过目视判断该分类的精度。

在视窗中显示 TM 图像和分类结果。在 Layer Manager 中，每个分类类别前面都有一个选择框，可以显示/隐藏该类。通过在原图像上叠加分类结果，目视判断分类精度。

2）混淆矩阵

混淆矩阵是以矩阵形式将数据集中的记录按照真实的类别与分类模型做出的分类判断这两个标准进行汇总，即判断有多少分类错了。

需要准备反映地表真实地物信息的 ROI 文件。可以在高分辨率图像上通过目视解译获取各个分类的地表真实感兴趣区，制作方法与分类样本一样。本实验中“can_tmr-验证.xml”文件即为反映地表真实地物信息的 ROI 文件。

打开验证感兴趣区文件“can_tmr-验证.xml”，在“Select Base ROI Visualization Layer”对话框中，选择分类结果文件（这里分类方法选择最大似然法）。

在 Toolbox 工具箱中，点击“Classification”→“Post Classification”→“Confusion Matrix Using Ground Truth ROIs（混淆矩阵用地面真实感兴趣区）”工具。在“Classification Input File”对话框中，选择分类结果图像。地表真实感兴趣区将被自动加载到“Math Classes Parameters”对话框中。在两个列表中将所要匹配的名称一一对应，再单击“Add Combination”按钮，把地表真实图像中的类别与最终分类结果匹配（图 10.23）。单击“OK”按钮，输出混淆矩阵。在混淆矩阵窗口，选择 Pixels（像素）和 Percent（百分比），单击“OK”按钮，输出混淆矩阵（图 10.24）。

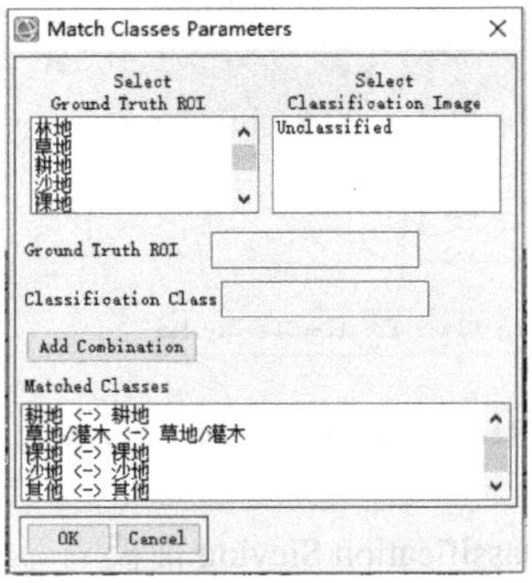

图 10.23　分类匹配设置窗口

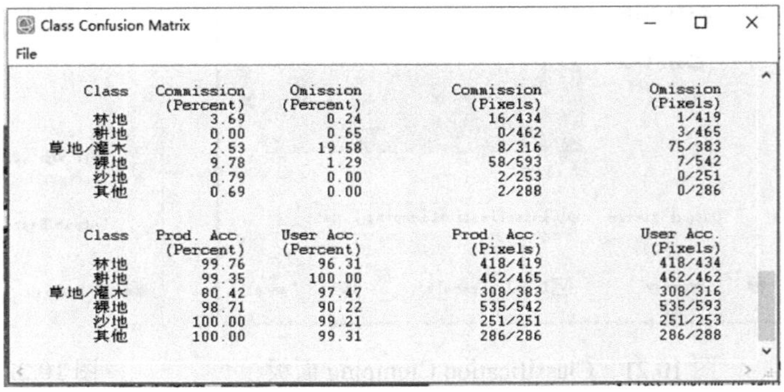

Class	Commission (Percent)	Omission (Percent)	Commission (Pixels)	Omission (Pixels)
林地	3.69	0.24	16/434	1/419
耕地	0.00	0.65	0/462	3/465
草地/灌木	2.53	19.58	8/316	75/383
裸地	9.78	1.29	58/593	7/542
沙地	0.79	0.00	2/253	0/251
其他	0.69	0.00	2/288	0/286

Class	Prod. Acc. (Percent)	User Acc. (Percent)	Prod. Acc. (Pixels)	User Acc. (Pixels)
林地	99.76	96.31	418/419	418/434
耕地	99.35	100.00	462/465	462/462
草地/灌木	80.42	97.47	308/383	308/316
裸地	98.71	90.22	535/542	535/593
沙地	100.00	99.21	251/251	251/253
其他	100.00	99.31	286/286	286/288

图 10.24　混淆矩阵报表

下面对混淆矩阵中的几项评价指标进行说明。

（1）总体分类精度。总体分类精度等于被正确分类的像元总和除以总像元数。被正确分类的像元数目沿着混淆矩阵的对角线分布，总像元数等于所有真实参考源的像元总数，如本次精度分类精度表中的 Overall Accuracy=（418+462+308+535+251+286）/（434+462+316+593+253+288）=2260/2346=96.33%。

（2）Kappa 系数。Kappa 系数用于衡量分类精度。把所有真实参考的像元总数（N）乘以混淆矩阵对角线（X_{KK}）的和，减去某一类中真实参考像元数与该类中被分类像元总数之积之后，再除以像元总数的平方减去某一类中真实参考像元总数与该类中被分类像元总数之积对所有类别求和的结果。

（3）错分误差。错分指被分为用户感兴趣的类，而实际属于另一类的像元，它显示在混淆矩阵里面。本例中，林地有 434 个真实参考像元，其中正确分类 418，16 个是其他类别错分为林地（混淆矩阵中林地一行其他类的总和），那么其错分误差为 16/418=3.82%。

（4）漏分误差。漏分误差指本身属于地表真实分类，但没有被分类器分到相应类别中的像元数占真实参考像元的比。例如，在本例中的耕地类，有真实参考像元 465 个，其中 462 个正确分类，其余 3 个被错分为其余类（混淆矩阵中耕地类中一列里其他类的总和），漏分误差为 3/465=0.66%。

（5）制图精度。制图精度是指分类器整个影像的像元正确分为 A 类的像元数（对角线值）占 A 类真实参考总数（混淆矩阵中 A 类列的总和）的比率。例如，本例中林地有 419 个真实参考像元，其中 418 个正确分类，因此林地的制图精度是 418/419=99.76%。

（6）用户精度。用户精度是指正确分到 A 类的像元总数（对角线值）与分类器将整个影像的像元分为 A 类的像元总数（混淆矩阵中 A 类行的总和）的比率。例如，本例中林地有 434 个像元正确分类，总共划分为林地的有 418 个，所以林地的用户精度是 418/434=96.31%。

监督分类中样本和分类器的选择比较关键。在样本选择时，为了更加清楚地查看地物类型，可以适当地对图像做一些增强处理，如主成分分析、最小噪声变换、波段组合等操作；分类器需要根据数据源和影像的质量来选择，如支持向量机对高分辨率、四个波段的影像效果比较好。

3）ROC 曲线

ROC 曲线需要准备反映地表真实地物信息的 ROI 文件。可以在高分辨率图像上通过目视解译获取各个分类的地表真实感兴趣区。

先打开一个地表真实感兴趣区，在 Toolbox 工具箱中，点击“Classification”→“Post Classification”→“ROC Curves Useing Ground ROIs”工具。在“Rule Input File”对话框中，选择分类规则图像。在“Ground Truth Image”对话框中，选择地表真实图像。规则图像中所选择的每个波段将生成一条 ROC 曲线。打开“Match Classes Parameters”对话框，在两个列表中选择所要匹配的名称，再单击“Add Combination”按钮，把地表真实图像中的类别与最终分类结果匹配。单击“OK”按钮，弹出“ROC Curves Parameters”对话框（图 10.25）。设置 Classify by，选择 Maximum Value（最大值）或者最小值对规则图像进行分类。这里选择输入 0 和 1。其他默认设置。

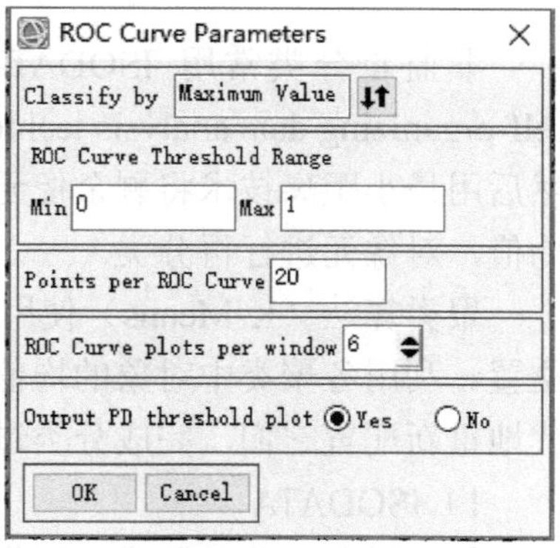

图 10.25　ROC 曲线参数设置对话框

选择输出路径及文件名，单击“OK”按钮，在图表窗口中，绘制出 ROC 曲线。

三、实验结果与分析

监督分类是人工干预训练的分类法。训练样本的方法有多种，读者宜掌握训练的原理。监督分类的样本选取量不能太少，理论上越多越好，一般每种地物至少 5～6 个训练样本。最后的分类结果，还有可能不完全准确分类，仍需要进行少量的人工编辑。对于提高监督分类的精度，熟能生巧，请读者自行总结提高。

实验四　非监督分类

一、实验目的与要求

对研究区进行非监督分类，掌握非监督分类的方法与过程，加深对非监督分类的理解。

二、实验内容

非监督分类是指人们事先对分类过程不施加任何的先验知识，而仅凭遥感影像地物的光谱特征的分布规律（即自然聚类的特性）进行盲目的分类。其分类的结果只是对不同类别区分，但并不能确定类别的属性；类别的属性是通过分类结束后目视判读或实地调查确定的。

非监督分类步骤为：影像分析、执行非监督分类、类别定义/类别合并、分类后处理和评价分类结果。实验方法与步骤如下。

1. 影像分析

大体上判断主要地物的类别数量。一般监督分类设置的分类数目比最终分类数量多 2～3 倍为宜，这样有助于提高分类精度。

本案例类别分为林地、草地/灌木、耕地、裸地、沙地、其他六类。

2. 执行非监督分类（分类器选择）

非监督分类常用 ISODATA 和 K-Means 分析方法。迭代自组织数据分析（iterative self-organizing data analysis technique，ISODATA）技术，计算数据空间中均匀分布的类均值，然后用最小距离技术将剩余像元进行迭代聚合，每次迭代都重新计算均值，且根据所得的新均值，对像元进行再分类。

聚类算法（K-Means）使用了聚类分析方法，随机地查找聚类簇的聚类相似度，即中心位置。利用各聚类中对象的均值所获得一个“中心对象”（引力中心）来进行计算，然后迭代地重新配置它们，完成分类过程。

1）ISODATA

打开需要非监督分类的图像。在 Toolbox 工具箱中，选择“Classification”→“Unsupervised Classification（非监督分类）”→“ISODATA Classification（迭代自组织数据分析分类）”工具。在“Classification Input File”对话框中，选择分类的 TM 影像，单击“OK”按钮，打开“ISODATA Parameter”对话框（图 10.26），设置参数如下。

Number of Classes（类别数目）：Min 为 5；Max 为 10。

Maximum Iteration（最大迭代次数）：15。

Change Threshold（变换阈值）：5。当每一类的变化像元数小于阈值时，结束迭代过程。这个值越小，得到的结果越精确，运算量也越大。

Minimun # Pixel in Class：形成一类所需的最少像元数。如果某一类中的像元数小于最少像元数，该类将被删除，其中的像元被归并到距离最近的类中。

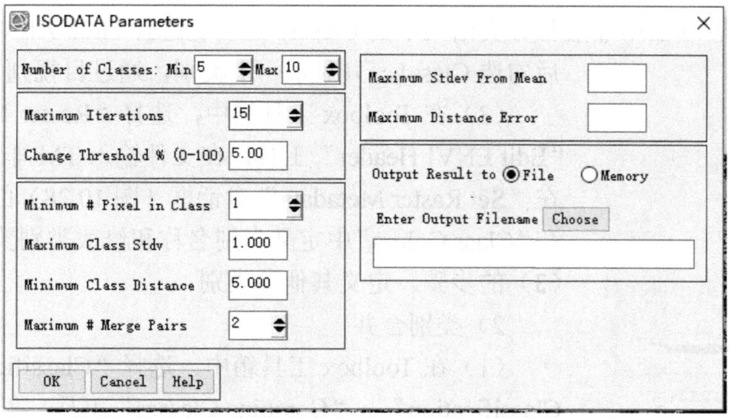

图 10.26　ISODATA 分类器参数设置

Maximum Class Stdv（最大分类标准差）：1。以像素值为单位，如果某一类的标准差比该阈值大，该类将被拆分成两类。

Minimum Class Distance（类别均值之间的最小距离）：5。以像素值为单位，如果类均值之间的距离小于输入的最小值，则类别将被合并。

Maximum # Merge Pairs（合并类别最大值）：2。

Maximum Stdev From Mean（距离类别均值的最大标准差）：为可选项。筛选小于这个标准差的像元参与分类。

Maximum Distance Error（允许的最大距离误差）：为可选项。筛选小于这个最大距离误差的像元参与分类。

选择输出路径及文件名，单击“OK”，执行非监督分类。

2）K-Means

在 Toolbox 工具箱中，选择“Classification”→“Unsupervised Classification”→“K-Means Classification 工具”。在“Classification Input File”对话框中，选择分类的 TM 影像，单击“OK”按钮，打开“K-Means Parameter”对话框（图 10.27），设置参数如下。

Number of Classes（类别数目）：15。

Maximum Iteration（迭代次数）：1。

Maximum Stdev From Mean（距离类别均值的最大标准差）：为可选项。筛选小于这个标准差的像元参与分类。

Maximum Distance Error（允许的最大距离误差）：为可选项。筛选小于这个最大距离误差的像元参与分类。

选择输出路径及文件名，单击“OK”，执行非监督分类。

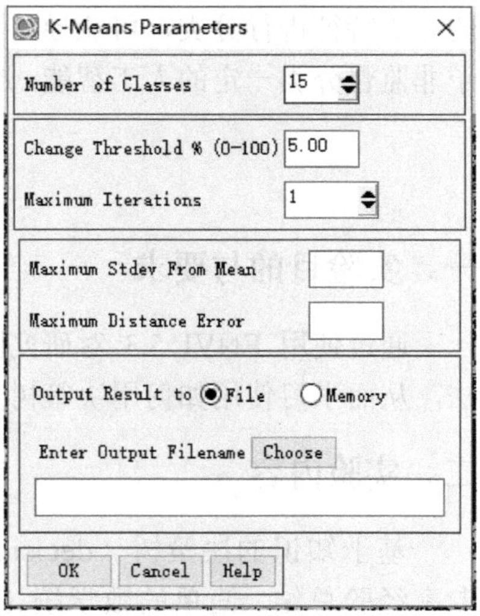

图 10.27　K-Means 分类参数设置

3. 类别定义/类别合并

1）类别定义

（1）在 Display 中显示原始影像和 TM 非监督分类结果。

（2）在图层管理器中非监督分类结果下的 Classes 上右键选择 Hide All Classes 菜单，之后勾选 Class1，只显示一个类别，通过目视判别该类的名称。

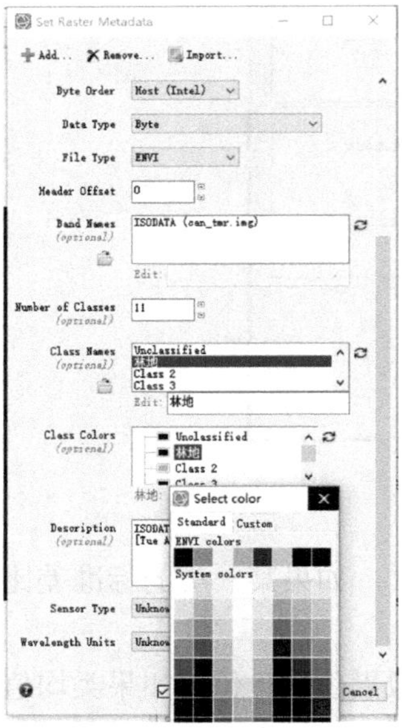

图 10.28　编辑类别名称和颜色

（3）在 Toolbox 工具箱中，选择“Raster Management”→“Edit ENVI Header”工具，在文件输入 TM 非监督分类结果。在“Set Raster Metadata”对话框（图 10.28）的“Class Name”和“Class Colors”中定义类别名称和修改类别颜色。重复（2）～（3）的步骤，定义其他的类别。

2）类别合并

（1）在 Toolbox 工具箱中，选择“Classification”→“Post Classification”→“Combine Classes”工具，在对话框中，选择定义好的分类结果，单击“OK”按钮。

（2）打开“Combine Classes Parameters”面板，选择合并的类别。Select Input class 是选择需要合并的类别，Select Output class 是合并进入的类别，单击“Add Combine”按钮添加到合并方案中。方案确定后，单击“OK”按钮，需要选择输出文件，在“Remove Empty Class（是否移除空白类）”中选择 YES。输出路径和文件名，单击“OK”，执行合并。

分类后处理和评价分类结果参照监督分类。

三、实验结果与分析

非监督分类是无人工干预的分类法，优点是速度快。由于计算机没有智能，只根据图像的光谱特征进行分类，可能导致不该合并的类合并在一起，同类地物可能分成两种。若能赋予非监督分类一定的人工智能，遥感图像的解译将会出现新的发展，留给用心的读者去研究。

实验五　决策树分类

一、实验目的与要求

通过使用 ENVI 5.3 对研究区进行分析并建立决策树，学会建立决策树的处理过程和方法，从而学习使用如何用决策树分类解决实际问题。

二、实验内容

基于知识的决策树（decision tree）分类是基于遥感影像数据及其他空间数据，通过专家经验总结、简单的数学统计和归纳方法等，获得分类规则并进行遥感分类。分类规则易于理解，分类过程也符合人的认知过程，最大的特点是利用多源数据。实验方法与步骤如下。

1）规则定义

规则如下描述：

Class1（朝北缓坡植被）:NDVI>0.3, slope<20, aspect<90 and aspect>270；

Class2（非朝北缓坡植被）：NDVI>0.3, slope<20, 90<=aspect<=270；

Class3（陡坡植被）：NDVI>0.3, slope>=20；

Class4（水体）：NDVI<=0.3, 0<b4<20；

Class5（裸地）：NDVI<=0.3, b4>=20；

Class6（无数据区，背景）: NDVI<=0.3, b4=0。

也可以按照二叉树的方式描述：第一层，将影像分为两类，NDVI 大于 0.3，NDVI 小于或等于 0.3；第二层，NDVI 高的，分为坡度大于或等于 20 度和坡度小于 20 度。以此往下划分。

Expression 中的表达式由变量和运算符（包括数学函数）组成，支持的运算符如表 10.3 所示。

表 10.3　运算符

表达式	部分可用函数
基本运算符	+、−、×、÷
三角函数	正弦 sin（*x*）、余弦 cos（*x*）、正切 tan（*x*）、反正弦 asin（*x*）、反余弦 acos（*x*）、反正切 atan（*x*）、双曲线正弦 sinh（*x*）、双曲线余弦 cosh（*x*）、双曲线正切 tanh（*x*）
关系/逻辑	小于（LT）、小于等于（LE）、等于（EQ）、不等于（NE）、大于等于（GE）、大于（GT）并（AND）、或（OR）、NOT、XOR、最小值运算符（<）和最大值运算符（>）
其他符号	指数（^）、自然指数 exp、自然对数对数 alog（*x*）、以 10 为底的对数 alog10（*x*）、取整 round（*x*）、ceil（*x*）、平方根（sqrt）、绝对值（adb）

ENVI 决策树分类器中的变量是指一个波段的数据或作用于数据的一个特定函数。变量名必须包含在大括号中，即{变量名}。如果变量被赋值为多波段文件，变量名必须包含一个写在方括号中的下标，表示波段数，比如{pc[2]}表示主成分分析的第一主成分。支持的特定变量名如表 10.4 所示，也可以通过 IDL 自行编写函数。

2）输入决策树规则

（1）打开 Toolbox 工具箱，单击“Classification”→“Decision Tree”→“New Decision Tree”打开决策树分类工具，如图 10.29 所示，默认显示了一个节点。

表 10.4　变量表达式

变量	作用	变量	作用
slope	计算坡度	Lmnf[n]	局部最小噪声变换
aspect	计算坡向	Stdev[n]	波段 *n* 的标准差
ndvi	计算归一化植被指数	lStdev[n]	波段 *n* 的局部标准差
Tascap[n]	穗帽变换，*n* 表示获取的是哪一分量	Mean[n]	波段 *n* 的平均值
pc[n]	主成分分析，*n* 表示获取的是哪一分量	lMean[n]	波段 *n* 的局部平均值
lpc[n]	局部主成分分析，*n* 表示获取的是哪一分量	Min[n]、max[n]	波段 *n* 的最大、最小值
mnf[n]	最小噪声变换，*n* 表示获取的是哪一分量	lMin[n]、lmax[n]	波段 *n* 的局部最大、最小值

（2）首先按照 NDVI 的大小划分第一个节点，单击“Node1”，跳出图 10.30 对话框，Name 表示节点名称，为 NDVI>0.3，在 Expression（节点表达式）中填写：{ndvi} gt 0.3，表示 ndvi 的值大于 0.3（ndvi greater than 0.3）。

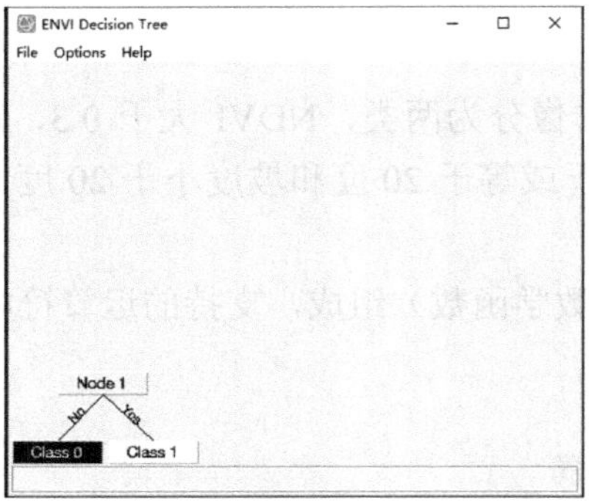

图 10.29　Decision Tree 界面

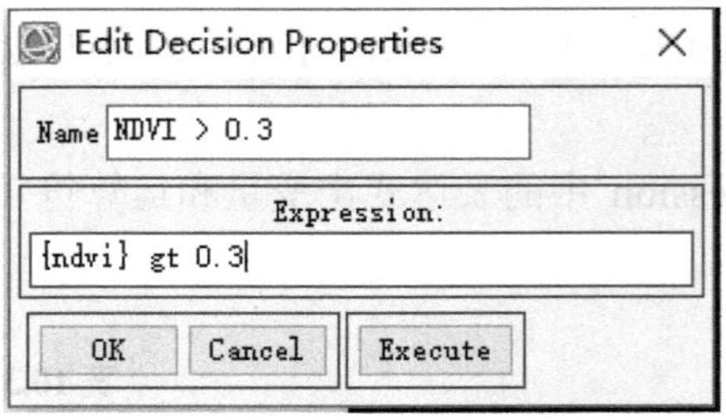

图 10.30　添加规则表达式

（3）点击“OK”后，会提示给{ndvi}指定一个数据源，如图 10.31 所示，点击第一列中的变量，在对话框中选择相应的数据源，这样就完成第一层节点规则输入。

（4）第一层节点根据 NDVI 的值划分为植被和非植被，如果不需要进一步分类的话，这个影像就会被分成两类：class0 和 class1。

（5）继续添加第二层节点，对 NDVI 大于 0.3，也就是 class1，根据坡度划分成缓坡植被和陡坡植被。在 class1 图标上单击右键，选择 Add Children。将 NDVI 高的那类进一步细分成两类。单击节点标识符，打开节点属性窗口，Name 为 Slope<20，在 Expression 中填写：{slope} lt 20，表示 slope 小于 20，即坡度小于 20（slope less than 2.0）。

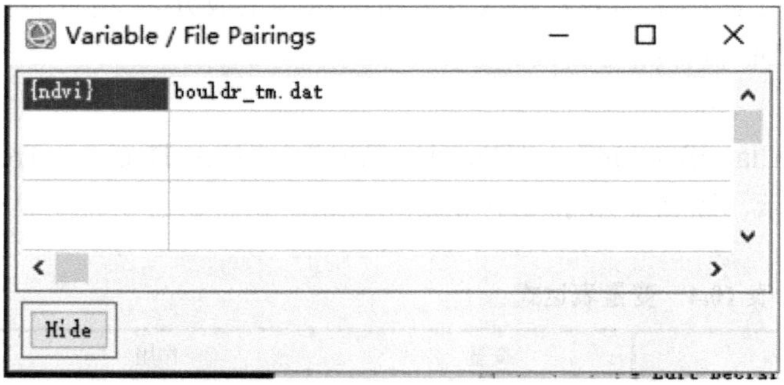

图 10.31　指定数据源

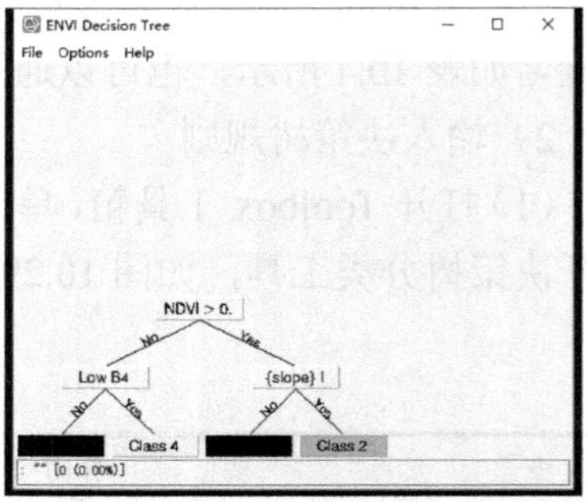

图 10.32　规则输入结果图

（6）这样就把 NDVI 高的部分（NDVI>0.3：Yes）又划分为缓坡植被（Slop<20：Yes）和陡坡植被（Slop<20：No）。

（7）重复之前的步骤，将所有规则输入，末节点图标右键选择“Edit Properties”，可以设置分类结果的名称和颜色，最后结果如图 10.32 所示。

3）执行决策树

在“ENVI Decision Tree”窗口中，选择 Options →Execute，执行决策树，弹出如图 10.33 所示的对话框，选择输出路径，点击“OK”之后，得到分类结果。在决策树运行过程中，会以不同颜色标示运行的过程。

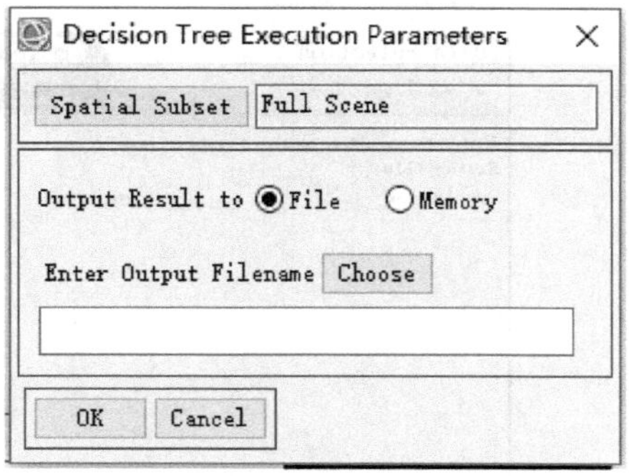

图 10.33　输出结果

三、实验结果与分析

决策树分类本质是二分法。多个二分法反复使用，将地物区分为不同的类别。决策树分类的规则选取适当，可取得很高的分类精度。

实验六　面向对象分类

一、实验目的与要求

通过对试验区进行向面向对象分类处理，掌握面向对象分类方法。

二、实验内容

通过进行基于规则的面向对象信息提取、基于样本的面向对象的分类等实验操作，掌握面向对象分类方法。实验方法与步骤如下。

1. 基于规则的面向对象信息提取

根据数据源和特征提取类型等情况，可以有选择地对数据做一些预处理工作。

空间分辨率的调整：如果数据的空间分辨率非常高，覆盖范围非常大，而提取的特征地物面积较大（如云、大片林地等）。可以降低分辨率，提高精度和运算速度。可利用 Toolbox→“Raster Management”→“Resize Data”工具实现。

光谱分辨率的调整：如果处理的是高光谱数据，可以将不用的波段除去。可利用 Toolbox→“Raster Management”→“Layer Stacking”工具实现。

多源数据组合：当有其他辅助数据的时候，可以将这些数据和待处理数据组合成新的多波段数据文件，这些辅助数据可以是 DEM、LiDAR 影像，或 SAR 影像。当计算对象属性时，会生成这些辅助数据的属性信息，可以提高信息提取精度。可利用 Toolbox→“Raster Management”→“Layer Stacking”工具实现。

空间滤波：如果数据包含一些噪声，可以选择 ENVI 的滤波功能做一些预处理。

1）发现对象

第一步：启动 Rule Based FX 工具。

（1）在主界面中，打开图像文件 qb_colorado.dat。

（2）在 Toolbox 中，选择“Feature Extraction”→“Rule Based Feature Extraction Workflow”工具，打开工作流化工具面板（图 10.34），在 Data Selection 步骤中，有 4 个选项，设置如下。

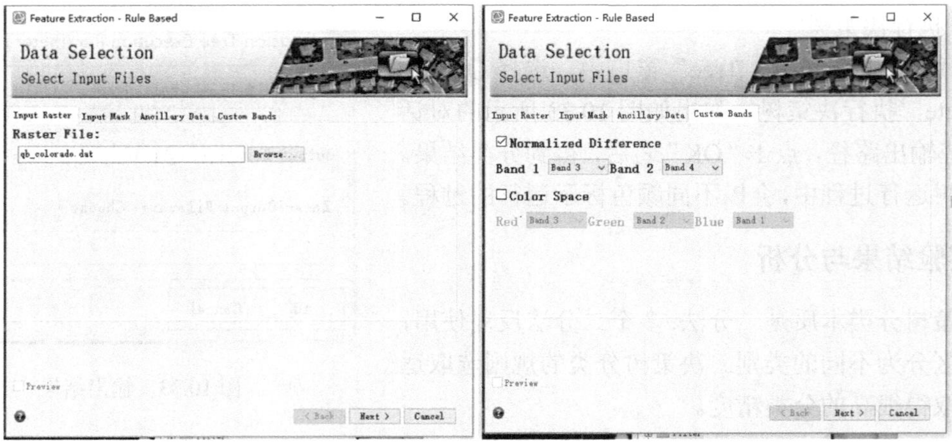

图 10.34　输入数据和属性参数选择

Input Raster：单击“Browse”，在弹出的对话框中选择数据文件 qb_colorado.dat。

Custom Bands：选择 Normalized Difference，在 Band 1 下拉菜单中选择 Band 3，在 Band 2 下拉菜单中选择 Band 4，

（3）设置完毕，点击“Next”，进入下一步 Object Creation 步骤。

第二步：对影像进行分割、合并。

FX 根据临近像素亮度、纹理、颜色等对影像进行分割，它使用了一种基于边缘的分割算法，这种算法计算很快，并且只需一个输入参数，就能产生多尺度分割结果。通过不同尺度上边界的差异控制，产生从细到粗的多尺度分割。

（1）Edge（基于边缘检测），设置右侧“Scale Level （分割阈值）”为 40（图 10.35）。注：按钮是用来选择分割波段的，默认为 Base Image 的所有波段。在“Merge Settings”中，选择默认算法，设置右侧“Merge Level （分割阈值）”为 90。

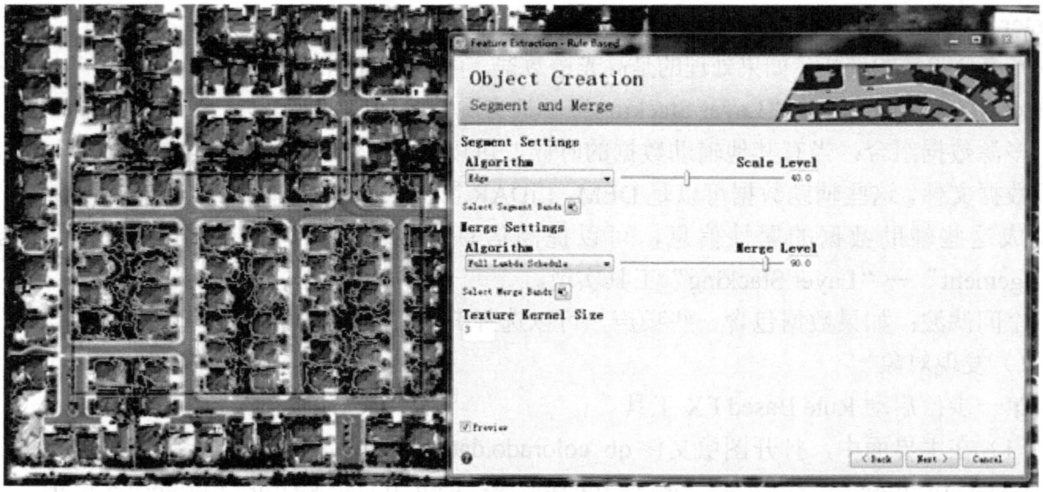

图 10.35　图像分割、合并

（2）勾选 Preview，在 ENVI 窗口中将出现一个矩形的区域，在鼠标为选择状态下，按住鼠标拖动预览区，进行预览区选择。取消勾选 Preview，单击“Next”按钮，进入 Rule - based Classification 步骤。

这时候 FX 生成一个 Region Means 影像自动加载到图层列表中，并在窗口中显示，它是分割后的结果，每个像元被填充上该像元的平均光谱值。目前，已经完成了发现对象的操作过程，接下来是特征的提取。

2）根据规则进行特征提取

在规则分类界面。每一个分类由若干个规则（Rule）组成，每一个规则有若干个属性表达式来描述。规则与规则之间是“与”的关系，属性表达式之间是“并”的关系。这里以提取居住房屋为例来说明规则分类的操作过程。

（1）在 Rule - based Classification 步骤中，首先分析影像中容易跟居住房屋错分的地物，有道路、森林、草地及房屋旁边的水泥地。点击按钮，新建一个类别，在右侧“Class Properties”下修改好类别的相应属性（图 10.36）。

Class Name （类名）：住宅。

Class Color（颜色）：默认红色。

Class Threshold（类阈值）：默认为 0.5。

（2）第一条属性描述，划分植被覆盖和非覆盖区（图 10.37）。

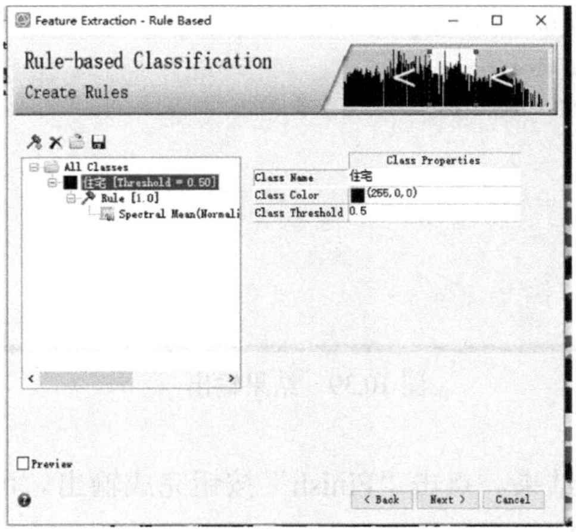

图 10.36　规则分类面板

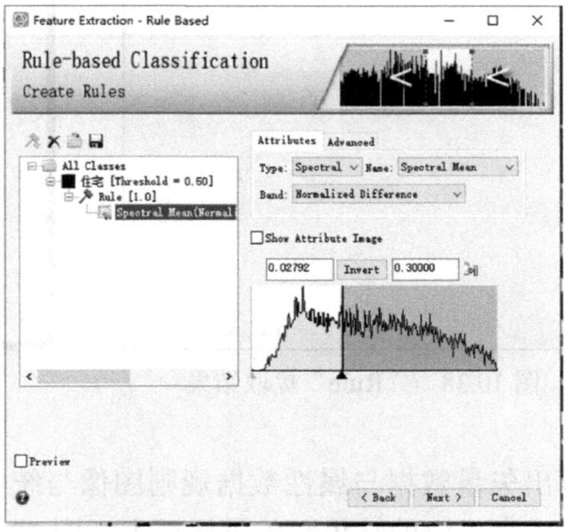

图 10.37　设置 NDVI 的属性阈值

在“Spectral Mean”上单击，右边出现“Attributes Advanced”面板，如图 10.37 所示。“Type”下拉菜单中选择“Spectral”，“Band”下拉菜单中选择“Normalized Difference”。

通过拖动滑条或者手动输入确定阈值，这里设置阈值最大为 0.3。阈值范围内的影像在预览窗口里显示为红色。勾选“Preview”，预览结果，其中红色为满足条件的对象。

（3）第二条属性描述，剔除道路干扰，居住房屋和道路的最大区别是房屋近似矩形，可以设置 Rectangular fit 属性。

在 Rule 上右键选择“Add Attribute”按钮，新建一个规则。在右侧“Type”中选择“Spatial”，在“Name”中选择“Rectangular fit”，设置值的范围是 0.5～1，其他参数为默认值。

注：预览窗口默认是该属性的结果，点击“All Classes”，可预览几个属性共同作用的结果，用同样的方法设置。

Type：Spatial；Name：Area——Area>45。

Type：Spatial；Name：Elongation——Elongation<3。

（4）第三条属性描述，剔除水泥地干扰。水泥地反射率较高，居住房屋反射率较低，所以可以设置波段的像元值。

Type：spectral；Name：Spectral Mean，Band：GREEN——Spectral Mean （GREEN）<650。点击“All Classes”，最终的“Rule”如图 10.38 所示，规则设置好后，点击“Next”。注：单击  按钮，可以导入预先设置好的规则。

3）输出结果

特征提取后，可以选择以下结果输出：矢量结果及属性、分类图像及分割后的图像，还有高级输出，包括属性图像和置信度图像；辅助数据，包括规则图像及统计输出，如图 10.39 所示。

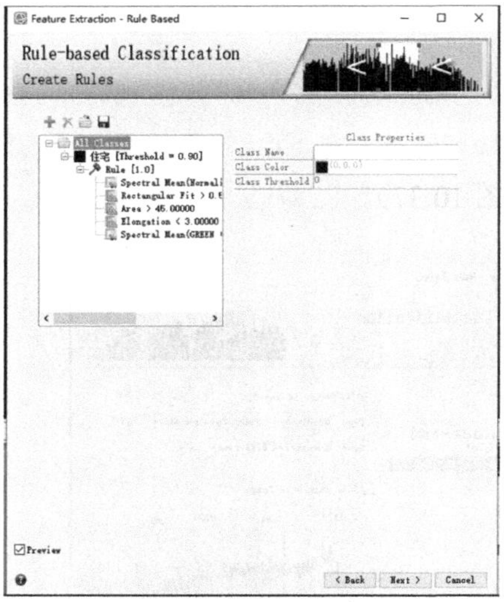

图 10.38　“Rule”提取结果

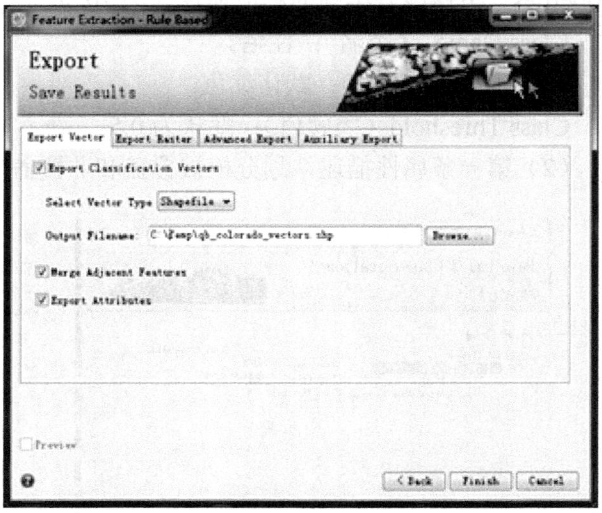

图 10.39　结果输出

输出矢量数据与属性数据规则图像与统计结果。点击“Finish”按钮完成输出。可以查看房屋信息提取的结果和矢量属性表（图 10.40）。

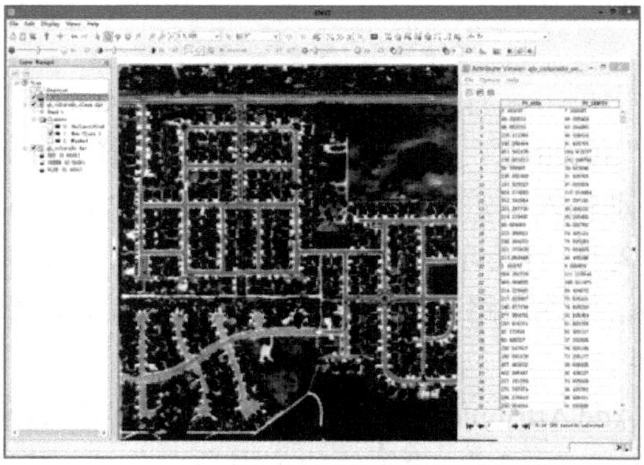

图 10.40　房屋信息提取的矢量结果和属性表

2. 基于样本的面向对象的分类

1）选择数据

（1）打开 imperial_valley_subset.dat 数据。

（2）在 Toolbox 工具箱中，点击“Feature Extraction”→“Example Based Feature Extraction Workflow”。在“Input Raster”选项中选择 imperial_valley_subset.dat 数据。切换到“Custom Bands”选项，勾选“Normalized Difference”，自动选择（在有中心波长的情况下）红色和近红外波段计算 NDVI。勾选“Color Space”用于 RGB 计算 HIS 空间。

单击“Next”，进行下一步。

2）分割对象

（1）在 Layer Manager 图层管理中，在图像图层中右键选择“Change RGB Bands”，以波段 4、3、2 对应 R、G、B 显示影像。

（2）在图像分割参数设置面板中，设置 Scale Level：50，Merge Level ：80，其他默认，单击“Next”，进行下一步。

3）基于样本的图像分类

经过图像分割和合并之后，进入到监督分类的界面，

（1）对默认的一个类别，在图 10.41 右侧的 Class Properties 中作如下修改。

图 10.41　选择样本

类别名称（Class Name）：生长作物。

类别颜色（Class Color）：绿色（0,255,0）。

（2）在分割图上选择一些样本，为了方便样本的选择，可以在左侧图层管理中将 Region Means 图层关闭，显示原图。选择一定数量的样本，如果错选样本，可以在这个样本上点击左键删除。注：可以勾选“Show Boundaries”显示分割边界，方便样本选择。

（3）一个类别的样本选择完成之后，新增类别 。用同样的方法修改类别属性和选择样本。在选择样本的过程中，可以随时预览结果。可以把样本保存为.shp 文件以备下次使用。

注：点击 按钮可以将真实数据的 shapefile 矢量文件作为训练样本。

本实验建立五个类别：生长作物、休耕地、早期或晚期作物、非耕地、水体，分别选择一定数量的样本。

（4）设置样本属性。切换到“Attributes Selection”选项（图 10.42）。默认是所有的属性都被选择，这些选择样本的属性将被用于后面的监督分类。可以根据提取的实际地物特性选

择一定的属性。本例按照默认全选。

（5）选择分类方法。切换到“Algorithm”选项（图 10.43）。FX 提供了三种分类方法：*K* 邻近（*K* nearest neighbor）法、支持向量机（SVM）法和主成分分析（principal components analysis，PCA）法。

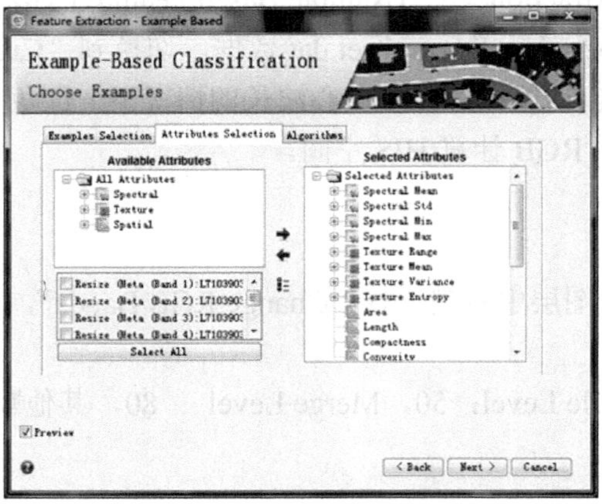

图 10.42　样本属性选择

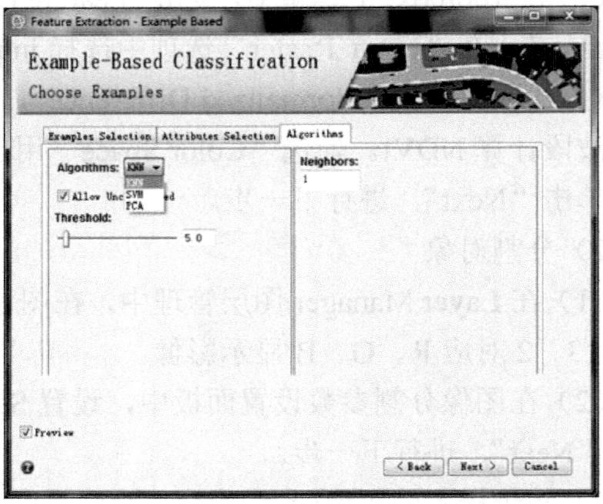

图 10.43　分类方法

K 邻近法：*K* 邻近分类方法依据待分类数据与训练区元素在 *N* 维空间的欧几里得距离来对影像进行分类，*N* 由分类时目标物属性数目来确定。相对传统的最邻近方法，*K* 近邻法产生更小的敏感异常和噪声数据集，从而得到更准确的分类结果，它自己会确定像素最可能属于哪一类。

在 *K* 参数里键入一个整数，默认值是 1，*K* 参数是分类时要考虑的临近元素的数目，是一个经验值，不同的值生成的分类结果差别也会很大。*K* 参数设置会依赖于数据组及选择的样本。值大一点能够降低分类噪声，但是可能会产生不正确的分类结果，一般值设为 3～7。

支持向量机法：支持向量机是一种来源于统计学习理论的分类方法。选择这一项，需要定义以下参数。

Kernel Type 下拉列表里选项有 Linear、Polynomial、Radial Basis，以及 Sigmoid。

如果选择 Polynomial，设置核心多项式（degree of kernel polynomial）的次数用于 SVM，最小值是 1，最大值是 6。

如果选择 Polynomial 或 Sigmoid，使用向量机规则需要为 Kernel 指定 the Bias ，默认值是 1。

如果选择 Polynomial、Radial Basis 或 Sigmoid，需要设置 Gamma in Kernel Function 参数。这个值是一个大于零的浮点型数据。默认值是输入图像波段数的倒数。

为 SVM 规则指定 the Penalty 参数，这个值是一个大于零的浮点型数据。这个参数控制了样本错误与分类刚性延伸之间的平衡，默认值是 100。

Allow Unclassified 意味着默认允许有未分类这一个类别，将不满足条件的斑块分到该类。

Threshold 为分类设置概率阈值，如果某个像素按规则得到的分类概率小于阈值，该像素将不被分类，范围是 0～100，默认是 5。

主成分分析法：主成分分析是比较在主成分空间的每个分割对象和样本，将得分最高的归为这一类。

本实验选择 K 邻近法，K 参数设置为 5，不勾选“Allow Unclassified”选项。点击“Next”，输出结果（图 10.44）。

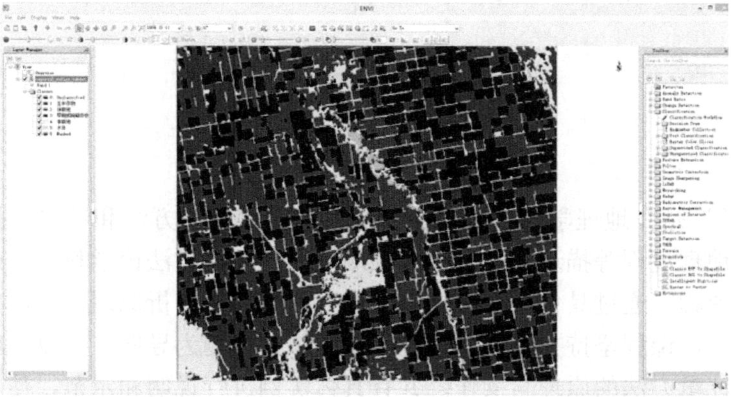

图 10.44　基于样本选择的农用地提取结果

三、实验结果与分析

面向对象分类是图像分类的高级方法。基于规则和基于样本的面向对象分类，计算机根据图像的光谱特征，形成不同尺度的对象类，进行合并与分割。面向对象的图像分类还是不够智能。高空间分辨率图像的阴影下的道路、房屋，一般不能识别出。这些不足，留待读者去探索。

第十一章　地理计量分析实验

第一节　概　　述

一、课程简述

“计量地理学”是在地理学的基础理论指导下，运用数学方法和计算机技术进行地理要素、地理现象和地理过程等描述，以及模拟预测研究的一门方法论学科。地理计量分析是一门实践性很强的课程，通过具体实验，加深学生对地理计量分析原理与方法的理解，本实验与理论课同步进行，课程坚持方法原理与应用结合、以问题为导向、学以致用等原则，简要介绍每一种地理计量方法的原理与操作，并有具体实例进行说明和示范，使学生能够运用数学方法描述、分析和解决实际地理问题，根据实际的地理研究对象，建立适宜的数学模型，并对模型分析的结果给予解释，把数理逻辑同现实问题紧密结合，熟练掌握地理学中常用计量方法，培养学生解决实际问题的能力和从事科学研究的素养。

二、课程实验的重要性

作为地理学和相关专业的学生，不仅要具备扎实的地理学理论基础，还需要理解和掌握地理计量分析方法。地理环境中各地理要素相互影响、相互联系，地理过程相对复杂，通过开展本课程实验，学生能够更好地理解和探讨地理要素相互关系、地理过程发生机制、地理现象发生原因等，学会解释和解决相应的地理环境问题。开展本课程实验具有重要意义，一是使学生能够了解地理环境中各要素的相互联系和相互制约关系，运用各种计量分析方法进一步探究各个要素间的相互作用；二是使学生能够认识地理过程在时间、空间上的变化规律，学会定量地理过程发生、发展的内在机制及模拟和预测未来可能发生的地理行为；三是使学生能够明白地理现象的发生具有各种内在原因，需采取合适的计量方法，从地理事物发生、发展和变化的外部形式及表面特征中去挖掘其内在原因；四是激发学生的学习兴趣、想象与探索精神，培养学生分析地理问题、解决地理问题的逻辑演绎思维，进一步巩固所学地理专业知识和不断提高科研创新能力。

三、主要实验构成

地理计量分析实验课程主要围绕地理要素、地理过程、地理现象、地理预测和地理决策五个方面展开，其中，地理要素计量包括数据预处理、参数检验和相关分析三个实验，地理过程计量包括时间序列分析、M-K 检验、马尔科夫分析和方差分析四个实验，地理现象计量包括分形理论、小波理论和聚类分析三个实验，地理预测计量包括人工神经网络、回归分析和因子分析三个实验，地理决策计量包括线性规划和 AHP 决策分析两个实验。

第二节　地理要素计量

实验一　数据预处理

一、实验目的与要求

掌握 SPSS 软件中数据排序、变量计算、数据选取、分类汇总、数据分组等具体操作，并了解数据预处理的其他功能。

二、实验内容

1. 数据排序

1）实验仪器与材料

SPSS 软件与“2018 年重庆区县经济状况数据.xls”，对其进行多重排序。

2）实验原理与方法

数据排序是将数据编辑窗口中的数据按照某个或多个指定变量的变量值升序或降序重新排列。

3）实验步骤

（1）选择菜单：“Date”→“Sort Case”，其中“Ascending”表示升序，“Descending”表示降序；

（2）以“区县类型”为主排序变量的降序，以“地区生产总值”为第二排序变量的升序进行多重排序。

4）注意事项

多重排序时，数据首先按主排序变量值的大小依次排序，然后对那些具有相同主排序变量值的数据，再按照第二排序变量值的大小依次排序。

2. 变量计算

1）实验仪器与材料

SPSS 软件与“坡面径流水力学特征参数数据.xls”，根据公式计算水流剪切力。

2）实验原理与方法

基本原理：变量计算可以进行数据的转换处理和对数据的原有分布状态进行转换。

变量计算过程涉及以下三个概念。

（1）SPSS 算术表达式：由算术运算符（+、–、*、/、**）、SPSS 函数、常量、圆括号及 SPSS 变量名组成的式子。

（2）SPSS 条件表达式：简单条件表达式中包括>（大于）、<（小于）、=（等于）、~=（不等于）、>=（大于等于）和<=（小于等于）等关系运算符；复合条件表达式包括&或 AND（并且）、|或 OR（或者）、~或 NOT（非）等逻辑运算符。

（3）SPSS 函数：算术函数（arithmetic）；统计函数（statistical）；与分布相关的函数：随机函数（random numbers）、累积分布函数（cumulative distribution function，CDF）、概率密

度函数（probability density function，PDF）及其反函数（inverse DF）；查找函数（search）；字符函数（string）；日期函数：日期生成函数（data creation）和日期提取函数（data extraction）；缺失值函数（missing values）；其他函数：杂项函数（miscellaneous）、转换函数（conversion）。

3）实验步骤

（1）选择菜单："Transform" → "Compute Variable"。

（2）在"Number Expression"对话框中给出 SPSS 算术表达式和函数，在"Numeric Expression"对话框中输入算术表达式"ρgH*系数"，系数因坡度不同而不同。

（3）在"Target Variable"对话框中输入存放计算结果的变量名，输入水流剪切力的变量名"τ"。

（4）本例中，由于不同坡度下水流剪切力的计算方法是不同的，因此，点击"If"按钮，选择"Include if case satisfies condition"选项，按不同坡度下的水流剪切力的计算方法，依次输入条件表达式，分别计算水流剪切力。

3. 数据选取

1）实验仪器与材料

SPSS 软件与"2018 年重庆区县经济状况数据.xls"，选取主城区区县数据或抽取 80%的数据。

2）实验原理与方法

基本原理：根据分析的需要，从已收集到的大批量数据（总体）中按照一定规则抽取部分数据（样本）参与分析，通常也称为样本抽样。

数据选取方法：按指定条件选取（if condition is satisfied）；随机选取（random sample of cases）：近似选取（approximately）、精确选取（exactly）；选取某时段内某一区域内的样本（based on time or case range）；通过过滤变量选取（use filter variable）。

3）实验步骤

（1）选择菜单："Date" → "Select Cases"。

（2）在"Select"对话框中选择选取方法。本例中第一种选取方案选择"If condition is satisfied"，"区县类型"=1，（1 代表"主城区区县"）；第二种选取方案选择"Random sample of cases"选项下的相应窗口中的"Approximately"项，并输入比例数 0.8。

4. 分类汇总

1）实验仪器与材料

SPSS 软件与"2018 年重庆区县经济状况数据.xls"，对数据进行分类汇总。

2）实验原理与方法

基本原理：按照某分类变量进行分类计算，且涉及两个主要方面：一是按照哪个变量进行分类；二是对哪个变量进行汇总，并指定对汇总变量计算哪些统计量。

3）实验步骤

（1）选择菜单："Date" → "Aggregate"。

（2）指定分类变量"区县类型"到"Break Variable（s）"框中，将指定汇总变量"地区生产总值""人均地区生产总值"放入到"Aggregated Variables"框中。

（3）点击“Function”按钮指定对汇总变量计算哪些统计量，SPSS 默认计算均值。

（4）指定将分类汇总结果保存到某处。

（5）点击“Name & Lab”按钮重新指定汇总结果中的变量名或加变量名标签，SPSS 默认的变量名为原变量名后加“-函数名”。

4）注意事项

（1）分类汇总中的分类变量可以是多个，此时的分类汇总称为多重分类汇总。

（2）在多重分类汇总中，指定多个分类变量的前后次序是很关键的。第一个指定的分类变量为主分类变量，其他的依次为第二、第三分类变量等，它们决定分类汇总的先后次序。

5. 数据分组

1）实验仪器与材料

SPSS 软件与“2018 年重庆区县户数和人口统计数据.xls”，对数据进行组距分组。

2）实验原理与方法

基本原理：根据统计分析的需要，将数据按照某种标准重新划分为不同的组别。

分组方法：在变量值较多的情况下，数据分组通常采用组距分组，组距分组是将全部变量值依次划分为若干个区间，并将同一区间的变量值作为一组。

3）实验步骤

（1）选择菜单：“Transform”→“Recode into Different Variables”。

（2）选择变量“城镇化率”到“Numeric Variable→Output Variable”框中。

（3）在“Output Variable”框中的“Name”框后输入存放组结果的变量名“czhl”，在 Label 框后输入“分组后的城镇化率”。

（4）点击“Old and New Values”按钮进行分组区间定义，应根据分析要求逐个定义个分组区间，在“Old→New”框中输入“Lowest thru 25→1；25.01 thru 50→2；50.01 thru 75→3；75.01 thru 100→4”，至此，SPSS 便自动进行组距分组。

4）注意事项

在定义分组区间时应注意遵循“不重不漏”的原则。“不重”指一个变量值只能分在某一个组中，不能在其他组中重复出现；“不漏”指所有数据都应分配在某个组中，不能遗漏。

6. 其他功能

1）实验仪器与材料

SPSS 软件与“2018 年重庆区县经济状况数据.xls”“某池塘水面测定磷浓度数据.xls”，分别进行数据转置、拆分和加权处理。

2）实验原理与方法

数据转置：将数据编辑窗口中数据的行列互换。

数据拆分：与数据排序很相似，不同的是，数据拆分不仅是按指定变量对数据进行简单排序，更重要的是根据指定变量对数据进行分组，为分组统计分析提供便利。

加权处理：利用加权平均来分析数据，以所占百分比作为权数。

3）实验步骤

（1）数据转置（对“2018 年重庆区县经济状况数据.xls”进行转置）：“Date”→“Transpose”，在“Variable”框中输入“地区生产总值”、“人均生产总值”、“第一产业总值”、“第二产业总值”和“第三产业总值”，在“Name Variable”框中输入“区县类型”。

（2）数据拆分（对“2018 年重庆区县经济状况数据.xls”进行拆分）：“Date”→“Split File”，选择拆分变量“区县类型”到“Groups Based on”框中，然后根据需求进行拆分。

（3）加权处理（对“某池塘水面测定磷浓度数据.xls”进行加权处理）：“Date”→“Weight Cases”，选择“Weight cases by”选项，并选择“磷浓度”作为加权变量到“Frequency Variable”框中。

4）注意事项

（1）数据拆分将对后面的分析一直起作用，即无论进行哪种统计分析，都将会按拆分变量的不同组分别进行分析计算。如果希望对所有数据进行整体分析，则需重新进行数据拆分，并选择“Analyze all cases，do not create groups”项。

（2）一旦指定了加权变量，在以后的分析处理中加权就是一直有效的，直到取消加权为止，取消加权应选择“Do not weight cases”项。

三、实验结果与分析

1. 数据排序

通过多重排序后分别得到主城区区县和非主城区区县的地区生产总值的最小值和最大值，分析主城区区县和非主城区区县的经济状况。

2. 变量计算

运用相应公式分别计算不同坡度下的水流剪切力，并对其进行分析。

3. 数据选取

通过指定条件选取和随机选取这两种方法，对主城区区县的经济状况进行分析，对全部样本的 80%的数据进行分析。

4. 分类汇总

通过分类汇总，分析主城区区县和非主城区区县的经济状况是否存在较大差距。

5. 数据分组

采取组距分组的方法，分析被调查区县的城镇化水平的分布特征。

6. 其他功能

对经过数据转置、数据拆分或加权处理后的数据进行更好的统计分析。

实验二　参数检验

一、实验目的与要求

掌握单样本 t 检验、两独立样本 t 检验、两配对样本 t 检验的基本原理及操作步骤。

二、实验内容

1. 单样本 t 检验

1）实验仪器与材料

SPSS 软件与“2018 年重庆区县经济状况数据.xls”，推断人均生产总值是否为 40000 元。

2）实验仪器与材料

基本原理：利用来自某总体的样本数据，推断该总体的均值是否与指定的检验值之间存在显著差异。

检验方法：①提出原假设：总体均值与检验值之间不存在显著差异，H_0：$u=u_0$；②选择检验统计量（F）；③计算检验统计量观测值和概率 P-值；④给定显著性水平 a，并作出决策。

3）实验步骤

（1）选择菜单：“Analyze” → “Compare Means” → “One-Samples T Test”。

（2）选择检验变量“人均生产总值”到“Test Variable（s）”框中，在“Test Value”框中输入检验值 40000。

（3）点击“Options”按钮定义其他选项，指定相应缺失值的处理方法。“Exclude cases analysis by analysis”项表示当计算涉及的变量上有缺失值时，则剔除在该变量上为缺失值的个案；“Exclude cases listwise”项表示剔除所有在任意变量上为缺失值个案后再进行分析；“Confidence Interval”框中输出默认 95%的置信区间。

2. 两独立样本 t 检验

1）实验仪器与材料

SPSS 软件与“2018 年重庆区县经济状况数据.xls”，推断主城区区县和非主城区区县的人均生产总值的平均值是否存在显著差异。

2）实验原理与方法

基本原理：利用来自两个总体的独立样本，推断两个总体的均值是否存在显著差异。

检验方法：①提出原假设：两总体均值无显著差异，H_0：$u_1-u_2=0$；②选择检验统计量（F）；③计算检验统计量观测值和概率 P-值；④给定显著性水平 a，并作出决策。

3）实验步骤

（1）选择菜单：“Analyze” → “Compare Means” → “Independent-Samples T Test”。

（2）选择检验变量“人均生产总值”到“Test Variable（s）”框中，选择总体标识变量“区县类型”到“Grouping Variable（s）”框中。

（3）点击“Define Groups”按钮定义两总体的标识值。“Use specified values”表示分别输入对应两个不同总体的标记值，“Cut point”框中应输入一个数字，大于等于该值的对应一个总体，小于该值的对应另一个总体。

（4）两独立样本 t 检验的“Options”选项含义与单样本 t 检验相同，按各选项进行检验。

3. 两配对样本 t 检验

1）实验仪器与材料

SPSS 软件与“水土保持措施实施前后土壤侵蚀模数数据.xls”，判断水土保持措施是否具有良好的减蚀效果。

2）实验原理与方法

基本原理：利用来自两个总体的配对样本，推断两个总体的均值是否存在显著差异；配对样本的样本个数相同，且个案顺序相同。

检验方法：①提出原假设，两总体均值无显著差异，H_0: $u_1-u_2=0$；②选择检验统计量（F）；③计算检验统计量观测值和概率 P-值；④给定显著性水平 a，并作出决策。

3）实验步骤

（1）选择菜单：“Analyze” → “Compare Means” → “Paired-Samples T Test”。

（2）选择“水土保持措施实施前土壤侵蚀模数”和“水土保持措施实施后土壤侵蚀模数”这两个变量到“Paired Variables”框中。

（3）两配对样本 t 检验的“Options”选项含义与单样本 t 检验相同，按各选项进行检验。

三、实验结果与分析

1. 单样本 t 检验

推断区县人均生产总值的平均值是否为 40000 元。如果 $P\leqslant0.05$，则拒绝原假设，认为总体均值（区县人均生产总值的平均值）与检验值（40000 元）之间有显著差异；若 $P>0.05$，则不能拒绝原假设。

2. 两独立样本 t 检验

分析主城区区县与非主城区区县人均生产总值的平均值是否存在显著差异。分析通过两步完成：第一步，两总体方差是否相等的 F 检验，如果 $P\leqslant0.05$，可以认为两总体的方差有显著差异；第二步，两总体均值的检验，查看 t 检验的结果。

3. 两配对样本 t 检验

检验水土保持措施实施前后土壤侵蚀模数是否发生变化来确定水土保持措施的减蚀效果。如果 $P\leqslant0.05$，则拒绝原假设，表明水土保持措施实施前与实施后，土壤侵蚀模数存在显著差异，表明随着时间推移，水土保持措施可发挥其水保效应。

实验三　相 关 分 析

一、实验目的与要求

掌握相关分析和偏相关分析的基本原理，熟练掌握软件操作步骤并合理分析实验结果。

二、实验内容

1. 相关分析

1）实验仪器与材料

SPSS 软件与“某河流径流量与泥沙量数据.xls”，进行相关分析。

2）实验原理与方法

基本原理：相关分析是分析客观事物之间关系的数量分析方法，是用来分析事物之间的统计关系的方法。

分析方法：首先，绘制散点图，直观显示变量之间的统计关系；然后，计算相关系数，反映变量间线性相关的强弱程度。

相关系数种类：Pearson 简单相关系数（度量定距型变量间的线性相关关系）；Spearman 等级相关系数（度量定序变量间的线性相关关系）；Kendall τ 相关系数（采用非参数检验方法度量定序变量间的线性相关关系）。

相关系数大小：①$r>0$，正相关；②$r<0$，负相关；③ $r=0$，不相关；④$r=1$，完全正相关；⑤$r=-1$，完全负相关；⑥$|r|>0.95$，存在显著性相关；⑦$|r|\geqslant 0.8$，高度相关；⑧$0.5\leqslant|r|<0.8$，中度相关；⑨$0.3\leqslant|r|<0.5$，低度相关；⑩$|r|<0.3$，关系极弱，不相关。

显著性检验（t 检验法）：检验统计量的概率 P-值小于给定的显著性水平 a，认为两总体存在显著的线性关系，反之，无显著线性关系。

3）实验步骤

（1）选择菜单：“Analyze” → “Correlate→Bivariate”。

（2）选择“径流量”和“泥沙量”两个变量到“Variables”框中。

（3）在“Correlation Cofficents”按钮中选择计算哪种相关系数。一般选择 Pearson 简单相关系数。

（4）在“Test of significant”下拉框中选择输出相关系数检验为双尾（Two-tailed）概率 P-值还是单尾（One-tailed）概率 P-值。

（5）在“Options”按钮中的“Statistics”选项中，若选中“Cross-product deviations and covariances”项，则表示输出各变量的离差平方和、样本方差、两变量的叉积离差和协方差。

2. 偏相关分析

1）实验仪器与材料

SPSS 软件与“某气象台站地理位置及多年平均降水量与蒸发量数据.xls”，进行偏相关分析。

2）实验原理与方法

基本原理：偏相关分析也称净相关分析，它在控制其他变量的线性影响的条件下分析两变量间的线性相关性。

分析方法：所采用的工具是偏相关系数（净相关系数）。

偏相关系数大小：①范围：$-1\leqslant r_{12\cdot 3}\leqslant 1$；②$r_{12\cdot 3}>0$，表示 x_3 固定时，x_1 与 x_2 之间为正相关；③$r_{12\cdot 3}<0$，表示 x_3 固定时，x_1 与 x_2 之间为负相关；④$|r_{12\cdot 3}|=1$，表示 x_3 固定时，x_1

与 x_2 之间为完全相关；⑤$|r_{12\cdot3}|=0$，表示 x_3 固定时，x_1 与 x_2 之间为完全无关。

显著性检验（t 检验法）：检验统计量的概率 P-值小于给定的显著性水平 a，认为两总体的偏向关系数与零有显著差异，反之，与零无显著差异。

3）实验步骤

（1）选择菜单："Analyze" → "Correlate→Partial"。

（2）选择"经度""海拔""年降水量""年蒸发量"等变量到"Variables"框中。

（3）选择"经度"为控制变量到"Controlling for"框中。

（4）在"Test of significant"框中选择输出偏相关系数检验为双尾（Two-tailed）概率 P-值还是单尾（One-tailed）概率 P-值。

（5）点击"Options"按钮，在弹出的"Statistics"选项中，选中"Zero-order Correlations"表示输出零阶偏向关系数。

三、实验结果与分析

1. 相关分析

分析径流量与泥沙量之间的相关性。根据输出结果中的相关系数和相关系数检验的概率 P-值及星号的显示，分析变量间的相关性强弱关系和显著性水平。

2. 偏相关分析

根据偏相关系数结果，分析在消除经度影响后，年降水量与海拔间存在的相关性强弱。

第三节　地理过程计量

实验四　时间序列分析

一、实验目的与要求

掌握时间序列分析的基本原理，运用多种软件对数据进行时间序列分析。

二、实验内容

1. 实验仪器与材料

Excel 软件与"某旅游景点 2016～2018 年各季度客流量数据.xls"，预测 2019 年各季度的客流量。

2. 实验原理与方法

基本原理：

（1）时间序列的组合成分包括长期趋势（T）、季节变动（S）、循环变动（C）、不规则变动（R）。

（2）时间序列的组合模数包括加法模型（$Y=T+S+C+R$）、乘法模型（$Y=T\times C\times S\times R$）。

趋势拟合方法：平滑法；趋势线法；自回归模型。

季节变动预测的基本步骤：

（1）将原时间序列求移动（或滑动）平均。

（2）将原序列 y 除以其对应的趋势方程值（或平滑值）。

（3）将改进的月度（或季度）季节系数加总。

（4）求预测模型。

3. 实验步骤

1）求时间序列的三次滑动平均值

325=（260+375+340）/3，312.67=（375+340+223）/3……依次类推。

2）求季节性指标

（1）计算季节性指标：季节系数=游客人数/三次滑动平均值。

（2）改进季节性指标：对季节系数求平均值。

（3）校正系数：θ=4/3.9515=1.01227。

（4）校正后季节性指标=改进季节性指标×校正系数。

3）求预测模型

用二次指数平滑法，求预测模型系数，计算一次指数平滑值 $S_{(1)}$ 和二次指数平滑值 $S_{(2)}$，计算趋势预测模型的系数 at 和 bt，得出预测模型。

4）求预测值

套用预测模型公式，计算预测 2019 年各季度的客流量，最后求和，得出全年度的客流量预测值。

三、实验结果与分析

运用季节变动预测方法，根据获得的预测该景点 2019 年各季度的客流量，对各季度的旅游情况进行分析。

实验五　M-K 检验

一、实验目的与要求

熟练掌握 Mann-Kendall（M-K）检验分析在 Excel 软件中的具体操作。

二、实验内容

1. Mann-Kendal 趋势检验

1）实验仪器与材料

Excel 软件与“重庆市 1951～2014 年气候数据.xls”，对重庆市气候进行 M-K 趋势检验。

2）实验原理与方法

Mann-Kendal 趋势检验法，能有效检验时间序列的变化趋势，常用于气候变化影响下的降水、干旱频次趋势检测。

3）实验步骤

（1）在 Excel 中的 A、B 列分别存放年份（1951～2014 年，共 63 年）、平均气温，在第一行、第二行存放年份、平均气温。

（2）在 D3 中填入“=D$2-$B3”，用鼠标选择 D3，当鼠标变成黑十字架时，横向自动填充至最后一列；依次选择 E4，F5，…，BC54 分别填入 E$2-$B4，F$2-$B5，…，BC$2-$B54，重复上述横向自动填充操作计算差值。

（3）在最后一列的后面再增加 BD、BE 两列，依次存放上述计算结果正负值的相应个数。在 BD 中填入“=COUNTIF（D3:BC3,">0"）”，自动填充至最后一行，在 BE 中填入“=COUNTIF（D3:BC3,"<0"）”，自动填充至最后一行。

（4）对 BD、BE 两列数据分别求和，再将这两个总和相减。

（5）令 n=63，计算 Var（S）=n×（n–1）×（2n+5）/18 的值，同时计算 Z=（S–1）/ sqrt [n×（n–1）×（2n+5）/18]的值，并根据 Z 值大小，判断重庆市气温变化趋势。

2. Mann-Kendal 突变检验

1）实验仪器与材料

Excel 软件与“重庆市 1951～2014 年气候数据.xls”，对重庆市气候进行 M-K 突变检验。

2）实验原理与方法

Mann-Kendal 突变检验法，能有效检验时间序列是否发生了突变，并找出相应突变点。

3）实验步骤

（1）在 Excel 中的 A～M 列分别存储年份、平均气温、k、r、S_k、E（S_k）、Var（S_k）、UF（k）、逆序列、r'、S_k'、UF'（k）、UB（k）数据。

（2）在 k 列中依次填入 1, 2, 3，…，n；在 r 列中输入公式=COUNTIF（B2:B_{i-1},"<"&B_i）；在 Var（S_k）列中输入公式=C_i×（C_i–1）×（2×C_i+5）/72；在 UF（k）列中输入公式=（E_i-F_i）/ sqrt（G_i）；在逆序列中输入与平均气温顺序相反的数据；r'、S_k'计算方法如 r、S_k；在 UF'（k）列中输入=（K_i–F_i）/ sqrt（G_i）；在 UB（k）列中输入= –UF'（n–k）。

（3）选择 UF（k）和 UB（k）两列数据，选择菜单插入折线图，并添加 $U_{0.05}$=±1.96110 两根直线。

（4）在“布局”菜单下分别设置图表标题、图例、坐标轴标题等，从所作图中观察重庆市年平均气温突变情况。

三、实验结果与分析

1. Mann-Kendal 趋势检验

分析重庆市气温逐年变化趋势和显著性水平。

2. Mann-Kendal 突变检验

分析重庆市气温是否在检验时间序列时发生了突变，并找出相应突变点。

实验六　马尔可夫分析

一、实验目的与要求

掌握马尔可夫分析的基本原理，学会运用 Excel 软件进行马尔可夫分析。

二、实验内容

1. 实验仪器与材料

Excel 软件与“某地区农业收成变化的状态转移情况.xls”，进行马尔可夫分析。

2. 实验原理与方法

基本原理：马尔可夫（Markov）预测方法，就是一种预测事件发生的概率的方法。它是基于马尔可夫链，根据事件的目前状况预测其将来各个时刻（或时期）变动状况的一种预测方法。马尔可夫预测法是对地理事件进行预测的基本方法，它是地理预测中常用的重要方法之一。

状态概率：表示事件在初始（$k=0$）状态为已知的条件下，经过 k 次状态转移后，在第 k 个时刻（时期）处于状态的概率，$\sum_{j=1}^{n}\pi_j(k)=1$。

根据马尔可夫过程的无后效性及贝叶斯条件概率公式：$\pi_j(k)=\sum_{i=1}^{n}\pi_j(k-1)P_{ij}$ $(j=1,2,\cdots,n)$，记行向量 $\pi(k)=[\pi_1(k),\pi_2(k),\cdots,\pi_n(k)]$，则可以得到逐次计算状态概率的递推公式：

$$\begin{cases}\pi(1)=\pi(0)P\\ \pi(2)=\pi(1)P=\pi(0)P^2\\ \cdots\cdots\\ \pi(k)=\pi(k-1)P=\cdots=\pi(0)P^k\end{cases}$$

式中，$\pi(0)=[\pi_1(0),\pi_2(0),\cdots,\pi_n(0)]$为初始状态概率向量。

第 k 个时刻（时期）的状态概率预测：如果某一事件在第 0 个时刻（或时期）的初始状态已知，即 $\pi(0)$，利用递推公式，就可以求得它经过 k 次状态转移后，在第 k 个时刻（时期）处于各种可能的状态的概率，即 $\pi(k)$，从而就得到该事件在第 k 个时刻（时期）的状态概率预测。

终极状态概率预测：经过无穷多次状态转移后所得到的状态概率称为终极状态概率，即

$$\pi=[\lim_{k\to\infty}\pi_1(k),\lim_{k\to\infty}\pi_2(k),\cdots,\lim_{k\to\infty}\pi_n(k)]=\lim_{k\to\infty}\pi(k)$$

$$\pi=\pi P$$

终极状态概率应满足的条件为$0\leqslant\pi_i\leqslant1$ $(i=1,2,\cdots,n)$，$\sum_{i=1}^{n}\pi_i=1$。

3. 实验步骤

（1）计算该地区农业收成变化的状态转移概率矩阵。

（2）将农业收成状态记为 π（0）=[1,0, 0]，将计算好的状态转移概率矩阵式代入递推公式，可求得 2005～2015 年可能出现的各种状态的概率。

（3）计算终极状态概率。

三、实验结果与分析

利用“丰收”和“平收”状态之间的转移概率矩阵去预测事件发生的状态及其发展变化趋势。

实验七　方 差 分 析

一、实验目的与要求

熟悉方差分析的基本思想，掌握单因素方差分析、多因素方差分析的基本操作步骤。

二、实验内容

1. 单因素方差分析

1）实验仪器与材料

SPSS 软件与“重庆各区县 GDP 能耗及经济状况数据.xls”，进行单因素方差分析。

2）实验原理与方法

基本原理：检验控制变量的不同水平下，各总体的分布是否存在显著差异，进而判断控制变量是否对观测变量产生了显著影响，即检验某一个控制因素的改变是否会给观察变量带来显著影响。

基本步骤为：①提出原假设 H_0：控制变量不同水平下观测变量各总体的均值无显著差异，即不同水平下控制因素的影响不显著；②选择检验统计量：构造 F 统计量；③计算检验统计量的观测值和概率 P-值；④给定显著性水平 a，并作出决策。

单因素方差分析的进一步分析如下。

（1）方差齐性检验：为检验各水平下各总体方差是否齐性，采用方差同质性（homogeneity of variance）检验方法。

（2）多重比较检验：多重比较将对每个水平的均值逐对进行比较检验，常用方法有 LSD 方法、Bonferroni 方法、Tukey 方法、Scheffe 方法、S-N-K 方法。

（3）先验对比检验：先凭经验确定各水平均值之间的对比系数，然后判定这两组均值的线性组合是否存在显著差异。

（4）趋势检验：将组间平方和分解成线性、二次、三次或更高次的多项式，检验观测变量是否随控制变量呈不同指数变化。

3）实验步骤

（1）选择菜单：“Analyze”→“Compare Means”→“One-Way ANOVA”。

（2）选择观测变量“GDP 能耗”到“Dependent List”框中；选择控制变量“区域类型”到“Factor”框中。

（3）选择“Options”弹出框中的“Homogeneity of variance test”选项进行方差齐性检验。

（4）选择“Post Hoc”弹出框中的“LSD”选项，进行 LSD 法的多重比较检验。

（5）选择“Contrasts”弹出框中的“Polynomial”选项，选择趋势检验的方法。

2. 多因素方差分析

1）实验仪器与材料

SPSS 软件与“重庆各区县 GDP 能耗及经济状况数据.xls”，进行多因素方差分析。

2）实验原理与方法

基本原理：测试若干个控制因素的不同水平的交叉变化是否给观测量带来显著影响。

基本步骤为：①提出原假设 H_0：控制变量不同水平下观测变量各总体的均值无显著差异，即控制变量和它们的交互作用没有对观测变量产生显著影响；②选择检验统计量，构造 F 统计量；③计算检验统计量的观测值和概率 P-值；④给定显著性水平 a，并作出决策。

多因素方差分析进一步分析。

（1）建立非饱和模型：与饱和模型不同，非饱和模型的控制变量部分交互作用放入到 SSE 中。

（2）均值比较分析：目的在于比较分析各控制变量不同水平下观测变量的均值是否存在显著差异。

（3）控制变量交互作用的图形分析：控制变量的交互作用可以通过图形直观分析。

3）实验步骤

（1）选择菜单：“Analyze”→“General Linear Model”→“Univariate”。

（2）选择观测变量“GDP 能耗”到“Dependent List”框中。

（3）指定固定效应的“区域类型”、“经济发展水平”和“工业发展水平”等控制变量到“Fixed Factor（s）”框中；

（4）点击“Model”按钮，设置建立饱和模型；点击“Contrasts”按钮，进行均值比较分析；点击“Plots”按钮，对控制变量交互作用进行图形分析。

三、实验结果与分析

1. 单因素方差分析

通过单因素方差分析方法对区域类型、经济发展水平对 GDP 能耗的影响进行分析，还可进一步分析什么样的经济发展水平对 GDP 能耗影响作用最为明显。

2. 多因素方差分析

对区域类型、经济发展水平及区域类型和经济发展水平的交互作用是否对 GDP 能耗产生影响进行分析，还可尝试建立饱和模型或非饱和模型，进行进一步分析。

第四节　地理现象计量

实验八　分 形 理 论

一、实验目的与要求

熟悉分形理论的基本原理，掌握分形理论在 Excel 软件中的应用操作。

二、实验内容

1. 实验仪器与材料

Excel 软件与“土壤粒径分析数据.xls”，计算土壤分形维数。

2. 实验原理与方法

分形的概念：分形是指其组成部分以某种方式与整体相似的几何形态，或者是在很宽的尺度范围内，无特征尺度却有自相似性和自仿射性的一种现象，分为单分形和多重分形。

分形维数种类：拓扑维数、Hausdorff 维数、信息维数、关联维数。

3. 实验步骤

1）计算公式

$$\frac{V(r<R)}{V_T}=\left(\frac{R}{\lambda v}\right)^{3-D}$$

式中，r 为土壤粒径（mm）；V（$r<R$）为小于粒径 R 的颗粒累积体积分数（%）；V_T 为土壤颗粒的总体积；λv 为对所有粒级而言的上限值，数值上等于最大粒径（mm）；D 为土壤颗粒体积分形维数；R 为某级粒级上限值与下限值的算术平均值。

2）计算步骤

（1）λv 均为 1.5，V_T 均为 100，计算 *di* 平均值和小于 *di* 平均值的累积体积分数。

（2）计算 log（小于 *di* 平均值的累积体积分数/100）和 log（*di* 平均值/1.5），求两者的线性回归方程。

（3）线性回归方程系数即为 $3-D$，最终计算出分形维数 D。

三、实验结果与分析

根据计算所得的土壤颗粒分形维数结果，对土壤质地、结构等进行分析。

实验九　小 波 理 论

一、实验目的与要求

熟悉小波理论的基本原理，掌握小波理论在 Excel 软件和 Origin 软件中的应用操作。

二、实验内容

1. 实验仪器与材料

Excel 软件与“重庆市 1951～2014 年的年平均气温、年降水量和年平均相对湿度时间序列数据.xls”，进行小波分析。

2. 实验原理与方法

小波函数：Shannon 小波、Gaussan 小波、Morlet 小波、Mexican 帽子小波。
小波变换的基本性质：Parseval 恒等式、小波反演公式、吸收公式与吸收逆变换公式。
离散小波变换包括：二进小波和二进小波变换、正交小波和小波级数。

3. 实验步骤

（1）小波变换：“Analysis”→“Signal Processing”→“Wavelet”（Origin 软件）。

（2）绘制小波系数二维等值线图：“Plot”→“Contour”→“Color Fill”（Origin 软件），可得关于时间序列变换的小波特征。

（3）计算小波方法：绘制小波方差图和主周期小波系数图（Excel 软件）；小波方差图可得到信号波动的能量随尺度 a 的分布情况，所对应峰值处的尺度即为该序列的主要时间尺度。

（4）进行结果分析。

三、实验结果与分析

对重庆市 1951～2014 年共 63 年的气候变化进行小波分析。

实验十　聚 类 分 析

一、实验目的与要求

理解层次聚类分析和 K-Means 聚类分析的基本原理，熟练掌握其具体操作并能对结果解析解释。

二、实验内容

1. 层次聚类

1）实验仪器与材料

SPSS 软件与“中国 31 个省份（不含港、澳、台）小康和现代化指数数据.xls”，进行层次聚类。

2）实验原理与方法

基本原理：层次聚类又称为系统聚类、分层聚类，即聚类过程具有一定的层次性。首先将一定数量的样本或指标各自看成一类，其次根据样本（或指标）的亲疏程度，将亲疏程度最高的两类进行合并，然后考虑合并后的类与其他类之间的亲疏程度，再进行合并。重复这一过程，直到将所有的样本（或指标）合并为一类。

聚类方式：①凝聚方式聚类（层次聚类采用），随着聚类的进行，类内的“亲密”性在逐渐降低；②分解方式聚类，随着聚类的进行，类内的亲密性在逐渐增强。

层次聚类：①Q 型聚类。对样本进行聚类，它使具有相似性特征的样本聚集在一起，使差异性大的样本分离开来。②R 型聚类。对变量进行聚类，它使差异性大的变量分离开来，相似的变量聚集在一起，这样就可以在相似变量中选择少数具有代表性的变量参与其他分析，实现减少变量个数、降低变量维度的目的。

个体与小类、小类间“亲疏程度”度量方法包括最短距离法（nearest neighbor）、最长距离法（furthest neighbor）、组间平均链锁距离法（between-groups linkage）、组内平均链锁距离法（within-groups linkage）、重心距离法（centroid clustering）、离差平方和法（ward’s method）。

3）实验步骤

（1）选择菜单：“Analyze”→“Classify”→“Hierarchical Cluster”。

（2）选择参与层次聚类分析的“综合指数、社会结构、经济与技术发展、人口素质、生活质量、法制与治安”等变量到“Variable（s）”框中。

（3）选择“省市”作为标记变量到“Label Cases by”框中。

（4）在“Cluster”框中选择聚类类型。

（5）在“Display”框中选择输出内容。

（6）按“Method”按钮指定距离的计算方法。

（7）如果参与聚类分析的变量在数量级上存在差异，应在“Transform Values”框中的“Standardize”选项中选择消除数量级差的方法，并指定处理是针对变量还是针对样本的；

（8）点击“Statistics”按钮指定输出哪些统计量；点击“Plots”按钮指定输出哪种聚类分析图；点击“Save”按钮，将聚类分析的结果以变量的形式保存到数据编辑窗口中。

2. K-Means 聚类

1）实验仪器与材料

SPSS 软件与“中国 31 个省份（不含港、澳、台）小康和现代化指数数据.xls”，对地区进行 K-Means 聚类，要求分成 3 类。

2）实验原理与方法

出发点：希望克服分大样本在分层聚类时产生的困难，提高聚类效率；通过用户事先指定聚类数目的方式提高效率。

核心步骤：①指定最后要聚成 K 类；②用户指定 K 个样本作为初始类中心或系统自动确定 K 个样本作为初始类中心；③系统按照距 K 个中心距离最近的原则把每个样本分派到各中心所在的类中去，形成一个新的 K 类，完成一次迭代；④重新计算 K 个类的类中心（计算每类各变量的均值，以均值点作为类中心）；⑤重复③和④，直到达到指定的迭代次数或达到终止迭代的条件。

3）实验步骤

（1）选择菜单：“Analyze”→“Classify”→“K-Means Cluster”。

（2）选定参与 K-Means 聚类的变量“综合指数、社会结构、经济与技术发展、人口素质、生活质量、法制与治安”等变量到“Variable（s）”框中。

（3）选择“省份”作为标记变量到“Label Cases by”框中。

（4）在“Number of Clusters”框中输入聚类数目，该数应小于样本量。

（5）如果用户自行指定初始类中心点，则选中“Read initial”选项，并给出初始类中心点的 SPSS 数据文件名或数据集名。

（6）在“Method”框中指定聚类过程是否调整类中心点。

（7）点击“Iterate”按钮确定终止聚类的条件。

（8）点击“Save”按钮，将聚类分析的部分结果以 SPSS 变量的形式保存到数据编辑窗口中。

（9）点击“Options”按钮，确定输出哪些相关分析结果和缺失值的处理方式。

三、实验结果与分析

1. 层次聚类

对 31 个省份进行分类后，分析省份分类后的特征和原因及不同类省份间存在的差异。

2. K-Means 聚类

把 31 个省份进行分成三类后，所产生的分析结果与层次聚类进行对比，同样分析不同省份分类的原因及存在的差异。

第五节　地理预测计量

实验十一　人工神经网络

一、实验目的与要求

熟悉人工神经网络的基本原理，掌握人工神经网络理论在 Excel 软件和编程软件中的应用操作。

二、实验内容

1. 实验仪器与材料

Excel 软件、Visual Basic 中的 VBA 编程和“重庆 1951～1985 年各系列 9 月平均降雨量数据.xls”，基于人工神经网络理论进行预测分析。

2. 实验原理与方法

人工神经仪器网络的工作原理：以一定的学习准则进行学习，然后才能工作；信息处理由神经元之间的相互作用来实现；工作过程分为工作期和学习期两个阶段。

人工神经网络的学习规则：误差传播式学习、联想式学习、竞争性学习、基于知识的学习。

神经网络模型种类：感知器神经网络、线性神经网络、前馈神经网络、径向基函数神经网络、自组织竞争神经网络、回归神经网络。

3. 实验操作步骤

（1）利用 Excel 工具表中单元格能够定位的特点，把已知样本集数据、模型参数（包括学习率、冲量、权值、阈值）定位赋值到各单元格。

（2）利用 Excel 内置的加减乘除、指数等函数把这些单元格和人工神经网络 BP 模型计算公式定位链接起来，建立起能够进行一次性运算的人工神经网络 BP 模型计算模板。

（3）运用 Visual Basic 中有关控件和 VBA 代码进行反复迭代权值和阈值，从而实现多次运算。

三、实验结果与分析

用所建立的 BP 网络模型预测重庆市干旱季节降水量。

实验十二 回 归 分 析

一、实验目的与要求

掌握回归分析的基本原理，熟练运用 SPSS 软件对数据进行回归分析以及对输出结果进行合理分析。

二、实验内容

1. 线性回归分析

1）实验仪器与材料

SPSS 软件与“基于我国第六次人口普查的家庭户平均规模数据.xls”，进行线性回归分析。

2）实验原理与方法

基本原理：被解释变量与一个或多个解释变量之间呈现出显著的线性关系时，采用线性回归分析方法，建立线性回归模型，线性回归分析根据解释变量的个数分为一元线性回归分析和多元线性回归分析。

统计检验方式如下。

（1）回归方程拟合优度检验。一元线性回归方程：采用 R^2 统计量，R^2 越接近于 1，说明拟合优度越高；多元线性回归方程：采用 $\overline{R}^2$ 统计量，$\overline{R}^2$ 越接近于 1，说明拟合优度越高。

（2）一元和多元线性回归方程的显著性检验（F 检验法）。检验统计量的概率 P-值小于给定的显著性水平 a，被解释变量 y 与解释变量 x 或 x 的全体的线性关系显著，可以用线性模型描述和反映它们之间的关系，反之，结论相反。

（3）一元和多元线性回归方程的回归系数的显著性检验（t 检验法）。检验统计量的概率 P-值小于给定的显著性水平 a，被解释变量 y 与解释变量 x 或 x_i 的线性关系显著，x_i 应保留在回归方程中，反之，结论相反。

3）实验步骤

（1）选择菜单：“Analyze” → “Regression” → “Linear”。

（2）选择被解释变量“家庭户规模”变量到“Dependent（s）”框中。

（3）选择“人均生产总值、居民消费水平、文盲半文盲率、城镇人口比重、少数民族比重、总和生育率、三代户及以上比重、一人户比重”等变量到“Independent（s）”框中。

（4）在“Method”框中选择回归分析中解释变量的筛选策略，包括所选解释变量强行进入回归方程策略，从回归方程中剔除所选变量策略，逐步筛选策略，向后筛选策略，向前筛选策略。

2. 非线性回归分析

1）实验仪器与材料

SPSS 软件与“某地区林地景观斑块面积与周长数据.xls”，进行非线性回归分析。

2）实验原理与方法

基本原理：对于非线性关系通常无法直接通过线性回归来分析，无法直接建立线性模型，非线性回归模型的建立解决本质线性关系。

处理方法：对于地理要素之间的非线性关系，找到某种途径将其转化为线性关系，再运用建立线性回归模型的方法，建立地理要素之间的非线性回归模型。

3）实验步骤

（1）选择菜单：“Analyze”→“Regression”→“Nonlinear”。

（2）输入因变量“周长”到“Independent（s）”框中。

（3）运用函数组（G）、函数和特殊变量（F）选项，输入模型表达式，点击“Paramaters”按钮设置参数；

（4）设置选项约束、保存等选项。

三、实验结果与分析

1. 线性回归分析

建立线性回归模型，分析我国家庭户规模主要受哪些因素的影响，并对比分析不同因素对其影响程度的大小。

2. 非线性回归分析

建立林地经过斑块面积与周长之间的非线性回归模型，分析两者存在的数学关系。

实验十三　因 子 分 析

一、实验目的与要求

掌握因子分析在 SPSS 软件中的具体操作，并能对结果进行合理解释。

二、实验内容

1. 实验仪器与材料

SPSS 软件与“某农业生态经济系统各区域单元的有关数据.xls”，进行因子分析。

2. 实验原理与方法

基本原理：将原始指标综合成较少的指标，这些指标能够反映原始指标的绝大部分信息（方差）；这些综合指标之间没有相关性。

因子分析特点：方案个数远远少于原变量个数；可反映原变量的绝大部分信息；因子之间线性关系不显著；因子具有命名解释性。

因子分析的数学模型如下。

数学模型（x_i为标准化的原始变量；F_i为因子变量；$k<p$）：

$$\begin{cases} x_1 = a_{11}f_1 + a_{12}f_2 + a_{13}f_3 + \cdots + a_{1k}f_k + \varepsilon_1 \\ x_2 = a_{21}f_1 + a_{22}f_2 + a_{23}f_3 + \cdots + a_{2k}f_k + \varepsilon_2 \\ x_3 = a_{31}f_1 + a_{32}f_2 + a_{33}f_3 + \cdots + a_{3k}f_k + \varepsilon_3 \\ \cdots\cdots \\ x_p = a_{p1}f_1 + a_{p2}f_2 + a_{p3}f_3 + \cdots + a_{pk}f_k + \varepsilon_p \end{cases}$$

也可以矩阵的形式表示为$X=AF+\varepsilon$。式中，F为因子变量，A为因子载荷阵，a_{ij}为因子载荷，ε为特殊因子。

因子分析的基本内容如下。

（1）因子分析的前提条件：计算原有变量的相关系数矩阵（大部分小于 0.3 就不适合做因子分析），计算反映像矩阵，巴特利特球度检验，KMO 检验。

（2）因子提取和因子载荷矩阵的求解：

主成分分析法的数学模型为

$$\begin{cases} y_1 = \mu_{11}x_1 + \mu_{12}x_2 + \mu_{13}x_3 + \cdots + \mu_{1p}x_p \\ y_2 = \mu_{21}x_1 + \mu_{22}x_2 + \mu_{23}x_3 + \cdots + \mu_{2p}x_p \\ y_3 = \mu_{31}x_1 + \mu_{32}x_2 + \mu_{33}x_3 + \cdots + \mu_{3p}x_p \\ \cdots\cdots \\ y_p = \mu_{p1}x_1 + \mu_{p2}x_2 + \mu_{p3}x_3 + \cdots + \mu_{pp}x_p \end{cases}$$

将原有的P个相关变量x_i作线性变换后成为另一组不相关的变量y_i，该方程组要求：

$$\mu_{i1}^2 + \mu_{i2}^2 + \mu_{i3}^2 + \cdots + \mu_{ip}^2 = 1 \quad (i = 1, 2, 3\cdots, p)$$

$$\begin{cases} y_1 = x_1\cos\theta + x_2\sin\theta \\ y_2 = -x_1\sin\theta + x_2\cos\theta \end{cases}$$

确定k个因子变量；根据特征值λ_i确定：取特征值大于 1 的特征根；根据累计贡献率确定：一般累计贡献率应在 85%以上。

（3）因子分析的基本步骤：确认是否适合作因子分析，构造因子变量，利用旋转方法使因子变量具有可解释性，计算每个样本的因子变量得分。

（4）因子命名：使某个变量x_i在某个因子f_j上的载荷趋于 1，在其他因子上的载荷趋于 0。这样，一个因子f_j就能够成为某个变量x_i的典型代表，因子的实际含义相对清楚。

（5）因子得分：因子得分是因子变量构造的最终体现，将因子变量表示为原有变量的线性组合，即通过因子得分函数计算因子得分；因子得分可看作各变量值的权数总和，权数的大小表示了变量对因子的重要程度。

$$F_{ji}=\varpi_{j1}x_{1i}+\varpi_{j2}x_{2i}+\varpi_{j3}x_{3i}+\cdots+\varpi_{jp}x_{pi}\quad (j=1,2,3,\cdots,k)$$

3. 实验步骤

（1）选择菜单：“Analyze” → “Data Reduction” → “Factor”。

（2）选择参与因子分析的“人口密度、人均耕地面积、森林覆盖率、农民人均纯收入、人均粮食产量、耕地占土地面积比”等变量到“Variables”框中。

（3）选择参与因子分析的样本。

（4）点击“Descriptives”按钮指定输出结果，点击“Extraction”按钮指定提取因子的方法，点击“Rotation”按钮选择因子旋转方法，点击“Scores”按钮选择计算因子得分的方法，点击“Options”按钮指定缺失值的处理方法和因子载荷矩阵的输出方法。

三、实验结果与分析

采用因子分析提取若干因子后，精确地描述该地区农业生态经济各方面的发展状况。

第六节　地理决策计量

实验十四　线 性 规 划

一、实验目的与要求

熟悉线性规划的基本原理，掌握线性规划在 Excel 软件中计算方法和步骤。

二、实验内容

1. 实验仪器与材料

Excel 软件与“不同等级耕地种植不同作物的单产量数据.xls”，进行线性规划。

2. 实验原理与方法

线性规划研究问题：某项任务确定后，如何统筹安排，以最少的人力、物力和财力去完成该项任务；面对一定数量的人力、物力和财力资源，如何安排使用，使得完成的任务最多。

线性规划的解：可行解与最优解；基本解与基本可行解。

单纯形法的计算步骤：

（1）找出初始可行基 $B=[P_{j1}, P_{j2}, \cdots, P_{jm}]$，建立初始单纯形表。

（2）判别、检验所有的检验系数 b_{0j}（$j=1, 2, \cdots, n$）。

（3）选主元。

（4）在基 B 中调进 P_s，换出 P_{jr}，得到一个新的基。

（5）在单纯形表上进行初等行变换，使第 s 列向量变为单位向量，又得到一张新的单纯形表。

（6）转入上述第二步。

3. 实验步骤

（1）设置决策变量，用 x_{ij} 表示在第 j 等级的耕地上种植第 i 种作物的面积。
（2）用作物单产和计划种植面积表示总产量。
（3）建立耕地面积约束方程和最低收获量约束方程。
（4）根据追求最大总产量的目标函数计算最优解。

三、实验结果与分析

运用线性规划方法，建立农场种植计划模型，分析如何制定种植计划使总产量和总产值最大。

实验十五　AHP 决策分析

一、实验目的与要求

熟悉 AHP 决策分析的基本原理，掌握 AHP 决策分析在 Excel 软件中的计算方法和步骤。

二、实验内容

1. 实验仪器与材料

运用 AHP 决策分析方法，研究贵州少数民族贫困地区扶贫开发战略决策问题。

2. 实验原理与方法

基本原理：在复杂的决策问题研究中，对于一些无法度量的因素，引入合理的度量标度，通过构造判断矩阵，用这种方法来度量各因素之间的相对重要性，从而为有关决策提供依据。

基本步骤如下。

（1）明确问题：弄清问题的范围、所包含的因素、各因素之间的关系等。

（2）建立层次结构模型：将问题所含的要素进行分组，把每一个组作为一个层次，并将它们按照最高层（目标层）—若干中间层（准则层）—最低层（措施层）的次序排列起来。通常用结构图来表示。

（3）构造判断矩阵：判断矩阵表示针对上一层次中的某元素而言，评定该层次中各有关元素相对重要性程度的判断。

（4）层次单排序：对于上层次中的某元素而言，确定本层次与之有联系的各元素重要性次序的权重值。

（5）层次总排序：利用同一层次中所有层次单排序的结果，就可以计算针对上一层次而言，本层次所有元素的重要性权重值。

3. 实验步骤

1）建立层次结构模型

层次结构模型包括总目标、战略目标、发展战略、制约因素和方针措施。

2）进行模型计算

（1）计算三个战略目标 O_1，O_2，O_3 的相对权重。

（2）计算每一个发展战略 C_1，C_2，…，C_6 对每个战略目标的相对权重，并用 O_1，O_2，O_3 的权重对发展战略的相应权重加权后相加，计算各发展战略的组合权重。

（3）计算每个制约因素 S_1，S_2，…，S_8 对每个发展战略的相对权重，并用发展战略 C_1，C_2，…，C_6 的组合权重对制约因素的相应权重加权后相加，计算各制约因素的组合权重。

（4）计算各方针措施 P_1，P_2，…，P_{19} 对每个制约因素的相对权重，并用各制约因素的组合权重对方针措施的相应权重加权后相加，计算各方针措施的组合权重。

三、实验结果与分析

根据所获得的判断矩阵及层次排序结果，分别从战略目标、发展战略、制约因素、方针措施四个方面进行决策分析，对贵州少数民族极贫地区扶贫开发战略进行决策分析。

参 考 文 献

白光润. 2003. 现代地理科学导论. 上海: 华东师范大学出版社
白光润. 2006. 地理科学导论. 北京: 高等教育出版社
蔡孟裔, 毛赞猷, 田德森, 等. 2000. 新编地图学实习教程. 北京: 高等教育出版社
陈炳华. 2012. 普通生物学实验. 北京: 科学出版社
陈逢. 1998. 实用地图学. 福州: 福建地图出版社
陈雄, 李凤全. 2007. 地理学实验与野外实验. 北京: 科学普及出版社
陈彦光. 2010. 基于 Excel 的地理数据分析. 北京: 科学出版社
邓书斌. 2010. ENVI 遥感图像处理方法. 北京: 科学出版社
丁春邦. 2003. 普通生物学实验. 成都: 四川科学技术出版社
冯腾, 陈洪松, 张伟, 等. 2013. 激光粒度仪与沉降吸管法测定喀斯特地区土壤机械组成的对比研究. 农业现代化研究, 34(1): 100～103
傅伯杰, 冷疏影, 宋长青. 2015. 新时期地理学的特征与任务. 地理科学, 35(8): 939～945
高信曾. 1978. 植物学(形态、解剖部分). 北京: 高等教育出版社
高云福, 靳孟贵. 1988. 水文地质学基础实验实习讲义. 北京: 地质出版社
管华. 2015. 水文学(第二版). 北京: 科学出版社
郭跃, 李孝坤. 2018. 地理科学专业导论. 北京: 科学出版社
郭志刚. 2015. 社会统计分析方法: SPSS 软件应用. 北京: 中国人民大学出版社
国家环境保护总局. 2002. 水与废水监测分析方法(第四版). 北京: 中国环境科学出版社
国家气象局. 1984. 中国云图. 北京: 科学出版社
郝汉舟. 2013. 土壤地理学与生物地理学实习实践教程. 成都: 西南交通大学出版社
何晓群. 2015. 多元统计分析(第四版). 北京: 中国人民大学出版社
贺学礼. 2006. 植物学. 北京: 科学出版社
胡宝忠. 2002. 植物学. 北京: 中国农业出版社
环境保护部. 2009. 中华人民共和国国家环境保护标准 HJ 537-2009 水质 氨氮的测定 蒸馏-中和滴定法. 北京: 中国环境科学出版社
环境保护部. 2014. 中华人民共和国国家环境保护标准 HJ 717-2014 土壤质量 全氮的测定 凯氏法. 北京: 中国环境科学出版社
贾俊平. 2004. 《统计学》教学案例和教学项目汇编. 北京: 中国人民大学出版社
贾俊平. 2010. 统计学案例与分析. 北京: 中国人民大学出版社
贾俊平. 2011. 统计学概论. 北京: 中国人民大学出版社
贾俊平. 2015. 《统计学》(第五版)学习指导书. 北京: 中国人民大学出版社
姜世中. 2010. 气象学与气候学. 北京: 科学出版社
蒋艳, 夏军. 2007. 塔里木河流域径流变化特征及其对气候变化的响应. 资源科学, 29(3): 45～52
金祖孟, 陈自悟. 1997. 地球概论(第三版). 北京: 高等教育出版社
黎冬容, 张世庆, 甘世端, 等. 2015. 全自动凯氏定氮仪测定土壤全氮含量. 南方国土资源, (8): 38～39
李杨汉. 1992. 植物学. 上海: 上海科学技术出版社
李宇庆, 陈玲, 赵建夫. 2006. 土壤全氮测定方法的比较. 广州环境科学, (3): 28～29
林炳耀. 1986. 计量地理学概论. 北京: 高等教育出版社
林珲, 陈旻. 2014. 利用虚拟地理环境的实验地理学方法. 武汉大学学报(信息科学版), 39(6): 689～694

林珲, 黄凤茹, 闾国年. 2009. 虚拟地理环境研究的兴起与实验地理学新方向. 地理学报, 64(1): 7～20
刘德. 2012. 重庆市天气预报手册. 北京: 气象出版社
陆时万. 1991. 植物学(第二版). 北京: 高等教育出版社
吕贻忠, 李保国. 2010. 土壤学实验. 北京: 中国农业出版社
马成文, 郑丽琳. 2006. 马尔柯夫预测法的Excel软件实现. 统计教育, (8): 14～15
马大龙. 2013. 植物地理学实验及实验指导. 哈尔滨: 哈尔滨地图出版社
马丹炜. 2011. 植物地理学实验与实验教程. 北京: 科学出版社
梅安新, 彭望琭, 秦其明, 等. 2001. 遥感导论. 北京: 高等教育出版社
牟乃夏, 刘文宝, 王海银, 等. 2012. ArcGIS 10 地理信息系统教程——从初学到精通. 北京: 测绘出版社
牛占, 和瑞勇, 李静, 等. 2002. 激光粒度分析仪应用于黄河泥沙颗粒分析的实验研究. 泥沙研究, (5): 6～14
任健美. 2011. 自然地理实验与实习教程. 北京: 气象出版社
芮孝芳. 2004. 水文学原理. 北京: 中国水利水电出版社
沈冰, 黄红虎. 2008. 水文学原理. 北京: 中国水利水电出版社
舒霞, 吴玉程, 程继贵, 等. 2007. Mastersizer 2000 激光粒度分析仪及其应用. 合肥工业大学学报(自然科学版), 30(2): 164～67
宋长青, 冷疏影. 2005. 当代地理学特征、发展趋势及中国地理学研究进展. 地球科学进展, 20(6): 595～599
孙鸿烈, 刘光崧. 1996. 土壤理化分析与剖面描述. 北京: 中国标准出版社
汤国安, 杨昕. 2012. ArcGIS 地理信息系统空间分析实验教程(第二版). 北京: 科学出版社
汤国安, 张友顺, 刘咏梅, 等. 2010. 遥感数字图像处理. 北京: 科学出版社
田庆, 陈美阳, 田慧云. 2014. ArcGIS 地理信息系统详解. 北京: 北京希望电子出版社
田永中, 徐永进, 黎明, 等. 2010. 地理信息系统基础与实验教程. 北京: 科学出版社
汪正祥. 2010. 植物地理学实验与实验指导. 武汉: 华中科技大学出版社
王大纯, 张人权. 1995. 水文地质学基础. 北京: 地质出版社
王国梁, 周生路, 赵其国. 2005. 土壤颗粒的体积分形维数及其在土地利用中的应用. 土壤学报, 42(4): 545～550
王建序. 1990. 地图学实验. 北京: 高等教育出版社
王幼芳. 2014. 植物学实验指导(第二版). 北京: 高等教育出版社
夏邦栋. 1995. 普通地质学(第二版). 北京: 地质出版社
夏祖勋, 解洪成. 1998. 数据融合技术及其应用. 北京: 国防工业出版社
谢贤健. 2015. 地方本科院校地理科学专业校级实验教学示范中心的建设与实践. 内江师范学院学报, (10): 67～70
徐建华. 2014. 计量地理学(第二版). 北京: 高等教育出版社
徐莉. 2016. 高校地理师范生实验教学技能创新策略探索. 当代教育理论与实践, 8(12): 84～86.
许云锋, 左其亭. 2011. 塔里木河流域气候变化与径流变化特征分析. 水电能源科学, 29(12): 1～4
薛薇. 2014. 统计分析与SPSS的应用(第四版). 北京: 中国人民大学出版社
杨士弘. 2002. 自然地理学实验与实习. 北京: 科学出版社
尹贡白. 1991. 地图概论. 北京: 测量出版社
余明. 2007. 简明天文学教程(第二版). 北京: 科学出版社
张爱芹. 2006. 植物学. 成都: 西南交通大学出版社
张超. 1984. 计量地理学基础. 北京: 高等教育出版社
张力果. 1991. 地图学. 北京: 高等教育出版社
张瑞国, 罗强, 蒋良潍, 等. 2016. 土体含水率TDR测试技术的影响因素分析. 传感器与微系统, 35(5): 16～19
张尧庭, 方开泰. 2013. 多元统计分析引论. 武汉: 武汉大学出版社
张永生. 2005. 天基多源遥感信息融合. 北京: 科学出版社
赵珊茸. 2004. 结晶学及矿物学. 北京: 高等教育出版社

赵英时. 2003. 遥感应用分析原理与方法. 北京: 科学出版社
赵云升. 1989. 地图学实验. 长春: 东北师范大学出版社
周淑贞, 张超, 张如一, 等. 1989. 气象学与气候学实习(第二版). 北京: 高等教育出版社
周淑贞, 张如一, 张超, 等. 1997. 气象学与气候学(第三版). 北京: 高等教育出版社
周仪, 王慧, 张述祖. 1987. 植物学(上册). 北京: 北京师范大学出版社
周云龙. 2016. 植物生物学(第四版). 北京: 高等教育出版社
朱志澄. 1999. 构造地质学. 武汉: 中国地质大学出版社
邹文安, 刘宝, 姜波等. 2010. 基于 Excel 技术平台人工神经网络 BP 模型及应用. 水文, 30(1): 44～46.

图　版

图版 1　白云母

图版 2　白云石

图版 3　普通辉石

图版 4　方解石

图版 5　高岭石

图版 6　黑云母

图版 7　滑石

图版 8　绿泥石

图版 9　红柱石

图版 10　钠长石

图版 11　蛇纹石

图版 12　角闪石

图版 13　萤石

图版 14　黄铁矿

图版 15　橄榄石

图版 16　石英

图版 17　流纹岩

图版 18　安山岩

图版 19　辉绿岩

图版 20　闪长岩

图版 21　花岗岩

图版 22　石灰岩

图版 23　砾岩

图版 24　砂岩

图版 25　页岩

图版 26　板岩

图版 27　片麻岩

图版 28　片岩

图版 29　石英岩

图版 30　大理岩

图版 31　千枚岩

图版 32　淡积云

图版 33　碎积云

图版 34　浓积云

图版 35　鬃积雨云

图版 36　透光层积云

图版 37　堡状层积云

图版 38　透光高积云

图版 39　絮状高积云

图版 40　毛卷云

图版 41　钩卷云